MW00780813

SCRIPTORVM CLASSICORVM

BIBLIOTHECA OXONIENSIS

OXONII

E TYPOGRAPHEO CLARENDONIANO

M. TVLLI CICERONIS

EPISTVLAE

VOL. II

EPISTVLAE AD ATTICVM

PARS POSTERIOR LIBRI IX–XVI

RECOGNOVIT
BREVIQVE ADNOTATIONE CRITICA INSTRVXIT

D. R. SHACKLETON BAILEY

OXONII

E TYPOGRAPHEO CLARENDONIANO

*This book has been printed digitally and produced in a standard specification
in order to ensure its continuing availability*

OXFORD
UNIVERSITY PRESS

Great Clarendon Street, Oxford OX2 6DP

Oxford University Press is a department of the University of Oxford.
It furthers the University's objective of excellence in research, scholarship,
and education by publishing worldwide in

Oxford New York

Auckland   Cape Town Dar es Salaam   Hong Kong   Karachi
Kuala Lumpur Madrid Melbourne Mexico City   Nairobi
New Delhi Shanghai Taipei Toronto
With offices in
Argentina Austria Brazil Chile Czech Republic France Greece
Guatemala Hungary Italy Japan South Korea Poland Portugal
Singapore Switzerland Thailand Turkey Ukraine Vietnam

Oxford is a registered trade mark of Oxford University Press
in the UK and in certain other countries

Published in the United States
by Oxford University Press Inc., New York

© Oxford University Press 1961

The moral rights of the author have been asserted

Database right Oxford University Press (maker)

Reprinted 2011

All rights reserved. No part of this publication may be reproduced,
stored in a retrieval system, or transmitted, in any form or by any means,
without the prior permission in writing of Oxford University Press,
or as expressly permitted by law, or under terms agreed with the appropriate
reprographics rights organization. Enquiries concerning reproduction
outside the scope of the above should be sent to the Rights Department,
Oxford University Press, at the address above

You must not circulate this book in any other binding or cover
And you must impose this same condition on any acquirer

ISBN 978-0-19-814641-4

Printed and bound in Great Britain by CPI Antony Rowe,
Chippenham and Eastbourne

M. TVLLI CICERONIS

EPISTVLARVM AD ATTICVM LIBRI
IX–XVI

PRAEFATIO

QVAE nuper de harum epistularum codicibus nec non editionibus ad tertium huius editionis volumen praefatus est W. S. Watt denuo perscribere nihil attinet. Sed codicum qui hodie exstant in duas familias, Σ et Δ, digestorum stemmata ex editione Sjögreniana mihi quoque ad legentium utilitatem proferenda sunt; quos omnes ad idem archetypum Ω redire constat:

(i)

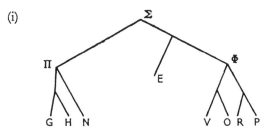

(ii)

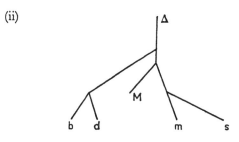

De altero tamen neque valde confidebat Sjögren neque nos confidere debemus. Illud monendum, quattuor codices bdms, quos ex deteriorum numero elegerat, contra Mediceum saepissime conspirare; quorum consensum, accedente plerumque codicum M et O manu posteriore, nova nota, quae est δ, complexus sum. Hac autem in discrepantia multa et M et δ communia habent cum alterius classis Σ codicibus sive pluribus seu singulis; certas tamen ut codicum haud dubie contaminatorum adfinitates inde eruerem mihi quidem non contigit. Lectiones et quas proprias exhibent δ et quas cum uno alterove ex familia Σ codice contra ceterorum testimonia consociaverunt etsi non omnes at certe plurimas ex emendatore aliquo manasse pro certo habeo; qui quamvis verum haud raro invenerit nonnumquam et se ipsum et posteros fefellit, ut in illo Sexto Cloelio cui nomen tot saeculis totque in libris depravatum tandem restitui. Ceterum de codicis b manu correctrice (b²) pauca habeo quae dicam. Nam in libris xiii–xvi, quos ipse contuli, vim magnam correctionum qua in textu qua in margine positarum inveni, in his nonnullas editionibus veteribus, paucas etiam Victorio aliisque viris doctis, vulgo tributas. Hae sive ex codicibus hodie deperditis sive ex editionibus excusis (neque ulli, ut opinor, uni omnia imputari possunt) sive ex ipsius emendatoris ingenio ortae habentur, quin merae sint coniecturae vix est quod dubitemus.[1] Num prioribus etiam in libris occurrant silente Sjögrenio neque certum scio neque ut investigarem operae pretium putavi.

Sed classis Δ codices quorum mentionem fecimus ad omnes epistularum ad Atticum libros praesto sunt, Σ contra ad perpauca iam exempla rediit. Codices enim GHN libris ix–xvi omnino carent, V quinque tantum libri noni epistulas

---

[1] Codicem b saeculo XV iam in medium vergente scriptum videri benevole me monuit vir harum rerum peritissimus, Ricardus Hunt.

servavit. Omnes olim libros complexus erat codex O, sed anno
1904 bibliothecae Taurinensis incendio violatus quattuor
ultimos prope totos deperdidit; quamquam ex his quoque
lectiones nonnullae C. A. Lehmannii testimonio conservantur.
Integram igitur seriem his in libris soli exhibent codices R et
P, mendosiores illi quidem atque artissime inter se coniuncti.
Quapropter hunc cum fratre R consentientem Wattii exemplum secutus numquam fere, discrepantem, quod ad libros
ix–xii attinet, non semper citavi; sed in sequentibus quotiens R solum commemoro ambo concinere intellegendum est.
Eclogae denique Ambrosianae (E) ad finem appropinquando
angustiores fiunt ita ut sex ultimi libri in duo colligantur.

Traditionis Italicae damna Transalpinae reliquiis, quam
nostrorum codicum archetypo ipsi et aetate et sinceritate
antecellere constat, magna ex parte resarciuntur. Huc pertinent codicis Wurceburgensis fragmenta (W) nec non lectiones editionis Cratandrinae margini adscriptae (C).[1] Longe
tamen plurimum confert praeclarus ille codex, ut Sjögrenii
verba referam, Tornesianus, cuius vestigia, cum ipsius fata
iam a fine saeculi xvi ignoremus, quattuor tamen in sedibus
deprehenduntur. Sunt autem haec:

(i) D. Lambini adnotationes quas editionibus 1565 et
1572–3 prolatis addidit (Z[1]).

(ii) S. Bosii commentarius qui anno 1580 prodiit (Z[b]).
Constat enim Bosium, testem alioquin fraudulentum,
de Tornesiano sincera fide egisse.

(iii) Eiusdem animadversiones in codice Parisino Lat. 8538
A adscriptae et anno 1901 ab A. C. Clarkio primum
editae (Z[β]).[2] Has in siglorum indice sub mentione
'codicis Tornesiani teste Clarkio' vix prudenter indi-
cavit Sjögren.

[1] Vide quae scripsit Watt, l.c., pp. 7 sqq.
[2] In *Philologo*, lx, pp. 195 sqq.

(iv) A. Turnebi animadversiones ad libros xiv–xvi spectan-
tes, in editionis Stephanianae exemplari ab eodem
Clarkio repertae unaque cum supra dictis editae (Z^t).
Itaque Z littera simplici Lambini, Bosii, Turnebi,
aut omnium aut duorum, consensum significavi. Lectionibus autem quibus a Clarkio stellula apponitur[1]
ego sigla Z$^{(\beta)}$, Z$^{(t)}$ adhibui, similibus (Z$^{(l)}$, Z$^{(b)}$) in
eis etiam usus quae a Lambino vel Bosio non ex ipso
Tornesiano nominatim sed ex codicibus 'antiquis suis'
vel sim. proferuntur.

Atque hos quos enumeravi fontes, quamvis turbido illo
Italico lucidiores fluxisse summa sit consensio, ne ipsum
quidem Sjögrenium, virum certe diligentem, exhausisse mira-
tus sum ; alium largioremque prorsus neglexisse nunc demon-
strare pergam. Nam spretis ille quae olim in alteram partem
disputaverat Lehmann[2] lectiones editionis Lambinianae alterius in margine adscriptas meris confisus nugis[3] in unum
fudit perexiguoque in pretio locavit. Sjögrenium ducem,
ne dicam pastorem, recentiores ut solent fideliter secuti
sunt, Lehmannium sanius et verius iudicasse res ipsa docebit.
Lambinum enim, seu potius eum qui has adnotatiunculas
post eius decessum excudendas curavit, ut uno atque altero
loco incuria peccasse verisimile est, ita verba 'v.c.' ('vetus
codex') quaeque alia praeposita videmus temere omnino
sparsisse quis prudentium adducetur? Quamquam Lehman-
nio, cum lectiones v.c. attributas (has littera λ notabo) ex
ipso Tornesiano saepe provenisse luculente demonstrasset, ne
tamen id semper ita fuisse statueret unum discrepantiae
exemplum obstitit; scilicet ad xvi. 15. 5 pro Tornesiani
lectione *ut fide sua*, ex Lambini (iam et Turnebi) testimonio

[1] Ipsius in re nodosiore verba vide, ibid., pp. 195 et 201.
[2] In libro 'De Ciceronis ad Atticum epistulis recensendis et emendandis',
pp. 91 sqq.　　　　　　[3] Vide *Eranon* xvi (1916), pp. 1–6.

probata, diversam, quae est *uti de suo*, praebere veterem codicem. At verum si quaerimus, in illa notissima virorum doctorum typographorumque neglegentia quid est quod exemplis singulis vel etiam pluribus, dummodo ex omni numero paucis, fidem impertiamus? Immo indagatis perpensisque omnibus huius v.c. lectionibus quae cum Tornesiani alicunde cognitis componi possunt, tum demum ad liquidum pervenietur. Feci igitur, locosque numeravi 285. Consentit λ cum Z in 256, in 29 vel discrepat vel discrepare videtur; et, quod caput est, ex illis quas communes habent lectionibus alibi nusquam exstant 114, nisi quod paucas praebent etiam C et W, permultae autem eae sunt quas casu congruisse nullo modo suspicari liceat. Iam ex discrepantiis tres,[1] quibus nota 'L. ex v.c.' antecedit, in alterum coetum transferre pro meo iure possum. Ita enim intellego, Lambinum non integram codicis lectionem expressisse sed aliquid etiam proprii importasse. Quod si ad xiii. 21 a. 2 vetus codex *homo a meis*, Tornesianus autem (*homo*) *a mis* praebuisse traditur, id non tam in discidii loco quam in consensionis, conlato quidem ex Italicis illo *humanus* vel *homo annis*, recte posueris. Atque ex eo quod ad iv. 11. 2 veteri codici in margine adtributum legimus *quo opere, delector*, at in Lambini adnotationibus sic: 'etiam codex Turnes. ita legit, quo opere delector. quin etiam abest, quo', numquid aliter conligemus? Iam ut ad illud capitale exemplum redeam, xvi. 15. 5 *ut fide sua*, quid re vera acciderit, modo si ad marginem ipsum Lambinianum recurreris, facile intelleges. Scriptum est enim sic: 'L. ut fide sua. *v.c.* uti de suo.' Illa 'L.' et 'v.c.' locum inter se mutasse quem fallit? Reliqua in minimis, velut litteris singulis eisque quae inter se vulgo in codicibus confundi solent, fere omnia versantur.[2] Quod si iam Lambini, Bosii, Turnebi inter se

---

[1] Vide infra, p. 285. 1 *quorsus*, 287. 5 *recens. is*, 6 *in . . . abunde*.

[2] Sunt autem haec: i. 13. 3 *atque ad* Z[1]: *atque* λ; iii .7. 2 *iam* Z[b]: *tam*

testimonia atque adeo Z^b cum Z^β vel Lambini apud primam
editionem animadversiones cum posterioribus contuleris, in
talibus haud raro testem testi repugnare invenies. Quam ob
rem λ lectiones, neglegentiae errorisque ratione habita, pro
Tornesiani habendas esse decrevi. Solis quoque pondus haud
leve tribui; quotiens vero alio testimonio fulciri vidi, tum
demum certam et genuinam illius codicis lectionem agnovi,
contra $\varOmega$, nisi res et ratio se opposuerint, sustinendam. Id
mihi in textu constituendo quid momenti habuerit ex apparatu critico perspicies.[1]

Lectiones quibus 'q.v.c.' ('quidam vetus codex' vel 'quidam
veteres codices') praefigitur aliam habent rationem. Numero
multo sunt minores, neque ad Tornesianum pertinere satis
liquet; quippe ex quindecim locis in quattuor discrepant.
His suam dedi notam quae est $\lambda\lambda$. Ad eas autem quibus littera 'L'. ('Lambinus') antecedit, mixtae ut videntur pro-
sapiae, 'Lamb. (marg.)' ita posui; quibus 'al.' ('alii') et 'fort.',
has pro coniecturis aliorum et Lambini habeo. Nec non si
qua in textu editionis primae Lambinianae neque alibi quod
scio prius reperiuntur Lambini ipsius ingenio accepta ret-
tuli, quamquam nonnulla ex codice aliquo sumpta fuisse coniectura non aberrat.

λ; v. 8. 2 *secura* Z^b: *secuta* λ; v. 11. 4 *ΕΠΙΚΟΝΔΕΙ* Z^b: ἐπὶ πόνδει λ
(*sed in exemplo anno 1584 excuso* ἐπὶ κὸνδει (*sic*) *inveni*); vii. 2. 3 *exlibertum
me extaruacus* Z^{b1} (*me* om. Z^b): *exlibratum, me exartuatum* λ. Cetera infra
require ad pp. 120. 1 *conturbat*, ibid. *me* . . . *Fanniana*, 157. 5 *occultius*,
166. 17 *fecisti*, 167. 7 *facetis*, 171. 1 *et*, 186. 20 *ergo*, 191. 20 *erues*, 196. 12
coaedificari, 200. 17 *tibi*, 218. 15 *Caieta*, 224. 4 *poenam*, 258. 4 *calidius*,
276. 13 *ea te res*, 283. 5 *o*, 286. 9 *audiebam*, 303. 9 *quae*, 304. 1 *v Id*.

[1] Adfert λ in rebus etiam orthographicis relatu digna. Quae in apparatu
praeterii (in textu enim normam Purserianam, quam secutus est Watt,
deserere nolui) hic posui: pp. 63. 19 et passim *benivolentia* (item *maliv-*),
85. 3 et passim *quoi*, 140. 12 *mancupiis*, 145. 1 et 236. 11 *valitudo*, 168. 8
decumam, 186. 12 et passim *mercule*, 187. 24 et passim *epistola*, 194. 7
Popillio, 305. 14 et 310. 19 *gravido*, 311. 17 *vementer*. Pro *est* post vocalem
constanter scribitur *'st*, pro *deest, deerit*, etc. *dest, derit*, etc.

Ceterum quibus litteram κ adposui ex Sebastiani Corradi libro quem anno 1544 protulit codicibus antiquis sine nomine attributa deprompsi. Sunt praeterea quae ex aliis codicibus rettulerim, velut Antoniano et Faërni, quos ex L. Malaespinae, hunc autem etiam ex F. Vrsini indiciis aliquatenus cognitos habemus. Ambo codicibus VORP erant simillimi. Ex eis qui classi Δ subiciuntur, Balliolensis[1] et Helmstadiensis collationes ab I. Gronovio factas in variarum lectionum συναγωγῇ posuit I. G. Graevius. De ceteris ea videnda quae scripsit Lehmann in libro supra commemorato.

Quod si quis rationem huius editionis requiret, in universum ad ea quae scripsit in praefatione sua (p. 11) W. S. Watt reicere possum. Cuius exemplum secutus in libris ix–xii, quod ad codices hodie superstites attinet, apparatu Sjögreniano fretus sum, in codicibus ORP H. Moriccae etiam testimonii cautissime tamen ratione habita. In postremis quattuor libris qui editione Sjögreniana non continentur, apparatum criticum, ut qui primus in oculos hominum prodierit, pleniorem aliquanto mihi comparandum putavi. Illa enim quae in editione Paraviana anno, ut opinor, 1951 prolata, H. Moricca sive post obitum eius A. Moricca-Caputo congesserat, eo nomine digna non censeo; tanta stant praedita culpa. Nam ut codices bm silentio praetermissos, W his in libris non curatum, aliaque talia taceam, totum opus tam foeda neglegentia inquinatum est ut fide prorsus carere debeat. Itaque codices qui exstant omnes, hoc est ERPMbdms, ex schedis photographicis contuli; de amissis indicia de integro, quod feci etiam in prioribus libris, excussi. Codicis O partem deperditam ante incendium, si modo Moriccae credimus, contulit L. C. Purser; quem neque hoc sibi usquam adseruisse video neque mehercule tam strenue egisse facile crediderim. Re vera lectiones huius codicis

---

[1] Diversus est ab eo qui in Collegii bibliotheca sub titulo Arch. Ball. 284. c hodie servatur.

ex eis hausisse videtur quas attulerat Lehmann, vel in eo libro
quem proxime commemoravi vel in appendice critica quam ec-
logis a G. Andresen prolatis addidit. Ad hos ipse fontes rever-
sus nonnulla mentione digna quae neglexerat Purser repperi.[1]

Ex hoc conlationis labore fructum, quod ad textum con-
stituendum attinet, quem speraveram, hoc est exiguum sane,
percepi. Etenim his quoque in libris non tam apparatu quam
acumine indiget res critica. Quo si quid est meum adhibito
permulta ex illo vulgato ut ita dicam recentiorum editorum
immutanda curavi. Ex coniecturarum cumulo eas fere in
apparatu commemoravi quas species saltem aliqua veri commendare videatur; multas igitur iam notas et laudatas amovi,
plures ex oblivione vindicavi. De plerisque earum quas ipse
attuli vel in libro qui inscribitur 'Towards a text of Cicero,
ad Atticum' vel in scriptis brevioribus disputavi.[2] Has, ut
reliqua, quanti aestiment critici, qui quidem hac studiorum
faece et tenebris vel sunt vel fuerint, ipsorum erit iudicium.

Extremum est ut bibliothecarum curatoribus qui mihi
opitulati sunt gratias agam, impensissimas etiam amico meo
R. G. M. Nisbet, qui operam mihi suam ad schedas recen-
sendas iam iterum benignissime commodavit.

D. R. S. B.

Dabam Cantabrigiae
  e collegio Iesu
    mense Februario MCMLXI

[1] Quae scripseram reliqui. Sed schedis huius operis iam excusis ultimus
editionis Sjögreniani fasciculus post editoris mortem sex et viginti annis in
lucem prodiit. Hunc librum cum alibi recensurus sim in praesentia sufficit
ut moneam in textu nihil fere me novi invenisse, apparatu diligenter
perspecto et cum meo conlato discrepantias omnes ad codicum exempla
photographica revocasse, mea ubi mutanda fuerunt mutasse.

[2] *Proc. Cam. Phil. Soc.* clxxxiii (1954–5), pp. 26–31; ibid. clxxxiv
(1956–7), pp. 13–18; ibid. clxxxvi (1960), pp. 10–14; *Class. Quart.* liv
(1960), pp. 41 f. (de Sexto Cloelio). Vide etiam quae propediem emissurus
sum in *Mnemosyne* (de die ep. ix. 8) et *Class. Rev.* (de Fabio Gallo).

INDEX SIGLORVM

E = Ambrosianus E 14 inf. (saec. xiv).
O = Taurinensis Lat. 495 (saec. xv).
V = Palatinus Lat. 1510 (saec. xv).
R = Parisinus Lat. 8538 (anno 1419 scriptus).
P = Parisinus Lat. 8536 (saec. xv); raro citatus (vide p. vii supra).

Σ = consensus codicum EOVR vel EOR.

   M = Mediceus 49. 18 (anno 1393 scriptus).
      b = Berolinensis ex bibl. Hamiltoniana 168 (saec. xv).
      d = Laurentianus ex bibl. aedilium 217 (saec. xv).
      m = Berolinensis ex bibl. Hamiltoniana 166 (anno 1408 scriptus).
      s = Vrbinas 322 (saec. xv).
      δ = consensus codicum bdms, accedentibus plerumque codicum OM correctoribus.

Δ = consensus codicis M cum codicibus bdms, aut omnibus aut tribus.
Ω = consensus codicum Σ (vel OR, deficiente E) et Δ.
W = fragmenta codicis Wurceburgensis (saec. xi).
C = lectiones margini editionis Cratandrinae (1528) adscriptae.
Z = Tornesianus (de Z^l, $Z^{(l)}$, Z^b, $Z^{(b)}$, Z^β, $Z^{(\beta)}$, Z^t, $Z^{(t)}$, vide pp. vii sq. supra).
λ = lectiones in margine alterius editionis Lambinianae (1572–3) veteri codici (v.c.) adtributae.
$\lambda\lambda$ = lectiones ibidem quibusdam veteribus codicibus sive cuidam veteri codici (q.v.c.) adtributae.
κ = lectiones a Sebastiano Corrado codicibus antiquis adtributae.

E^1, M^1, etc. = codicum E, M, etc. manus primae.
E^2, M^2, etc. = codicum E, M, etc. manus secundae.
E^c, M^c, etc. = codices E, M, etc. ab incerta manu correcti (de codicis M variis manibus vide quae scripsit W. S. Watt in praefatione ad Vol. iii, pp. 3–4).

De codicibus Faërni, Antoniano (Ant.), Balliolensi (Ball.), Helmstadiensi (Helmst.), etc. vide p. xi supra.

His etiam compendiis usus sum: Bos. = Bosius, Corr. = Corradus, Crat. = Cratander, Faërn. = Faërnus, Iens. = Ienson, Lamb. = Lambinus (vide p. x supra), Mal. = Malaespina, Man. = Manutius, Rom. = editio Romana, Sal.–Reg. = editio Saliceti et Regii (1499), Vrs. = Vrsinus, Vict. = Victorius, Wes. = Wesenberg.

AD ATTICVM

LIBER NONVS

I   *Scr. in Formiano prid. Non. Mart. an. 49*

CICERO ATTICO SALVTEM.

Etsi cum tu has litteras legeres putabam fore ut scirem 1
iam quid Brundisi actum esset (nam Canusio viiii Kal.
5 profectus erat Gnaeus; haec autem scribebam prid. Non.,
xiiii die postquam ille Canusio moverat), tamen angebar
singularum horarum exspectatione mirabarque nihil adlatum
esse ne rumoris quidem; nam erat mirum silentium. Sed haec
fortasse κενόσπουδα sunt, quae tamen iam sciantur necesse
10 est; illud molestum, me adhuc investigare non posse ubi P. 2
Lentulus noster sit, ubi Domitius. Quaero autem, quo facilius
scire possim quid acturi sint, iturine ad Pompeium et, si
sunt, qua quandove ituri sint.

Vrbem quidem iam refertam esse optimatium audio,
15 Sosium et Lupum, quos Gnaeus noster ante putabat Brundisium venturos esse quam se, ius dicere. Hinc vero vulgo
vadunt; etiam M'. Lepidus, quocum diem conterere solebam,
cras cogitabat. Nos autem in Formiano morabamur, quo 3
citius audiremus, deinde Arpinum volebamus; inde iter qua
20 maxime ἀναπάντητον esset ad mare superum, remotis sive
omnino missis lictoribus. Audio enim bonis viris, qui et nunc
et saepe antea magno praesidio rei publicae fuerunt, hanc
cunctationem nostram non probari multaque mihi et severe
in conviviis, tempestivis quidem, disputari.

4 viiii *Pontedera* [*conl. viii. 14. 1*]: viii Ω   17 M'. *Man.*: M. Ω
19 qua *Vict.*: quam Ω   23 mihi] in me *Aldus*   et severe *Rom.*: esse
vere Ω   24 conviviis *Ascensius*: conviciis [-tiis] Ω

Cedamus igitur et, ut boni cives simus, bellum Italiae
terra marique inferamus et odia improborum rursus in nos,
quae iam exstincta erant, incendamus et Luccei consilia ac
4 Theophani persequamur. Nam Scipio vel in Syriam proficiscitur sorte vel cum genero honeste vel Caesarem fugit 5
iratum. Marcelli quidem, nisi gladium Caesaris timuissent,
manerent. Appius et eodem timore et inimicitiarum recentium. Et tamen praeter hunc et C. Cassium reliqui legati,
Faustus pro quaestore; ego unus cui utrumvis liceret. Frater
accedit quem socium huius fortunae esse non erat aequum. 10
Cui magis etiam Caesar irascetur, sed impetrare non possum ut
maneat. Dabimus hoc Pompeio cui debemus. Nam me quidem
alius nemo movet, non sermo bonorum, qui nulli sunt, non
causa, quae acta timide est, agetur improbe. Vni, uni hoc
damus, ne id quidem roganti nec suam causam, ut ait, agenti 15
sed publicam. Tu quid cogites de transeundo in Epirum scire
sane velim.

II   *Scr. in Formiano Non. Mart. an. 49.*

CICERO ATTICO SALVTEM.

`Etsi Non. Mart., die tuo, ut opinor, exspectabam epi- 20
stulam a te longiorem, tamen ad eam ipsam brevem quam
IIII Non. ὑπὸ τὴν διάλειψιν dedisti rescribendum putavi.
Gaudere ais te mansisse me et scribis in sententia te manere.
Mihi autem superioribus litteris videbare non dubitare quin
cederem, ita si et Gnaeus bene comitatus conscendisset et 25
consules transissent. Vtrum hoc tu parum commeministi,

---

1 simus *ERs*: sumus *OMbdm*   7 et *Ω*: in *m*: est *codd. aliquot teste*
Verburgio, Aldus, Madvig   eodem] eodem modo *M* [*sed* modo *del.*]:
eodem in *Boot*   recentium etiam; praeter *Madvig*   9 licet *Kayser*
10 accedit *C*: accesserit *ΣM²ms*: accederet *M¹bd*   11 irascetur *ΣMᶜd*:
-ceretur *Δ*   12 cui [quoi] *Schmidt*: quod *Ω*: quo *M¹*   22 IIII
Corr.: III *Ω*   διάλειψιν *Orelli*: ΔΙΑΛΗΨΙΝ *vel sim. Ω*   24 in
sup- *OV*

an ego non satis intellexi, an mutasti sententiam? Sed aut
ex epistula quam exspecto perspiciam quid sentias aut alias
abs te litteras eliciam. Brundisio nihildum erat adlatum.

IIa   *Scr. in Formiano viii Id. Mart. an. 49.*

5   ⟨CICERO ATTICO SALVTEM.⟩

O rem difficilem planeque perditam! quam nihil praeter- **1**
mittis in consilio dando! quam nihil tamen quod tibi ipsi
placeat explicas! Non esse me una cum Pompeio gaudes ac
proponis quam sit turpe me adesse cum quid de illo detraha-
10 tur; nefas esse approbare. Certe. Contra igitur? 'Di' inquis
'averruncent!' Quid ergo fiet si in altero scelus·est, in altero
supplicium? 'Impetrabis' inquis 'a Caesare ut tibi abesse
liceat et esse otioso.' Supplicandum igitur? Miserum. Quid
si non impetraro? 'Et de triumpho erit' inquis 'integrum.'
15 Quid si hoc ipso premar? Accipiam? Quid foedius? Negem?
Repudiari se totum, magis etiam quam olim in xxviratu,
putabit. Ac solet, cum se purgat, in me conferre omnem
illorum temporum culpam: ita me sibi fuisse inimicum ut
ne honorem quidem a se accipere vellem. Quanto nunc hoc
20 idem accipiet asperius! Tanto scilicet quanto et honos hic illo
est amplior et ipse robustior. Nam quod negas te dubitare **2**
quin magna in offensa sim apud Pompeium hoc tempore, non
video causam cur ita sit hoc quidem tempore. Qui enim
amisso Corfinio denique certiorem me sui consili fecit, is
25 queretur Brundisium me non venisse cum inter me et Brundisium ·Caesar esset? Deinde etiam scit ἀπαρρησίαστον esse
in ea causa querelam suam. Me putat de municipiorum

6 *novam ep. constituit Schütz*: *cum superiore in codd. cohaeret*   7 in
om. C   11 aver(r)uncent O², *Iens.*: avveruncent cent O¹: annerrun(t)-
cent *EM*: annoerunt centum *R*: annuerûnt *V*δ   16 xxviratu *M*¹ [*sed*
xxv. ir-] *s* [vigintiv-]: -tum Σ*M*ᶜ*bdm*: iratum *V*   20 honos *Wes.*: -or
Ω   27 ea OR*Δ*: mea *EVm*

3

imbecillitate, de dilectibus, de pace, de urbe, de pecunia, de
Piceno occupando plus vidisse quam se. Sin cum potuero non
venero, tum erit inimicus; quod ego non eo vereor ne mihi
noceat (quid enim faciet?

> Τίς δ' ἐστὶ δοῦλος τοῦ θανεῖν ἄφροντις ὤν;),   5

sed quia ingrati animi crimen horreo. Confido igitur adventum nostrum illi, quoquo tempore fuerit, ut scribis,
ἀσμενιστὸν fore. Nam quod ais, si hic temperatius egerit,
consideratius consilium te daturum, qui hic potest se gerere
non perdite? ⟨Vetat⟩ vita, mores, ante facta, ratio suscepti 10
negoti, socii, vires bonorum aut etiam constantia.

3   Vixdum epistulam tuam legeram cum ad me currens ad
illum Postumus Curtius venit, nihil nisi classis loquens et
exercitus. Eripiebat Hispanias, tenebat Asiam, Siciliam,
Africam, Sardiniam, confestim in Graeciam persequebatur. 15
Eundum igitur est, nec tam ut belli quam ut fugae socii
simus. Nec enim ferre potero sermones istorum, quicumque
sunt; non sunt enim certe, ut appellantur, boni. Sed tamen
id ipsum scire cupio, quid loquantur, idque ut exquiras
meque certiorem facias te vehementer rogo. Nos adhuc quid 20
Brundisi actum esset plane nesciebamus. Cum sciemus, tum
ex re et ex tempore consilium capiemus, sed utemur tuo.

III   *Scr. in Formiano vii Id. Mart. an. 49.*

CICERO ATTICO SALVTEM.

1   Domiti filius transiit Formias viii Id. currens ad matrem 25
Neapolim mihique nuntiari iussit patrem ad urbem esse, cum
ex eo curiose quaesisset servus noster Dionysius. Nos autem

8 temperatius *V* [*cf. p.* 26. 17]: -antius *Ω*   9 te cons- *Σ*: cons- te *Δ*
10 ⟨vetat⟩ vita *scripsi* [⟨vetant⟩ vita *iam Purser*]: vita *Ω*: quoi vita *V*:
vetant *Boot*   11 *post* constantia *add.* nihil impenditur *V*, cogent
Lehmann   25 *novam ep. faciunt RP*: *in ceteris cum superiore cohaeret*
transiit *OVM²ms*: -sit *ERM¹bd*   27 ex *ΣM²bdmλ*: de *M¹*: *om. s*

audieramus eum profectum sive ad Pompeium sive in Hispaniam. Id cuius modi sit scire sane velim. Nam ad id quod
delibero pertinet, si ille certe nusquam discessit, intellegere
Gnaeum non esse facilis nobis ex Italia exitus, cum ea tota
5 armis praesidiisque teneatur, hieme praesertim. Nam si commodius anni tempus esset, vel infero mari liceret uti. Nunc
nihil potest nisi supero tramitti, quo iter interclusum est.
Quaeres igitur et de Domitio et de Lentulo.

A Brundisio nulla adhuc fama venerat, et erat hic dies 2
10 VII Id., quo die suspicabamur aut pridie ad Brundisium
venisse Caesarem. Nam Kal. Arpis manserat. Sed si Postu-
mum audire velles, persecuturus erat Gnaeum ; transisse enim
iam putabat coniectura tempestatum ac dierum. Ego nautas
eum non putabam habiturum ; ille confidebat, et eo magis
15 quod audita naviculariis hominis liberalitas esset. Sed tota res
Brundisina quo modo habeat se diutius nescire non possum.

IV   *Scr. in Formiano iv Id. Mart. an. 49.*

⟨CICERO ATTICO SALVTEM.⟩

Ego etsi tam diu requiesco quam diu aut ad te scribo 1
20 aut tuas litteras lego, tamen et ipse egeo argumento epistularum et tibi idem accidere certo scio. Quae enim soluto
animo familiariter scribi solent ea temporibus his excluden-
tur, quae autem sunt horum temporum ea iam contrivimus.
Sed tamen, ne me totum aegritudini dedam, sumpsi mihi
25 quasdam tamquam θέσεις, quae et πολιτικαὶ sunt et temporum horum, ut et abducam animum a querelis et in eo ipso
de quo agitur exercear. Eae sunt huius modi:

7 quod *V*   8 et de . . . et de *EΔ*: et de . . . et *O¹R*: de . . . et *V*
10 ad *Σ*: *om. Δ*   19 *hanc novam ep.* 'in aliis exemplis' *fuisse monuit*
Lamb. in marg.: *in nostris cum superiore cohaeret*   20 egeo *O¹Ps²*:
ego *ERVΔ*   21 certo *Δ*: -te *Σ*   22 ea *Ascensius*: e *ORΔ*: et *EV*:
om. mλλ   22 excluduntur *Rom.*   25 πολιτικαὶ *Orelli*: politic(a)e
vel sim. Ω   26 a *ERbm*: ab *OMds*

5

2 Εἰ μενετέον ἐν τῇ πατρίδι τυραννουμένης αὐτῆς. Εἰ παντὶ
τρόπῳ τυραννίδος κατάλυσιν πραγματευτέον, κἂν μέλλῃ διὰ
τοῦτο περὶ τῶν ὅλων ἡ πόλις κινδυνεύσειν. Εἰ εὐλαβητέον τὸν
καταλύοντα μὴ αὐτὸς αἴρηται. Εἰ πειρατέον ἀρήγειν τῇ πατρίδι
τυραννουμένῃ καιρῷ καὶ λόγῳ μᾶλλον ἢ πολέμῳ. Εἰ πολιτι- 5
κὸν τὸ ἡσυχάζειν ἀναχωρήσαντά ποι τῆς πατρίδος τυραννουμένης ἢ διὰ παντὸς ἰτέον κινδύνου τῆς ἐλευθερίας πέρι. Εἰ
πόλεμον ἐπακτέον τῇ χώρᾳ καὶ πολιορκητέον αὐτὴν τυραννου-
μένην. Εἰ καὶ μὴ δοκιμάζοντα τὴν διὰ πολέμου κατάλυσιν
τῆς τυραννίδος συναπογραπτέον ὅμως τοῖς ἀρίστοις. Εἰ τοῖς 10
εὐεργέταις καὶ φίλοις συγκινδυνευτέον ἐν τοῖς πολιτικοῖς κἂν
μὴ δοκῶσιν εὖ βεβουλεῦσθαι περὶ τῶν ὅλων. Εἰ ὁ μεγάλα
τὴν πατρίδα εὐεργετήσας δι' αὐτό τε τοῦτο ἀνήκεστα παθὼν
καὶ φθονηθεὶς κινδυνεύσειεν ἂν ἐθελοντὴς ὑπὲρ τῆς πατρίδος
ἢ ἐφετέον αὐτῷ ἑαυτοῦ ποτε καὶ τῶν οἰκειοτάτων ποιεῖσθαι πρό- 15
νοιαν ἀφεμένῳ τὰς πρὸς τοὺς ἰσχύοντας διαπολιτείας.

3 In his ego me consultationibus exercens et disserens in
utramque partem tum Graece tum Latine et abduco parum-
per animum a molestiis et τῶν προὔργου τι delibero. Sed
vereor ne tibi ἄκαιρος sim. Si enim recte ambulavit is qui 20
hanc epistulam tulit, in ipsum tuum diem incidit.

V   *Scr. in Formiano vi Id. Mart. an. 49.*

CICERO ATTICO SALVTEM.

1 [Natali] die tuo scripsisti epistulam ad me plenam consili
summaeque cum benevolentiae tum etiam prudentiae. Eam 25

3 εἰ] ἢ *Lamb.*   τὸν . . . πατρίδος (v. 14) *om. RP*   4 αἱρηται *Bos.*:
ἄρθηται *C*: ἐγέρθηται *O*: ΕΡΡΩΗΤΑΙ *M¹*: *om.* δ: ΕΡΕΗΤΑΙ *Z*[b]: ἀρθῇ
Mal.   5 καιρῷ (-νῶ *O*) καὶ λόγῳ *OZ*: *om.* Δ   7 ἢ *Ascensius*: εἰ *OΔ*
ἰτέον *Rom.*: ΕΙΤΕΟΗ *M¹*: θετέον *Oδ*   8 αὐτὴν *Crat.*: ταύτην *vel sim.*
OΔ   13 τε τοῦτο *M*[c]*dm*: ΤΕΤΟΥ *M¹*: δὲ τοῦτο *bs*   15 ἢ *Ascensius*:
εἰ *Ω*   16 τὰς] τῆς *Sjögren, auctore Danielsson*   20 ambulavit is *Σ*
M[c]*bd*: -verit is *M¹* [-ritis] *ms, Mueller*   21 incidet *Mueller*   *sequen-*
tia usque ad transiit [*p. 9. 22*] *desunt in V*   24 natali *secl. Sternkopf*

mihi Philotimus postridie quam a te acceperat reddidit.
Sunt ista quidem quae disputas difficillima, iter ad superum,
navigatio infero, discessus Arpinum ne hunc fugisse, mansio
Formiis ne obtulisse nos gratulationi videamur, sed mise-
5 rius nihil quam ea videre quae tamen iam, inquam, videnda
erunt.

Fuit apud me Postumus, scripsi ad te quam gravis. Venit
ad me etiam Q. Fufius quo vultu, quo spiritu! properans
Brundisium, scelus accusans Pompei, levitatem et stultitiam
10 senatus. Haec qui in mea villa non feram †cur tum† in curia
potero ferre? Age, finge me quamvis εὐστομάχως haec feren- 2
tem; quid illa 'Dic, M. Tulli'? quem habebunt exitum?
Et omitto causam rei publicae, quam ego amissam puto cum
vulneribus suis tum medicamentis iis quae parantur, de
15 Pompeio quid agam? cui plane (quid enim hoc negem?)
suscensui. Semper enim causae eventorum magis movent
quam ipsa eventa. Haec igitur mala (quibus maiora esse quae
possunt?) considerans vel potius iudicans eius opera accidisse
et culpa inimicior huic eram quam ipsi Caesari. Vt maiores
20 nostri funestiorem diem esse voluerunt Alliensis pugnae quam
urbis captae, quod hoc malum ex illo (itaque alter religiosus
etiam nunc dies, alter in vulgus ignotus), sic ego decem
annorum peccata recordans, in quibus inerat ille etiam annus
qui nos hoc ⟨non⟩ defendente, ne dicam gravius, adflixerat,
25 praesentisque temporis cognoscens temeritatem, ignaviam,
neglegentiam suscensebam. Sed ea iam mihi exciderunt; bene- 3
ficia eiusdem cogito, cogito etiam dignitatem; intellego, serius
equidem quam vellem propter epistulas sermonesque Balbi,
sed video plane nihil aliud agi, nihil actum ab initio, ⟨nisi⟩

5 iam ⟨iam⟩ *Aldus*   10 cur tum *ΣM¹ms*: cur eum *PM²bd*: Curtium
anon. ap. Corr.: *del. Boot*   16 enim ⟨me⟩ *Casaubon*   19 huic
eram *Σbs*: eram huic *Mdm*   24 non *Vict.*: *om. ΩZ⁽ˡ⁾*   29 nihil
[*prius*] *bs*: mi(c)hi *ORMdm*   ⟨nisi⟩ ut *Wes.*: ⟨quam⟩ ut *Sal.–Reg.*

ut hunc occideret. Ego igitur, sicut apud Homerum cui et
mater et dea dixisset,

Αὐτίκα γάρ τοι ἔπειτα μεθ’ Ἕκτορα πότμος ἕτοιμος,

matri ipse respondit,

Αὐτίκα τεθναίην, ἐπεὶ οὐκ ἄρ’ ἔμελλον ἑταίρῳ   5
κτεινομένῳ ἐπαμῦναι,—

Quid si non ἑταίρῳ solum sed etiam εὐεργέτῃ, adde tali
viro talem causam agenti?—ego vero haec officia mercanda
vita puto. Optimatibus vero tuis nihil confido, nihil iam ne
4 inservio quidem. Video ut se huic dent, ut daturi sint. Quic- 10
quam tu illa putas fuisse de valetudine decreta municipiorum
prae his de victoria gratulationibus? ‘Timent’ inquies. At
ipsi tum se timuisse dicunt. Sed videamus quid actum sit
Brundisi. Ex eo fortasse alia consilia nascentur aliaeque litterae.   15

VI   *Scr. in Formiano v Id. Mart. an. 49.*

⟨CICERO ATTICO SALVTEM.⟩

1   Nos adhuc Brundisio nihil. Roma scripsit Balbus putare
iam Lentulum consulem tramisisse [me] nec eum a minore
Balbo conventum, quod is hoc iam Canusi audisset; inde ad 20
se eum scripsisse; cohortesque sex quae Albae fuissent ad
Curium via Minucia transisse; id Caesarem ad se scripsisse
et brevi tempore eum ad urbem futurum. Ergo utar tuo

1 ego *ms*: eo *ORMbd*   sicut *Faërn.*: si quid *Ω*: si quidem *Vrs.*: sicut
is *Iunius*: sicut ille *Schmidt*   4 ipse *OR*: ipsi *Δ* [*sed* matri ipsi resp- *om.*
*bdm*¹]   8 agenti *Iens. Rom.*: -ndi *Ω*   ego *C*: et ego *Ω*   officia ...
puto *ita Vict.*: officia mercanda puto *C*: officiam [eff- *O²Rbms*] ei candida
[et canda *R*] vita puto *Ω*   10 vide *m*   14 alia *Lamb.* [nova *prius idem*]:
ea *ORM¹Z¹*: mea *Eδ*   18 *novam ep. agnovit Corr.*: *cum superiore in codd.*
cohaeret   putari *Orelli*   19 me *del. Crat.*   nec ... transisse [*v.* 22]
om. bs   nec eum] nichil enim *R*   21 cohortesque ... scripsisse *om.*
RP   22 curium *m*: curtum *EOMd*   via *Z¹*: in via *EOM^cdm*: *om.M¹*

consilio neque me Arpinum hoc tempore abdam, etsi, Ciceroni
meo togam puram cum dare Arpini vellem, hanc eram ipsam
excusationem relicturus ad Caesarem. Sed fortasse in eo ipso
offendetur, cur non Romae potius. Sed tamen, si est con-
5 veniendus, hic potissimum. Tum reliqua videbimus, id est et
quo et qua et quando.

   Domitius, ut audio, in Cosano est ⟨et⟩ quidem, ut aiunt, **2**
paratus ad navigandum, si in Hispaniam, non improbo, si ad
Gnaeum, laudo; quovis potius certe quam ut Curtium videat
10 quem ego patronus aspicere non possum. Quid alios? Sed,
opinor, quiescamus, ne nostram culpam coarguamus qui, dum
urbem, id est patriam, amamus dumque rem conventuram
putamus, ita nos gessimus ut plane interclusi captique simus.

   Scripta iam epistula Capua litterae sunt adlatae hoc ex- **3**
15 emplo: 'Pompeius mare transiit cum omnibus militibus quos
secum habuit. Hic numerus est hominum milia triginta et
consules duo et tribuni pl. et senatores qui fuerunt cum eo
omnes cum uxoribus et liberis. Conscendisse dicitur a. d. IIII
Non. Mart. Ex ea die fuere septemtriones venti. Navis qui-
20 bus usus non est omnis aut praecidisse aut incendisse dicunt.
De hac re litterae L. Metello tribuno pl. Capuam adlatae
sunt a Clodia socru quae ipsa transiit.'

   Ante sollicitus eram et angebar, sicut res scilicet ipsa cogebat, **4**
cum consilio explicare nihil possem; nunc autem, postquam
25 Pompeius et consules ex Italia exierunt, non angor sed ardeo
dolore,

---

7 est ⟨et⟩ quidem *Lamb.*: est quidem *RM*[1]: est quidam *EOδ*: et quidem *Man.*   8 improbo *scripsi*: probo *Ω*   9 Curtium *Vict.*:
Curium *C*: certum *Ω*   14 capua *P*: -u(a)e *Ω*   15 transiit *Iens.*: -sit *Ω*
17 anne ⟨et praetores⟩ et tribuni [*i.e.* ⟨et pr.⟩ et tr.] pl. *?*   21 de . . .
transiit *Ciceroni dant vulgo*   Capuam *Iens.*: capua *ΣMd*[2]*m*: -u(a)e *bd*[1]*s*
23 ante] *accedit V. hinc novam ep. incipiunt Σ*   cogebat *om. M*[1]   24 cum
[quum] . . . possem *ita C*: quo uti consilio possem *Σδ*: cum consilio possem
M[1] [*sed* cum *linea inductum*]

M. TVLLI CICERONIS

οὐδέ μοι ἦτορ

ἔμπεδον, ἀλλ' ἀλαλύκτημαι.

Non sum, inquam, mihi crede, mentis compos; tantum mihi
dedecoris admisisse videor. Mene non primum cum Pompeio,
qualicumque consilio usus ⟨est⟩, deinde cum bonis esse, quam- 5
vis causa temere instituta? praesertim cum ii ipsi quorum
ego causa timidius me fortunae committebam, uxor, filia,
Cicerones pueri, me illud sequi mallent, hoc turpe et me
indignum putarent. Nam Quintus quidem frater quicquid
mihi placeret id rectum se putare aiebat, id animo aequissimo 10
sequebatur.

5   Tuas nunc epistulas a primo lego. Hae me paulum recre-
ant. Primae monent et rogant ne me proiciam, proximae
gaudere te ostendunt me remansisse. Eas cum lego, minus
mihi turpis videor, sed tam diu dum lego. Deinde emergit 15
rursum dolor et αἰσχροῦ φαντασία. Quam ob rem obsecro te,
mi Tite, eripe hunc mihi dolorem aut minue saltem, aut
consolatione aut consilio aut quacumque re potes. Quid tu
autem possis, aut quid homo quisquam? Vix iam deus.

6   Equidem illud molior quod tu mones sperasque fieri posse, 20
ut mihi Caesar concedat ut absim cum aliquid in senatu
contra Gnaeum agatur. Sed timeo ne non impetrem. Venit
ab eo Furnius. Vt quidem scias quos sequamur, Q. Titini
filium cum Caesare esse nuntiat—sed illum maiores mihi
gratias agere quam vellem. Quid autem me roget, paucis ille 25
quidem verbis sed ἐν δυνάμει, cognosce ex ipsius epistula. Me
miserum quod tu non valuisti! una fuissemus; consilium
certe non defuisset. "σύν τε δύ' ἐρχομένω."

7   Sed acta ne agamus, reliqua paremus. Me adhuc haec
duo·fefellerunt, initio spes compositionis, qua facta volebam 30

5 usus ⟨est⟩ *Wes.*: usus Ω: usum *s*: uso *Man.*: usust *Sjögren*   14 gaudere te ΣM*c*m: te g- Δ   17 hunc mihi *ER*: mihi *O¹V*: mihi hunc Δ
19 vix deus. Iam equidem Z¹   23 ut *V*: et Ω   24 *sic distinxi*

uti populari via, sollicitudine senectutem nostram liberare;
deinde bellum crudele et exitiosum suscipi a Pompeio intellegebam. Melioris medius fidius civis et viri putabam quovis
supplicio adfici quam illi crudelitati non solum praeesse
5 verum etiam interesse. ⟨Sed⟩ videtur vel mori satius fuisse
quam esse cum his. Ad haec igitur cogita, mi Attice, vel
potius excogita. Quemvis eventum fortius feram quam hunc
dolorem.

A

10   *Scr. in itinere Arpis Brundisium in. mense Mart. an. 49.*

CAESAR IMP. S. D. CICERONI IMP.

Cum Furnium nostrum tantum vidissem neque loqui neque
audire meo commodo potuissem, ⟨cum⟩ properarem atque
essem in itinere praemissis iam legionibus, praeterire tamen
15 non potui quin et scriberem ad te et illum mitterem gratias-
que agerem, etsi hoc et feci saepe et saepius mihi facturus
videor; ita de me mereris. In primis a te peto, quoniam
confido me celeriter ad urbem venturum, ut te ibi videam,
ut tuo consilio, gratia, dignitate, ope omnium rerum uti pos-
20 sim. Ad propositum revertar; festinationi meae brevitatique
litterarum ignosces. Reliqua ex Furnio cognosces.

VII   *Scr. in Formiano iii Id. Mart. an. 49.*

CICERO ATTICO SALVTEM.

Scripseram ad te epistulam quam darem iiii Id.; sed eo die **1**
25 is cui dare volueram non est profectus. Venit autem eo ipso

---

1 uti *Bos.*: ut *Ω*   via *Purser*: ut [et *V*] ea *Ω*: vita *Bos.*   liberare *Wes.*:
-ari *EOPΔ* [*vide Sjögren*]: -arem *RV*   5 sed *addidi*   13 meo *Z*: me
Ω   commodo *Δ*: -de *Σ*   ⟨cum⟩ prop- *Vict.* [*post* prop- *distinguens*]:
⟨et⟩ prop- *Koch*   16 et feci *M⁴ cod. Helmst.*: effeci *O¹* [*?*]*RC*: feci *V*:
effecit *M¹*: officium δ   23 *in inscr. desinit V*   24 darem *s*:
parem *Ω*   eo *Σ*: eos *Δ*   die is *Ps*: dies *RΔ*: die *O¹*

die ille celeripes quem Salvius dixerat. Attulit uberrimas tuas
litteras, quae mihi quiddam quasi animulae instillarunt; re-
creatum enim me non queo dicere. Sed plane τὸ συνέχον
effecisti. Ego enim non iam id ago, mihi crede, ut prosperos
exitus consequar. Sic enim video, nec duobus his vivis nec 5
hoc uno nos umquam rem publicam habituros. Ita neque de
otio nostro spero iam nec ullam acerbitatem recuso. Vnum
illud extimescebam, ne quid turpiter facerem vel dicam iam
ne fecissem.

2   Sic ergo habeto, salutaris te mihi litteras misisse neque 10
solum has longiores, quibus nihil potest esse explicatius, nihil
perfectius, sed etiam illas breviores, in quibus hoc mihi
iucundissimum fuit, consilium factumque nostrum a Sexto
probari, pergratumque mihi tu fecisti; a quo et diligi me et
quid rectum sit intellegi scio. Longior vero tua epistula non 15
me solum sed meos omnis aegritudine levavit. Itaque utar tuo
consilio et ero in Formiano, ne aut ad urbem ἀπάντησις mea
animadvertatur aut, si nec hic nec illic eum videro, devita-
3 tum se a me putet. Quod autem suades ut ab eo petam ut
mihi concedat ut idem tribuam Pompeio quod ipsi tribuerim, 20
id me iam pridem agere intelleges ex litteris Balbi et Oppi
quarum exempla tibi misi. Misi etiam Caesaris ad eos sana
mente scriptas litteras quo modo in tanta insania. Sin mihi
Caesar hoc non concedat, video tibi placere illud, me πολί-
τευμα de pace suscipere; in quo non extimesco periculum 25
(cum enim tot impendeant, cur non honestissimo depecisci
velim?) sed vereor ne Pompeio quid oneris imponam,

μή μοι γοργείην κεφαλὴν δεινοῖο πελώρου

1 celeriter pes *Z¹*: Callippides *Reid*   2 quasi animulae instillarunt
Lamb.: quastant mutaet estiliarunt *Z*⁽ˡ⁾: qua stant mutae test- *Z*ᵇ: qua
[quasi *s*] stant enim [enim *om. Δ*] muta est illi aiunt [arunt *Mdm*] *Ω*
9 ne fecissem *Schmidt*: eff- *Ω*: fecissem *E*   14 *post* fecisti *add.* quod me
de eius iudicio certiorem fecisti *Lehmann*   et [*prius*] *om. Δ*   23 litteras
om. M¹

intorqueat. Mirandum enim in modum Gnaeus noster Sul-
lani regni similitudinem concupivit. Εἰδώς σοι λέγω. Nihil
ille umquam minus obscure tulit. 'Cum hocne igitur' inquies
'esse vis ?' Beneficium sequor, mihi crede, non causam, ut in
5 Milone, ut in—sed hactenus. 'Causa igitur non bona est ?' 4
Immo optima, sed agetur, memento, foedissime. Primum
consilium est suffocare urbem et Italiam fame, deinde agros
vastare, urere, pecuniis locupletium ⟨non⟩ abstinere. Sed
cum eadem metuam ab hac parte, si illim beneficium non sit,
10 rectius putem quidvis domi perpeti. Sed ita meruisse illum
de me puto ut ἀχαριστίας crimen subire non audeam, quamquam a te eius quoque rei iusta defensio est explicata.

De triumpho tibi adsentior, quem quidem totum facile et 5
libenter abiecero. Egregie probo fore ut, dum agamus, ὁ
15 πλόος ὡραῖος obrepat. 'Si modo' inquis 'satis ille erit firmus.'
Est firmior etiam quam putabamus. De isto licet bene speres.
Promitto tibi, si valebit, tegulam illum in Italia nullam
relicturum. 'Tene igitur socio ?' Contra me hercule meum
iudicium et contra omnium antiquorum auctoritatem; nec
20 tam ut illa adiuvem quam ut haec ne videam cupio discedere.
Noli enim putare tolerabilis horum insanias nec unius modi
fore. Etsi quid te horum fugit, legibus, iudiciis, senatu sublato
libidines, audacias, sumptus, egestates tot egentissimorum
hominum nec privatas posse res nec rem publicam sustinere ?
25 Abeamus igitur inde qualibet navigatione ; etsi id quidem
ut tibi videbitur, sed certe abeamus. Sciemus enim ⟨iam⟩,
id quod exspectas, quid Brundisi actum sit.

Bonis viris quod ais probari quae adhuc fecerimus sciri- 6
que ab iis ⟨non sine causa nos⟩ non profectos valde gaudeo, si

8 locupletium Eλ: -tum ORΔ   non add. Iens.   9 illim nescio quis:
illi M¹: -inc Σδ [talia non semper commemorabo]   16 putaramus Wes.
20 ut illa s: utilia Ω   quam cod. Helmst.: quamquam ORMbd: quam
quod ms   21 noli P: nolui Ω   26 iam add. Wes.   29 non sine
causa nos addidi [⟨nos⟩ non pr- Lamb.]   profectos PZᵇλ cod. Faern.: -tis Ω

est nunc ullus gaudendi locus. De Lentulo investigabo diligentius. Id mandavi Philotimo, homini forti ac nimium
optimati.

7 Extremum est ut tibi argumentum ad scribendum fortasse iam desit; nec enim alia de re nunc ulla scribi potest 5
et de hac quid iam amplius inveniri potest? Sed quoniam et
ingenium suppeditat (dico me hercule ut sentio) et amor, quo
et meum ingenium incitatur, perge, ut facis, et scribe quantum potest.

In Epirum quod me non invitas, comitem non molestum, 10
subirascor. Sed vale. Nam ut tibi ambulandum, ungendum,
sic mihi dormiendum. Etenim litterae tuae mihi somnum
attulerunt.

A

Scr. Romae vi (?) *Id. Mart. an. 49.*   15

BALBVS ET OPPIVS S. D. M. CICERONI

1 Nedum hominum humilium, ut nos sumus, sed etiam
amplissimorum virorum consilia ex eventu, non ex voluntate
a plerisque probari solent. Tamen freti tua humanitate quod
verissimum nobis videbitur de eo quod ad nos scripsisti tibi 20
consilium dabimus. Quod si non fuerit prudens, at certe ab
optima fide et optimo animo proficiscetur.

Nos si id quod nostro iudicio Caesarem facere oportere
existimamus, ut, simul Romam venerit, agat de reconcilia-
tione gratiae suae et Pompei, id eum facturum ex ipso 25
cognovissemus, ⟨non desineremus⟩ te hortari ut velles iis

---

9 potest Z^1: -es Ω 13 *sequitur in codd. Ep.* 8 [*uno tenore in Δ, nova*
ep. in Σ], *deinde* 7c, 7B, 7A: *transp. Schütz*   23 nos si *Tunstall*: nos
$O^2P\,M^1$: vos R: nos id O^1: nisi $E\delta$ 26 non desineremus *hic addidi,*
post hortari *Madvig* [desineremus *iam Aldus*]: ⟨non desissemus⟩ te h-
Tyrrell–Purser

rebus interesse, quo facilius et maiore cum dignitate per te,
qui utrique es coniunctus, res tota confieret; aut si ex con-
trario putaremus Caesarem id non facturum et etiam velle
cum Pompeio bellum gerere sciremus, numquam tibi suade-
5 remus contra hominem optime de te meritum arma ferres,
sicuti te semper oravimus ne contra Caesarem pugnares. Sed **2**
cum etiam nunc quid facturus Caesar sit magis opinari quam
scire, non possumus nisi hoc, non videri eam tuam esse
dignitatem neque fidem omnibus cognitam ut contra alter-
10 utrum, cum utrique sis maxime necessarius, arma feras, et hoc
non dubitamus quin Caesar pro sua humanitate maxime sit
probaturus. Nos tamen, si tibi videbitur, ad Caesarem scribemus ut nos certiores faciat quid ⟨in⟩ hac re acturus sit. A quo
si erit nobis rescriptum, statim quid sentiamus ad te scribemus
15 et tibi fidem faciemus nos ea suadere quae nobis videntur
tuae dignitati, non Caesaris actioni esse utilissima; et hoc
Caesarem pro sua indulgentia in suos probaturum putamus.

B

Scr. Romae v (?) *Id. Mart. an. 49.*

20   BALBVS CICERONI IMP. SAL.

S. V. B. Postea quam litteras communis cum Oppio ad te **1**
dedi, ab Caesare epistulam accepi cuius exemplum tibi misi;
ex qua perspicere poteris quam cupiat concordiam et Pompeium reconciliare et quam remotus sit ab omni crudelitate;

---

3 etiam *E*: etiam alias eum *R*: eum alias eum [*prius* eum *in ras*. *O*²,
cetera expuncta] *O*: etiam eum *P*: eum δ: te *M*¹   7 sit caesar magis *R*:
C- m- s- *Hellmuth*   8 scire ⟨possimus⟩ *Ascensius*: scire ⟨possimus,
scribere⟩ *Wes.*   13 in hac re *P*: hac re Ω [*post* nos *m*]: hac de re s [*post*
nos]: de hac re *Baiter*   14 quid *Wes.*: quod *P*λ: quo *R*: quae δ: cum *M*¹
sentiemus δ   16 actioni Ω*C*: rationi *P, fort. recte*   21 S.V.B. *Mueller*:
S.V.B.⟨E.⟩ *Rivius*: sub Ω   23 ⟨suam⟩ et *Wes.*   pompei *M*¹, *Wes.*

quod eum sentire, ut debeo, valde gaudeo. De te et tua
fide et pietate idem me hercule, mi Cicero, sentio quod
tu, non posse tuam famam et officium sustinere ut contra
eum arma feras a quo tantum beneficium te accepisse
2 praedices. Caesarem hoc idem probaturum exploratum pro 5
singulari eius humanitate habeo, eique cumulatissime satis
facturum te certo scio cum nullam partem belli contra eum
suscipias neque socius eius adversariis fueris. Atque hoc non
solum in te, tali et tanto viro, satis habebit, sed etiam mihi
ipse sua concessit voluntate ne in iis castris essem quae contra 10
Lentulum aut Pompeium futura essent, quorum beneficia
maxima haberem, sibique satis esse dixit si togatus urbana
officia sibi praestitissem quae etiam illis, si vellem, praestare
possem. Itaque nunc Romae omnia negotia Lentuli procuro,
sustineo, meumque officium, fidem, pietatem iis praesto. 15
Sed me hercule rursus iam abiectam compositionis spem non
desperatissimam esse puto, quoniam Caesar est ea mente
qua optare debemus.

   Hac re mihi placet, si tibi videtur, te ad eum scribere et ab
eo praesidium petere, ut petisti a Pompeio me quidem ad- 20
probante temporibus Milonianis. Praestabo, si Caesarem bene
novi, eum prius tuae dignitatis quam suae utilitatis rationem
habiturum.

3   Haec quam prudenter tibi scribam nescio, sed illud certe
scio, me ab singulari amore ac benevolentia quaecumque 25
scribo tibi scribere, quod te (ita incolumi Caesare moriar!)
tanti facio ut paucos aeque ac te caros habeam. De hac re
cum aliquid constitueris, velim mihi scribas. Nam non mediocriter laboro ⟨ut⟩ utrique, ut vis, tuam benevolentiam praestare possis quam me hercule te praestaturum confido. Fac 30
valeas.

<hr>

7 certo *O*²*s*: -te *Ωλ*   16 iam *Corr.*; tam *Ω*   18 qua *O*¹[?]*RM*¹:
quam *EPδ*   25 ac *om. Δ*   29 ut *add. Man.*   30 fac ut v- *Rbds*

C

Scr. in itinere c. iii Non. Mart. an. 49.

CAESAR OPPIO CORNELIO SALVTEM.

Gaudeo me hercule vos significare litteris quam valde **1**
5 probetis ea quae apud Corfinium sunt gesta. Consilio vestro
utar libenter et hoc libentius quod mea sponte facere constitueram ut quam lenissimum me praeberem et Pompeium
darem operam ut reconciliarem. Temptemus hoc modo si
possimus omnium voluntates reciperare et diuturna victoria
10 uti, quoniam reliqui crudelitate odium effugere non potuerunt
neque victoriam diutius tenere praeter unum L. Sullam,
quem imitaturus non sum. Haec nova sit ratio vincendi ut
misericordia et liberalitate nos muniamus. Id quem ad modum
fieri possit non nulla mihi in mentem veniunt et multa re-
15 periri possunt. De his rebus rogo vos ut cogitationem susci-
piatis.

N. Magium, Pompei praefectum, deprehendi. Scilicet meo **2**
instituto usus sum et eum statim missum feci. Iam duo
praefecti fabrum Pompei in meam potestatem venerunt et
20 a me missi sunt. Si volent grati esse, debebunt Pompeium
hortari ut malit mihi esse amicus quam iis qui et illi et mihi
semper fuerunt inimicissimi, quorum artificiis effectum est
ut res publica in hunc statum perveniret.

VIII   *Scr. in Formiano prid. Id. Mart. an. 49.*

25   CICERO ATTICO SALVTEM.

Cenantibus iii Id. nobis ac noctu quidem Statius a te **1**
epistulam brevem attulit. De L. Torquato quod quaeris,

9 possimus *Petrarcha*: -sumus Ω   17 N. *ERM*: CN. [Cn., GN.,
Gneum] *OP*   scilicet *E²* [*vel* sed: *deest hic E¹*] *O¹R*: scilicet et *ΔC*[*ꝭ*]
19 fabrum *Δ*: partium *E²OR*   26 iii *scripsi*: ii *ΣMᶜmsZˡ*: H.
[*vel* .ii.] d *M*: H ii *bd*

non modo Lucius sed etiam Aulus profectus est, alter multos ⟨ante dies, alter paucos⟩. De Reatinorum corona quod scribis, moleste fero in agro Sabino sementem fieri proscriptionis. Senatores multos esse Romae nos quoque audieramus. Ecquid
2 potes dicere cur exierint? In his locis opinio est coniectura 5 magis quam nuntio aut litteris Caesarem Formiis a. d. xi Kal. Apr. fore. Hic ego vellem habere Homeri illam Minervam simulatam Mentori cui dicerem,

    Μέντορ, πῶς τ' ἄρ' ἴω, πῶς τ' ἄρ προσπτύξομαι αὐτόν;

Nullam rem umquam difficiliorem cogitavi, sed cogito tamen, 10 nec ero, ut in malis, imparatus. Sed cura ut valeas. Puto enim diem tuum heri fuisse.

IX   *Scr. in Formiano xvi Kal. Apr. an. 49.*

      CICERO ATTICO SALVTEM.

1   Tris epistulas tuas accepi postridie Id. Erant autem IIII, 15 III, prid. Id. datae. Igitur antiquissimae cuique primum respondebo. Adsentior tibi, ut in Formiano potissimum com-
2 morer, etiam de supero mari, temptaboque, ut antea ad te scripsi, ecquonam modo possim voluntate eius nullam rei publicae partem attingere. Quod laudas quia oblivisci me 20 scripsi ante facta et delicta nostri amici, ego vero ita facio. Quin ea ipsa quae a te commemorantur secus ab eo in me ipsum facta esse non memini. Tanto plus apud me valet benefici gratia quam iniuriae dolor. Faciamus igitur ut censes,

1 sed *om. C*   alter . . . paucos *ita scripsi, Castiglioni secutus, qui* alter multos, ⟨alter paucos ante dies⟩   4 ecquid *Hervagius*: et quid *Ω* [*sic fere semper; itaque talia rarius commemorabo*]   15 IIII *Iens.*: illi [-e, -ic] *Ω*   17 adsentior *R*: -tio *EOΔ*   commorer *P*: -rem *ΣM¹m*: -remur *M²bds*   18 temptaboque *Nipperdey*: plaboque *OΔ*: płabo que *R*: postulaboque *P*: laboque λ, *liber 'Lolgii'* [*Longolii?*] *teste Mal.*: praelabor *cod.* Faërn.   19 possim *Corr.*: -sem *Ω*   voluntate *Rom.*: -ati *Ω* 22 a te *Hervagius*: ante *Ω*   23 valet *Σ* [-ent *O²R*]λ: -ete *M¹* · -ere δ 24 gratia . . . dolor *Σλ*: -tiam . . . -rem volo [volo *non habet M¹*] *Δ*

conligamusque nos. Σοφιστεύω enim simul ut rus decurro
atque in decursu θέσεις meas commentari non desino. Sed
sunt quaedam earum perdifficiles ad iudicandum. De optimatibus sit sane ita ut vis, sed nosti illud "Διονύσιος ἐν
5 Κορίνθῳ." Titini filius apud Caesarem est. Quod autem quasi
vereri videris ne mihi tua consilia displiceant, me vero nihil
delectat aliud nisi consilium et litterae tuae. Qua re fac ut
ostendis. Ne destiteris ad me quicquid tibi in mentem venerit
scribere. Nihil mihi potest esse gratius.
10   Venio ad alteram nunc epistulam. Recte non credis de 2
numero militum; ipso dimidio plus scripsit Clodia. Falsum
etiam de corruptis navibus. Quod consūles laudas, ego quoque
animum laudo sed consilium reprehendo; dispersu enim
illorum actio de pace sublata est, quam quidem ego medita-
15 bar. Itaque postea Demetri librum de concordia tibi remisi
et Philotimo dedi. Nec vero dubito quin exitiosum bellum
impendeat, cuius initium ducetur a fame. Et me tamen doleo
non interesse huic bello! In quo tanta vis sceleris futura est
ut, cum parentis non alere nefarium sit, nostri principes anti-
20 quissimam et sanctissimam parentem, patriam, fame necan-
dam putent. Atque hoc non opinione timeo sed interfui
sermonibus. Omnis haec classis Alexandria, Colchis, Tyro,
Sidone, Arado, Cypro, Pamphylia, Lycia, Rhodo, Chio, By-
zantio, Lesbo, Smyrna, Mileto, Coo ad intercludendos com-
25 meatus Italiae et ad occupandas frumentarias provincias
comparatur. At quam veniet iratus! et iis quidem maxime qui
eum maxime salvum volebant, quasi relictus ab iis quos
reliquit. Itaque mihi dubitanti quid me facere par sit, per-
magnum pondus adfert benevolentia erga illum; qua dempta

1 σοφιστεύω . . . rus *ita Bos.*: festivo [-ino *Pbs*] enim simili urus [simili-
mus *s*: simili *b*] ΩZ   2 in decursu Z¹ *codd. Mal. nonnulli*: cursu Ω
9 ni(c)hil mihi *Σ*: m- n- *Δ*   12 consulem M¹ [*ut vid.*] C   13 dispersu Ωλ: dispersione *P cod. Faërn.*: discessu *s*   17 ducetur *EP*: -eretur
ORΔ   26 at *Vict.*: ad Ω   veniet *ER*: venit et *O*: venit *Δ*

19

perire melius esset in patria quam patriam servando evertere.
De septemtrione plane ita est. Metuo ne vexetur Epirus;
sed quem tu locum Graeciae non direptum iri putas? Praedicat
enim palam et militibus ostendit se largitione ipsa superiorem
quam hunc fore. Illud me praeclare admones, cum illum 5
videro, ne nimis indulgenter et ut cum gravitate potius
loquar. Plane sic faciendum. Arpinum, cum eum convenero,
cogito, ne forte aut absim cum veniet aut cursem huc illuc
via deterrima. Bibulum, ut scribis, audio venisse et redisse
prid. Id.   10

3   Philotimum, ut ais epistula tertia, exspectabas. At ille
Idibus a me profectus est. Eo serius ad tuam illam epistulam,
cui ego statim rescripseram, redditae sunt meae litterae. De
Domitio, ut scribis, ita opinor esse, ut et in Cosano sit et
consilium eius ignoretur. Iste omnium turpissimus ac sordi- 15
dissimus qui consularia comitia a praetore ait haberi posse est
idem qui semper in re publica fuit. Itaque nimirum hoc illud
est quod Caesar scribit in ea epistula cuius exemplum ad te
misi, [et] se velle uti 'consilio' meo (age, esto; hoc commune
est), 'gratia' (ineptum id quidem sed, puto, hoc simulat ad 20
quasdam senatorum sententias), 'dignitate' (fortasse sententia
consulari); illud extremum est, 'ope omnium rerum'. Id ego
suspicari coepi tum ex tuis litteris aut hoc ipsum esse aut
non multo secus. Nam permagni eius interest rem ad inter-
regnum non venire. Id adsequitur, si per praetorem consules 25
creantur. Nos autem in libris habemus non modo consules
a praetore sed ne praetores quidem creari ius esse idque
factum esse numquam; consules eo non esse ius quod maius
imperium a minore rogari non sit ius, praetores autem cum

9 teterrima λ   11 ut ais δ: ut aliis M^1: ut O^1R: in P 12 ad Δ:
tibi ad O^1R 13 cui [quoi] δ: qui M^1: quoniam O^1R 15 ac Σ: et Δ
17 idem] ille M^1: ille idem Orelli   19 se Iens.: et se Ω   20 hoc Δ:
id Σ   22 consulari Corr.: -is Ω   illud Pms: -um ΣMbd   23 cepi
tum ms: c(a)eptum ΣMbd   28 numquam Man.: nusq- Ω

ita rogentur ut conlegae consulibus sint, quorum est maius
imperium. Aberit non longe quin hoc a me decerni velit
neque sit contentus Galba, Scaevola, Cassio, Antonio:

> τότε μοι χάνοι εὐρεῖα χθών.

5   Sed quanta tempestas impendeat vides. Qui transierint **4**
senatores scribam ad te cum certum habebo. De re fru-
mentaria recte intellegis quae nullo modo administrari sine
vectigalibus potest; nec sine causa et eos qui circum illum
sunt omnia postulantis et bellum nefarium times. Trebatium
10 nostrum, etsi, ut scribis, nihil bene sperat, tamen videre sane
velim. Quem fac horteris ut properet; opportune enim ad
me ante adventum Caesaris venerit. De Lanuvino, statim ut
audivi Phameam mortuum, optavi, si modo esset futura res
publica, ut id aliquis emeret meorum, neque tamen de te,
15 qui maxime meus, cogitavi. Sciebam enim te quoto anno et
quantum in solo solere quaerere, neque solum Romae sed
etiam Deli tuum digamma videram. Verum tamen ego illud,
quamquam est bellum, minoris aestimo quam aestimabatur
Marcellino consule, cum ego istos hortulos propter domum
20 Anti quam tum habebam iucundiores mihi fore putabam et
minore impensa quam si Tusculanum refecissem. Volui HS Q.
Egi per praedem, ille daret tanti, cum haberet venale. Noluit.
Sed nunc omnia ista iacere puto propter nummorum caritatem.
Mihi quidem erit aptissimum vel nobis potius si tu emeris; sed
25 eiusdem Antias cave contemnas. Valde est venustum. Quamquam mihi ista omnia iam addicta vastitati videntur.

5 sed . . . vides *sic vulgo posita; sed vide ne ad superiora pertineant*
14 aliquis emeret O^1R: aliquid *Δ*   15 meus ⟨es⟩ *Lamb.*   sciebam
enim te Z^l: scribam enim [eum *Δ*] de *Ω*   17 Deli tuum *C*: del(l)ituum
OR: de[di- *bd*]litium *Mbd*: delitum [-i tum *s*] *ms*   digamma *ΩC*: διά-
γραμμα *Corr.*   20 Anti(i) quam *Vict.*: antiquam *Ω*: antiquam quam
m²s   22 egi . . . venale *ita distinxit Mueller*   predem *Rom.*: -dum *Ω*
daret tanti cum *Lehmann, duce Marshall*: daret antiquum *Ω*   venale *s*:
-are *Ω*   25 eiusdem antias [-ci-] O^1R: eius dementias *Δ*

M. TVLLI CICERONIS

Respondi epistulis tribus, sed exspecto alias; nam me adhuc
tuae litterae sustentarunt. D. Liberalibus.

X *Scr. in Formiano xv Kal. Apr. an. 49.*

⟨CICERO ATTICO SALVTEM.⟩

1 Nihil habebam quod scriberem. Neque enim novi quicquam audieram et ad tuas omnis rescripseram pridie. Sed
cum me aegritudo non solum somno privaret verum ne
vigilare quidem sine summo dolore pateretur, tecum ut quasi
loquerer, in quo uno acquiesco, hoc nescio quid nullo argumento proposito scribere institui.

2 Amens mihi fuisse a principio videor et me una haec res
torquet quod non omnibus in rebus labentem vel potius
ruentem Pompeium tamquam unus manipularis secutus sim.
Vidi hominem XIIII Kal. Febr. plenum formidinis. Illo ipso
die sensi quid ageret. Numquam mihi postea placuit nec
umquam aliud in alio peccare destitit. Nihil interim ad me
scribere, nihil nisi fugam cogitare. Quid quaeris? sicut ἐν τοῖς
ἐρωτικοῖς alienat ⟨quod⟩ immunde, insulse, indecore fit, sic
me illius fugae neglegentiaeque deformitas avertit ab amore.
Nihil enim dignum faciebat quare eius fugae comitem me ad-
iungerem. Nunc emergit amor, nunc desiderium ferre non
possum, nunc mihi nihil libri, nihil litterae, nihil doctrina
prodest. Ita dies et noctes tamquam avis illa mare prospecto,

1 alias *ΣM²m*: tuas *M¹*: tuas alias *bds*   *haec ep. in vocabulo* sustentarunt *desinit in Ems, cum sequenti in ceteris [dempta M⁴] cobaeret*   2 D
Mm [d *M*]: O *E*: De *O²Rbds* [*de O¹ non liquet*]   5 nihil] *novam ep. incipit
M⁴* [*vide supra*]   enim *om. λ*   11 a principio videor *Σ*: v- a p- *Δ*
14 Kal. *om. M¹b*   16 ex alio *Ernesti*   17 scribere *Corr.* [scrire *Sal.-
Reg.*]: scire *Ω*   18 alienat ⟨quod⟩ *scripsi*: alienantur [-atur *Rb*] *Ω*: -nant
κ: -namur ⟨si quid⟩ *Madvig*   ·insulse *Madvig* [-sae *iam Vict.*]: insulis
[inf- *s*] *Ω*   indecore *Madvig* [-rae *Vict.*]: unde [nude *s*] decore *Ω*
21 nunc [*prius*] *EPMᶜbds*: ni(c)hil *ORM¹m*   23 dies et noctes *Eδ*: die
noctes *O¹R*: dies noctes *P*: die nocte est *M¹*: dies ac noctes *O²*

evolare cupio. Do, do poenas temeritatis meae. Etsi quae fuit
illa temeritas? quid feci non consideratissime? Si enim nihil
praeter fugam quaereretur, fugissem libentissime, sed genus
belli crudelissimi et maximi, quod nondum vident homines
5 quale futurum sit, perhorrui. Quae minae municipiis, quae
nominatim viris bonis, quae denique omnibus qui remansis-
sent! quam crebro illud 'Sulla potuit, ego non potero?' Mihi 3
autem haeserunt illa: male Tarquinius qui Porsennam, qui
Octavium Mamilium contra patriam, impie Coriolanus ⟨qui⟩
10 auxilium petiit a Volscis, recte Themistocles qui mori maluit,
nefarius Hippias, Pisistrati filius, qui in Marathonia pugna
cecidit arma contra patriam ferens. At Sulla, at Marius, at
Cinna recte. Immo iure fortasse; sed quid eorum victoria
crudelius, quid funestius? Huius belli genus fugi et eo magis
15 quod crudeliora etiam cogitari et parari videbam. Me quem
non nulli conservatorem istius urbis parentemque esse dixerunt Getarum et Armeniorum et Colchorum copias ad
eam adducere? me meis civibus famem, vastitatem inferre
Italiae? Hunc primum mortalem esse, deinde etiam multis
20 modis posse exstingui cogitabam, urbem autem et populum
nostrum servandum ad immortalitatem, quantum in nobis
esset, putabam, et tamen spes quaedam me oblectabat fore
ut aliquid conveniret potius quam aut hic tantum sceleris
aut ille tantum flagiti admitteret. Alia res nunc tota est, alia
25 mens mea. Sol, ut est in tua quadam epistula, excidisse mihi
e mundo videtur. Vt aegroto, dum anima est, spes esse dicitur,
sic ego, quoad Pompeius in Italia fuit, sperare non destiti.
Haec, haec me fefellerunt et, ut verum loquar, aetas iam a
diuturnis laboribus devexa ad otium domesticarum me rerum

6 nominatim *Vict.*: nomina [omina *M*ª: omnia *bd*] etiam *Ω*   9 ⟨con-
citavit⟩ contra *Lehmann*   qui *add. Rom.*: *om. Ωλ*   16 parentemque *Σ*: quem parentem *Δ*   19 hunc *PMᶜ*: nunc *Ω*   20 cogitabam
Mᶜ: -aram *Ω*   22 oblectabat *Moser*: obtent- [-empt- *EP*] *Ω* [-bant *E*]
λ: sustent- *anon. ap. Corr.*   28 haec haec *EO¹Zᵇλ*: haec *RΔ*

delectatione mollivit. Nunc si vel periculose experiundum
erit, experiar certe ut hinc avolem. Ante oportuit fortasse;
sed ea quae scripsi me tardarunt et auctoritas maxime tua.
4 Nam cum ad hunc locum venissem, evolvi volumen epistularum tuarum quod ego ⟨sub⟩ signo habeo servoque diligentis- 5
sime. Erat igitur in ea quam x Kal. Febr. dederas hoc modo:
'Sed videamus et Gnaeus quid agat et illius rationes quorsum
fluant. Quod si iste Italiam relinquet, faciet omnino male et,
ut ego existimo, ἀλογίστως, sed tum demum consilia nostra
commutanda erunt.' Hoc scribis post diem quartum quam 10
ab urbe discessimus. Deinde viii Kal. Febr.: 'Tantum modo
Gnaeus noster ne, ut urbem ἀλογίστως reliquit, sic Italiam
relinquat.' Eodem die das alteras litteras quibus mihi consulenti planissime respondes. Est enim sic: 'Sed venio ad
consultationem tuam. Si Gnaeus Italia cedit, in urbem red- 15
eundum puto; quae enim finis peregrinationis?' Hoc mihi
plane haesit, et nunc ita video, infinitum bellum iunctum
5 miserrima fuga quam tu peregrinationem ὑποκορίζῃ. Sequitur
χρησμὸς vi ⟨Kal.⟩ Febr.: 'Ego, si Pompeius manet in Italia
nec res ad pactionem venit, longius bellum puto fore; sin 20
Italiam relinquit, ad posterum bellum ἄσπονδον strui existimo.' Huius igitur belli ego particeps et socius et adiutor esse
cogor quod et ἄσπονδον est ⟨et⟩ cum civibus? Deinde vii Id.
Febr., cum iam plura audires de Pompei consilio, concludis
epistulam quandam hoc modo: 'Ego quidem tibi non sim 25
auctor, si Pompeius Italiam relinquit, te quoque profugere.
Summo enim periculo facies nec rei publicae proderis; cui
quidem posterius poteris prodesse, si manseris.' Quem φιλό-
πατριν ac πολιτικὸν hominis prudentis et amici tali admonitu

1 si vel *Corr.*: sive *ΣMmZ*[l]: sine *bds*   periculose *ΣZ*[l]: -culo *Δ*   3 scripsi *codd. Ball. Helmst.*: -psisti *Ω*   5 sub *add. Rom.*   19 Kal.
add. Iens.   22 huius ... civibus *pro interrogatione agnovit Mueller*
23 est ⟨et⟩ *Lamb.*: est *Ω*: et *Vict.*   25 sim] sum *R*   27 facies
Rom.: facis *Ω*   quoi *λ*: quod *Ω*

non moveret auctoritas? Deinde III Id. Febr. iterum mihi 6
respondes consulenti sic: 'Quod quaeris a me fugamne foedam
an moram nefandam utiliorem putem, ego vero in praesentia
subitum discessum et praecipitem profectionem cum tibi tum
5 ipsi Gnaeo inutilem et periculosam puto et satius esse existimo
vos dispertitos et in speculis esse; sed medius fidius turpe
nobis puto esse de fuga cogitare.' Hoc turpe Gnaeus noster
biennio ante cogitavit. Ita sullaturit animus eius et proscripturit iam diu. Inde, ut opinor, cum tu ad me quaedam
10 γενικώτερον scripsisses et ego mihi a te quaedam significari
putassem ut Italia cederem, detestaris hoc diligenter XI Kal.
Mart.: 'Ego vero nulla epistula significavi, si Gnaeus Italia
cederet, ut tu una cederes, aut si significavi, non dico fui
inconstans sed demens.' In eadem epistula alio loco: 'Nihil
15 relinquitur nisi fuga, cui te socium neutiquam puto esse
oportere nec umquam putavi.' Totam autem hanc delibera- 7
tionem evolvis accuratius in litteris VIII Kal. Mart. datis: 'Si
M'. Lepidus et L. Vulcatius remanent, ⟨manen⟩dum puto, ita
ut, si salvus sit Pompeius et constiterit alicubi, hanc νέκυιαν
20 relinquas et te in certamine vinci cum illo facilius patiaris
quam cum hoc in ea quae perspicitur futura colluvie regnare.'
Multa disputas huic sententiae convenientia. Inde ad extremum: ' "Quid si" inquis "Lepidus et Vulcatius disce-
dunt?" Plane ἀπορῶ. Quod evenerit igitur et quod egeris id

1 deinde EPδ: deindceps M¹: deinceps O¹R   2 fugamne . . .
putem haec ita Lamb., varie a posteris depravata   fedam M¹, ut vid.:
fidam [-dem b] Σδλ   3 nefandam Lamb.: defendam Ωλ   6 dispertitos
et Rom.: dispertim eos et Ωλ [-ti meos]   8 sullaturit Quint. Inst. viii.
3. 32, Aldus: -turi Ω   proscripturit Aldus: -turi Ω   10 γενικ- Vict.:
ΡΕΝΙΚ- ERM¹: ἀρρενικ- Oδ   quaedam del. Schütz: quodammodo
Orelli [sed cf. p. 159. 19]   13 si ERms: om. OMbd   15 neutiquam
Aldus: -que Ω   17 si M'. Graevius: si M. Δ: sin Σ   18 remanent
manendum P: remanent dum Ω   19 νεκυίαν [sic] C: ΗΕΚΥΕΙΗΔ et
sim. Ω [talia ad pp. 27. 14, 41. 23 praeteribo]   23 quid si M¹C: si
Σδ   vocabulum inquis, quod Attici est, Ciceroni tribuunt vulgo

25

στερκτέον putabo.' Si tum dubitares, nunc certe non dubitas
8 istis manentibus. Deinde in ipsa fuga v Kal. Mart.: 'Interea
non dubito quin in Formiano mansurus sis. Commodissime
enim τὸ μέλλον ibi καραδοκήσεις.' At Kal. Mart., cum ille
quintum iam diem Brundisi esset: 'Tum poterimus delibe- 5
rare, non scilicet integra re sed certe minus infracta quam si
una proieceris te.' Deinde IIII Non. Mart., ὑπὸ τὴν διάλειψιν
cum breviter scriberes, tamen ponis hoc: 'Cras scribam plura
et ad omnia; hoc tamen dicam, non paenitere me consili de
tua mansione, et, quamquam magna sollicitudine, tamen quia 10
minus mali puto esse quam in illa profectione, maneo in
9 sententia et gaudeo te mansisse.' Cum vero iam angerer et
timerem ne quid a me dedecoris esset admissum, III Non.
Mart.: 'Te tamen non esse una cum Pompeio non fero
moleste. Postea, si opus fuerit, non erit difficile, et illi, quo- 15
quo tempore fiet, erit ἀσμενιστόν. Sed hoc ita dico, si hic qua
ratione initium fecit eadem cetera aget, sincere, temperate,
prudenter, valde videro et consideratius utilitati nostrae
10 consuluero.' VII Id. Mart. scribis Peducaeo quoque nostro
probari quod quierim, cuius auctoritas multum apud me 20
valet.

His ego tuis scriptis me consolor ut nihil a me adhuc
delictum putem. Tu modo auctoritatem tuam defendito;
adversus me nihil opus est sed consciis egeo aliis. Ego si nihil
peccavi, reliqua tuebor. Ad ea tute hortare et me omnino tua 25
cogitatione adiuva. Hic nihildum de reditu Caesaris audie-
batur. Ego his litteris hoc tamen profeci: perlegi omnis tuas
et in eo acquievi.

1 dubitaras *Bos.*: -abas *Ernesti*   4 at *Sjögren*: ad Ω: atque *Wes.*
6 integra *R*δ: in int- *EOM*   7 ὑπὸ τὴν δ- *Gurlitt*: ΥΠΟΤΠΑΠΨΙΝ
ORM[1]m: ὑπογραφὴν *C*   14 te tamen Σ*M*[1][?]: tamen te δ   una *om.* λ
18 ante valde *plenius distinguunt edd. recc.* [*cf. Fam. v. 19. 2 sed ita . . . si*]
24 opus . . . aliis *ita Bos.*: opus esse [esse *om. s*] consciis [-ius Δ] ego aliis Ω:
consciis aliis [*pro* c- ego al-] *C*

XI   *Scr. in Formiano xiii Kal. Apr. an. 49.*

⟨CICERO ATTICO SALVTEM.⟩

Lentulum nostrum scis Puteolis esse ? Quod cum e viatore 1
quodam esset auditum qui se diceret eum in Appia via, cum
5 is paulum lecticam aperuisset, cognosse, etsi vix veri simile
⟨uisum est⟩, misi tamen Puteolos pueros qui pervestigarent
et ad eum litteras. Inventus est vix in hortis suis ⟨se⟩ occul-
tans litterasque mihi remisit mirifice gratias agens Caesari;
de suo autem consilio C. Caecio mandata ad me dedisse.
10 Eum ego hodie exspectabam, id est XIII Kal. Apr.

Venit etiam ad me Matius Quinquatribus, homo me her- 2
cule, ut mihi visus est, temperatus et prudens; existimatus
quidem est semper auctor oti. Quam ille haec non probare
mihi quidem visus est, quam illam νέκυιαν, ut tu appellas,
15 timere! Huic ego in multo sermone epistulam ad me Caesaris
ostendi, eam cuius exemplum ad te antea misi, rogavique ut
interpretaretur quid esset quod ille scriberet 'consilio meo
se uti velle, gratia, dignitate, ope rerum omnium'. Respondit se ⟨non dubitare⟩ quin et opem et gratiam meam ille ad
20 pacificationem quaereret. Vtinam aliquod in hac miseria rei
publicae πολιτικὸν opus efficere et navare mihi liceat! Matius
quidem et illum in ea sententia esse confidebat et se auctorem
fore pollicebatur.

Pridie autem apud me Crassipes fuerat, qui se prid. Non. 3
25 Mart. Brundisio profectum atque ibi Pompeium reliquisse dicebat, quod etiam qui VIII Id. illim profecti erant nuntiabant;

---

3 *novam ep. faciunt Ems*: cum superiore in ceteris cohaeret   4 via
om. M¹   6 visum est *addidi*: videbatur *add. Aldus* [*et ante* veris-
Rom.], est *Reid*   7 se *add. Vict.*   9 Caecio *Man.*: cetio [-cio]
Ω: C(a)elio *O²* *Iens.*: Caesio *Schmidt*   10 XIII *Bos.*: XIIII Ω   11 *ex-
spectares* Matius cum Trebatio   19 non dub- *M⁴*: *om.* Ω [non dub-
post quaereret *P*]   20 aliquod in hac *s*: in hac [hoc *R*] aliquod
[-uid *bd*] Ω

27

illa vero omnes, in quibus etiam Crassipes qui ⟨pro sua⟩ prudentia potuit attendere, sermones minacis, inimicos optimatium, municipiorum hostis, meras proscriptiones, meros
Sullas; quae Lucceium loqui, quae totam Graeciam, quae
4 vero Theophanem! Et tamen omnis spes salutis in illis est, et 5
ego excubo animo nec partem ullam capio quietis et, ut has
pestis effugiam, cum dissimillimis nostri esse cupio! Quid
enim tu illic Scipionem, quid Faustum, quid Libonem praeter-
missurum sceleris putas quorum creditores convenire dicuntur? quid eos autem, cum vicerint, in civis effecturos? quam 10
vero μακροψυχίαν Gnaei nostri esse? Nuntiant Aegyptum et
Arabiam εὐδαίμονα et Μεσοποταμίαν cogitare, iam Hispaniam
abiecisse. Monstra narrant; quae falsa esse possunt, sed certe
et haec perdita sunt et illa non salutaria.

Tuas litteras iam desidero. Post fugam nostram numquam 15
tantum earum intervallum fuit. Misi ad te exemplum litterarum mearum ad Caesarem, quibus me aliquid profecturum
puto.

A

Scr. in Formiano xiv aut xiii Kal. Apr. an. 49.   20

CICERO IMP. S. D. CAESARI IMP.

1   Vt legi tuas litteras quas a Furnio nostro acceperam, quibus mecum agebas ut ad urbem essem, te velle uti 'consilio
et dignitate mea' minus sum admiratus; de 'gratia' et de
'ope' quid significares mecum ipse quaerebam, spe tamen 25

1 pro sua *add. Lehmann* [pro *iam Madvig*]   2 potuit *Hervagius*: potius *ΩZ*(l)   6 has pestis *Rom.*: has petis *OΔ*: aspectis *R*   7 nostri
Man.: -ris *Ωλ*   8 [quid] Faustum *C*: quidem austum *M*¹: quid ema-
stium [-trum] δ: quid enustum *R* [*de O silet Sjögren*]   praeterm- *M*ᶜs:
pr(a)em- *Ω*   9 sceleris *M*ᶜ*m*²s: cel- *Ω*   11 Gnaei *Vict.*: nec *Δ*:
nam *O*: nec enim *R*   12 et μεσοποταμίαν *P* [-HΔV]Z(b)λ: et [*spat.*]
O: *om. RΔ*   iam *Wes.*: in *Ω*: iter in *Sjögren*   16 tantum *scripsi*:
iam nostrum *Ω*: iam tantum *Muretus*: tam longum *Corr.*   earum *om. E*

deducebar ad eam cogitationem ut te pro tua admirabili ac singulari sapientia de otio, de pace, de concordia civium agi velle
arbitrarer, et ad eam rationem existimabam satis aptam esse
et naturam et personam meam. Quod si ita est et si qua de **2**
5 Pompeio nostro tuendo et tibi ac rei publicae reconciliando
cura te attingit, magis idoneum quam ego sum ad eam causam
profecto reperies neminem, qui et illi semper et senatui cum
primum potui pacis auctor fui nec sumptis armis belli ullam partem attigi iudicavique eo bello te violari contra cuius
10 honorem populi Romani beneficio concessum inimici atque
invidi niterentur. Sed ut eo tempore non modo ipse fautor
dignitatis tuae fui verum etiam ceteris auctor ad te adiuvandum, sic me nunc Pompei dignitas vehementer movet. Aliquot
enim sunt anni cum vos duo delegi quos praecipue colerem
15 et quibus essem, sicut sum, amicissimus.

Quam ob rem a te peto vel potius omnibus te precibus oro **3**
et obtestor ut in tuis maximis curis aliquid impertias temporis huic quoque cogitationi ut tuo beneficio bonus vir,
gratus, pius denique esse in maximi benefici memoria possim.
20 Quae si tantum ad me ipsum pertinerent, sperarem me a te
tamen impetraturum, sed, ut arbitror, et ad tuam fidem et ad
rem publicam pertinet me, et pacis et utriusque vestrum
⟨amicum, et ad vestram⟩ et ad civium concordiam per te
quam accommodatissimum conservari. Ego, cum antea tibi
25 de Lentulo gratias egissem, cum ei saluti qui mihi fuerat
fuisses, tum lectis eius litteris quas ad me gratissimo animo de
tua liberalitate beneficioque misit, ✳✳✳ eandem me salutem a te accepisse quam ille. In quem si me intellegis esse
gratum, cura, obsecro, ut etiam in Pompeium esse possim.

3 esse et O^1Ms: esse ei O^2bdm: esse *ER*   8 belli ullam *E*δ: bella in
ul- O^1R: bellis nul- M^1 11 fautor $Z^{(b)}$: au(c)tor Ω: adiutor *cod.*
Vrs.   16 te pr- Σ: et pr- Δ [et *om. s*]   23 am- et ad v- *suppl.*
Lehmann   26 tum ΣM^1: tamen δ   27 *lacunam hic indicavi, versum*
ex archetypo excidisse ratus. alii putavi *vel sim. inferius addunt*

XII   *Scr. in Formiano xiii Kal. Apr. an. 49.*

⟨CICERO ATTICO SALVTEM.⟩

1   Legebam tuas litteras XIII Kal., cum mihi epistula adfertur
a Lepta circumvallatum esse Pompeium, ratibus etiam exitus
portus teneri. Non medius fidius prae lacrimis possum re- 5
liqua nec cogitare nec scribere. Misi ad te exemplum. Miseros
nos! cur non omnes fatum illius una exsecuti sumus? Ecce
autem a Matio et Trebatio eadem, quibus Minturnis obvii
Caesaris tabellarii. Torqueor infelix, ut iam illum Mucianum
exitum exoptem. At quam honesta, at quam expedita tua 10
consilia, quam evigilata tuis cogitationibus, qua itineris, qua
navigationis, qua congressus sermonisque cum Caesare!
Omnia cum honesta tum cauta. In Epirum vero invitatio
quam suavis, quam liberalis, quam fraterna!

2   De Dionysio sum admiratus, qui apud me honoratior fuit 15
quam apud Scipionem Panaetius; a quo impurissime haec
nostra fortuna despecta est. Odi hominem et odero; utinam
ulcisci possem! Sed illum ulciscentur mores sui.

3   Tu, quaeso, nunc vel maxime quid agendum nobis sit
cogita. Populi Romani exercitus Cn. Pompeium circumsedet, 20
fossa et vallo saeptum tenet, fuga prohibet: nos vivimus, et
stat urbs ista, praetores ius dicunt, aediles ludos parant, viri
boni usuras perscribunt, ego ipse sedeo! Coner illuc ire ut
insanus, implorare fidem municipiorum? Boni non sequentur,
leves inridebunt, rerum novarum cupidi, victores praesertim 25
4 et armati, vim et manus adferent. Quid censes igitur? ecquid-
nam est tui consili ad finem huius miserrimae vitae? Nunc

3 *novam ep. faciunt* O²PMᶜms: *superiori coniungunt* O¹RM¹bd   legerem
M¹: -eram *Orelli*   5 possum *Man.*: -sem Ω   9 illum *P*: ille Ω
16 haec O²R: h(a)ec h(a)ec O¹Δ   20 circumsedet *RM¹* [-um sed et]:
-sidet O²Pδ   21 nos *Ps*: non Ω   24 consequentur *C*   27 ad
finem *P cod. Faërn.*: ad finis [-nes M¹] Ω: ac finis *cod. Vrs.*: ecquis f- *cod.*
Graevii: qui [*vel* quae] f- *Schmidt*

doleo, nunc torqueor, cum cuidam aut sapiens videor quod
una non ierim aut felix fuisse. Mihi contra. Numquam enim
illius victoriae socius esse volui, calamitatis mallem fuisse.
Quid ego nunc tuas litteras, quid tuam prudentiam aut
5 benevolentiam implorem? Actum est; nulla re iam possum
iuvari, qui ne quid optem quidem iam habeo nisi ut aliqua
inimici misericordia liberemur.

XIII   *Scr. in Formiano x Kal. Apr. an. 49.*

⟨CICERO ATTICO SALVTEM.⟩

10 Οὐκ ἔστ' ἔτυμος λόγος, ut opinor, ille de ratibus. Quid **1**
enim esset quod Dolabella iis litteris quas III Id. Mart. a
Brundisio dedit hanc quasi εὐημερίαν Caesaris scriberet, Pompeium in fuga esse eumque primo vento navigaturum? Quod
valde discrepat ab iis epistulis quarum exempla antea ad te
15 misi. Hic quidem mera scelera loquuntur; sed non erat nec
recentior auctor nec huius rei quidem melior Dolabella.

Tuas XI Kal. accepi litteras quibus omnia consilia differs **2**
in id tempus cum scierimus quid actum sit. Et certe ita est,
nec interim potest quicquam non modo statui sed ne cogitari
20 quidem. Quamquam hae me litterae Dolabellae iubent ad
pristinas cogitationes reverti. Fuit enim pridie Quinquatrus
egregia tempestas; qua ego illum usum puto.

Συναγωγὴ consiliorum tuorum non est a me conlecta ad **3**
querelam sed magis ad consolationem meam. Nec enim me
25 tam haec mala angebant quam suspicio culpae ac temeritatis
meae. Eam nullam puto esse, quoniam cum consiliis tuis mea

---

1 cuidam *Klotz*: quidam *O¹RM¹*: quidem *Pδ*   7 liberemur *cod.*
Helmst.: -rentur *R*: -retur *OPΔ*   10 *novam ep. constituit Schütz:*
cum superiore in codd. cohaeret   11 esset *Wes.*: est *Ω*   iis . . . iis [*v.*
14] *O*: is . . . is *R*: his . . . his [iis *m*] *PΔ*   12 quasi εὐ- C- *Lamb.*:
εὐ- q- c- *Ω*: q- C- εὐ- *Rom.*: εὐ- C- q- *Iens.*   16 quidem rei *Wes.*
20 me *Corr.*: mihi *Ω*

facta et consilia consentiunt. Quod mea praedicatione factum
esse scribis magis quam illius merito ut tantum ei debere
viderer, est ita. Ego illa extuli semper et eo quidem magis ne
quid ille superiorum meminisse me putaret. Quae si maxime
meminissem, tamen illius temporis similitudinem iam sequi 5
deberem. Nihil me adiuvit cum posset; at postea fuit amicus,
etiam valde, nec quam ob causam plane scio. Ergo ego quoque
illi. Quin etiam illud par in utroque nostrum, quod ab eisdem
inlecti sumus. Sed utinam tantum ego ei prodesse potuissem
quantum mihi ille potuit! Mihi tamen quod fecit gratissi- 10
mum. Nec ego nunc eum iuvare qua re possim scio nec, si
possem, cum tam pestiferum bellum pararet, adiuvandum
4 putarem. Tantum offendere animum eius hic manens nolo,
nec me hercule ista videre quae tu potes iam animo providere nec interesse istis malis possem. Sed eo tardior ad 15
discedendum fui quod difficile est de discessu voluntario sine
ulla spe reditus cogitare. Nam ego hunc ita paratum video
peditatu, equitatu, classibus, auxiliis Gallorum, quos Matius
ἐλάπιζεν, ut puto, sed certe dicebat peditum ⁂, equitum
sex polliceri sumptu suo annos decem. Sed sit hoc λάπισμα; 20
magnas habet certe copias et habebit non †aliet† vectigal sed
civium bona. Adde confidentiam hominis, adde imbecillita-
tem bonorum virorum qui quidem, quod illum sibi merito
iratum putant, oderunt, ut tu scribis ludum. Ac vellem
†scribis quisnam hic significasset.† Sed et iste, quia plus 25

3 illa *bdsλ*: illam *ORMm*: illum *P*   6 me . . . posset δ: mea . . .
possem *O¹RM¹*   at *Corr.*: et *Ω*: sed *Wes.*: *secl. Boot*   7 etiam
Bos.: et tam *Ω*: et quam *P*   nec *Madvig*: et *Ω*   9 illecti sumus
Lamb.: -tissimo *M¹*: lecti sumus *PZ¹*: dilecti s- *ORδ*   tantum
Rom.: tum *Ω*   ei δ: et *O¹RM¹*: *om. P*   11 possim *P*: -sum *Ω*
13 offendere *Pδ*: -rem *RM¹*: *om. O¹*   15 possum *Orelli*   19 ΕΛΑ-
ΠΙΖΕΝ *Z*: ϹΑΑΠ- *vel* ϹΑΛΠ- *Ω*   ped- ⟨cci ͻͻ⟩ *Bos.*   sex
Bos.: se *ΩZ^b*   21 alie *O¹RM¹*: ille *Pδ*: ut ille *Bos.*: Italiae *Madvig*: Galli-
ae *Frank*: alienum *Reid*: anne Asiae?   24 ludere *R*   25 *obelis inclusa
melius quam ceteri refinxit Boot* scripsisses [scriberes *Sedgwick*] q- hoc s-

ostenderat quam fecit, et vulgo illum qui amarunt non
amant; municipia vero et rustici Romani illum metuunt,
hunc adhuc diligunt. Qua re ita paratus est ut, etiam si
vincere non possit, quo modo tamen vinci ipse possit non
5 videam. Ego autem non tam γοητείαν huius timeo quam
πειθανάγκην. "Αἱ γὰρ τῶν τυράννων δεήσεις" inquit Πλάτων
"οἶσθ' ὅτι μεμιγμέναι ἀνάγκαις."

Illa ἀλίμενα video tibi non probari. Quae ne mihi quidem 5
placebant; sed habebam in illis et occultationem et ὑπηρεσίαν
10 fidelem. Quae si mihi Brundisi suppetant, mallem; sed ibi
occultatio nulla est. Verum, ut scribis, cum sciemus.

Viris bonis me non nimis excuso. Quas enim eos cenas et 6
facere et obire scripsit ad me Sextus, quam lautas, quam
tempestivas! Sed sint quamvis boni, non sunt meliores quam
15 nos. Moverent me, si essent fortiores.

De Lanuvino Phameae erravi; Troianum somniaveram.
Id ego volui Q., sed pluris est. Istuc tamen [me] cuperem
emeres, si ullam spem fruendi viderem.

Nos quae monstra cotidie legamus intelleges ex illo libello 7
20 qui in epistulam coniectus est. Lentulus noster Puteolis est,
ἀδημονῶν, ut Caecius narrat, quid agat. Διατροπὴν Corfiniensem reformidat. Pompeio nunc putat satis factum, beneficio
Caesaris movetur, sed tamen movetur magis prospecta re.

7 ἀνάγκαις Aldus [sic Plat. Ep. vii. 329 D]: -κη C: vel omittunt vel vestigia tantum praebent codd.   9 occ- Vict.: occulte fio onem vel
sim. Ω   10 suppeterent Ernesti   11 sciemus Corr.: scimus Δ:
simus OR   15 me Ps: ne Ω: fort. delendum   16 Phameae Vict.:
-mea Ω   somniabam λ   17 volui Q. Bos.: voluique [nol- OP] Ω
cuperem emeres, si Man.: me cupere memor est O¹[ᵖ]R: me cuperem me
mei est Δ: mi cuperem emeres, si Orelli: cup- emere, si Ernesti: anne
te cup- emere, si [cf. p. 21. 14]?   18 viderem Man.: ut de re m
[vel in] Δ: veterem O¹[ᵖ]R   19 legamus intelliges Wes.: intelligamus Ω
[-gebamus O¹]   ex illo libello Beroaldus: exilio libelli Ω   20 qui in
ms: quin ORMbd   21 ut OMᶜbds: is ut RM¹m   Caesius Schmidt
23 prospecta re [-tare s] bs: -taret RMdm: praespectareṭ O: perspecta re
Lamb., fort. recte

33

M. TVLLI CICERONIS

XIII a *Scr. in Formiano ix Kal. Apr. an. 49.*

⟨CICERO ATTICO SALVTEM.⟩

(8) Mene haec posse ferre? Omnia misera, sed hoc nihil miserius. Pompeius N. Magium de pace misit et tamen oppugnatur. Quod ego non credebam, sed habeo a Balbo 5 litteras quarum ad te exemplum misi. Lege, quaeso, et illud infimum caput ipsius Balbi optimi, cui Gnaeus noster locum ubi hortos aedificaret dedit, quem cui nostrum non saepe praetulit? Itaque miser torquetur. Sed ne bis eadem legas, ad ipsam te epistulam reicio. Spem autem pacis habeo nul- 10 lam. Dolabella suis litteris III Id. Mart. datis merum bellum loquitur. Maneamus ergo in illa eadem sententia misera et desperata, quando hoc miserius esse nihil potest.

A.

Scr. Romae xi vel x Kal. Apr. an. 49. 15

BALBVS CICERONI IMP. SAL. DIC.

1 Caesar nobis litteras perbrevis misit, quarum exemplum subscripsi. Brevitate epistulae scire poteris eum valde esse distentum qui tanta de re tam breviter scripserit. Si quid praeterea novi fuerit, statim tibi scribam. 20

'CAESAR OPPIO CORNELIO SALVTEM.

A. d. VII Id. Mart. Brundisium veni, ad murum castra posui. Pompeius est Brundisi. Misit ad me N. Magium de pace. Quae visa sunt respondi. Hoc vos statim scire volui.

3 *novam ep. constituit Sternkopf: cum superiore in codd. cohaeret* mene *Pius*: nec Ω: ne *cod. Helmst.*: tene *Bos.* 4 numerium *R*: -rum *M¹* [nūm] *O¹[f]P*: Numatium *C*: CN. [Cn., gneum] δ 7 balbi *O²Pb*: albi Ω 11 III *O¹R: om. Δ* merum *P*: mecum Ω 21 COR-NELIO *OM¹*: -LIOQVE *Rδ* 23 N. *vulg.*: CN. [Cn., GN.] Ω

Cum in spem venero de compositione aliquid me conficere,
statim vos certiores faciam.'

Quo modo me nunc putas, mi Cicero, torqueri, postquam **2**
rursus in spem pacis veni, ne qua res eorum compositionem
5 impediat? Namque, quod absens facere possum, opto. Quod
si una essem, aliquid fortasse proficere posse mihi viderer.
Nunc exspectatione crucior.

XIV   *Scr. in Formiano viii Kal. Apr. an. 49.*

CICERO ATTICO SALVTEM.

10   Miseram ad te VIIII Kal. exemplum epistulae Balbi ad me **1**
et Caesaris ad eum. Ecce tibi eodem die Capua litteras accepi a
Q. Pedio Caesarem ad se prid. Id. Mart. misisse hoc exemplo:
'Pompeius se oppido tenet. Nos ad portas castra habemus.
Conamur opus magnum et multorum dierum propter alti-
15 tudinem maris. Sed tamen nihil est quod potius faciamus.
Ab utroque portus cornu moles iacimus, ut aut illum quam
primum traicere quod habet Brundisi copiarum cogamus aut
exitum prohibeamus.'

Vbi est illa pax de qua Balbus scripserat torqueri se? Ec- **2**
20 quid acerbius, ecquid crudelius? Atque eum loqui quidam
αὐθεντικῶς narrabat Cn. Carbonis, M. Bruti se poenas persequi omniumque eorum in quos Sulla crudelis hoc socio
fuisset; nihil Curionem se duce facere quod non hic Sulla
duce fecisset; a ⟨se⟩ dam⟨natos am⟩bitus nomine, quibus ex-
25 sili poena superioribus legibus non fuisset, ab illo patriae
proditorès de exsilio reductos esse; queri de Milone per
vim expulso; neminem tamen se violaturum nisi qui arma

1 conf- ⟨posse⟩ *Lamb.*   5 namque] *anne* nempe?   6 proficere
ORM^c m: -ciscere *M¹*: *om. bds*   posse mihi viderer *Madvig*: -sem videri
ORM^c d: -sum videre *M¹*: -sem *bms*   11 a *ER*: ab *OΔ*   18 exitu
Sal.–Reg.   24 a . . . nomine [*i.e.* a ⟨se⟩ dam⟨natos am⟩bit' nōie] *scripsi*
[damnatos ambitus *iam Gronovius*, a se *iam Graevius*]: ad ambitionem *Ω*

contra. Haec Baebius quidam a Curione III Id. profectus, homo
non infans sed †quis ulli† non dicat. Plane nescio quid agam.
Illim equidem Gnaeum profectum puto. Quicquid est biduo
sciemus. A te nihil ne Anteros quidem †quin te† litterarum;
nec mirum. Quid enim est quod scribamus? Ego tamen 5
nullum diem praetermitto.

3   Scripta epistula litterae mihi ante lucem a Lepta Capua
redditae sunt Id. Mart. Pompeium a Brundisio conscendisse,
Caesarem a. d. VII Kal. Apr. Capuae fore.

XV   *Scr. in Formiano viii Kal. Apr. an. 49.*   10

CICERO ATTICO SALVTEM.

1   Cum dedissem ad te litteras ut scires Caesarem Capuae VII
Kal. fore, adlatae mihi Capua sunt et hic VI et in Albano
apud Curionem V Kal. fore. Eum cum videro, Arpinum pergam. Si mihi veniam quam peto dederit, utar illius condicione; 15
si minus, impetrabo aliquid a me ipso. Ille, ut ⟨Lepta⟩ ad me
scripsit, legiones singulas posuit Brundisi, Tarenti, Siponti.
Claudere mihi videtur maritimos exitus et tamen ipse Graeciam spectare potius quam Hispanias. Sed haec longius absunt.
2 Me nunc et congressus huius stimulat (is vero adest) et 20
prima eius actionis horreo. Volet enim, credo, senatus consultum facere, volet augurum decretum (rapiemur aut ab-
sentes vexabimur) vel ut consules roget praetor vel dictatorem

1 contra. Haec *Lamb.*: h(a)ec c- *ORΔ*: habeat c- *EP*: haec coram *Gronovius*   b(a)ebius *M²ms*: barb- *O¹RM¹bd*: berb- *O²*   2 quis ulli *O²
Mdm²s*: quis illi *m¹Z¹*: quid si illi *O¹[ᵖ]R cod. Vrs.* [*sed* ille]: quis homo *b*:
coniecturae ne speciem quidem veri habent praeter Lambini quis illa non dicat?   3 illim eq- *Vict.*: illi me q- *Ω*   4 Anteros *Bos.*: ante
pros. *cod. Ant.*: a- pios *Δ*: a- prorsus *OR*   quin te *del. anon. ap. Corr.*:
an Quinti?   7 Capua *Man.*: -u(a)e *Ω*   9 caesarem *Σbds*: ad
c- *M¹*: at c- *m*   capu(a)e *Rbs*: -ua *EOMdm*   12 capua *Σs*: -u(a)e *Δ*
13 et hic VI *Sjögren*: et hoc mihi *Ω*: eum hic VI Kal. *Schmidt*   16 Lepta
add. Ziehen, sed post scripsit   20 is] id *M¹*   21 primam e-
actionem *P*: -mas e- -nes *Iens.*   23 vel ⟨ut⟩ dict- *Lamb.*

36

dicat; quorum neutrum ius est. Sed si Sulla potuit efficere
ab interrege ut dictator diceretur [et magister equitum], cur
hic non possit? Nihil expedio nisi ut aut ab hoc tamquam Q.
Mucius aut ab illo tamquam L. Scipio.

5 Cum tu haec leges, ego illum fortasse convenero. "Τέτλαθι." 3
"Κύντερον" ne illud quidem nostrum proprium. Erat enim
spes propinqui reditus, erat hominum querela. Nunc exire
cupimus, qua spe reditus mihi quidem numquam in mentem
venit. Non modo autem nulla querela est municipalium
10 hominum ac rusticorum sed contra metuunt ut crudelem,
iratum. Nec tamen mihi quicquam est miserius quam remansisse nec optatius quam evolare non tam ad belli quam
ad fugae societatem. Sed tu ⟨quid⟩, omnia qui consilia differe-
bas in id tempus cum sciremus quae Brundisi acta essent?
15 Scimus nempe; haeremus nihilo minus. Vix enim spero mihi
hunc veniam daturum, etsi multa adfero iusta ad impetran-
dum. Sed tibi omnem illius meumque sermonem omnibus
verbis expressum statim mittam.

Tu nunc omni amore enitere ut nos cura et prudentia 4
20 iuves. Ita subito accurrit ut ne Trebatium quidem, ut constitueram, possim videre; omnia nobis imparatis agenda. Sed
tamen "ἄλλα μὲν αὐτός," ut ait ille, "ἄλλα δὲ καὶ δαίμων ὑποθή-
σεται." Quicquid egero continuo scies. Mandata Caesaris ad
consules et ad Pompeium quae rogas, nulla habeo †et de-
25 scripta attulit illa est via† misi ad te ante; e quibus mandata

---

1 sed si $Z^b\lambda$: et si [etsi] Ω 2 et mag- eq- *om. m, codd. Ball. Helmst.
et Malaespinae nonnulli*   5 τέτλαθι *praeeunte Victorio Lamb., qui recte
distinxit*; ΤΕΤΑΛ [-ΑΑ] *ORMm*   6 ⟨at⟩ κύν- *Schütz*: ⟨sed⟩ κύν-
Castiglioni   erat *Rom.*: erit Ω 13 sed . . . qui *ita scripsi*: sed tu
omnia qui Ω [qui *om. ms*]: sed quid tu? omnia *Tyrrell–Purser*: sed heus
tu, omnia qui *Schmidt*   20 trebatium *cod. Maffei unus*: trabilius [cr-
R] Ω: tralibus *s*: rabirium *cod. Faërn.*: trebillum Z^b: T. Rebillum
[C. Rebilum *debuit*] *Bos.*   24 habeo] ab eo M^1 25 est via] estiva
s: levia Z^b: e via *Rom.*   habeo: set rescripta attulit Matius [*vel aliud
nom. propr.*]; ea misi *Madvig*: alii alia   ante *ORZ^b\lambda*: om. Δ

puto intellegi posse. Philippus Neapoli est, Lentulus Puteolis. De Domitio, ut facis, sciscitare ubi sit, quid cogitet.

5   Quod scribis asperius me quam mei patiantur mores de Dionysio scripsisse, vide quam sim antiquorum hominum. Te medius fidius hanc rem gravius putavi laturum esse quam 5 me. Nam praeter quam quod te moveri arbitror oportere iniuria quae mihi a quoquam facta sit, praeterea te ipsum quodam modo hic violavit cum in me tam improbus fuit. Sed tu id quanti aestimes tuum iudicium est; nec tamen in hoc tibi quicquam oneris impono. Ego autem illum male 10 sanum semper putavi, nunc etiam impurum et sceleratum puto, nec tamen mihi inimiciorem quam sibi. Philargyro bene curasti. Causam certe habuisti et veram et bonam, relictum me esse potius quam reliquisse.

XV a   *Scr. in Formiano viii Kal. Apr. an. 49*   15

⟨CICERO ATTICO SALVTEM.⟩

(6)   Cum dedissem iam litteras a. d. viii Kal., pueri quos cum Matio et Trebatio miseram epistulam mihi attulerunt hoc exemplo:

'MATIVS ET TREBATIVS CICERONI IMP. SAL.   20

Cum Capua exissemus, in itinere audivimus Pompeium Brundisio a. d. xvi Kal. Apr. cum omnibus copiis quas habuerit profectum esse; Caesarem postero die in oppidum

---

4 sim *Vict.*: sit Ω   5 te medius f- δ: te medius M^1: timid- $O^1\dot{R}$
7 quoquam *bds*: quoque *ORMm*   8 quodam *Crat.*: quonam Ω
12 puto *Iens. Rom.*: toto *OPΔ* [*om. s*]: toti *R*   mi(c)hi *Ps*: militi *RΔ*:
milit. *O*   13 curasti $Z^b\lambda$: *om.* Ω   relictum me esse *OR*: r- e-
me *Δ*: me r- e- *s*   17 *novam ep. agnovit Zieben*: *cum superiore
in codd. cobaeret*   viii *Δ*: vii O^1R pueri *hic Mal.* [*sed* cum *om.*]:
post Matio Ωλ: *post* cum *s* [pueris]: *post* miseram *P*   quos] quas O^2s
23 habuit λ

introisse, contionatum esse, inde Romam contendisse, velle
ante Kalendas esse ad urbem et pauculos dies ibi commorari,
deinde in Hispanias proficisci. Nobis non alienum visum est,
quoniam de adventu Caesaris pro certo habebamus, pueros
5 tuos ad te remittere, ut id tu quam primum scires. Mandata
tua nobis curae sunt eaque ut tempus postularit agemus.
Trebatius sedulo facit ut antecedat.

Epistula conscripta nuntiatum est nobis Caesarem a. d.
viii Kal. ⟨Apr. Beneventi mansurum, a. d. vii Kal.⟩ Capuae,
10 a.d. vi Sinuessae. Haec pro certo putamus.'

XVI   *Scr. in Formiano vii Kal. Apr. an. 49.*

⟨CICERO ATTICO SALVTEM.⟩

Cum quod scriberem ad te nihil haberem, tamen ne quem **1**
diem intermitterem has dedi litteras. A. d. vi Kal. Caesarem
15 Sinuessae mansurum nuntiabant. Ab eo mihi litterae redditae sunt a. d. vii Kal. quibus iam 'opes' meas, non ut
superioribus litteris 'opem', exspectat. Cum eius clementiam
Corfiniensem illam per litteras conlaudavissem rescripsit hoc
exemplo:

20   'CAESAR IMP. CICERONI IMP. SAL. DIC.

Recte auguraris de me (bene enim tibi cognitus sum) nihil **2**
a me abesse longius crudelitate. Atque ego cum ex ipsa re
magnam capio voluptatem tum meum factum probari abs te
triumpho gaudio. Neque illud me movet quod ii qui a me

2 pauculos δ: paulos *M¹C*: paucos *O¹R*   3 Hispanias *Or*: -am
M¹[?] δ   4 habebamus *ms*: -eamus *ORMbd*   5 tuos *Rδ*: *om. OM¹*
λλ   7 sedulo *Crat.*: sc(a)evola *O²RΔ* [*de O¹ non liquet*]: sevola *P*
9 Apr. . . . Kal. *add. Lamb.* (*marg.*) [*sed* ad *pro* a.d.], *Bos., praeeunte Crat.*
13 *novam ep. faciunt O²ms* [*inscr. om. m*]: cum superiore cohaeret in *O¹RM*
bd   quod *cod. Maffei*: quid *Ω*   17 expectat *Eδ*: -cto *O¹RM¹C*
21 auguraris *Eδ*: -raturis *OR*: -raturi *M¹*: -raris tu *Iens.*   24 gaudio
Lamb.: gaudeo *M¹Z*: et gaudeo *Σδ*

dimissi sunt discessisse dicuntur ut mihi rursus bellum in-
ferrent. Nihil enim malo quam et me mei similem esse et
illos sui.

3 Tu velim mihi ad urbem praesto sis ut tuis consiliis atque
opibus, ut consuevi, in omnibus rebus utar. Dolabella tuo 5
nihil scito mihi esse iucundius. Hanc adeo habebo gratiam illi;
neque enim aliter facere poterit. Tanta eius humanitas, is
sensus, ea in me est benevolentia.'

XVII   *Scr. in Formiano vi Kal. Apr. an. 49.*

CICERO ATTICO SALVTEM.   10

1 Trebatium vi Kal., quo die has litteras dedi, exspectabam.
Ex eius nuntio Matique litteris meditabor quo modo cum
illo loquar. O tempus miserum! Nec dubito quin a me con-
tendat ad urbem veniam. Senatum enim Kalendis velle se
frequentem adesse etiam Formiis proscribi iussit. Ergo ei 15
negandum est. Sed quid praeripio? Statim ad te perscribam
omnia. Ex illius sermone statuam Arpinumne mihi eundum
sit an quo alio. Volo Ciceroni meo togam puram dare, istic
2 puto. Tu, quaeso, cogita quid deinde; nam me hebetem molestiae reddiderunt. A Curio velim scire ecquid ad te scriptum 20
sit de Tirone. Ad me enim ipse Tiro ita scripsit ut verear
quid agat. Qui autem veniunt inde, κινδυνώδη admodum

1 dicuntur *ERM^c*: se d-*M*¹: se dicunt *Oδ*   11 vi] v *mλλ*   12 matii-
que *P*: maliq- *OM*¹: malimq- *R*: manli(i)q- δ   13 loquamur *M*¹
14 ut ad urbem *s*: ad urbem ut *codd. Maffei duo*   16 *signum interrogationis post* negandum est *ponunt vulg.*   praeripio *quidam codd., teste
Lamb.*: -ripi *OM*¹: -rupi *R*: pr(a)ecipit δ: -cipiat *cod. Vrs.*: percipiam *P*:
praeripui *Schmidt*   18 istic *Rom.*: istum Ω   20 Curio *Hervagius*:
curione Ω   21 ita *s*: ista Ω   22 inde, κινδυνώδη adm- *scripsi, ducibus
Ernesti* [*qui* inde, κινδυνώδη: inde κινδυνωδῶς *iam Bos.*] *et Lambino* [*qui* inania adm-: inania *iam Mal.*]: inni admodo *Z*¹: in id modo *bZ^b*: ni ad-
[ꝑ]modo *O*¹: ni [mihi *s*] id modo Δ: inanio *R codd. Faërn. Ant.*: indu-
modo *cod. quidam ap. Graevium*: inde id modo *Rom.*

nuntiant. Sane in magnis curis etiam haec me sollicitat. In hac enim fortuna perutilis eius et opera et fidelitas esset.

XVIII   *Scr. in Formiano v Kal. Apr. an. 49.*

⟨CICERO ATTICO SALVTEM.⟩

5 Vtrumque ex tuo consilio; nam et oratio fuit ea nostra ut **1** bene potius ille de nobis existimaret quam gratias ageret, et in eo mansimus, ne ad urbem. Illa fefellerunt facilem quod putaramus; nihil vidi minus. Damnari se nostro iudicio, tardiores fore reliquos, si nos non veniremus, dicere. Ego dissimilem
10 illorum esse causam. Cum multa, 'Veni igitur et age de pace.' 'Meone' inquam 'arbitratu?' 'An tibi' inquit 'ego praescribam?' 'Sic' inquam 'agam, senatui non placere in Hispanias iri nec exercitus in Graeciam transportari, multaque' inquam 'de Gnaeo deplorabo'. Tum ille, 'Ego vero ista dici
15 nolo.' 'Ita putabam,' inquam, 'sed ego eo nolo adesse quod aut sic mihi dicendum est aut non veniendum, multaque quae nullo modo possem silere si adessem.' Summa fuit ut ille, quasi exitum quaerens, 'ut deliberarem.' Non fuit negandum. Ita discessimus. Credo igitur hunc me non amare. At ego
20 me amavi, quod mihi iam pridem usu non venit.

Reliqua, o di! qui comitatus, quae, ut tu soles dicere, **2** νέκυια! in qua erat heros Celer. O rem perditam! o copias desperatas! Quid quod Servi filius, quod Titini in iis castris

---

1 in *Sal.–Reg.*: eo Ω   sollicitat *Lamb.*: -ant Ω   5 *novam ep.* [*inscr. om.*] *faciunt ms*: *continuant ORMbd*   8 vidi minus *Δ*: vidimus *O*[?]*R* 9 reliquos *Vict.*: belli quos Ω   si nos *codd.* *Faërn. Helmst.*: sinus *ORMᶜm²*: si in his *Δ*: sinuessam *s*   veniremus *Faërn., Man.*: venerimus Ω   14 de Gnaeo [de Cn.] *Vict.*: digne eo Ω   16 aut non ven- *hic O¹RM¹*: *post* adessem δ   possem *Iens.*: -sim Ω   20 me amavi *Vict.*: meam aut *M¹*: mea aut *R*: me amabo δ [*de O¹ non liquet*]   22 heros [ἥρως] Celer *Lehmann*: eros celer *Z¹*: ero sceler *O¹R* [-rum]: (a)ero [eo *s*] sceleri *Δ*   23 quid . . . in iis *ita Z*: quid ser. servi(i) filius quot ut in his [*sed* ser. om. *M¹*: quotti in iis *R*]*RΔ*: servius servii *et* in iis [*reliqua incerta*] *O¹*

41

fuerunt quibus Pompeius circumsederetur? Sex legiones; multum vigilat, audet. Nullum video finem mali. Nunc certe promenda tibi sunt consilia. Hoc fuerat extremum.

3   Illa tamen κατακλεὶς illius est odiosa, quam paene praeterii, si sibi consiliis nostris uti non liceret, usurum quorum pos- 5 set ad omniaque esse descensurum. Vidisti igitur virum, ut scripseras? Ingemuisti certe. 'Cedo reliqua.' Quid? Continuo ipse in †pelanum†, ego Arpinum; inde exspecto equidem λαλαγεῦσαν illam tuam. 'Tu malim' inquies 'actum ne agas. Etiam illum ipsum quem sequimur multa fefellerunt.'   10

4   Sed ego tuas litteras exspecto. Nihil est enim iam ut antea 'Videamus hoc quorsum evadat'. Extremum fuit de congressu nostro; quo quidem non dubito quin istum offenderim. Eo maturius agendum est. Amabo te, epistulam, et πολιτικήν. Valde tuas litteras nunc exspecto.   15

XIX   *Scr. Arpini c. Kal. Apr. an. 49.*

CICERO ATTICO SALVTEM.

1   Ego meo Ciceroni, quoniam Roma caremus, Arpini potissimum togam puram dedi, idque municipibus nostris fuit gratum. Etsi omnis et illos et qua iter feci maestos adflictosque 20 vidi. Tam tristis et tam atrox est ἀναθεώρησις huius ingentis mali. Dilectus habentur, in hiberna deducuntur. Ea quae etiam cum a bonis viris, cum iusto in bello, cum modeste fiunt, tamen ipsa per se molesta sunt, quam censes acerba

1 sex legiones *Rom.*: sed legionis Ω   4 κατακλεὶς *Z*: ΚΑΤΑΚΙC *RMm*   6 *ita distinxi*: *at vulgo* 'Vidisti . . . scripseras? ingemuisti?' Certe. ut δ: aut *M¹*: aut ut *O¹P*: aut ūt *R*   8 pelanum [pell- *R*] Ω: pedanum *codd. Mal. nonnulli*: Pedi Norbanum *Schmidt*   ego *Rδ*: *om.* *O¹M¹*   arpinum *RM²m*: -no *OM¹* in arpinum *bds*   *post* inde *aposiopesin statuit Lehmann*   equidem *Lamb.*: quidem Ω   9 λαλαγεῦσαν *Bos.*: *varia, velut* ΛΛΛΤΕΛCΛΝ, Ω   malim *Boot*: malem *R*: mallem *Oδ*: malum *M¹*   18 *novam ep. faciunt Oms*: *cum superiore cohaeret in* *RMbd*

nunc esse, cum a perditis in civili nefario bello petulantissime
fiant? Cave autem putes quemquam hominem in Italia turpem esse qui hinc absit. Vidi ipse Formiis universos neque me
hercule [numquam] homines putavi; et noram omnis, sed
5 numquam uno loco videram.

Pergamus igitur quo placet et nostra omnia relinquamus. **2**
Proficiscamur ad eum cui gratior noster adventus erit quam si
una fuissemus. Tum enim eramus in maxima spe, nunc ego
quidem in nulla; nec praeter me quisquam Italia cessit nisi
10 qui hunc inimicum sibi putaret. Nec me hercule hoc facio rei
publicae causa, quam funditus deletam puto, sed ne quis me
putet ingratum in eum qui me levavit iis incommodis quibus
idem adfecerat, et simul quod ea quae fiunt aut quae certe
futura sunt videre non possum. Etiam equidem senatus con-
15 sulta facta quaedam iam puto, utinam in Vulcati sententiam!
Sed quid refert? Est enim una sententia omnium. Sed erit
immitissimus Servius, qui filium misit ad effligendum Cn.
Pompeium aut certe capiendum cum Pontio Titiniano. Etsi
hic quidem timoris causa, ille vero? Sed stomachari desina-
20 mus et aliquando sentiamus nihil nobis nisi, id quod minime
vellem, spiritum reliquum esse.

Nos, quoniam superum mare obsidetur, infero navigabimus **3**
et, si Puteolis erit difficile, Crotonem petemus aut Thurios et
boni cives amantes patriae mare infestum habebimus. Aliam
25 rationem huius belli gerendi nullam video. In Aegyptum

1 civili *non sine causa suspectum, sed cf. viii.* 11 D. 6   4 numquam
seclusi: unq- *P*   putavi *P*: -ari *Ω*   9 Italia cessit *Hervagius*: -am
gessit *Ω*   10 facio δ: facto *O¹RM¹*   12 in *O²Mᶜ*: quin *O¹M¹ms*
[*de bd silet Sjögren*]: erga *P*: *om. R*   qui *om. M¹*   13 ea que fiunt
aut *P*: (a)eque [aque *R*] fiunt. itaque *Ω*   14 possum *s*: -unt *Ωλ*:
potero *P*   16 quid refert? est enim *Hervagius*: quid refert etenim *P*:
qui referret enim *Ω* [*sed* enim vero *s*]   20 sentiamus nihil nobis
Gronovius: sententiam ut ni(c)hil novi [non *R*] *Ωλ*   minime *Gronovius*:
-mum *Ω*   23 petemus *s*: petimus *Ω*   25 huius . . . nullam *Rδ*:
non h- . . . ullam *M¹*: h- . . . ullam *O¹*

nos abdemus. Exercitu pares esse non possumus. Pacis fides
nulla est. Sed haec satis deplorata sunt.

4   Tu velim litteras Cephalioni des de omnibus rebus actis,
denique etiam de sermonibus hominum, nisi plane obmu-
tuerunt. Ego tuis consiliis usus sum maximeque quod et 5
gravitatem in congressu nostro tenui quam debui et ut ad
urbem non accederem perseveravi. Quod superest, scribe,
quaeso, quam accuratissime (iam enim extrema sunt) quid
placeat, quid censeas; etsi iam nulla dubitatio est. Tamen si
quid vel potius quicquid veniet in mentem scribas velim.   10

1 abdemus *Rom.*: abdimus *Ω*   exercitu *RM*ᶜ*m*: in e- *bds*: exercitum
*OM*¹   5 et *om. M*¹   6 ut ad urbem non *RM*ᶜ [*sed* ut *del. et*
ante urbem *add.*] *m codd. Faërn. Ant.*: ad urbem ut non *O*²*bds*: ad urbem
non *M*¹: ad urbem *O*¹   7 scribe *ms*: -bi *O*¹*RMbd*

AD ATTICVM

LIBER DECIMVS

I   *Scr. in Laterio Quinti fratris iii Non. Apr. an. 49.*

CICERO ATTICO SALVTEM.

iii Non. cum in Laterium fratris venissem, accepi litteras **1**
et paulum lectis respiravi, quod post has ruinas mihi non
5 acciderat. Per enim magni aestimo tibi firmitudinem animi
nostri et factum nostrum probari. Sexto etiam nostro quod
scribis probari, ita laetor ut me quasi patris eius, cui semper
uni plurimum tribui, iudicio comprobari putem. Qui mihi,
quod saepe soleo recordari, dixit olim Nonis illis ille Decem-
10 bribus, cum ego 'Sexte, quidnam ergo?'

> Μὴ μάν inquit ille ἀσπουδί γε καὶ ἀκλειῶς,
> ἀλλὰ μέγα ῥέξας τι καὶ ἐσσομένοισι πυθέσθαι.

Eius igitur mihi vivit auctoritas et simillimus eius filius
eodem est apud me pondere quo fuit ille. Quem salvere velim
15 iubeas plurimum.

Tu tuum consilium etsi non in longinquum tempus differs **2**
(iam enim illum emptum pacificatorem perorasse puto, iam
actum aliquid esse in consessu senatorum; ⟨senatum⟩ enim
non puto), tamen suspensum me detines, sed eo minus quod

---

3 litteras ⟨tuas⟩ *Wes.*   4 lectis Z^b : *om.* Ω   6 etiam *scripsi*: enim
Ω: autem *Watt*   8 iudicio M^1s : -io me ORM^2bdm 9 ille *om.*
PM^c 11 inquit *Vict.*: quid Ω   ἀκλειῶς ⟨ἀπολοίμην⟩ *Iens. ex Il. xxii.*
304   13 simil(l)imus δ: -ibus O^1RM^1 18 senatum *hic add. Graevius*
[*post* puto *Mal.*]   enim non *Graevius*: non enim Ω [*sed* non enim puto
om. s, non . . . putes *om.* R] Z^b *codd. Ant. Faërn.*   19 me *Iens.*:
meum $ΔZ^b$: *om.* O^1P: meum ⟨animum⟩ *Wes.*   de tenes Z^b, *unde* me
inde tenes *Bos.*

---

non dubito quid nobis agendum putes; qui enim Flavio
legionem et Siciliam dari scribas et id iam fieri, quae tu
scelera partim parari iam et cogitari, partim ex tempore
futura censes? Ego vero Solonis, popularis tui (ut puto, etiam
mei), legem neglegam, qui capite sanxit si qui in seditione non 5
alterius utrius partis fuisset, ⟨et⟩ nisi si tu aliter censes, et
hinc abero et illim. Sed alterum mihi est certius, nec praeri-
piam tamen. Exspectabo tuum consilium et eas litteras, nisi
alias iam dedisti quas scripsi ut Cephalioni dares.

3   Quod scribis, non quo alicunde audieris, sed te ipsum 10
putare me attractum iri si de pace agatur, mihi omnino non
venit in mentem quae possit actio esse de pace, cum illi certissimum sit, si possit, exspoliare exercitu et provincia Pompeium; nisi forte iste nummarius ei potest persuadere ut,
dum oratores eant et redeant, quiescat. Nihil video quod 15
sperem aut quod iam putem fieri posse. Sed tamen hominis
hoc ipsum probi est? Est magnum et τῶν πολιτικωτάτων
σκεμμάτων, veniendumne sit in consilium tyranni si is aliqua de re bona deliberaturus sit. Qua re si quid eius modi
evenerit ut arcessamur (quod equidem non puto. Quid 20
enim essem de pace dicturus dixi; ipse valde repudiavit), sed
tamen si quid acciderit, quid censeas mihi faciendum utique
scribito. Nihil enim mihi adhuc accidit quod maioris consili
esset.

   Trebati, boni viri et civis, verbis te gaudeo delectatum, 25

1 qui *Wes.*: quid *Ω*   Flavio] Asinio *Corr. dubitanter, nec absurde*
4 ut] et ut *Iens.*   etiam] iam iam *Gronovius*   5 negligam *s*: nec legam
Ω   6 et *add. Boot*   si *om.* δ   7 illim [-inc] *Orelli*: filii *Ω*   13 exercitu et provincia *s*: -um et -iam *Ω*   14 nummarius 'quidam libri vulgati' *ap. Lamb.*: summ- *ΩZ*[(l)]   ei *m*[2]*s*: et *Ω*   15 eant et redeant *cod.*
Vrs.: cantent red- [rid- *Δ*] *Ω*: eant red- *Beroaldus*   16 sed . . . probi
est *pro interrogatione habui*   17 est magnum et τῶν *scripsi*: et [*om.*
Δ] m- sit ωH [*vel* ωN] *Ω*: m- est et τῶν *Orelli*   18 σκεμμάτων *C*:
σκέμματα *vel sim. RΔ*: σκέμμα *Tyrrell, fort. recte*   20 puto *Koch*:
curo *Ω*: credo *Boot*

tuaque ista crebra ἐκφώνησις 'ὑπέρευ' me sola adhuc delectavit. Litteras tuas vehementer exspecto; quas quidem credo
iam datas esse.

I a   *Scr. in Laterio Quinti fratris c. prid. Non. Apr. an. 49.*

5   ⟨CICERO ATTICO SALVTEM.⟩

   Tu cum Sexto servasti gravitatem eandem quam mihi (4)
praecipis. Celer tuus disertus magis est quam sapiens. De
iuvenibus quae ex Tullia audisti vera sunt. †maconi† istuc
quod scribis non mihi videtur tam re esse triste quam verbo.
10 Haec est ἄλη in qua nunc sumus mortis instar. Aut enim mihi
libere inter malos πολιτευτέον fuit aut vel periculose cum
bonis. Aut nos temeritatem bonorum sequamur aut audaciam
improborum insectemur. Vtrumque periculosum est, at hoc
quod agimus [nec] turpe nec tamen tutum.

15   Istum qui filium Brundisium [de pace] misit de pace (idem
sentio quod tu, simulationem esse apertam, parari autem
acerrime bellum), me legatum iri non arbitror, cuius adhuc,
ut optavi, mentio facta nulla sit. Eo minus habeo necesse
scribere aut etiam cogitare quid sim facturus, si acciderit ut
20 leger.

---

1 tuaque *m²s*: tu que [tu quae] *Ω*   ὑπέρευ *Corr.*: ὑπέρει *Z*⁽ˡ⁾: ΙΠΕΡΕΙ
M¹: ΠΕΡΕΙ *R*: τέρπει *Oδ*   delectavit *s*: -abit *Ω*   6 *novam ep.*
constituendam esse viderunt Tyrrell–Purser, constituit Moricca: cum superiore
in codd. cohaeret   8 maconi *O²Mbd*: M. antoni *ms*: macum *RZ*ᵇ:
Mucianum *Reid: anne Machonis?*   istuc *O¹R*: -ud *Δ*   9 re *Δ*:
in re *O¹R*   12 sequamur *Pδ*: sequimur *O¹RM¹λ*   14 nec *del.*
Baiter: et *Man.*   15 de pace *secl. Boot, altero illo* de pace *in paren-*
thesi posito: misit de pace (de pace *e.q.s.*) *Corr.*: de pace misit (de pace
e.q.s.) vulg.*   17 acerrime bellum *ORC*: b- a- *Δ*   me legatum *s*:
eleg- *Ω*   legatum iri, non me *Wes.*   20 leger *Corr.*: legerer *Ωλ*

47

II   *Scr. in Arcano Quinti fratris Non. aut postridie Non. Apr. an. 49.*

CICERO ATTICO SALVTEM.

1   Ego cum accepissem tuas litteras Non. Apr. quas Cephalio
attulerat, essemque Minturnis postridie mansurus et inde
protinus, sustinui me in Arcano fratris, ut, dum aliquid cer- 5
tius adferretur, occultiore in loco essemus agerenturque nihilo
minus quae sine nobis agi possunt.

Λαλαγεῦσα iam adest et animus ardet, neque stat quic-
2 quam, quo et qua. Sed haec nostra erit cura et peritorum. Tu
tamen quod poteris, ut adhuc fecisti, nos consiliis iuvabis. 10
Res sunt inexplicabiles. Fortunae sunt committenda omnia.
Sine spe conamur ulla. Melius si quid acciderit, mirabimur.
Dionysium nollem ad me profectum; de quo ad me Tullia
mea scripsit. Sed et tempus alienum est, et homini non amico
nostra incommoda, tanta praesertim, spectaculo esse nolim; 15
cui te meo nomine inimicum esse nolo.

III   *Scr. in Arcano vii Id. Apr. an. 49.*

CICERO ATTICO SALVTEM.

Cum quod scriberem plane nihil haberem, haec autem reliqua essent quae scire cuperem, profectusne esset, quo in statu 20
urbem reliquisset, in ipsa Italia quem cuique regioni aut negotio praefecisset, ecqui essent ad Pompeium et ad consules ex
senatus consulto de pace legati, ut igitur haec scirem dedita
opera has ad te litteras misi. Feceris igitur commode mihique

4 et inde *O*¹*RM*¹: *om. Eδ*: ut i- *Wes.*   7 possunt *ms*: -sint *ΣMbd*
8 λαλαγεῦσα *Bos.*: ΜΑΛΤΕΥΣΑ *ORm*: MMT- *M*: μάντευμα *in cod. vet.
legere sibi visus est Crat.*   stat *Purser*: est *Ω*   12 melius si *ERδ*: melius
*OM*¹: si m- *λ*   13 nollem *Wes.*: nolim *Ω*   15 nolim *Ernesti*:
nolem *EP*: nollem *ORΔ*   16 nolo *OΔ*: volo *ERM*ᶜ   19 quod
Mal.: quid *Ω*   23 ut *Eδ*: cum *O*¹[?]*RM*¹*Lamb.*   scirem *ERδ*: -re
*O*¹[?]*M*¹: -re ⟨cupere⟩m *Lamb.*

gratum si me de his rebus et si quid erit aliud quod scire
opus sit feceris certiorem. Ego in Arcano opperior dum ista
cognosco. A. d. vii Id.

III a   *Scr. in Arcano vii Id. Apr. an. 49.*

5   ⟨CICERO ATTICO SALVTEM.⟩

Alteram tibi eodem die hanc epistulam dictavi et pridie **1**
dederam mea manu longiorem. Visum te aiunt in regia, nec
reprehendo, quippe cum ipse istam reprehensionem non fugerim. Sed exspecto tuas litteras neque iam sane video quid
10 exspectem, sed tamen, etiam si nihil erit, id ipsum ad me velim
scribas.

Caesar mihi ignoscit per litteras quod non venerim, sese- **2**
que in optimam partem id accipere dicit. Facile patior quod
scribit secum Titinium et Servium questos esse quia non
15 idem sibi quod mihi remisisset. Homines ridiculos! qui cum
filios misissent ad Cn. Pompeium circumsedendum, ipsi in
senatum venire dubitarent. Sed tamen exemplum misi ad te
Caesaris litterarum.

IV   *Scr. in Cumano xvii Kal. Mai. an. 49.*

20   CICERO ATTICO SALVTEM.

Multas a te accepi epistulas eodem die, omnis diligenter **1**
scriptas, eam vero quae voluminis instar erat saepe legendam,
sicuti facio. In qua non frustra laborem suscepisti, mihi
quidem pergratum fecisti. Qua re ut id, quoad licebit, id est
25 quoad scies ubi simus, quam saepissime facias te vehementer

6 *novam ep. hic fecit M*⁴ [*i.e. Leonardus Brunus*], *post* certiorem (*v.* 2)
Corr., post Id. (*v.* 3) *Schütz: cum superiore in codd. cohaeret, spatio tamen
ante* alteram *relicto in Mm*   8 fugerim *Rom.*: -rem Ω   10 etiam
om. m   si *Pδ*: et *O*¹*M*¹: *om. R*   14 Titinium *Koch*: tullium [tuli-
M] Ω: Tullum *Corr.*   17 dubitarint *Wes.*

rogo. Ac deplorandi quidem, quod cotidie facimus, sit iam
nobis aut finis omnino, si potest, aut moderatio quaedam,
quod profecto potest. Non enim iam quam dignitatem, quos
honores, quem vitae statum amiserim cogito, sed quid consecutus sim, quid praestiterim, qua in laude vixerim, his 5
denique in malis quid intersit inter me et istos quos propter
omnia amisimus. Hi sunt qui, nisi me civitate expulissent,
obtinere se non putaverunt posse licentiam cupiditatum
suarum. Quorum societatis et sceleratae consensionis fides
2 quo eruperit vides. Alter ardet furore et scelere nec remittit 10
aliquid sed in dies ingravescit; modo Italia expulit, nunc alia
ex parte persequi, ex alia provincia exspoliare conatur nec
iam recusat sed quodam modo postulat ut, quem ad modum
3 est, sic etiam appelletur tyrannus. Alter, is qui nos sibi quondam ad pedes stratos ne sublevabat quidem, qui se nihil 15
contra huius voluntatem facere posse, elapsus e soceri manibus ac ferro bellum terra et mari comparat, non iniustum ille
quidem sed cum pium tum etiam necessarium, suis tamen
civibus exitiabile nisi vicerit, calamitosum etiam si vicerit.
4 Horum ego summorum imperatorum non modo res gestas 20
non antepono meis sed ne fortunam quidem ipsam; qua illi
florentissima, nos duriore conflictati videmur. Quis enim
potest aut deserta per se patria aut oppressa beatus esse? Et
si, ut nos a te admonemur, recte in illis libris diximus nihil
esse bonum nisi quod honestum, nihil malum nisi quod turpe 25
sit, certe uterque istorum est miserrimus, quorum utrique
semper patriae salus et dignitas posterior sua dominatione
5 et domesticis commodis fuit. Praeclara igitur conscientia sustentor, cum cogito me de re publica aut meruisse optime cum

1 ac *Ernesti*: at Ω 3 iam $Z^{(b)}$: tam $\Sigma M^1 Z^\beta$: *om*. δ 8 putaverunt [potue- *R*] posse $\Sigma M^c m$: po- put- Δ 11 expulit ⟨generum⟩
Kayser   15 quidem qui se *Rom.*: qui[que M^1] se quidem Ω 17 ille]
illud *Wes.*   28 consc- *P*: sc- $\Sigma\delta$: sententia M^1

potuerim, aut certe numquam nisi pie cogitasse, eaque ipsa
tempestate eversam esse rem publicam quam ego XIIII annis
ante prospexerim. Hac igitur conscientia comite proficiscar,
magno equidem cum dolore nec tam id propter me aut pro-
5 pter fratrem meum, quorum est iam acta aetas, quam propter
pueros, quibus interdum videmur praestare etiam rem publicam debuisse. Quorum quidem alter non tam ⟨quia filius
quam⟩ quia maiore pietate est me mirabiliter excruciat, alter
(o rem miseram! nihil enim mihi accidit in omni vita acer-
10 bius) indulgentia videlicet nostra depravatus eo progressus
est quo non audeo dicere. Et exspecto tuas litteras; scripsisti
enim te scripturum esse plura cum ipsum vidisses. Omne 6
meum obsequium in illum fuit cum multa severitate, neque
unum eius nec parvum sed multa ⟨et⟩ magna delicta compressi.
15 Patris autem lenitas amanda potius ab illo quam tam crudeliter neglegenda. Nam litteras eius ad Caesarem missas ita
graviter tulimus ut te quidem celaremus, sed ipsius videmur
vitam insuavem reddidisse. Hoc vero eius iter simulatioque
pietatis qualis fuerit non audeo dicere; tantum scio post Hir-
20 tium conventum arcessitum a Caesare, cum eo de meo animo
a suis rationibus alienissimo et consilio relinquendi Italiam;
et haec ipsa timide. Sed nulla nostra culpa est, natura metuenda est. Haec Curionem, haec Hortensi filium, non patrum
culpa corrupit.
25   Iacet in maerore meus frater neque tam de sua vita quam de
mea metuit. Huic tu malo adfer consolationes, si ullas potes;
maxime quidem illam velim, ea quae ad nos delata sint aut

1 nisi pie *Bos.*: n- die *Σ* [diem *R*] *m²Z^b*: n- de ea *s*: insidi(a)e *Δ*: infide
M^c   4 tam *Eδ*: tamen *ORM¹*   5 est *Lamb.*: ut *O¹M¹Z¹*: ut
ut *Z^b*: *om. ERδ*: ut *ante* quorum *transp. Schmidt*   7 quia filius quam
duce Mal. add. Lamb.   8 excruciat δ: -ari *ΣM¹*   11 et] sed *Mal.*
12 plura *Orelli*: -rima *Ω*   14 et magna *P*: magna *Ω*   17 videmur *Schütz*: -emus *Ω*: -eremur *Madvig*   20 eo de meo *Lamb.*: eodem
eo *Ω* .   26 huic tu *Rbs*: huic tu huic tu *EOPMdm*

falsa esse aut minora. Quae si vera sint, quid futurum sit in
hac vita et fuga nescio. Nam si haberemus rem publicam,
consilium mihi non deesset nec ad severitatem nec ad diligentiam. Nunc sive iracundia sive dolore sive metu permotus
gravius scripsi quam aut tuus in illum amor aut meus postula- 5
bat, si vera sunt, ignosces, sin falsa, me libente eripies mihi
hunc errorem. Quoquo modo vero se res habebit, nihil adsi-
gnabis nec patruo nec patri.

7   Cum haec scripsissem, a Curione mihi nuntiatum est eum
ad me venire. Venerat enim is in Cumanum vesperi pridie, id 10
est Idibus. Si quid igitur eius modi sermo eius attulerit quod
ad te scribendum sit, id his litteris adiungam.

8   Praeteriit villam meam Curio iussitque mihi nuntiari mox
se venturum cucurritque Puteolos ut ibi contionaretur. Con-
tionatus est, rediit, fuit ad me sane diu. O rem foedam! 15
Nosti hominem; nihil occultabat, in primis nihil esse certius
quam ut omnes qui lege Pompeia condemnati essent resti-
tuerentur; itaque se in Sicilia eorum opera usurum. De
Hispaniis non dubitabat quin Caesaris essent. Inde ipsum cum
exercitu, ubicumque Pompeius esset. Eius interitu finem illi 20
fore. Propius factum esse nihil. Et plane iracundia elatum
voluisse Caesarem occidi Metellum tribunum pl., quod si
esset factum, caedem magnam futuram fuisse. Permultos
hortatores esse caedis, ipsum autem non voluntate aut natura
non esse crudelem, sed quod ⟨putaret⟩ popularem esse cle- 25
mentiam. Quod si populi studium amisisset, crudelem fore;

2 vita et ORλλ: om. EΔ   3 ad indulgentiam κ   4 nunc Σδ: M.
nec M¹: nunc haec Crat.: haec Vict.   11 igitur eius Es: e- [enim R]
i- O¹RΔ   sermo eius ERδ: e- s- O¹PM¹λ: sermo Rom.   12 his Schütz:
in Ω   16 occultabat Σ: -abit Md: -avit bms   20 interitum Lamb.
illi] belli Man., fort. recte   21 propius s: prope ius ΣM² bdm: pompeius
M¹   21 et scripsi: ei ΩZ: ni s: eum Sal.-Reg.   propius . . . nihil
post tribunum pl. [v. 22] transp. Mal., quem secuti sunt multi, deleto ei
23 fuisse C: esse Ω   25 putaret add. Rom.

eumque perturbatum quod intellegeret se apud ipsam plebem offendisse de aerario. Itaque ei cum certissimum fuisset
ante quam proficisceretur contionem habere, ausum non esse
vehementerque animo perturbato profectum. Cum autem ex 9
5 eo quaererem quid videret, quem exitum, quam rem publicam, plane fatebatur nullam spem reliquam. Pompei classem
timebat. Quae si †esset†, se de Sicilia abiturum. 'Quid isti'
inquam 'sex tui fasces? si a senatu, cur laureati? si ab ipso,
cur sex?' 'Cupivi' inquit 'ex senatus consulto surrupto; nam
10 aliter ⟨non⟩ poterat. At ille impendio nunc magis odit senatum. "A me" inquit "omnia proficiscentur." ' 'Cur autem
sex?' 'Quia xii nolui; nam licebat.' Tum ego 'Quam vellem' 10
inquam 'petisse ab eo quod audio Philippum impetrasse! Sed
veritus sum, quia ille a me nihil impetrabat.' 'Libenter' in-
15 quit 'tibi concessisset. Verum puta te impetrasse; ego enim ad
eum scribam, ut tu ipse voles, de ea re nos inter nos locutos.
Quid autem illius interest, quoniam in senatum non venis,
ubi sis? Quin nunc ipsum minime offendisses eius causam si
in Italia non fuisses.' Ad quae ego me recessum et solitudinem
20 quaerere, maxime quod lictores haberem. Laudabat consilium. 'Quid ergo?' inquam 'nam mihi cursus in Graeciam
per tuam provinciam est, quoniam ad mare superum milites
sunt.' 'Quid mihi' inquit 'optatius?' Hoc loco multa perliberaliter. Ergo hoc quidem est [verum] profectum, ut non
25 modo tuto verum etiam palam navigaremus.

1 plebem *Vict.*: legem Ω   5 quem *M¹*: quod *Σδ*   exitum
Mal.: exemplum Ω*Z*⁽ˡ⁾   7 esset] exisset *Weiske*: adesset *Reid*: *anne*
accessisset?   9 nam] non *R*: *anne* nec?   10 non *add. Rom.*
senatum a me *Iens.*: senatum ad senatum a me Ω*Z^bλλ* [*sed* a *om.* O¹M¹: a
senatu a *EO²M^cbdm²*]   11 quur autem sex? *C*: autem sex *EOM¹dm*
[autem *in* aut *corr.* M², *sed hoc postea deletum*]: sex autem *s*: sex *Rb* [autem
ante prof- *R*]   18 causam si *Lamb.*: causa si *Σδ*: causas M¹   19 italia
Eδ: -am *ORM¹*   ad quae *Lamb.*: atque Ω   recessum *Vict.*: -surum Ω
20 laudabat *Σms*: -abit *O²Mbd*: -avit *Vict.*   24 profectum *cod. Vrs.*:
verum profecto Ω

11 Reliqua in posterum diem distulit; ex quibus scribam ad te
si quid erit epistula dignum. Sunt autem quae praeterii,
interregnumne esset exspectaturus an quo modo dixerit ille
quidem, ad se deferri consulatum sed se nolle in proximum
annum. Et alia sunt quae exquiram. Iurabat ad summam, 5
quod nullo negotio faceret, amicissimum mihi Caesarem esse
debere. 'Quid enim?' inquam. 'Scripsit ad me Dolabella.'
'Dic, quid?' Adfirmabat eum scripsisse, quod me cuperet ad
urbem venire, illum quidem gratias agere maximas et non
modo probare sed etiam gaudere. Quid quaeris? acquievi. 10
Levata est enim suspicio illa domestici mali et sermonis Hir-
tiani. Quam cupio illum dignum esse nobis et quam ipse me
invito †quae pro illo sit suspicandum.† Sed opus fuit Hirtio
convento? Est profecto nescio quid, sed velim quam minimo.
Et tamen eum nondum redisse miramur. Sed haec videbimus. 15
12 Tu †optimus† Terentiae dabis. Iam enim urbis nullum
periculum est. Me tamen consilio iuva, pedibusne Regium
an hinc statim in navem, et cetera, quoniam commoror.
Ego ad te [statim] habebo quod scribam simul et videro.
Curionem. De Tirone cura, quaeso, quod facis, ut sciam quid 20
is agat.

3 dixerit ... ad se *Ernesti* (ad se *et priores, ordine mutato*): -rim ... sed *ΩC*
6 facere ⟨sole⟩t *Orelli*   7 debere *s*: debet *Ω*   inquam *bds¹*: un-
ΣMms²   8 dic *Hand*: dico *Ω*   eum [*?*] scripsisse *E*: cum [quom *O*,
eo *M¹*] scripsisset *Ω*   10 acquievi. levata *Bos.*: atque vi lebata *Z*:
atque vilebat [iube- *Rbds*] *Ω*   12 esse *ms*: -et *ORMbd*   13 sit
susp- *ΩZ¹* [si *pro* sit *Z¹*]; *pro* susp- *in codd. nonnullis* supplicandum *invenit*
Lamb.   *nondum sanatus locus*   14 sed *msC*: se *ORMbd*   minimum
Lamb., fort. recte   16 optimus *OR*: -mos*Δ*: hospitium *Muretus*: Oppios
Vict., quo probato delegabis *pro* dabis *Wes.*   enim *O¹R*: cum *Δ*   nullum
Pius: unum *Ω*: vanum *Boot* [v- vel nullum *iam Gronovius*]: minimum
Purser   19 statim *del. Schütz*   et *M¹d¹Z*(b): ut *ΣM²bd²ms*: *del.*
Gronovius

V   *Scr. in Cumano xv Kal. Mai. an. 49.*

⟨CICERO ATTICO SALVTEM.⟩

De tota mea cogitatione scripsi ad te antea satis, ut mihi **1**
visus sum, diligenter. De die nihil sane potest scribi certi
5 praeter ḥoc, non ante lunam novam. Curionis sermo postridie **2**
eandem habuit fere summam, nisi quod apertius significavit
se harum rerum exitum non videre.

Quod mihi mandas de quodam regendo, Ἀρκαδίαν. Tamen
nihil praetermittam. Atque utinam tu—sed molesŧior non
10 ero. Epistulam ad Vestorium statim detuli, ac valde requirere
solebat. Commodius tecum Vettienus est locutus quam ad me **3**
scripserat. Sed mirari satis hominis neglegentiam non queo.
Cum enim mihi Philotimus dixisset se HS L̄ emere de Canuleio
deversorium illud posse, minoris etiam empturum si Vet-
15 tienum rogassem, rogavi ut, si quid posset, ex ea summa
detraheret. Promisit. Ad me nuper se HS x̄x̄x̄ emisse; ut
scriberem cui vellem addici; diem pecuniae Id. Nov. esse.
Rescripsi ei stomachosius cum ioco tamen familiari. Nunc
quoniam agit liberaliter, nihil accuso hominem scripsique ad
20 eum me a te certiorem esse factum. Tu de tu̇o itinere quid et
quando cogites velim me certiorem facias. A. d. xv Kal. Mai.

---

3 *novam ep. agnovit Corr.*: *cum superiore in codd. cohaeret*   4 potest
scribi *ΣMᶜm*: s- p- *Δ*   certi *Sal.–Reg.*: -te *Ω*   8 quodam] Quinto
Vict.   9 molestior *Vict.*: mode- *ΩZ⁽ᵇ⁾*   10 ero *nescio quis*:
pro *Δ*: propter *O*: per *R*   detuli *Graevius*: deculi *cod. Ball.*: deculia
[-cidia *b*] *Δ*: de tu̇llia *ORs*   11 Vettienus *Vrs.*: vectinus *Ω* [*codicum in*
hoc nomine variationes, quae fort. ad Vetienus *spectant, amplius tamen non*
curabo]   12 satis *δ*: -is est *ORM¹*   16 se HS *Orelli*: esse *Ω*: sese
s: sese HS *κ*   18 ei stom- *Man.*: et in stomacho si vis *O¹RC* [et ist-]:
et isto [-ta *s*] madio si vis *Δ*   ioco *Sal.–Reg.*: loco *Ω*

VI   *Scr. in Cumano c. xi Kal. Mai. an. 49.*

CICERO ATTICO SALVTEM.

1 Me adhuc nihil praeter tempestatem moratur. Astute nihil
sum acturus. Fiat in Hispania quidlibet: et tamen †recitet
et†. Meas cogitationes omnis explicavi tibi superioribus lit- 5
teris. Quocirca hae sunt breves, et quia festinabam eramque
occupatior.

2 De Quinto filio fit a me quidem sedulo, sed—nosti reliqua.
Quod dein me mones, et amice et prudenter me mones, sed
erunt omnia facilia si ab uno illo cavero. Magnum opus est, 10
mirabilia multa, nihil simplex, nihil sincerum. Vellem susce-
pisses iuvenem regendum; pater enim nimis indulgens quicquid ego adstrinxi relaxat. Si sine illo possem, regerem; quod
tu potes. Sed ignosco; magnum, inquam, opus est.

3 Pompeium pro certo habemus per Illyricum proficisci in 15
Galliam. Ego nunc qua et quo videbo.

VII   *Scr. in Cumano c. ix Kal. Mai. an. 49.*

⟨CICERO ATTICO SALVTEM.⟩

1 Ego vero Apuliam et Sipontum et tergiversationem istam
probo nec tuam rationem eandem esse duco quam meam, 20
non quin in re publica rectum idem sit utrique nostrum,
sed ea non agitur. Regnandi contentio est, in qua pulsus est
modestior rex et probior et integrior et is, qui nisi vincit,
nomen populi Romani deleatur necesse est, sin autem vincit,

3 *hinc novam ep. incipiunt M^c m [inscr. om.], post* facias [*p.* 55. 21] *EPs:
continuant O¹RM¹bd [inscr. in marg. add. O²]*   4 hispania *ms:* -am
ΣMbd   recitet et *ΩZ^b:* recite te *Z^β [sed del.]:* reticeret *Z^l:* res stat;
ἰτέον *Tyrrell*   6 et *OR:* et tamen *Δ: om. E*   8 de Quinto filio [*hoc
iam Corr.*] fit a *Bos.:* de Q. fratre [*sc. ex* de Q. f.] ita *Ω*   9 dein
M¹[?]: dem *Cκ:* de *Eδ:* enim *O¹[?]R*   me mones [*post* prud-] *C:* memo-
res *O¹[?]M¹:* -ras *ERδ*   19 *novam ep. agnovit Corr.: cum superiore in
codd. cohaeret*   23 modestior *Σδ:* at [?] m- *M¹:* adm- *Z^b:* et m- *Gronovius*

Sullano more exemploque vincet. Ergo hac in contentione neutrum tibi palam sentiendum et tempori serviendum est. Mea
causa autem alia est, quod beneficio vinctus ingratus esse non
possum, nec tamen in acie ⟨me⟩ sed Melitae aut alio in loco
5 simili ⟨vel⟩ oppidulo futurum puto. 'Nihil' inquies 'iuvas eum
in quem ingratus esse non vis ?' Immo minus fortasse voluisset.
Sed de hoc videbimus; exeamus modo. Quod ut meliore tempore possimus facit Adriano mari Dolabella, Fretensi Curio.
    Iniecta autem mihi spes quaedam est: 'velle mecum Ser. 2
10 Sulpicium conloqui'. Ad eum misi Philotimum libertum cum
litteris. Si vir esse volet, praeclara συνοδία, sin autem—.
Erimus nos qui solemus. Curio mecum vixit, iacere Caesarem 3
putans offensione populari Siciliaeque diffidens si Pompeius
navigare coepisset.
15   Quintum puerum accepi vehementer. Avaritiam video
fuisse et spem magni congiari. Magnum hoc malum est, sed
scelus illud quod timueramus spero nullum fuisse. Hoc autem
vitium puto te existimare non ⟨a⟩ nostra indulgentia sed a
natura profectum. Quem tamen nos disciplina regimus.
20   De Oppiis Veliensibus quid placeat cum Philotimo videbis. Epirum nostram putabimus, sed alios cursus videbamur
habituri.

4 me *add. Wes.* [*post* tamen *Lamb.*]   Melitae *Vict.*: militi(a)e *ΣMᶜm*:
militia *Δ*   aliquo *m*   5 simili *ΣMbd*: sive *ms*   ⟨vel⟩ oppidulo
scripsi, praeeuntibus Tyrrell–Purser, qui ⟨vel⟩ oppido *coni.*: oppidulo *Ω*:
sive in opp- *Lamb.*: *aut* loco *aut* oppidulo *glossema fuisse suspicatus est*
Graevius   6 ingr- *Eδ*: gr- *ORM¹*   8 fretensi *ERM¹bdZ⁽ᵇ⁾*
[*hoc in libris vett. constanter se legisse adfirmat Bos.; idem Tornesianum*
habuisse testatur Lamb. ed. prima, at in altera fretensi tensi, *fort. errore*
typographico]: cret- *OMᶜms*: freto Siciliensi *Vict.*   9 *post* est *distinxi,*
Sal.–Reg. secutus; nam velle secum Servium colloqui *non sperasse credo*
Ciceronem sed comperisse   11 praeclara *Vict.*: decl- [de cl-] *Ω*
συν- *Man.*: synodia [sin-] *Ω*   18 a *add. Lamb.*   19 regemus
Ernesti   20 oppiis *O¹R*: oppio *Δ*   cum *OR*: quem *Δ*   21 nostram
Rom.: -rum *Ω*   videbamur *Rom.*: -eamur *Ω* [*sed ex* -ebimur *R*]:-emur *s*

VIII   *Scr. in Cumano vi Non. Mai. an. 49.*

CICERO ATTICO SALVTEM.

1   Et res ipsa monebat et tu ostenderas et ego videbam de
iis rebus quas intercipi periculosum esset finem inter nos
scribendi fieri tempus esse. Sed cum ad me saepe mea Tullia 5
scribat orans ut quid in Hispania geratur exspectem et semper
adscribat idem videri tibi idque ipse etiam ex tuis litteris
intellexerim, non puto esse alienum me ad te quid de ea re
sentiam scribere.

2   Consilium istuc tunc esset prudens, ut mihi videtur, si 10
nostras rationes ad Hispaniensem casum accommodaturi essemus; quod fieri * * * Necesse est enim aut, id quod maxime
velim, pelli istum ab Hispania aut trahi id bellum aut istum,
ut confidere videtur, apprehendere Hispanias. Si pelletur,
quam gratus aut quam honestus tum erit ad Pompeium noster 15
adventus, cum ipsum Curionem ad eum transiturum putem?
Sin trahitur bellum, quid exspectem aut quam diu? Relinquitur ut, si vincimur in Hispania, quiescamus. Id ego contra
puto. Istum enim victorem magis relinquendum puto quam
victum, et dubitantem magis quam fidentem suis rebus. Nam 20
caedem video si vicerit et impetum in privatorum pecunias et
exsulum reditum et tabulas novas et turpissimorum honores
et regnum non modo Romano homini sed ne Persae quidem
3 cuiquam tolerabile. Tacita esse poterit indignitas nostra? pati
poterunt oculi me cum Gabinio sententiam dicere, et quidem 25
illum rogari prius? praesto esse clientem tuum Cloelium,
†cateli† Plaguleium, ceteros? Sed cur inimicos conligo, qui

3 de iis *Om*: de hiis *R*: de his δ: denis *M¹*   7 adscribat [ass-] δ: -am
O¹RM¹   8 ad *M^c bds*: a *ORM¹m*   10 istuc *O¹R*: -ud *Δ*   12 fieri *Ωλ*:
f- non debet *P*: *alia add. alii*   13 ab hispania *Rδ*: ad hispaniam *O¹M¹λλ*
17 sin *Lamb.*: si cum *O¹M¹*: si *Rδ*: si contra *Schmidt*   20 et] nec *Schütz*
24 tacita *Ω*: tanta *PZ¹*   indig- *Vict.*: id indig- *M¹Z¹*: in id dig- *ORδ*
25 poterunt *ms*: poterint *P*: potuerint *ORMbd*   26 cloelium *Mdm*:
clocl- *R*: clodium *O²bs*   27 cateli *OPΔ*: -telli *R*: -tuli *s*: C. Ateii *Bos.*

meos necessarios a me defensos nec videre in curia sine dolore
nec versari inter eos sine dedecore potero? Quid si ne id
quidem est exploratum, fore ut mihi liceat? Scribunt enim
ad me amici eius me illi nullo modo satis fecisse quod in sena-
5 tum non venerim. Tamenne dubitemus an ei nos etiam cum
periculo venditemus, quicum coniuncti ne cum praemio
quidem voluimus esse? Deinde hoc vide, non esse iudicium de 4
tota contentione in Hispaniis, nisi forte iis amissis arma Pompeium abiecturum putas, cuius omne consilium Themisto-
10 cleum est. Existimat enim qui mare teneat eum necesse ⟨esse⟩
rerum potiri. Itaque [qui] numquam id egit ut Hispaniae per
se tenerentur; navalis apparatus ei semper antiquissima cura
fuit. Navigabit igitur, cum erit tempus, maximis classibus et
ad Italiam accedet, in qua nos sedentes quid erimus? nam
15 medios esse iam non licebit. Classibus adversabimur igitur?
Quod maius scelus aut tantum? Denique quid turpius? An
qui valde hic incumbentis solus tuli scelus, eiusdem cum
Pompeio et cum reliquis principibus non feram? Quod si iam 5
misso officio periculi ratio habenda est, ab illis est periculum si
20 peccaro, ab hoc si recte fecero, nec ullum in his malis consilium periculo vacuum inveniri potest, ut non sit dubium
quin turpiter facere cum periculo fugiamus, quod fugeremus
etiam cum salute. Non simul cum Pompeio mare transiimus. Omnino ⟨non⟩ potuimus; exstat ratio dierum. Sed

4 senatum *bds*: -tu *ORMm*   5 venerim δ: venirem *O¹RM¹*   ei
Man.: et *ORMd²m*: ut *bd¹s*   6 venditemus *C*: -icemus *Ω*: vindic- *P*
coniuncti ne *Hervagius*: -ctione *Ω*   7 voluimus *Man.*: -umus *Ω*   10 esse
add. Lamb.   11 qui *del. Schütz*   12 cura *Rδ*: *om. OM¹*   13 navigabit *Pδ*: -avit *OM¹*: -abat *R*   16 maius δ*Zᵝ* [l' maius l' malum *M²*]:
malus *ORM¹Zˡ⁽ᵇ⁾*: malum *P*   scelus aut *Mal.*: scilicet *ΩZ*   denique]
d- an *Zˡ*   an qui valde *cod*[*dᵖ*]. *Mal.*: an in [anin *M¹*: an tu *b*: an cum *s*] v-
ΔZᵝ: an invalide *O*: animal de *R*   17 hic *Ω*: hinc *Zᵝ*   incumbentis
scripsi, ex ix. 18 intellegendum: in absentis *Ω*: *alii alia*   23 salute
P: -em *Ω*   transiimus *Nipperdey*: -ierimus *Ω*   24 omnino ⟨non⟩
Man.: non o- *P*: omnino *Ω*

tamen (fateamur enim quod est) ne contendimus quidem ut
possemus. Fefellit ea me res quae fortasse non debuit, sed fefellit: pacem putavi fore. Quae si esset, iratum mihi Caesarem
esse, cum idem amicus esset Pompeio, nolui. Senseram enim
quam idem essent. Hoc verens in hanc tarditatem incidi. Sed 5
6 adsequor omnia si propero: si cunctor amitto. Et tamen, mi
Attice, auguria quoque me incitant quaedam spe non dubia
nec haec collegi nostri ab Atto sed illa Platonis de tyrannis.
Nullo enim modo posse video stare istum diutius quin ipse
per se etiam languentibus nobis concidat, quippe qui floren- 10
tissimus ac novus VI, VII diebus ipsi illi egenti ac perditae
multitudini in odium acerbissimum venerit, qui duarum
rerum simulationem tam cito amiserit, mansuetudinis in
Metello, divitiarum in aerario. Iam quibus utatur vel sociis
vel ministris? ii provincias, ii rem publicam regent quorum 15
nemo duo menses potuit patrimonium suum gubernare?
7   Non sunt omnia conligenda quae tu acutissime perspicis,
sed tamen ea pone ante oculos; iam intelleges id regnum vix
semenstre esse posse. Quod si me fefellerit, feram, sicut multi
clarissimi homines in re publica excellentes tulerunt, nisi forte 20
me Sardanapalli vicem in suo lectulo mori malle censueris
quam ⟨in⟩ exsilio Themistocleo. Qui cum fuisset, ut ait
Thucydides, τῶν μὲν παρόντων δι' ἐλαχίστης βουλῆς κράτιστος

1 contend- *Nipperdey*: cond- *ΩC*   2 possemus *Nipperdey*: -simus *Ω*
ea me *Bos.*: eam *O¹M¹Z^b*: ea *Rδ*: enim *O²*   debuit *Rδ*: -uisset *M¹*: -ui
sed *O*   3 iratum *Rom.*: rata *Ω*   5 verens *O¹RM¹mλ*: vereris
O²M^cbds: veritus *P*   6 assequor *Lamb.*: -uar *Ω*   7 qu(a)edam *OR*:
quadam *Δ*   8 nec *ORM¹*: non *δ*   Atto *Orelli*: attico *Ω*   10 floren-
tissimus *Man.*: -ntis *Ω*   11 VI, VII *Man.*: ut uti *OΔ*: uti ut *R*
12 venerit *Corr.*: veniret *Ω*   13 tam *Pδ*: tamen *ORM¹*, *num recte?*
14 aerario *Vict.*: af(f)ranio *Ωλ*   utetur *Kayser*   15 ii . . . ii *Madvig*:
si . . . si *OPM¹*: si ii . . . si *R*: si ii [hi] . . . si ii [hi] *δ*   18 -ges id *δ*:
-gent *O¹[?]M¹*: -ges *O²R*   21 in suo l- *del. Nipperdey*: in meo l- *Corr.*
equidem quae sunt in codd. ex -pa(l)li in cubiculo [= -pa(l)li vici ī biculo]
provenisse facile crediderim   censueris *P*: -rint *Z^b*: -runt *Ω*   22 in
add. Wes.   23 *in Graecis codicum errores non perscripsi*

γνώμων, τῶν δὲ μελλόντων ἐς πλεῖστον τοῦ γενησομένου ἄριστος
εἰκαστής,.tamen incidit in eos casus quos vitasset si eum nihil
fefellisset. Etsi is erat, ut ait idem, qui τὸ ἄμεινον καὶ τὸ χεῖρον
ἐν τῷ ἀφανεῖ ἔτι ἑώρα μάλιστα, tamen non vidit nec quo modo
5 Lacedaemoniorum nec quo modo suorum civium invidiam
effugeret nec quid Artaxerxi polliceretur. Non fuisset illa nox
tam acerba Africano sapientissimo viro, non tam dirus ille
dies Sullanus callidissimo viro C. Mario, si nihil utrumque
eorum fefellisset. Nos tamen hoc confirmamus illo augurio
10 quo diximus, nec nos fallit nec aliter accidet. Corruat iste **8**
necesse est aut per adversarios aut ipse per se, qui quidem
sibi est adversarius unus acerrimus. Id spero vivis nobis fore;
quamquam tempus est nos de illa perpetua iam, non de hac
exigua vita cogitare. Sin quid acciderit maturius, haud sane
15 mea multum interfuerit utrum factum videam an futurum
esse multo ante viderim. Quae cum ita sint, non est committendum ut iis pareant quos contra me senatus, ne quid res
publica detrimenti acciperet, armavit.

Tibi sunt omnia commendata, quae commendationis meae **9**
20 pro tuo in nos amore non indigent. Ne hercule ego quidem
reperio quid scribam; sedeo enim πλουδοκῶν. Etsi nihil umquam tam fuit scribendum quam nihil mihi umquam ex
plurimis tuis iucunditatibus gratius accidisse quam quod
meam Tulliam suavissime diligentissimeque coluisti. Valde eo
25 ipsa delectata est, ego autem non minus. Cuius quidem virtus
mirifica. Quo modo illa fert publicam cladem, quo modo
domesticas tricas! quantus autem animus in discessu nostro!

---

4 προεώρα O [cf. Thuc. i. 138. 3]   6 -ceretur O²Mᶜbds: -cetur
O¹RM¹m   fuisset s: -e et OM¹: -et et RM²bdm   10 quo ORMbd:
quod ms   fallet Otto   accidet Man.: -dit Ω   iste Rδ: ista O¹M¹
15 factum δ: -tum fiat O¹M¹: -tum fuerit R   20 ne] nec Hofmann
[nec mercule Lamb. (marg.)]   22 tam Δ: iam OR   23 accidisse
δ: -et ORM¹

Est στοργή, est summa σύντηξις. Tamen nos recte facere et
10 bene audire vult. Sed hac super re minus, ne meam ipse
συμπάθειαν iam evoco.

Tu, si quid de Hispaniis certius et si quid aliud, dum
adsumus, scribes, et ego fortasse discedens dabo ad te aliquid, 5
eo etiam magis quod Tullia te non putabat hoc tempore ex
Italia. Cum Antonio item est agendum ut cum Curione,
Melitae me velle esse, civili bello nolle interesse. Eo velim
tam facili uti possim et tam bono in me quam Curione. Is
ad Misenum vi Non. venturus dicebatur, id est hodie. Sed 10
praemisit mihi odiosas litteras hoc exemplo:

A

Scr. c. Kal. Mai. an. 49.

'ANTONIVS TR. PL. PRO PR. CICERONI
IMP. SALVTEM.

1   Nisi te valde amarem et multo quidem plus quam tu 15
putas, non extimuissem rumorem qui de te prolatus est, cum
praesertim falsum esse existimarem. Sed quia te nimio plus
diligo, non possum dissimulare mihi famam quoque, quamvis
sit falsa, falsam agnoscere magni esse. * * * trans mare credere
non possum, cum tanti facias Dolabellam ⟨et⟩ Tulliam tuam, 20
feminam lectissimam, tantique ab omnibus nobis fias; quibus
me hercule dignitas amplitudoque tua paene carior est quam
tibi ipsi. Sed tamen non sum arbitratus esse amici non com-

---

1 est στοργή est λ: sit στοργῆς [vel sim.] . . . sit Ω   2 re minus
scripsi: remis Ω: re nimis Aldus: re ne nimis Lehmann   7 antonio
5: anio RΔ: annio O   8 velle O¹R: -et Δ [sed velit m²s]   civili bello
scripsi duce Wes., qui huic c- b-: huic libello O¹Δ: huic b- O²Rm²s
9 uti Iens.: ut Ω   possim Pb: -sem Ω: -se Sal.–Reg.   Curione. is Beroaldus: -onis O¹M¹: -onis is Rδ -o. is O²Mᶜ   19 f- falsam agnoscere Zᵇ:
falsam agnosce [lineola nasali et agnosce deletis] M¹: falsa ORδ   magni
8Zᵇ: -no ORM¹   post esse add. te iturum P, te i- esse Baiter   20 et
add. Aldus

moveri etiam improborum sermone, atque eo feci studiosius
quod iudicabam duriores partis mihi impositas esse ab offensione nostra, quae magis a ζηλοτυπίᾳ mea quam ab iniuria tua
nata est. Sic enim volo te tibi persuadere, mihi neminem esse
5 cariorem te excepto Caesare meo, meque illud una iudicare,
Caesarem maxime in suis M. Ciceronem reponere. Qua re, mi 2
Cicero, te rogo ut tibi omnia integra serves, eius fidem im-
probes qui tibi ut beneficium daret prius iniuriam fecit, contra
ne profugias qui te, etsi non amabit, quod accidere non potest,
10 tamen salvum amplissimumque esse cupiet.

Dedita opera ad te Calpurnium, familiarissimum meum,
misi, ut mihi magnae curae tuam vitam ac dignitatem esse
scires.'

Eodem die a Caesare Philotimus attulit hoc exemplo:

B

15 *Scr. Massiliam iter faciens, fort. Intimili, xv Kal. Mai. an. 49.*

'CAESAR IMP. SAL. D. CICERONI IMP.

Etsi te nihil temere, nihil imprudenter facturum iudica- 1
ram, tamen permotus hominum fama scribendum ad te
existimavi et pro nostra benevolentia petendum ne quo pro-
20 gredereris proclinata iam re quo integra etiam progrediendum
tibi non existimasses. Namque et amicitiae graviorem iniuriam
feceris et tibi minus commode consulueris, si non fortunae
obsecutus videberis (omnia enim secundissima nobis, adver-
sissima illis accidisse videntur), nec causam secutus (eadem

5 meo . . . iudicare *C*: *om. Ω*   6 caesarem *Rδ*: *om. OM¹*   9 ne
OΔ: eum ne *R*: ne ab eo *Lamb.*   11 -mum meum *Pδ*: -mumque eum
O¹[ʔ]M¹: -mum *R*   14 attulit *ORM¹mZ⁽ᵇ⁾*: litteras at- *M²* [litteras
del.*Mᶜ*] *bds*   17 hanc ep. habet etiam cod. *Landianus* [*H*]   20 procl-
O²RMbdCλ: incl- *HO¹ms*   quo *ORM¹*: qua *HPδ*   etiam *HΔ*: *om. OR*
23 videberis *Hbds*: ut deberes *OMm*: fueris ut deberes *R* [debes *P*]: vide-
bere *Vict.*

63

enim tum fuit cum ab eorum consiliis abesse iudicasti), sed
meum aliquod factum condemnavisse; quo mihi gravius abs
2 te nihil accidere potest. Quod ne facias pro iure nostrae amicitiae a te peto. Postremo quid viro bono et quieto et bono civi
magis convenit quam abesse a civilibus controversiis? Quod 5
non nulli cum probarent, periculi causa sequi non potuerunt;
tu explorato et vitae meae testimonio et amicitiae iudicio
neque tutius neque honestius reperies quicquam quam ab
omni contentione abesse. xv Kal. Mai. ex itinere.'

IX   Scr. in Cumano v Non. Mai. an. 49.   10

⟨CICERO ATTICO SALVTEM.⟩

1 Adventus Philotimi (at cuius hominis, quam insulsi et
quam saepe pro Pompeio mentientis!) exanimavit omnis qui
mecum erant; nam ipse obdurui. Dubitabat nostrum nemo
quin Caesar itinera repressisset—volare dicitur; Petreius 15
cum Afranio coniunxisse⟨t se⟩—nihil adfert eius modi. Quid
quaeris? etiam illud erat persuasum, Pompeium cum magnis
copiis iter in Germaniam per Illyricum fecisse; id enim αὐθεντικῶς nuntiabatur. Melitam igitur, opinor, capessamus, dum
quid in Hispania. Quod quidem prope modum videor ex 20
Caesaris litteris ipsius voluntate facere posse, qui negat neque
honestius neque tutius mihi quicquam esse quam ab omni
2 contentione abesse. Dices: 'Vbi ergo tuus ille animus quem
proximis litteris?' Adest et idem est; sed utinam meo solum
capite decernerem! Lacrimae meorum me interdum molliunt 25

7 tu expl- *Hδ*: quo expl- *O*¹: quo et pl- *M*¹: quo et expl- *R*   *novam
ep.* [*sed a verbis* xv Kal., *v.* 9] *facit P*: *continuant Ω*   14 dubitabat *P*: -abit *ORM*¹: -avit δ   15 repr- *OM*²*m*: repr- tuo *M*¹: oppr-
R[re *suprascr.*]*bds*   16 -isset e⟨t se⟩ *Bos.*: -isse *Ω*   17 pompeium
*R*δ: -io *O*¹*M*¹   18 in Galliam *anon. ap. Corr.*   20 quid *cod. Faërn.*:
quod *Ω*   Hispania *Iens.*: -am *Ω*   23 ergo tuus ille *bZ*ᵇ *codd. Mal.*:
i- e- t- *Ω*

precantium ut de Hispaniis exspectemus. M. Caeli quidem
epistulam scriptam miserabiliter, cum hoc idem obsecraret ut
exspectarem, ne fortunas meas, ne unicam filiam, ne meos
omnis tam temere proderem, non sine magno fletu legerunt
5 pueri nostri; etsi meus quidem est fortior eoque ipso vehementius commovet, nec quicquam nisi de dignatione laborat.

Melitam igitur, deinde quo videbitur. Tu tamen etiam 3
nunc mihi aliquid litterarum, et maxime si quid ab Afranio.
Ego si cum Antonio locutus ero, scribam ad te quid actum sit.
10 Ero tamen in credendo, ut mones, cautus; nam occultandi
ratio cum difficilis tum etiam periculosa est. Servium exspecto
ad Nonas †et adicit a† Postumia et Servius filius. Quartanam
leviorem esse gaudeo. Misi ad te Caeli etiam litterarum
exemplum.

A

15 *Scr. fort. Intimili xv Kal. Mai. an. 49.*

CAELIVS CICERONI SALVTEM.

Exanimatus tuis litteris, quibus te nihil nisi triste cogitare 1
ostendisti neque id quid esset perscripsisti neque non tamen
quale esset quod cogitares aperuisti, has ad te ilico litteras
20 scripsi.

Per fortunas tuas, Cicero, per liberos te oro et obsecro ne
quid gravius de salute et incolumitate tua consulas. Nam
deos hominesque amicitiamque nostram testificor me tibi
praedixisse neque temere monuisse sed, postquam Caesarem

---

3 unicum filium *Corr. conl. p. 66. 7, fort. recte*   7 quo *P cod.*
Faërn.: quod *OΔ*: cum *R*   12 adi(i)çit a *Ω*: adigit ita *Bos.*   Servius
filius *Bos.*: -vi(i) [-bi] -li(i) *Ω*   16 *reperitur haec ep. in epp. ad Fam.*
[*viii. 16*]. *F = cod. Mediceus 49. 9*   17 tuis *Ω*: sum tuis *F*   nihil nisi
PF: nihil *ORM*[1]: non nihil δ   18 quid *F*: quod *Ω*: per quod *C*
21 te oro et *Ω*: oro *F*

65

convenerim sententiamque eius qualis futura esset parta victoria cognorim, te certiorem fecisse. Si existimas eandem rationem fore Caesaris in dimittendis adversariis et condicionibus
ferendis, erras; nihil nisi atrox et saevum cogitat atque
etiam loquitur; iratus senatui exiit, his intercessionibus plane 5
2 incitatus est; non me hercules erit deprecationi locus. Qua re
si tibi tu, si filius unicus, si domus, si spes tuae reliquae tibi
carae sunt, si aliquid apud te nos, si vir optimus, gener tuus,
valemus, quorum fortunam non debes velle conturbare, ut
eam causam in cuius victoria salus nostra est odisse aut re- 10
linquere cogamur aut impiam cupiditatem contra salutem
tuam habeamus—denique illud cogita, quod offensae fuerit
in ista cunctatione te subisse. Nunc te contra victorem
Caesarem facere quem dubiis rebus laedere noluisti et ad eos
fugatos accedere quos resistentis sequi nolueris summae stul- 15
titiae est. Vide ne, dum pudet te parum optimatem esse,
3 parum diligenter quid optimum sit eligas. Quod si totum tibi
persuadere non possum, saltem dum quid de Hispaniis agamus
scitur exspecta; quas tibi nuntio adventu Caesaris fore nostras. Quam isti spem habeant amissis Hispaniis nescio; quod 20
porro tuum consilium sit ad desperatos accedere non medius
fidius reperio.
4   Hoc quod tu non dicendo mihi significasti Caesar audierat
ac, simul atque 'have' mihi dixit, statim quid de te audisset
exposuit. Negavi me scire, sed tamen ab eo petii ut ad te 25
litteras mitteret, quibus maxime ad remanendum commoveri
posses. Me secum in Hispaniam ducit; nam nisi ita faceret,

3 fore *msF* : forte *ORMbd*   5 exiit *O*² : exit *Ω* : exilit *F*   6 me h-
[meh-] *Ω* [*sed* -cule *Obds*] : *om. F*   8 curae *C*   9 valemus *Ω* :
valet *F*   noli committere *ante* ut *olim add. Lehmann*, ad habeamus
[*v.* 12] *interpungens, fort. recte*   12 quod *ORM*¹*d*²*m*²*F* : quot *Pδ*   off-
PδF : def- *O*¹[ᵖ]*RM*¹*d*²*m*²   fuerit *F* : -rint *ORMdm* :- runt *bs*   13 subisse
sF : subesse *Ω*   14 Caesarem *om. F*   17 quid *F* : quod *Ω*   24 have
F : habe *Ω*   25 exp- *PF* : ea p- *Ω*   sed *F* : *om. Ω*

ego, prius quam ad urbem accederem, ubicumque esses, ad te
percurrissem et hoc a te praesens contendissem atque omni vi
te retinuissem.

Etiam atque etiam, Cicero, cogita ne te tuosque omnis **5**
5 funditus evertas, ne te sciens prudensque eo demittas unde
exitum vides nullum esse. Quod si te aut voces optimatium
commovent aut non nullorum hominum insolentiam et iacta-
tionem ferre non potes, eligas censeo aliquod oppidum vacuum
a bello dum haec decernuntur; quae iam erunt confecta. Id si
10 feceris, et ego te sapienter fecisse iudicabo et Caesarem non
offendes.

X   *Scr. in Cumano v Non. Mai. an. 49.*

CICERO ATTICO SALVTEM.

Me caecum qui haec ante non viderim! Misi ad te epistu- **1**
15 lam Antoni. Ei cum ego saepissime scripsissem nihil me contra
Caesaris rationes cogitare, meminisse me generi mei, meminisse amicitiae, potuisse, si aliter sentirem, esse cum Pompeio,
me autem, quia cum lictoribus invitus cursarem, abesse velle
nec id ipsum certum etiam nunc habere, vide quam ad haec
20 παραινετικῶς:

'Tuum consilium †quia† verum est. Nam qui se medium **2**
esse vult in patria manet, qui proficiscitur aliquid de altera
utra parte iudicare videtur. Sed ego is non sum qui statuere
debeam iure quis proficiscatur necne; partis mihi Caesar has
25 imposuit ne quem omnino discedere ex Italia paterer. Qua re
parvi refert me probare cogitationem tuam, si nihil tamen tibi

1 esses *Δ*: esse *F*: tu esses *O¹R*   2 percurri- *ORF*: percucurri-
[-uri- *d*] δC*λ*: pervicuri- *M¹*   5 ne *ORM¹F*: nec δ   dem- *OPmF*:
dim- *RΔ*   15 ei *Faërn.*: et *Ω*   aequissime *M advig*: suavi- *Gurlitt*:
ampli- *Reid*   18 autem *R*δ: om. *O¹M¹*   19 vide δ: fide *O¹M¹d²*:
fidem *R*   20 παραινετικῶς *Lamb.*: παρηνικῶς *Z^l*, et sim. *RMm*: om. *bds*
21 quia *O¹RM¹d²*: quam δ, *quo recepto vel* tuorum *pro* tuum *vel* ⟨nescio⟩ q-
v- sit *legendum conieci*   25 paterer δ: preterea [-ter ea] *O¹RM¹*

remittere possum. Ad Caesarem mittas censeo et ab eo hoc
petas. Non dubito quin impetraturus sis, cum praesertim te
amicitiae nostrae rationem habiturum esse pollicearis.'

3   Habes σκυτάλην Λακωνικήν. Omnino excipiam hominem.
Erat autem v Non. venturus vesperi, id est hodie. Cras igitur 5
ad me fortasse veniet. Temptabo, audiam: nihil properare,
missurum ad Caesarem. Clam agam, cum paucissimis alicubi
occultabor; certe hinc istis invitissimis evolabo, atque utinam ad Curionem! Σύνες ὅ τοι λέγω. Magnus dolor accessit.
Efficietur aliquid dignum nobis.   10

   Δυσουρία tua mihi valde molesta. Medere amabo dum est
4 ἀρχή. De Massiliensibus gratae mihi tuae litterae. Quaeso ut
sciam quicquid audieris. Ocellam cuperem, si possem palam,
quod a Curione effeceram. Hic ego Servium exspecto; rogor
5 enim ab eius uxore et filio, et puto opus esse. Hic tamen 15
Cytherida secum lectica aperta portat, alteram uxorem. Se-
ptem praeterea coniunctae lecticae amicarum †eae sunt† amicorum. Vide quam turpi leto pereamus et dubita, si potes,
quin ille, seu victus seu victor redierit, caedem facturus sit.
Ego vero vel luntriculo, si navis non erit, eripiam me ex 20
istorum parricidio. Sed plura scribam cum illum convenero.
6   Iuvenem nostrum non possum non amare, sed ab eo nos

3 *num* vestrae?   6 audiam *Moser*: -eam Ω   7 clam agam
Schmidt: clamabam Ω   8 certe *M²ms*: carti *ORM¹bdZ^β*: cati *Z^b*
[*errore typ., ut putavit Clark*]: carptim *P*   9 σύνες ὅ τοι λέγω *Cobet*:
σ- ὅτι λ- κ: CINECωTΘIΛETω (-ΔETω) *RMm*: συνετῷ σοι λέγω
anon. ap. Corr.   12 tue mihi *M*   13 ocellam *Cλλ*: soc- Ω
14 quod *Vict.*: quid Ω   a curione *R*: acuone *Δ*: a tirone *s*: anione *O²*
[*de O¹ non liquet*]   15 tamen] *anne* iam?   16 Cytherida *nescio
quis*: -am Ω [*nonnihil in prioribus litteris vacillantes*]: Cytheridem *Lamb.*:
⟨Cytherius⟩ Cytherida *Purser*   portat *O²M²ms*: -am *O¹[?]RM¹*: -a *bd*
altera *ms*   17 e(a)e sunt *ORM^cmλ*: h(a)e s- *bds*: s- *M¹*: s- an *Bos.*
sunt amicorum *etiam Z^β*   18 vide *s*: de Ω   20 vel luntriculo
Vict. [lintr- *Man.*]: vel lutridiculo *Z^l* [lintr- *Z^β*]: velut rid- [red- *R*] *O¹R*:
velo rid- δ: vellunt ridiculos *M¹* [*sed* -los maius *pro* -lo si navis]   non
erit *Rδ*: non erat *O¹*: noverat *M¹*

non amari plane intellego. Nihil ego vidi tam ἀνηθοποίητον, tam aversum a suis, tam nescio quid cogitans. Vim incredibilem molestiarum! Sed erit curae et est ut regatur. Mirum est enim ingenium, ἤθους ἐπιμελητέον.

5 XI *Scr. in Cumano iv Non. Mai. an. 49.*

⟨CICERO ATTICO SALVTEM.⟩

Obsignata iam epistula superiore non placuit ei dari cui 1 constitueram quod erat alienus. Itaque eo die data non est. Interim venit Philotimus et mihi a te litteras reddidit. 10 Quibus quae de fratre meo scribis, sunt ea quidem parum firma sed habent nihil ὕπουλον, nihil fallax, nihil non flexibile ad bonitatem, nihil quod non quo velis uno sermone possis perducere; ne multa, omnis suos, etiam quibus irascitur crebrius, tamen caros habet, me quidem se ipso cariorem. 15 Quod de puero aliter ad te scripsit et ad matrem de filio, non reprehendo. De itinere et de sorore quae scribis molesta sunt eoque magis quod ea tempora nostra sunt ut ego iis mederi non possim. Nam certe mederer; sed quibus in malis et qua in desperatione rerum simus vides.

20 Illa de ratione nummaria non sunt eius modi (saepe enim 2 audio ex ipso) ut non cupiat tibi praestare et in eo laboret. Sed si mihi Q. Axius in hac mea fuga HS X̄I̅I̅ non reddit quae dedi eius filio mutua et utitur excusatione temporis, si Lepta, si ceteri, soleo mirari de nescio quis HS x̄x̄ cum audio

---

2 aversum *ms*: adv- *ORMbd*   tam nesc- *Man.*: tamen sc- *Ω*   ⟨o⟩ vim *Mueller* [o *in talibus saepe omittunt codd.* (*fere semper E*); *num et Cicero prorsus ignoramus*]   7 *novam ep. faciunt E* [*incipit v.* 10, *quae*] *Pms*: *cum superiore cohaeret in ORMbd*   10 ea quidem *Σ*: eq- *Mm*: q- *bds* 11 non flexibile *Man.*: f- n- *Ω*   15 aliter *Rom.*: alter *Ω*   16 itinere *ORδ*: itine *MZ*: *nonnullis suspectum*   17 ea *Σ m²W*: ad *O²Mdm¹*: *om. bs*   18 qua in *Δ*: quam *W* : qua *Σ*   22 X̄I̅I̅ *Purser* [*conl. p.* 77. 24]: |X̄I̅I̅I̅| *M*: XIII *RbdsW* : x̄x̄i̅i̅i̅ *O* : x̄v̄i̅i̅i̅ *m*   24 ceteri *bds*: -is *ORMmW*

69

ex illo se urgeri. Vides enim profecto angustias. Curari tamen
ea tibi utique iubet. An existimas illum in isto genere lentu-
3 lum aut restrictum? Nemo est minus. De fratre satis.

De eius filio, indulsit illi quidem suus pater semper sed
non facit indulgentia mendacem aut avarum aut non aman- 5
tem suorum, ferocem fortasse atque adrogantem et infestum
facit. Itaque habet haec quoque quae nascuntur ex indulgentia, sed ea sunt tolerabilia (quid enim dicam?) hac iuven-
tute; ea vero, quae mihi quidem qui illum amo sunt his ipsis
malis in quis sumus miseriora, non sunt ab obsequio nostro. 10
Nam suas radices habent; quas tamen evellerem profecto, si
liceret. Sed ea tempora sunt ut omnia mihi sint patienda. Ego
meum facile teneo; nihil est enim eo tractabilius. Cuius
quidem misericordia languidiora adhuc consilia cepi et quo
ille me certiorem vult esse eo magis timeo ne in eum exsistam 15
crudelior.

4   Sed Antonius venit heri vesperi. Iam fortasse ad me veniet
aut ne id quidem, quoniam scripsit quid fieri vellet. Sed scies
continuo quid actum sit. Nos iam nihil nisi occulte.

De pueris quid agam? parvone navigio committam? Quid 20
mihi animi in navigando censes fore? Recordor enim aestate
cum ⟨illis⟩ illo Rhodiorum ἀφράκτῳ navigans quam fuerim
sollicitus; quid duro tempore anni actuariola fore censes? O
rem undique miseram!

Trebatius erat mecum, vir plane et civis bonus. Quae ille 25
monstra, di immortales! Etiamne Balbus in senatum venire

1 ex illo *Vict.*: exilio *ΩW*   2 utique *Man.*: ubi- *ΩW*   lentum
W   4 de eius filio *ERm²s*: de eius inf- *O¹[?]W*: levis [-nis] in f. *Δ*
eius *glossema esse suspicor* [*cf. p.* 95. 13]   6 atque *Lamb.*: ac *Δ*: haec
ΣW   11 nam *WCZᵇ*: non *Ω*   evellerem *ERms*: -re me *OMbdW*
12 ea *Ω*: ea omnia *W*   temp- sunt ut *WZᵇ*: om. *Ω*   sint *OR*
WZᵇ: sunt *EΔ*   15 cert- *ΣMbdWC*: fort- *Pms*   19 occulte
ERδ: -ti *OM¹[?]W*   20 agam *Ω*: agam de *W*   22 ⟨illis⟩ illo *Leb-*
mann: illo *ΩW* [illorum odi- *W*]: illis *Boot*   23 -uariola *Vict.*: -uriora
M¹W : -uaria *Σδ*   26 senatum *s*: -tu *ΩW*

cogitet ? Sed ei ipsi cras ad te litteras dabo. Vettienum mihi 5
amicum, ut scribis, ita puto esse. Cum eo, quod ἀποτόμως ad
me scripserat de nummis curandis, θυμικώτερον eram iocatus.
Id tu, si ille aliter acceperit ac debuit, lenies. 'MONETALI'
5 autem adscripsi, quod ille ad me 'PRO COS.' Sed quoniam est
homo et nos diligit, ipse quoque a nobis diligatur. Vale.

XII   *Scr. in Cumano iii Non. Mai. an. 49.*

〈CICERO ATTICO SALVTEM.〉

Quidnam mihi futurum est aut quis me non solum in- 1
10 felicior sed iam etiam turpior ? Nominatim de me sibi imperatum dicit Antonius, nec me tamen ipse adhuc viderat sed
hoc Trebatio narravit. Quid agam nunc, cui nihil procedit
caduntque ea quae diligentissime sunt cogitata taeterrime ?
Ego enim Curionem nactus omnia me consecutum putavi.
15 Is de me ad Hortensium scripserat. Reginus erat totus noster.
Huic nihil suspicabamur cum hoc mari negoti fore. Quo me
nunc vertam ? Vndique custodior. Sed satis lacrimis. †ΠΑΡ- 2
ΔΟΤΑΕΥΤΕΟΝ† igitur et occulte in aliquam onerariam cor-
rependum, non committendum ut etiam compacto prohibiti
20 videamur. Sicilia petenda ; quam si erimus nacti, maiora
quaedam consequemur. Sit modo recte in Hispaniis ! Quamquam de ipsa Sicilia utinam sit verum ! Sed adhuc nihil
secundi. Concursus Siculorum ad Catonem dicitur factus,

2 scripsi *W*   ἀποτόμως *Vict.*: ΔΠΟΥΟΜΩ *RMmW*   3 eram *Corr.*:
erat *ΩW*   ioc- *Crat.*: loc- *W*: om. *Ω*   4 accepit *Wes.*   5 PRO
COS. *Man.*: proconsulem *ΩW*   9 *novam ep. faciunt* δ: *in ORMW cum
superiore cohaeret*   10 imperatum δ: -turum *O¹RM¹WZ¹* [impetr-
O¹R]   12 narravit *Rδ*: -abit *OM¹W* cui *Rδ*: qui *OM¹W*   14 nactus *ms*: -tu *ORMdW*: noctu *b*   putavi. is *Vict.*: -abis *ORMbdW*:
-abo. is *ms*   16 -bamur *Ω*: -batur *W*   cum *PC*: eum *ORM¹bd¹W*:
enim *M²d²ms*   mari δ: mare *O¹RM¹Wλ*   17 *Gr. ita RMmW*
[-ΕΙΤ- *W*]: παραθτλειτεον *Zᵝ*: ΠΑΡΑ ΟΤΛΕΙΤΕΟΝ *Zᵇ*: παραβλεπτέον
O: παρακλεπτέον *W oelfflin: alii alia*   19 compacto *OW*: cum p- *RΔ*

orasse ut resisteret, omnia pollicitos; commotum illum dile-
ctum habere coepisse. Non credo; at est luculentus auctor.
Potuisse certe teneri illam provinciam scio. Ab Hispaniis
autem iam audietur.

3   Hic nos C. Marcellum habemus eadem vere cogitantem 5
aut bene simulantem; quamquam ipsum non videram sed ex
familiarissimo eius audiebam. Tu, quaeso, si quid habebis
novi; ego, si quid moliti erimus, ad te statim scribam. Quintum filium severius adhibebo. Vtinam proficere possem! Tu
tamen eas epistulas quibus asperius de eo scripsi aliquando 10
4 concerpito, ne quando quid emanet; ego item tuas. Servium
exspecto nec ab eo quicquam ὑγιές. Scies quicquid erit.

XIIa   *Scr. in Cumano prid. Non. Mai. an. 49.*

〈CICERO ATTICO SALVTEM.〉

1   Sine dubio errasse nos confitendum est. 'At semel, at una 15
(4) in re'. Immo omnia quo diligentius cogitata eo facta sunt
imprudentius.

Ἀλλὰ τὰ μὲν προτετύχθαι ἐάσομεν ἀχνύμενοί περ,

in reliquis modo ne ruamus. Iubes enim de profectione me
providere. Quid provideam? Ita patent omnia quae accidere 20
possunt ut, ea si vitem, sedendum sit cum dedecore et dolore,
si neglegam, periculum sit ne in manus incidam perditorum.
Sed vide quantis in miseriis simus. Optandum interdum

---

1 pollicitos λ: -tus *ΩW*   2 at *Purser*: ut *ΩW*: nec *Wes.*   3 teneri
λ: -re *ΩW*   5 vere *Madvig*: e re *O¹[ʔ]RMdW* [ea demere cog- *R*:
ea de me recog- *W*]: de re *O²ms*: fere *b*   8 Q.F. *OM¹Wλ*: Q. fr.
RM²: Q. fratrem δ   9 cohib- *Graevius*: hab- *Corr.*   possem *Ω*:
-se *W* [ʔ]: -sim *Pius*   12 quicquid *WC*: quid *Ω*   15 *novam
ep. constituit Wieland: cum superiore in codd. cohaeret*   19 iubes enim
de *Zᵇ*: iubes de *WC*: iubes enim *Ω*   -tione me *Gronovius*: -tione mea
O¹RM¹WZᵇ [mea pr- *Zᵇ*]: -tionem meam δ   21 dedecore *Rδ*:
dec- *O¹M¹W*   22 sit *Lamb.*: est *ΩW*

videtur ut aliquam accipiamus ab istis quamvis acerbam
iniuriam, ut tyranno in odio fuisse videamur. Quod si nobis **2** (5)
is cursus quem speraram pateret, effecissem aliquid profecto,
ut tu optas et hortaris, dignum nostra mora. Sed mirificae
5 sunt custodiae et quidem ille ipse Curio suspectus. Qua re vi
aut clam agendum est et si vi †forte ne cum tempestate clam
autem istis†. In quo si quod σφάλμα, vides quam turpe sit.
Trahimur, nec fugiendum si quid violentius.

De Caelio saepe mecum agito nec, si quid habuero tale, **3** (6)
10 dimittam. Hispanias spero firmas esse. Massiliensium factum
cum ipsum per se luculentum est tum mihi argumento est
recte esse in Hispaniis. Minus enim auderent si aliter esset, et
scirent; nam et vicini et diligentes sunt. Odium autem recte
animadvertis significatum ⟨in⟩ theatro. Legiones etiam has
15 quas in Italia assumpsit alienissimas esse video. Sed tamen
nihil inimicius quam sibi ipse. Illud recte times ne ruat. Si
desperarit, certe ruet. Quo magis efficiendum aliquid est, fortuna velim meliore, animo Caeliano. Sed primum quidque;
quod, qualecumque erit, continuo scies.

20   Nos iuveni, ut rogas, suppeditabimus et Peloponnesum **4** (7)
ipsam sustinebimus. Est enim indoles, modo aliquod †hoc
sit ἦθος ΑΚΙΜΟΛΟΝ†. Quod si adhuc nullum est, esse tamen
potest, aut ἀρετὴ non est διδακτόν, quod mihi persuaderi non
potest.

4 et *Man.*: ut *Ω*   6 ne *ΟΔW*: et *R codd. Faërn. Ant.*   cum *om.*
O²m   pestate *M*   clam autem istis *W*: -mant emistis *O²Mbd*: -man-
tem istis *ms*: -m aut [autem *P*] cum isto *R* [istis *P*]: *in coniecturis nihil firmi*
7 sit *Mal.*: est *ΩW*   9 tale *Pm*: -em *ΩW*   13 vicini *Vict.*: victi
ΩWZ   14 ⟨in⟩ theatro *Boot*: theatrum *ΩW*: -ro *Vict.*   18 meliore
Lamb.: -ri *ΩW*   20 ut *WC*: *om. Ω*   21 indoles *Iens.*: -ens *ΩWλ*
22 ΑΚΙΜΟΛΟΝ [-ΔΟΝ *Mm*] *O*[*teste Moricca*]*MmZ^βW*[ᵖ]: ΑΚΙ
ΑΛΛΟΛΟΝ *Z^b*: ΑΚΙΚΤΟΝΜΟΑΟΝ *R*: ἀκίμωλον *κ*: *varia temptata,*
velut ἀκίβδηλον [*Lamb.*], *quibus nescio an malim* m- a- huic adsit ἦθος
ἄκα⟨κον κα⟩ὶ ἄδολον [κακίᾳ ἄδολον *Gronovius*]   23 quod *Hervagius*:
quo *Ω*

73

XIII   *Scr. in Cumano Non. Mai. an. 49.*

⟨CICERO ATTICO SALVTEM.⟩

1 Epistula tua gratissima fuit meae Tulliae et me hercule
mihi. Semper speculam aliquam adferunt tuae litterae. Scribes
igitur, ac si quid ad spem poteris ne dimiseris. Tu Antoni 5
leones pertimescas cave. Nihil est illo homine iucundius.
Attende πρᾶξιν πολιτικοῦ. Evocavit litteris e municipiis denos
et iiiiviros. Venerunt ad villam eius mane. Primum dormiit
ad H. iii, deinde, cum esset nuntiatum venisse Neapolitanos
et Cumanos (his enim est Caesar iratus), postridie redire 10
iussit; lavari se velle et περὶ κοιλιολυσίαν γίνεσθαι. Hoc here
effecit. Hodie autem in Aenariam transire constituit ⟨ut⟩
exsulibus reditum polliceretur. Sed haec omittamus, de nobis
aliquid agamus.

2 Ab Axio accepi litteras. De Tirone gratum. Vettienum 15
diligo. Vestorio reddidi. Servius prid. Non. Mai. Minturnis
mansisse dicitur, hodie in Liternino mansurus apud C. Marcellum. Cras igitur nos mature videbit mihique dabit argumentum ad te epistulae. Iam enim non reperio quod tibi
scribam. Illud admiror quod Antonius ad me ne nuntium 20
quidem, cum praesertim me valde observarit. Videlicet aut
aliquid atrocius de me imperatum est ⟨aut⟩ coram negare
mihi non vult, quod ego nec rogaturus eram nec, si impetras-
sem, crediturus. Nos tamen aliquid excogitabimus.

3 *novam ep. constituit Iens.*: *cum superiore in codd. cohaeret*   4 *speculam aliquam Boot*: secum al- *O¹*[ᵖ]*RMbdW*[ᵖ] [al- *etiam Z*ᵝ⁽ᵇ⁾λ]: secum
aliquid *O²*[ᵖ]*Pms*: secum spem aliquam *Moser*   5 *ac si quid Man.*:
aliq- *ΩW*   6 *cave ORW*: ne *Δ* [ve *Mᵖ*]   7 πρᾶξιν *Vict.*: ΠΡΧΙΝ
RM¹W: ἀρχὴν *O*δ   denos *ΩW*: decem primos *Orelli*   8 viros *cod.*
Vrs.: viri *ΩW*   ad villam *Vict.*: duellam *ΩW*   dormiit *cod. Ball.*:
mit *ΩW*   11 velle et *OWC*: vellet *Md*: velle *E Rbms*   12 ut
add. Lamb.   13 polliceretur *O¹M¹W*: -cetur *ER*δ   15 ab axio *O*: ad
a- *R*: a da- *PΔW*: a Q. A- *Buecheler*   19 quod *ΣM¹*: quid δ   21 aut
O¹RM¹W: *om. E*δ   22 aut *add. Schütz*

Tu, quaeso, si quid in Hispaniis. Iam enim poterit audiri 3
et omnes ita exspectant ut, si recte fuerit, nihil negoti
futurum putent. Ego autem nec retentis iis confectam rem
puto neque amissis desperatam. Silium et Ocellam et ceteros
5 credo retardatos. Te quoque a †curto† impediri video; etsi,
ut opinor, habes †EKITAONON†.

XIV   *Scr. in Cumano viii Id. Mai. an. 49.*

⟨CICERO ATTICO SALVTEM.⟩

O vitam miseram maiusque malum tam diu timere quam 1
10 est illud ipsum quod timetur! Servius, ut antea scripsi, cum
venisset Non. Mai., postridie ad me mane venit. Ne diutius
te teneam, nullius consili exitum invenimus. Numquam vidi
hominem perturbatiorem metu; neque hercule quicquam
timebat quod non esset timendum: illum sibi iratum, hunc
15 non amicum; horribilem utriusque victoriam cum propter
alterius crudelitatem, alterius audaciam, tum propter utriusque difficultatem pecuniariam; quae erui nusquam nisi ex
privatorum bonis posset. Atque haec ita multis cum lacrimis
loquebatur ut ego mirarer eas tam diuturna miseria non
20 exaruisse. Mihi quidem etiam lippitudo haec, propter quam
non ipse ad te scribo, sine ulla lacrima est, sed saepius odiosa
est propter vigilias. Quam ob rem quicquid habes ad conso- 2
landum conlige et illa scribe, non ex doctrina neque ex libris

---

2 fuerit *Aldus*: -int *ΩWλλ*   3 putent *ER*: -em *OΔW*   5 curto
ORMbdW: curio *ms*: curcio *P*: curione *cod. Helmst.*: Curtio *Vict.*
6 EKITAONON *RMmZ¹*: ἐκ πλεόνων *O²*: ἐκ τῶν ἀγώνων κ: ἐπιστόλιον
Rothstein: *alii alia*   9 *novam ep. facit E*: *cum superiore cohaeret in*
ΩW   *o antecedenti vocabulo Graeco cohaeret in PMm*: *om. ΣbdsW*
11 postridie *WC*: pri- *Ω*   mane *W*: *om. ΩC*   14 sibi illum *W*
17 -iariam *O*[?]*M²dms*: -iam *ERM¹W*: -iarum *b*   quae erui *Grono-*
vius [qua e- *iam Bos.*]: qu(a)e frui *O¹PW*: qua efrui *E*: qua f-
RΔ   20 quam *ERO²Mᶜm*: quam quod *O¹M¹W*: quam quidem *bds*
22 consolandum *C*: -sulandum *EO*: -sulendum *RΔ*

(nam id quidem domi est, sed nescio quo modo imbecillior
est medicina quam morbus)—haec potius conquire, de Hispaniis, de Massilia; quae quidem satis bella Servius adfert,
qui etiam de duabus legionibus luculentos aúctores esse dicebat. Haec igitur si habebis et talia. Et quidem paucis diebus 5
aliquid audiri necesse est.

3   Sed redeo ad Servium. Distulimus omnino sermonem in
posterum, sed tardus ad exeundum; multo se in suo lectulo
malle, quicquid foret. Odiosus scrupulus de fili militia Brundisina. Vnum illud firmissime adseverabat, si damnati re- 10
stituerentur, in exsilium se iturum. Nos autem ad haec et
⟨id⟩ ipsum certo fore et quae iam fiebant non esse leviora,
multaque conligebamus. Verum ea non animum eius auge-
bant sed timorem, ut iam celandus magis de nostro consilio
quam adhibendus videretur. Qua re in hoc non multum est. 15
Nos a te admoniti de Caelio cogitabamus.

XV   *Scr. in Cumano iv Id. Mai. an. 49.*

⟨CICERO ATTICO SALVTEM.⟩

1   Servius cum esset apud me, Cephalio cum tuis litteris vi
Id. venit; quae nobis magnam spem attulerunt meliorum 20
rerum de octo cohortibus. Etenim haec quoque quae in his
locis sunt labare dicuntur. Eodem die Funisulanus a te attulit
litteras in quibus erat confirmatius idem illud. Ei de suo
negotio respondi cumulate cum omni tua gratia. Adhuc non
satis faciebat; debet autem mihi multos nummos nec habetur 25

---

    8 tardus ⟨est⟩ *Lamb.*   multo se . . . foret *Vict.*: multos . . . fore *ΩW*
9 militia *P*: milia [mul- *ms*] *ΩW*   12 id *add. Lamb.*   certe *codd.*
nonnulli teste Lamb.   fiant *Ernesti*: fierent *Wes.*   14 celandus *Man.*:
-um *OΔW*: et laudum *R*   15 adhibendus *Vrs.*: ad idem *ΩW*: ad id
adh- *Madvig*   16 -bamus *bdsZᵝW*: -bimus *ΣMm*   19 *novam ep.*
faciunt O²Pms: superiori continuant O¹RMbdW   21 h(a)ec *ΣM¹bW*:
h(a)e *O²Mᶜd*: e(a)e *ms*   23 in *Σδ*: *om. M¹W*   id- il- *ΣMᶜW*: il- id- *Δ*

76

locuples. Nunc ait se daturum; cui expensum tulerit morari; tabellariis, si apud te esset qua satis †fecisses† dares.
Quantum sit Eros Philotimi tibi dicet. Sed ad maiora redeamus.

5 Quod optas, Caelianum illud maturescit. Itaque torqueor 2
utrum ventum exspectem. Vexillo opus est; convolabunt.
Quod suades ut palam, prorsus adsentior itaque me profecturum puto. Tuas tamen interim litteras exspecto. Servi
consilio nihil expeditur. Omnes captiones in omni sententia
10 occurrunt. Vnum C. Marcello cognovi timidiorem, quem
consulem fuisse paenitet. *Ω πολλῆς ἀγεννείας! qui etiam
Antonium confirmasse dicitur ut me impediret, quo ipse,
credo, honestius. Antonius autem vi Id. Capuam profectus 3
est. Ad me misit se pudore deterritum ad me non venisse quod
15 me sibi suscensere putaret. Ibitur igitur, et ita quidem ut
censes, nisi cuius gravioris personae suscipiendae spes erit
ante oblata. Sed vix erit tam cito. Allienus autem praetor
putabat aliquem, si ego non, ex conlegis suis. Quivis licet
dum modo aliquis.

20 De sorore laudo. De Quinto puero datur opera; spero esse 4
meliora. De Quinto fratre, scito eum non mediocriter laborare
de versura, sed adhuc nihil a L. Egnatio expressit. Axius de
duodecim milibus pudens! Saepe enim ad me scripsit ut
Gallio quantum is vellet darem. Quod si non scripsisset, pos-
25 semne aliter? Et quidem saepe sum pollicitus, sed tantum
voluit cito. Me vero adiuvarent his in angustiis. Sed di istos!

1 expensum *e.q.s. ita Man.*: ex .P. [*vel* .p.] sustulerit moram tabellarius si a- te esse [-et *s*] quas *ΩW* [*sed tantum* moram *e.q.s. habet W*]
2 fecisses *Ω* [*abscisum in W*]: -set [*sc. Funisulani debitor*] *Pius: fort.*
facere posses   7 profect- δ: profut- *O¹RM¹W*   10 Marcellum
Schütz, fort. recte   12 quo *Man.*: quod *ΩW*   15 me *cod. Helmst.*:
se *ΩW*   suscensere *M¹Wλ cod. Ball.* [*sed* -ri *M¹W*]: succ-_ *Σδ* [*sed*
-ri *Eδ*]   19 aliquis *O¹[?]*: -uos *RΔW*   22 versura *Vrs.*: us- *ΩW*
23 ad me s- *cod. Vrs.*: ads- *ΩW*   26 sed dii istos *Z¹*: seddust- *Mm*:
sed ust-*R*: sedust- *d*: seduct- *O²bs*

Verum alias. Te a quartana liberatum gaudeo itemque Piliam.
Ego, dum panes et cetera in navem parantur, excurro in
Pompeianum. Vettieno velim gratias quod studiosus sit. Si
quemquam nactus eris qui perferat, litteras des ante quam
discedimus.   5

XVI   *Scr. in Cumano prid. Id. Mai. an. 49.*

CICERO ATTICO SALVTEM.

1 Commodum ad te dederam litteras de pluribus rebus cum
ad me bene mane Dionysius fuit. Cui quidem ego non modo
placabilem me praebuissem sed totum remisissem, si venisset 10
qua mente tu ad me scripseras. Erat enim sic in tuis litteris
quas Arpini acceperam, eum venturum facturumque quod
ego vellem. Ego volebam autem vel cupiebam potius esse eum
nobiscum. Quod quia plane, cum in Formianum venisset,
praeciderat, asperius ad te de eo scribere solebam. At ille 15
perpauca locutus hanc summam habuit orationis ut sibi ignoscerem; se rebus suis impeditum nobiscum ire non posse.
Pauca respondi, magnum accepi dolorem, intellexi fortunam
ab eo nostram despectam esse. Quid quaeris? fortasse mira-
beris: in maximis horum temporum doloribus hunc mihi 20
scito esse. Velim ut tibi amicus sit. Hoc cum tibi opto, opto
ut beatus sis; erit enim tam diu.

2 Consilium nostrum spero vacuum periculo fore. Nam et
dissimulavimus nec, ut opinor, acerrime adservabimur. Navigatio modo sit qualem opto, cetera, quae quidem consilio 25
provideri poterunt, cavebuntur. Tu, dum adsumus, non

2 panes et *ESC*: paves et *M¹*: pavescet *O¹R*: panis et *Boot*: navis et
Muretus   3 sit si *RMᶜms*: sit *O¹M¹*: si *O²M²bd*: est; si *Vict.*   8 *novam
ep. faciunt EO²PMᶜms: superiori continuant O¹RM¹bd*   9 fuit] venit
Wes.: fort. delendum [cf. p. 244. 17]   10 remis- *EΔ*: permis- *O¹R*
24 -labimus *Pius*   nec *scripsi*: et *Ω*   non *ante* acerrime *addere noluit
Lamb.*, *add. Madvig*   asservabimur *Lamb.*: -us *Ωλ*   26 poterunt *Eδ*:
potue- *ORM¹*

modo quae scieris audierisve sed etiam quae futura providebis
scribas velim.

Cato, qui Siciliam tenere nullo negotio potuit et, si tenuis- 3
set, omnes boni se ad eum contulissent, Syracusis profectus
5 est ante diem VIII Kal. Mai., ut ad me Curio scripsit. Vtinam,
quod aiunt, Cotta Sardiniam teneat! est enim rumor. O, si id
fuerit, turpem Catonem!

Ego, ut minuerem suspicionem profectionis aut cogitationis 4
meae, profectus sum in Pompeianum a. d. IIII Id. ut ibi essem
10 dum quae ad navigandum opus essent pararentur. Cum ad
villam venissem, ventum est ad me: centuriones trium cohor-
tium, quae Pompeiis sunt, me velle postridie convenire. Haec
mecum Ninnius noster; velle eos mihi se et oppidum tra-
dere. At ego tibi postridie a villa ante lucem, ut me omnino
15 illi ne viderent. Quid enim erat in tribus cohortibus? quid
si plures? quo apparatu? Cogitavi eadem illa Caeliana quae
legi in epistula tua quam accepi simul et in Cumanum veni
eodem die, et simul fieri poterat ut temptaremur. Omnem
igitur suspicionem sustuli. Sed, cum redeo, Hortensius ve- 5
20 nerat et ad Terentiam salutatum deverterat. Sermone erat
usus honorifico erga me. Iam eum, ut puto, videbo; misit enim
puerum se ad me venire. Hoc quidem melius quam conlega
noster Antonius, cuius inter lictores lectica mima portatur.

Tu quoniam quartana cares et novum morbum removisti 6
25 sed etiam gravedinem, te vegetum nobis in Graecia siste et
litterarum aliquid interea.

1 scieris *ER*δ: scies *O¹M¹*   4 se ad eum *Σ*: ṣẹ ad eum ṣe *M*: ad
eum se δ   8 ego *E*δ: ergo *O¹RM¹*   11 ventum est *M¹*: venerunt *Σ*δ
12 pompeis *M⁴*: -pei(i) *Ω*   postridie δ: posse die *ORM¹*   convenire
ZC: *om. Ω*   14 tibi *Ω*: inde κ   a villa *Man.*: ad villam *Ω*   16 cogitavi [*ex* -abi] *M*: -abit *O¹R*: rogitavi *bd* [*de O²ms tacet Sjögren*]
17 simul et *Ω*: -l ut *cod. Vrs.*: -l atque *Schmidt*   18 simul *secl. Baiter*
19 cum] dum *Lamb.*   21 iam *Wes.*: tam *O¹RM¹* [*metam*]: tamen *M²*:
tum δ   24 novum *O¹M¹bdCZ¹λ*: nedum[ne dum] *O²RM²msZᵇ*: non
modo *Lamb.*, *qui etiam* non modo veterem   25 te *R*δ: teque *O¹M¹*

XVII   *Scr. Cumano xvii Kal. Iun. an. 49.*

⟨CICERO ATTICO SALVTEM.⟩

1 Prid. Id. Hortensius ad me venit scripta epistula. Vellem
cetera eius. Quam in me incredibilem ἐκτένειαν! Qua quidem
cogito uti. Deinde Serapion cum epistula tua. Quam prius 5
quam aperuissem, dixi ei te ad me de eo scripsisse antea, ut
feceras. Deinde epistula lecta cumulatissime cetera. Et hercule hominem probo; nam et doctum et probum existimo.
Quin etiam navi eius me et ipso convectore usurum puto.
2 Crebro refricat lippitudo non illa quidem perodiosa sed 10
tamen quae impediat scriptionem meam. Valetudinem tuam
iam confirmatam esse et a vetere morbo et a novis tempta-
tionibus gaudeo.
3 Ocellam vellem haberemus; videntur enim esse haec paulo
faciliora. Nunc quidem aequinoctium nos moratur quod val- 15
de perturbatum erat. Id si transierit, utinam idem maneat
Hortensius! si quidem, ⟨ut⟩ adhuc erat, liberalius esse nihil
potest.
4 De diplomate admiraris quasi nescio cuius te flagiti in-
simularim. Negas enim te reperire qui mihi id in mentem 20
venerit. Ego autem, quia scripseras te proficisci cogitare
(etenim audieram nemini aliter licere), eo te habere cense-
bam et quia pueris diploma sumpseras. Habes causam opinionis
meae. Et tamen velim scire quid cogites in primisque si quid
etiam nunc novi est. XVII Kal. Iun.   25

3 *novam ep. faciunt* O²PMᶜ*ms: superiori continuant* O¹RM¹*bd*   vellem
c- eius *haec multis suspecta ego servanda esse putavi, etsi* eius⟨modi⟩
libenter scripserim conl. p. 121. 13   6 ei *Man.:* et Ω   7 lecta
Man.: scripta Ω: aperta *Klotz:* stricta *Tyrrell* [*praeferrem* strictim lecta]
8 probo nam [pro b-] O¹RM¹: bonum δ *cod. Faern.: om.* λλ *cod. Ant.*
10 refricatur *Corr., fort. recte*   14 Ocellam *Vict.:* cellam Ω   16 transierit *Ziehen:* cras erit Ω: traxerit *temptavi*   17 ut *add. Faërn.*
19 -larim *Corr.:* -larem Ω   22 nemini al- O²s: neminit al- [-ni tal-
Mᶜm] Mm: neminem al- O¹Rbd   24 cogites *ms:* -et ORMbd

XVIII   *Scr. in Cumano xiv Kal. Iun. an. 49.*

⟨CICERO ATTICO SALVTEM.⟩

Tullia mea peperit xiiii Kal. Iun. puerum ἑπταμηνιαῖον. 1
Quod εὐτόκησεν gaudeam; quod quidem est natum perim-
5 becillum est. Me mirificae tranquillitates adhuc tenuerunt
atque maiori impedimento fuerunt quam custodiae quibus
adservor. Nam illa Hortensina omnia †fuere infantia ita fiet†
homo nequissimus a Salvio liberto depravatus est. Itaque
posthac non scribam ad te quid facturus sim sed quid fecerim;
10 omnes enim Κωρυκαῖοι videntur subauscultare quae loquor.
Tu tamen si quid de Hispaniis sive quid aliud perge, 2
quaeso, scribere nec meas litteras exspectaris, nisi cum quo
opto pervenerimus aut si quid ex cursu. Sed hoc quoque
timide scribo; ita omnia tarda adhuc et spissa. Vt male
15 posuimus initia sic cetera sequuntur.

Formias nunc sequimur; eaedem nos fortasse furiae per-
sequentur. Ex Balbo autem sermone quem tecum habuit
non probamus de Melita. Dubitas igitur quin nos in hostium
numero habeat? Scripsi equidem Balbo te ad me ⟨et⟩ de
20 benevolentia scripsisse et de suspicione. Egi gratias; de altero
ei me purgavi. Ecquem tu hominem infeliciorem? Non 3
loquor plura, ne te quoque excruciem. Ipse conficior venisse
tempus cum iam nec fortiter nec prudenter quicquam facere
possim.

3 *novam ep. facit E* [*incipit v.* 5, me]: *superiori continuant ORΔ*   4 gaudeo *cod. Vrs.*: -ebam *Man.*: ⟨est quod⟩ gaudeam *Tyrrell*   6 maiori *Lamb.*
(*marg.*): -re *Ω*   7 -sina *Ωλ*: -siana *Sal.–Reg.*   fuere infantia [insta- *bd*]
Ω: -runt inania *Wes.* [inania *iam Orelli*], *longius a traditis: propius atque
adeo proxime Reid* fuerunt fatua, *sed nihil adfirmaverim*   ita fiet
Ω: ⟨id⟩ ita fit *Wes.*   13 ex cursu *Sal.–Reg.*: ex cursus [exc-] *Ω*
16 eedem *s*: c(a)edem *EMᶜbd*: eadem *ORM¹m*: eodem *Z¹*   furi(a)e
ΣMᶜbdZ¹: -ia *M¹m*   19 ⟨et⟩ *de Orelli*: de *ERδ*: e *O¹*[ʔ]*M¹*   20 de
altero; ⟨de altero⟩ *Boot*   21 purgavi *Σδ*: -ga *M¹*   ecquem *Ascensius*:
eo quem *Ω*

AD ATTICVM

LIBER VNDECIMVS

I   *Scr. in Epiro inter Non. et Id. Ian., ut videtur, an. 48.*

CICERO ATTICO SALVTEM.

1 Accepi a te signatum libellum quem Anteros attulerat; ex quo nihil scire potui de nostris domesticis rebus. De quibus acerbissime adflictor quod qui eas dispensavit neque adest 5 istic neque ubi terrarum sit scio. Omnem autem spem habeo existimationis privatarumque rerum in tua erga me mihi perspectissima benevolentia. Quam si his temporibus miseris et extremis praestiteris, haec pericula quae mihi communia sunt cum ceteris fortius feram; idque ut facias te obtestor 10
2 atque obsecro. Ego in cistophoro in Asia habeo ad sestertium bis et viciens. Huius pecuniae permutatione fidem nostram facile tuebere; quam quidem ego nisi expeditam relinquere me putassem credens ei cui tu scis iam pridem nimium me credere, commoratus essem paulisper nec domesticas res im- 15 peditas reliquissem. Ob eamque causam serius ad te scribo quod sero intellexi quid timendum esset. Te etiam atque etiam oro ut me totum tuendum suscipias, ut, si ii salvi erunt quibuscum sum, una cum iis possim incolumis esse salutemque meam benevolentiae tuae acceptam referre.   20

10 feram O^2bm : ferem $O^1[\mathit{f}]M^1$: ferrem ds : feram vl' ferrem M^2 : ferre R
13 -quere me *Lamb.* (*marg.*) : -querem *ORMdm* : -quere *Pbs*   14 nimium
me cr- *scripsi* : minime cr- Ω : minime ⟨me⟩ cr- *Lünemann* : minime cr-
⟨me debere⟩ *Lehmann*

II   *Scr. in Epiro aliquanto post Non. Febr., ut videtur, an. 48.*

CICERO ATTICO SALVTEM.

Litteras tuas accepi prid. Non. Febr. eoque ipso die ex **1**
testamento crevi hereditatem. Ex multis meis et miserrimis
5 curis est una levata si, ut scribis, ista hereditas fidem et
famam meam tueri potest; quam quidem te intellego etiam
sine hereditate tuis opibus defensurum fuisse. De dote quod **2**
scribis, per omnis deos te obtestor ut totam rem suscipias et
illam miseram mea culpa et neglegentia tueare meis opibus,
10 si quae sunt, tuis, quibus tibi molestum non erit, facultatibus. Cui quidem deesse omnia, quod scribis, obsecro te, noli
pati. In quos enim sumptus abeunt fructus praediorum? Iam
illa HS $\overline{\text{LX}}$ quae scribis nemo mihi umquam dixit ex dote esse
detracta; numquam enim essem passus. Sed haec minima est
15 ex iis iniuriis quas accepi; de quibus ad te dolore et lacrimis
scribere prohibeor. Ex ea pecunia quae fuit in Asia partem **3**
dimidiam fere exegi. Tutius videbatur fore ibi ubi est quam
apud publicanos.

Quod me hortaris ut firmo sim animo, vellem posses aliquid
20 adferre quam ob rem id facere possem. Sed si ad ceteras
miserias accessit etiam id quod mihi Chrysippus dixit parari
(tu nihil significasti) de domo, quis me miserior uno iam fuit?
Oro, obsecro, ignosce. Non possum plura scribere. Quanto
maerore urgear profecto vides. Quod si mihi commune cum
25 ceteris esset qui videntur in eadem causa esse, minor mea
culpa videretur et eo tolerabilior esset. Nunc nihil est quod
consoletur, nisi quid tu efficis, si modo etiam nunc effici potest,
ut ne qua singulari adficiar calamitate et iniuria.

4 multis meis et Z^l ['*plane scriptum*']: multis meis O^1C: multissimis *RΔ*
5 levata *Z*: enata *Ω* [eva- M^1?]   6 te int- *Pds*: te int- te *OM*: te
int- et *R*: int- te *bm*   8 per O^2bs: de O^1RMdm 9 culpa O^2b
m^2s: cui $O^1[?]RMdm^1$ 10 quibus *Ω*: quod *Sedgwick*   facultatibus *secl. Ernesti, fort. recte*   15 iis *Rom.*: his *Ω*   17 exegi
b: -it *Ω*   25 tunc minor *R*   27 quid *OMd*: quod *Rbms*

4   Tardius ad te remisi tabellarium quod potestas mittendi non fuit. A tuis et nummorum accepi HS $\overline{xx}$ et vestimentorum quod opus fuit. Quibus tibi videbitur velim des litteras meo nomine. Nosti meos familiaris. ⟨Si⟩ signum requirent aut manum, dices iis me propter custodias ea vitasse.   5

III   *Scr. in castris Pompei Id. Iun. an. 48.*

CICERO ATTICO SALVTEM.

1   Quid hic agatur scire poteris ex eo qui litteras attulit. Quem diutius tenui quia cotidie aliquid novi exspectabamus; neque nunc mittendi tamen ulla causa fuit praeter eam de 10 qua tibi rescribi voluisti, quod ad Kal. Quint. pertinet, quid vellem. Vtrumque grave est, et tam gravi tempore periculum tantae pecuniae et dubio rerum exitu ista quam scribis abruptio. Qua re ut alia sic hoc vel maxime tuae amicitiae benevolentiaeque permitto et illius consilio et voluntati; cui 15 miserae consuluissem melius, si tecum olim coram potius quam per litteras de salute nostra fortunisque deliberavissem.

2   Quod negas praecipuum mihi ullum ⟨in communibus⟩ incommodis impendere, etsi ista res nihil habet consolationis, tamen etiam praecipua multa sunt quae tu profecto vides et 20 gravissima esse et me facillime vitare potuisse. Ea tamen erunt minora si, ut adhuc factum est, administratione diligentiaque tua levabuntur.

3   Pecunia apud Egnatium est. Sit a me, ut est. Neque

2 HI *OM*: IH *R* $\overline{xx}$ [xx] *Ω*: lxx *Iens.*   4 si *add. Crat.*
5 iis *OR*: vl' *Md*: vel *bms*   12 et tam *Man.*: etiam [et iam] *Ω*
14 abruptio $O^2bm^1sZ^l$: -to O^1RMdm^2 amicitiae *om. Δ*   18 in
communibus *add. Lehmann*   in commodis *ORMd* (inc- *P*): incommodum
bms   19 ⟨non⟩ nihil *anon. ap. Corr., fort. recte*   20 vides et
O^2bmsZ^l: ut de(e)sset *Md*: ut de est *R*: vides ut sunt *cod. Faërn.*: vides ut
sunt et Z^b 22 leviora *Lamb.*   ut Rbm^2s: om. $OMdm^1$ -tiaque
Rbs: -tia *OMdm*   24 a me *Ω*: tamen *Reid, fort. recte*

enim hoc quod agitur videtur diuturnum esse posse, ut scire
iam possim quid maxime opus sit: etsi egeo rebus omnibus,
quod is quoque in angustiis est quicum sumus; cui magnam
dedimus pecuniam mutuam opinantes nobis constitutis rebus
5 eam rem etiam honori fore. Tu ut antea fecisti, velim, si qui
erunt ad quos aliquid scribendum a me existimes, ipse conficias. Tuis salutem dic. Cura ut valeas. In primis id quod
scribis omnibus rebus cura et provide, ne quid ei desit de qua
scis me miserrimum esse. Id. Iun. ex castris.

10 **IV**   *Scr. in castris Pompei Id. Quint. an. 48.*

CICERO ATTICO SALVTEM.

Accepi ab Isidoro litteras et postea datas binas. Ex proximis
cognovi praedia non venisse. Videbis ergo ut sustentetur per
te. De Frusinati, si modo fruituri sumus, erit mihi res op-
15 portuna. Meas litteras quod requiris, impedior inopia rerum,
quas nullas habeo litteris dignas, quippe cui nec quae accidunt
nec quae aguntur ullo modo probentur. Vtinam coram tecum
olim potius quam per epistulas! Hic tua, ut possum, tueor
apud hos. Cetera Celer. Ipse fugi adhuc omne munus, eo magis
20 quod ita nihil poterat agi ut mihi et meis rebus aptum esset.

IV a   *Scr. Dyrrhachi inter xvii et xiii Kal. Quint. an. 48.*

⟨CICERO ATTICO SALVTEM.⟩

Quid sit gestum novi quaeris. Ex Isidoro scire poteris. (2)
Reliqua non videntur esse difficiliora. Tu id velim quod

2 egeo *Ascensius*: ego Ω   3 sumus *bms*: suis mus *M*: sui simus *d*:
suis minus *OR*: fuimus *Z*[l]   4 opinantes *Vict.*: -te *O*[1]*RMdm*: -tibus
O[2]*bs*   8 ei *bms*: et *OM*: in ea re *R*: om. *d*   13 per te *Man.*:
partim Ω   14 Frusinati *Hervagius*: -tis Ω   fruituri *Lehmann*: futuri
P: -r(a)e Ω   18 hic tua ut *Z*[l]: hic tu aut *RW*: hic tua aut *O*: luctua
ut *Δ*   23 *novam ep. constituit Sternkopf, ducibus Man. et Corr.*: **cum
superiore in codd. cohaeret**

85

scis me maxime velle cures, ut scribis et facis. Me conficit
sollicitudo ex qua etiam summa infirmitas corporis. Qua
levatus ero una cum eo qui negotium gerit estque in spe
magna. Brutus amicus; in causa versatur acriter. Hactenus
fuit quod caute a me scribi posset. Vale.   5

De pensione altera, oro te, omni cura considera quid faciendum sit, ut scripsi iis litteris quas Pollex tulit.

V   *Scr. Brundisi prid. Non. Nov. an. 48.*
CICERO ATTICO SALVTEM.

1 Quae me causae moverint, quam acerbae, quam graves, 10
quam novae, coegerintque impetu magis quodam animi uti
quam cogitatione, non possum ad te sine maximo dolore
scribere. Fuerunt quidem tantae ut id quod vides effecerint.
Itaque nec quid ad te scribam de meis rebus nec quid a te
petam reperio; rem et summam negoti vides.   15

Equidem ex tuis litteris intellexi et iis quas communiter
cum aliis scripsisti et iis quas tuo nomine, quod etiam mea
sponte videbam, te subita re quasi debilitatum novas rationes
2 tuendi mei quaerere. Quod scribis placere ut propius accedam
iterque per oppida noctu faciam, non sane video quem ad 20
modum id fieri possit. Neque enim ita apta habeo deversoria
ut tota tempora diurna in iis possim consumere, neque ad id
quod quaeris multum interest utrum me homines in oppido
videant an in via. Sed tamen hoc ipsum sicut alia considerabo
quem ad modum commodissime fieri posse videatur.   25

3 Ego propter incredibilem et animi et corporis molestiam
conficere pluris litteras non potui; iis tantum rescripsi a

---

1 et *s*: ut *ΩW*   3 levatus *W*: -ta *Ω*   4 amicus ⟨est⟩ *Orelli*
in *om. W*   5 a *bms*: ad *ORMdW*   7 sit *Pδλ*: si *O¹[ʰ]RMW*
11 quodam *Rom.*: coram *ΩW*   13 tantae ut *Vict.*: -ta fuit *OΔW*: -ta
enim f- *R*   18 subita re q- d- *WC*: subi d- *PM¹*: si ibi d- *R*: subd-
Oδ   26 incr- *om. W*

quibus acceperam. Tu velim et Basilo et quibus praeterea
videbitur, etiam Servilio conscribas, ut tibi videbitur, meo
nomine. Quod tanto intervallo nihil omnino ad vos scripsi,
his litteris profecto intellegis rem mihi deesse de qua scribam,
5 non voluntatem.

Quod de Vatinio quaeris, neque illius neque cuiusquam **4**
mihi praeterea officium deest, si reperire possent qua in re
me iuvarent. Quintus aversissimo a me animo Patris fuit. Eodem Corcyra filius venit. Inde profectos eos una cum ceteris
10 arbitror.

VI   *Scr. Brundisi iv Kal. Dec. an. 48.*

CICERO ATTICO SALVTEM.

Sollicitum esse te cum de tuis communibusque fortunis **1**
tum maxime de me ac de dolore meo sentio. Qui quidem
15 meus dolor non modo non minuitur cum socium sibi adiungit
dolorem tuum sed etiam augetur. Omnino pro tua prudentia
sentis qua consolatione levari maxime possim. Probas enim
meum consilium negasque mihi quicquam tali tempore potius
faciendum fuisse. Addis etiam (quod etsi mihi levius est quam
20 tuum iudicium, tamen non est leve) ceteris quoque, id est
qui pondus habeant, factum nostrum probari. Id si ita
putarem, levius dolerem. 'Crede' inquis 'mihi.' Credo equi- **2**
dem, sed scio quam cupias minui dolorem meum. Me discessisse ab armis numquam paenituit. Tanta erat in illis
25 crudelitas, tanta cum barbaris gentibus coniunctio; ut non
nominatim sed generatim proscriptio esset informata, ut iam

1 basilo *W*: -lio *Ω*   3 interv- *Rδ*: in v- *OM¹W*   scripsi, his
Wes.: scriptis *ΩWZ^bλ*: *anne* scripti, his?   4 intelliges *Wes.*   7 deest
[de e-] *ΩW*: dest *λ*: deesset *Corr.*: desset *Mueller*   8 acerbissimo *W*
9 Corcyra *Vict.*: -am *ΩW*   18 quicquam *Rδ*: huic quam *OM¹W*
21 habebant *W*   22 dolerem *Rδ*: dolorem *O¹M¹W*   23 minui
Rδ: -us *O¹M¹W*

87

omnium iudicio constitutum esset omnium vestrum bona praedam esse illius victoriae. 'Vestrum' plane dico; numquam enim de te ipso nisi crudelissime cogitatum sensi. Qua re voluntatis me meae numquam paenitebit, consili paenitet. In oppido aliquo mallem resedisse quoad accerserer. Minus 5 sermonis subissem, minus accepissem doloris, ipsum hoc me non angeret: Brundisi iacere in omnis partis est molestum; propius accedere, ut suades, quo modo sine lictoribus quos populus dedit possum? qui mihi incolumi adimi non possunt. Quos ego †non† paulisper cum bacillis in turbam conieci ad 10 oppidum accedens ne quis impetus militum fieret. Reliquo 3 tempore me domo tenui. Ad Oppium et ⟨Balbum scripsi⟩, quoniam iis placeret me propius accedere, ut hac de re considerarent. Credo fore auctores. Sic enim recipiunt, Caesari non modo de conservanda sed etiam de augenda mea digni- 15 tate curae fore, meque hortantur ut magno animo sim, ut omnia summa sperem. Ea spondent, confirmant. Quae quidem mihi exploratiora essent, si remansissem. Sed ingero praeterita. Vide, quaeso, igitur ea quae restant et explora cum istis et, si putabis opus esse et si istis placebit, quo magis 20 factum nostrum Caesar probet quasi de suorum sententia factum, adhibeantur Trebonius, Pansa, si qui alii, scribantque ad Caesarem me quicquid fecerim de sua sententia fecisse.

4   Tulliae meae morbus et imbecillitas corporis me exanimat.

---

2 victoria *W*   3 sensi *ORδ*: si *M¹W*: est *Vict.*:[-tum]st *alii*   4 me me(a)e *ORδ*: meae me *s*: meae *bmW*   7 *post* angeret *et post* molestum *plene interpungunt vulg. ac nescio an melius sic*: ... hoc me non ang-, Br-iacere, ⟨quod⟩ ... molestum   omnibus partibus *W*   . 10 non *Ω*: vero *κ*: modo *anon. ap. Corr.*: nunc *Tunstall, male*: *secl. Lehmann: fort.* nuper   11 reliquo ... tenui *Hofmann* [*qui etiam* domi]: recipio ... te nunc [tunc te *P*, tunc esse *R*   domo te *etiam Zᵇ*] *ΩZ*⁽ˡ⁾   12 oppium *C*: oppidum *Ω*   Bal- scr- *add. Lehmann*   13 quonam *Boot*   iis *OR*: is *Pb*: his *Δ*   me *Lamb.*: modo *Ω, Boot*   14 credo *Rbms*: cedo *OPMd* 20 quo *Rbms*: quod *OMd*   22 adhibeantur *O²bm*: -eatur *PMᶜds*: -entur *O¹RM¹*

Quam tibi intellego magnae curae esse, quod est mihi gratissimum. De Pompei exitu mihi dubium numquam fuit. **5**
Tanta enim desperatio rerum eius omnium regum et popu-
lorum animos occuparat ut quocumque venisset hoc putarem
5 futurum. Non possum eius casum non dolere; hominem enim
integrum et castum et gravem cognovi. De Fannio consoler **6**
te? Perniciosa loquebatur de mansione tua. L. vero Lentulus
Hortensi domum sibi et Caesaris hortos et Baias desponderat.
Omnino haec eodem modo ex hac parte fiunt, nisi quod illud
10 erat infinitum. Omnes enim qui in Italia manserant hostium numero habebantur. Sed velim haec aliquando solutiore
animo.

Quintum fratrem audio profectum in Asiam ut depre- **7**
caretur. De filio nihil audivi; sed quaere ex Diochare, Caesaris
15 liberto, quem ego non vidi, qui istas Alexandria litteras attulit.
Is dicitur vidisse Quintum [an] euntem an iam in Asia. Tuas
litteras prout res postulat exspecto. Quas velim cures quam
primum ad me perferendas. IIII Kal. Dec.

VII   *Scr. Brundisi xiv Kal. Ian. an. 48.*

20   CICERO ATTICO SALVTEM.

Gratae tuae mihi litterae sunt, quibus accurate perscri- **1**
psisti omnia quae ad me pertinere arbitratus es. Ita faciam
igitur ut scribis istis placere, isdem istis lictoribus me uti,
quod concessum Sestio sit; cui non puto suos esse concessos
25 sed ab ipso datos. Audio enim eum ea senatus consulta im-
probare quae post discessum tribunorum facta sunt. Qua re
poterit, si volet sibi constare, nostros lictores comprobare.

10 manserunt λλ   15 Alexandrea *Boot*: -reas *ORMd* [-ri-]: -rinas *bms*
16 Quintum] Q. $Z^b\lambda$: *om.* Ω   *prius* an Ωλ: *secl. Baiter*   22 es. ita
Iens.: est ita *O*: est ea [es. tea *m*] *Mdm*: es ea *R*: es *bs*   faciam *Madvig*:
factum Ω   23 *post* placere *multa et inutilia add. Madvig, totum locum alii
aliter depravaverunt*

2   Quamquam quid ego de lictoribus, qui paene ex Italia decedere sim iussus? Nam ad me misit Antonius exemplum Caesaris ad se litterarum in quibus erat se audisse Catonem et L. Metellum in Italiam venisse Romae ut essent palam. Id sibi non placere ne qui motus ex eo fierent; prohiberique 5 omnis Italia nisi quorum ipse causam cognovisset; deque eo vehementius erat scriptum. Itaque Antonius petebat a me per litteras ut sibi ignoscerem; facere se non posse quin iis litteris pareret. Tum ad eum misi L. Lamiam qui demonstraret illum Dolabellae dixisse ut ad me scriberet ut in 10 Italiam quam primum venirem; eius me litteris venisse. Tum ille edixit ita ut me exciperet et Laelium nominatim. Quod sane nollem; poterat enim sine nomine res ipsa excipi.

3   O multas et gravis offensiones! quas quidem tu das operam ut lenias, nec tamen nihil proficis; quin hoc ipso minuis 15 dolorem meum, quod ut minuas tam valde laboras, idque velim ne gravere quam saepissime facere. Maxime autem adsequere quod vis, si me adduxeris ut existimem me bonorum iudicium non funditus perdidisse. Quamquam quid tu in eo potes? Nihil scilicet. Sed si quid res dabit tibi facultatis, id 20 me maxime consolari poterit; quod nunc quidem video non esse, sed si quid ex eventis, ut hoc nunc accidit: dicebar debuisse cum Pompeio proficisci; exitus illius minuit eius offici praetermissi reprehensionem. Sed ex omnibus nihil magis tamen desideratur ⟨quam⟩ quod in Africam non ierim. Iudicio 25 hoc sum usus, non esse barbaris auxiliis fallacissimae gentis rem publicam defendendam, praesertim contra exercitum saepe victorem. Non probant fortasse; multos enim viros bonos in Africam venisse audio et scio fuisse antea. Valde hoc loco urgeor. Hic quoque opus est casu, ⟨ut⟩ aliqui sint 30 ex eis aut, si potest, omnes qui salutem anteponant. Nam si

2 sim *EOM* : sum *Rδ*   24 magis δ : malim *ΣM¹m²*   25 quam *Sal.– Reg.* : *om.* Ω   30 ut *add. Lamb.* : si *Schütz* [*ante* sint *Baiter*] : *om.* Ω

perseverant et obtinent, quid nobis futurum sit vides. Dices:
'Quid illis, si victi erunt?' Honestior est plaga. Haec me excruciant. Sulpici autem consilium non scripsisti cur meo non **4**
anteponeres. Quod etsi non tam gloriosum est quam Catonis,
5 tamen et periculo vacuum est et dolore. Extremum est eorum
qui in Achaia sunt. Ii tamen ipsi se hoc melius habent quam
nos quod et multi sunt uno in loco et, cum ⟨in⟩ Italiam
venerint, domum statim venerint. Haec tu perge, ut facis,
mitigare et probare quam plurimis.

10   Quod te excusas, ego vero et tuas causas nosco et mea **5**
interesse puto te istic esse, vel ut cum iis quibus oportebit
agas quae erunt agenda de nobis, ut ea quae egisti. In primisque hoc velim animadvertas. Multos esse arbitror qui ad
Caesarem detulerint delaturive sint me aut paenitere consili
15 mei aut non probare quae fiant. Quorum etsi utrumque verum
est, tamen ab illis dicitur animo a me alienato, non quo ita
esse perspexerint. Sed totum ⟨in eo est positum⟩ ut hoc Balbus
sustineat et Oppius et eorum crebris litteris illius voluntas
erga me confirmetur; et hoc plane ut fiat diligentiam adhibe-
20 bis. Alterum est cur te nolim discedere, quod scribis te flagi- **6**
tari. O rem miseram! quid scribam aut quid velim? Breve
faciam; lacrimae enim se subito profuderunt. Tibi permitto,
tu consule; tantum vide ne hoc tempore isti obesse aliquid
possit. Ignosce, obsecro te. Non possum prae fletu et dolore
25 diutius in hoc loco commorari. Tantum dicam, nihil mihi
gratius esse quam quod eam diligis.

2 -tior est δ : -tiore ΣM¹   3 sulpicii *bs* : supplici *ORMdm*   meo *bm*¹:
me *ORMdm*²*s*   4 est *Vict.*: si *ORMdm* : sit *Pbs*   7 uno loco *W*
in it- *b* : it- Ω*W*   8 perge *bsW* : per *O*¹*RMm* : pro *Pd*   16 ita esse
W : ita Ω   17 in eo est positum *supplevi, homoeoteleuton aucupatus,*
praeeunte Mueller [totum in eo est ut], *cui praeiit Madvig* [in eo est totum
ut]; *pro* positum *autem* situm *scribere liceret*   20 te flagitari *Z*⁽ᵇ⁾ *Lamb.*
'*libros veteres sequutus*' : te [et *M*¹] flagitare *M*¹*WC*: efflagitare Σδ
23 tempore isti *Koch* : -ris te *O*¹*M*¹*W* : -ris [-re *ds* : tempus *b*] tibi *ERδ*
[tibi *etiam Z*⁽ᵇ⁾]

7 Quod litteras quibus putas opus esse curas dandas facis
commode. Quintum filium vidi qui Sami vidisset, patrem
Sicyone: quorum deprecatio est facilis. Vtinam illi qui prius
illum viderint me apud eum velint adiutum tantum quantum
ego illos vellem si quid possem!   5

8 Quod rogas ut in bonam partem accipiam si qua sint in tuis
litteris quae me mordeant, ego vero in optimam, teque rogo
ut aperte, quem ad modum facis, scribas ad me omnia idque
facias quam saepissime. Vale. xiiii Kal. Ian.

VIII   *Scr. Brundisi xiii Kal. Ian. an. 48.*   10

CICERO ATTICO SALVTEM.

1 Quantis curis conficiar etsi profecto vides, tamen cognosces
ex Lepta et Trebatio. Maximas poenas pendo temeritatis
meae quam tu prudentiam mihi videri vis; neque te deterreo
quo minus id disputes scribasque ad me quam saepissime. 15
Non nihil enim me levant tuae litterae hoc tempore. Per eos
qui nostra causa volunt valentque apud illum diligentissime
contendas opus est, per Balbum et Oppium maxime, ut de me
scribant quam diligentissime. Oppugnamur enim, ut audio,
et a praesentibus quibusdam et per litteras. Iis ita est occur- 20
2 rendum ut rei magnitudo postulat. †Furnius† est illic, mihi
inimicissimus. Quintus misit filium non solum sui depreca-
torem sed etiam accusatorem mei. Dictitat se a me apud
Caesarem oppugnari, quod refellit Caesar ipse omnesque eius
amici. Neque vero desistit, ubicumque est, omnia in me 25

---

1 esse opus *W*   2 vidi qui Sami *Rom.*: ut diquisami *vel sim.*
ORMdm: sunt qui sami *bs*   vidissent *bs*   4 viderint *OR*: -runt *Δ*
adiutum *b*: adtu- [ad tu-] *OR M¹mW*: actu- *M²*: acturum *ds*   6 sint
ORMdsW: sunt *Ebm*   9 Ian. *Vict.*: iun. [iunii, -ias] *ΩW*   12 conf-
WC: aff- *Ω*   20 est *W*: om. *Ω*   21 Fufius *Man.*, *vix recte*:
Furius [*sc. Crassipes*] *Tyrrell–Purser*: Fulvius [*sc. Nobilior*] *temptavi*
illic *OR*: illuc *EΔW*   22 Quintus *Vict.*: -que *M¹W*: qui *Σδ*

maledicta conferre. Nihil mihi umquam tam incredibile accidit, nihil in his malis tam acerbum. Qui ex ipso audissent, cum
Sicyone palam multis audientibus loqueretur nefaria quaedam, ad me pertulerunt. Nosti genus, etiam expertus es
5 fortasse. In me id est omne conversum. Sed augeo comme-
morando dolorem et facio etiam tibi. Qua re ad illud redeo:
cura ut huius rei causa dedita opera mittat aliquem Balbus.
Ad quos videbitur velim cures litteras meo nomine. Vale. XIII
Kal. Ian.

10 **IX**   *Scr. Brundisi iii Non. Ian. an. 47.*

CICERO ATTICO SALVTEM.

Ego vero et incaute, ut scribis, et celerius quam oportuit **1**
feci nec in ulla sum spe quippe qui exceptionibus edictorum
retinear. Quae si non essent sedulitate effectae et †benivolentia
15 tua†, liceret mihi abire in solitudines aliquas. Nunc ne id
quidem licet. Quid autem me iuvat quod ante initum tribunatum veni, si ipsum quod veni nihil iuvat? Iam quid sperem
ab eo qui mihi amicus numquam fuit, cum iam lege etiam
sim confectus et oppressus? Cotidie iam Balbi ad me litterae
20 languidiores multaeque multorum ad illum fortasse contra
me. Meo vitio pereo; nihil mihi mali casus attulit, omnia
culpa contracta sunt. Ego enim cum genus belli viderem,
imparata et infirma omnia contra paratissimos, statueram
quid facerem ceperamque consilium non tam forte quam mihi
25 praeter ceteros concedendum. Cessi meis vel potius parui: ex **2**

4 genus etiam ΔW: g- e- huiusmodi hominum O^1: g- h- h- e- R 5 in
bs: id $ORMdmW$ 8 XIII *Sal.–Reg.*: XVI $O\Delta W$: XV R: XII *Sternkopf*
14 -tia [*hoc et* λ] tua $\Sigma\delta$: -tie va M^1: -tiae qua W: -tia vestra *temptavi*
19 cottidie [quoti-] EO^2Rbm^2s: die $O^1[?]Mdm^1W$ 21 casus *Pds codd.*
Faërn. Ant.: causas ΣM^1WZ^l: causa M^cbm 22 culpa *om. W*: mea culpa *Vrs.* 'ex libro Longolii'   23 statueram *Madvig*: sit v- O^1M^1W:
sciv- $ER\delta$ 25 cessi meis *Lamb.* (*marg.*): -im his $WZ^b\lambda$: -im iis
$O[?]$: -imus Ω

quibus unus qua mente fuerit, is quem tu mihi commendas,
cognosces ex ipsius litteris quas ad te et ad alios misit. Quas
ego numquam aperuissem, nisi res acta sic esset. Delatus est
ad me fasciculus. Solvi, si quid ad me esset litterarum. Nihil
erat; epistula Vatinio et Ligurio altera. Iussi ad eos deferri. 5
Illi ad me statim ardentes dolore venerunt scelus hominis
clamantes; epistulas mihi legerunt plenas omnium in me
probrorum. Hic Ligurius furere: se enim scire summo illum
in odio fuisse Caesari; illum tamen non modo favisse sed
etiam tantam illi pecuniam dedisse honoris mei causa. Hoc 10
ego dolore accepto volui scire quid scripsisset ad ceteros; ipsi
enim illi putavi perniciosum fore, si eius hoc tantum scelus
percrebruisset. Cognovi eiusdem generis. Ad te misi: quas si
putabis illi ipsi utile esse reddi, reddes. Nil me laedet. Nam
quod resignatae sunt, habet, opinor, eius signum Pomponia. 15
Hac ille acerbitate initio navigationis cum usus esset, tanto
me dolore adfecit ut postea iacuerim, neque nunc tam pro se
quam contra me laborare dicitur.

3   Ita omnibus rebus urgeor; quas sustinere vix possum vel
plane nullo modo possum. Quibus in miseriis una est pro 20
omnibus quod istam miseram patre, patrimonio, fortuna omni
spoliatam relinquam. Qua re te, ut polliceris, videre plane
velim. Alium enim cui illam commendem habeo neminem,
quoniam matri quoque eadem intellexi esse parata quae mihi.
Sed si me non offendes, satis tamen habeto commendatam 25
patruumque in eam quantum poteris mitigato.

Haec ad te die natali meo scripsi. Quo utinam susceptus

---

2 et ad *ORMW*: et *Eδ*   4 litterarum esset *W*   9 eum tamen
Wes.: hunc t- *Peter*   favisse δ: fuisse *ERM¹W*: om. *O¹*   10 etiam
bm²: et tam *W*: et *Ω*   13 -ebruisset *OΔ*: -ebuisset *ERd*: -epuisset *W*
21 patre, patr- *Graevius*: parte [-em *OR*] matr- *ΣW*: partem tr- *M¹*:
parte [*vel* partu] patr- *M²*: partu patr- *bms*: patr- *d*: patre, matr-
Schmidt   22 ut *ER*: om. *OΔW* [*spat. duarum litterarum in M*]
26 eam *W*: ea *Ω*

non essem, aut ne quid ex eadem matre postea natum esset!
Plura scribere fletu prohibeor.

X   *Scr. Brundisi xii Kal. Febr. an. 47.*

CICERO ATTICO SALVTEM.

5   Ad meas incredibilis aegritudines aliquid novi accedit ex **1**
iis quae de Quintis ad me adferuntur. P. Terentius, meus
necessarius, operas in portu et scriptura Asiae pro magistro
dedit. Is Quintum filium Ephesi vidit vi Id. Dec. eumque
studiose propter amicitiam nostram invitavit; cumque ex eo
10 de me percontaretur, eum sibi ita dixisse narrabat, se mihi
esse inimicissimum, volumenque sibi ostendisse orationis quam
apud Caesarem contra me esset habiturus. Multa ⟨a⟩ se dicta
contra eius amentiam. Multa postea Patris [eius] simili scelere
secum Quintum patrem locutum; cuius furorem ex iis epistu-
15 lis quas ad te misi perspicere potuisti. Haec tibi dolori esse
certo scio; me quidem excruciant et eo magis quod mihi cum
illis ne querendi quidem locum futurum puto.
De Africanis rebus longe alia nobis ac tu scripseras nun- **2**
tiantur. Nihil enim firmius esse dicunt, nihil paratius. Accedit
20 Hispania et alienata Italia, legionum nec vis eadem nec voluntas, urbanae res perditae. Quid est ubi acquiescam, nisi quam
diu tuas litteras lego ? Quae essent profecto crebriores, si quid
haberes quo putares meam molestiam minui posse. Sed tamen
te rogo ut ne intermittas scribere ad me quicquid erit eosque
25 qui mihi tam crudeliter inimici sunt, si odisse non potes,

5 -tudines *ERδ*: -tudo *O¹M¹W*   6 de .Q. Q. *M¹*: deque .Q. *W* :
de .Q. *EMᶜdm*: de quinto *bs*: de fratre Q. *O*: de .q. fr. *R*   7 operas
ΣMd: magnas op- *bmsW*   magistro *Hervagius*: mag̃ *R*: mago *P*: magno
EOΔW   10 percont- *WC*: cont- [cunt- *E*] *Ω*   12 a δ: *om. ΣM¹W*
13 Patris *Orelli*: patris eius *ΩW*   14 iis *Om*: is *R*: hiis *E*: his *ΔW*
16 certo *OδW*: -te *ERM*   20 italia *WCZ¹*: alia *Ω*   24 ut ne *W*:
ut *ΣM¹*: ne δ

accuses tamen, non ut aliquid proficias sed ut tibi me carum
esse sentiant. Plura ad te scribam, si mihi ad eas litteras quas
proxime ad te dedi rescripseris. Vale. xii Kal. Febr.

XI   *Scr. Brundisi viii Id. Mart. an. 47.*

CICERO ATTICO SALVTEM.   5

1 Confectus iam cruciatu maximorum dolorum ne si sit
quidem quod ad te debeam scribere facile id exsequi possim,
hoc minus quod res nulla est quae scribenda sit, cum praesertim ne spes quidem ulla ostendatur fore melius. Ita iam ne
tuas quidem litteras exspecto, quamquam semper aliquid ad- 10
ferunt quod velim. Qua re tu quidem scribito, cum erit cui
des. Ego tuis proximis, quas tamen iam pridem accepi, nihil
habeo quod rescribam. Longo enim intervallo video mutata
esse omnia : illa esse firma quae debeant, nos stultitiae nostrae
gravissimas poenas pendere.   15

2 P. Sallustio curanda sunt HS. $\overline{\text{XXX}}$, quae accepi a Cn.
Sallustio. Velim videas ut sine mora curentur. De ea re
scripsi ad Terentiam. Atque hoc ipsum iam prope consum-
ptum est. Qua re id quoque velim cum illa videas, ut sit qui
utamur. Hic fortasse potero sumere, si sciam istic paratum 20
fore ; sed prius quam id scirem nihil sum ausus sumere. Qui
sit omnium rerum status noster vides. Nihil est mali quod
non et sustineam et exspectem. Quarum rerum eo gravior est
dolor quo culpa maior. Ille in Achaia non cessat de nobis
detrahere. Nihil videlicet tuae litterae profecerunt. Vale. viii 25
Id. Mart.

1 me tibi carum λ: c- me bibi *b codd. Mal.*   2 esse Ωλ: *om. W*
7 possim *R*: -sem *OPΔW*   13 mutata *ORW* : imm- *Δ*   14 debent
cod. Ball.

XII   *Scr. Brundisi viii Id. Mart. an. 47.*

CICERO ATTICO SALVTEM.

Cephalio mihi a te litteras reddidit a. d. vııı Id. **Mart. 1**
vespere. Eo autem die mane tabellarios miseram, quibus ad te
5 dederam litteras. Tuis tamen lectis litteris putavi aliquid
rescribendum esse, ea re maxime quod ostendis te pendere
animi quamnam rationem sim Caesari adlaturus profectionis
meae tum cum ex Italia discesserim. Nihil opus est mihi nova
ratione. Saepe enim ad eum scripsi multisque mandavi me
10 non potuisse, cum cupissem, sermones hominum sustinere,
multaque in eam sententiam. Nihil enim erat quod minus
eum vellem existimare quam me tanta de re non meo consilio
usum esse. Posteaque, cum mihi litterae a Balbo Cornelio
minore missae essent, illum existimare Quintum fratrem
15 'lituum' meae profectionis fuisse (ita enim scripsit), qui nondum cognossem quae de me Quintus scripsisset ad multos,
etsi multa praesens in praesentem acerbe dixerat et fecerat,
tamen nilo minus his verbis ad Caesarem scripsi:

'De Quinto fratre meo non minus laboro quam de me ipso, **2**
20 sed eum tibi commendare hoc meo tempore non audeo. Illud
dumtaxat tamen audebo petere abs te, quod te oro, ne quid
existimes ab illo factum esse quo minus mea in te officia
constarent minusve te diligerem, potiusque semper illum
auctorem nostrae coniunctionis fuisse meique itineris comi-
25 tem, non ducem. Qua re ceteris in rebus tantum ei tribues
quantum humanitas tua amicitiaque vestra postulat. Ego ei

5. aliquid *ΩW*: tamen al- *C*: tandem al- *Iens.*: iam al- *nescio quis*
6 ea re *W*: eo *EPδ*: ea *R*: om. *M¹*   9 me *W*: om. *Ω*   10 cum
[quom] *ERΔ*: quem *OW*: quomodo *cod. Ball.*   13 cum *Man.*: quam
ΩW   17 et f- *E*: eff- *Ω*   18 nilo minus his *Graevius* [*sed* nihilo:
nilo *Klotz*]: .l. lomeous *M¹*: .l. meo iis *EO²RM²m*: L. in eo his [iis *s*] *bs*:
.L. meonis *d*: L. lomeo his λ [lomeo *etiam Z^β*]   scripsi *OΔ*: resc-
ERM²d   21 quod potero *Mueller*: *alii alia*   26 vestra *EOMd²m*:
nostra *Rbd¹s*

ne quid apud te obsim, id te vehementer etiam atque etiam rogo.'

3   Qua re si quis congressus fuerit mihi cum Caesare, etsi non dubito quin is lenis in illum futurus sit idque iam declaraverit, ego tamen is ero qui semper fui. Sed, ut video, multo magis 5 est nobis laborandum de Africa; quam quidem tu scribis confirmari cotidie magis ad condicionis spem quam victoriae. Quod utinam ita esset! Sed longe aliter esse intellego teque ipsum ita existimare arbitror, aliter autem scribere non fallendi sed confirmandi mei causa, praesertim cum adiungatur 10 ad Africam etiam Hispania.

4   Quod me admones ut scribam ad Antonium et ad ceteros, si quid videbitur tibi opus esse, velim facias id quod saepe fecisti. Nihil enim mihi venit in mentem quod scribendum putem. Quod me audis fractiorem esse animo, quid putas 15 cum videas accessisse ad superiores aegritudines praeclaras generi actiones? Tu tamen velim ne intermittas, quod eius facere poteris, scribere ad me, etiam si rem de qua scribas non habebis. Semper enim adferunt aliquid mihi tuae litterae.

Galeonis hereditatem crevi. Puto enim cretionem sim- 20 plicem fuisse, quoniam ad me nulla missa est. VIII Id. Mart.

XIII   *Scr. Brundisi vii Id. Mart. vel paulo post, an. 47.*

CICERO ATTICO SALVTEM.

1   A Murenae liberto nihil adhuc acceperam litterarum. P. Siser reddiderat eas quibus rescribo. De Servi patris litteris 25 quod scribis, item Quintum in Syriam venisse quod ais esse qui nuntient, ne id quidem verum est. Quod certiorem te vis

14 quod *O²M^cbds*: quid *O¹RM¹m*   15 fractiorem *Vict.*: erectiorem [-re *bms*] *Ω*   16 accessisse *b*: accepisse *Ω*   17 generi *Hervagius*: -re *Ω*   19 tu(a)e litter(a)e *ORM^cds*: l- t- *M¹bm*   20 puto *C*: duto *O¹[?]RMdm*: duco *O²[?]bs*   cret- *Ascensius*: crut- [cruc-] *Ω*

fieri quo quisque in me animo sit aut fuerit eorum qui huc
venerunt, neminem alieno intellexi. Sed quantum id mea
intersit existimare te posse certo scio. Mihi cum omnia sint
intolerabilia ad dolorem, tum maxime quod in eam causam
5 venisse me video ut sola utilia mihi esse videantur quae
semper nolui.

P. Lentulum patrem Rhodi esse aiunt, Alexandriae filium,
Rhodoque Alexandriam C. Cassium profectum esse constat.

Quintus mihi per litteras satis facit multo asperioribus **2**
10 verbis quam cum gravissime accusabat. Ait enim se ex litteris
tuis intellegere tibi non placere quod ad multos de me asperius
scripserit, itaque se paenitere quod animum tuum offenderit;
sed se iure fecisse. Deinde perscribit spurcissime quas ob
causas fecerit. Sed neque hoc tempore nec antea patefecisset
15 odium suum in me, nisi omnibus rebus me esse oppressum
videret. Atque utinam vel nocturnis, quem ad modum tu
scripseras, itineribus propius te accessissem! Nunc nec ubi nec
quando te sim visurus possum suspicari.

De coheredibus Fufidianis nihil fuit quod ad me scriberes; **3**
20 nam et aequum postulant et quicquid egisses recte esse actum
putarem. De fundo Frusinati redimendo iam pridem intel- **4**
lexisti voluntatem meam. Etsi tum meliore loco res erant
nostrae neque tam mihi desperatum iri videbantur, tamen in
eadem sum voluntate. Id quem ad modum fiat tu videbis. Et
25 velim, quod poteris, consideres ut sit unde nobis suppedi-
tentur sumptus necessarii. Si quas habuimus facultates, eas

---

3 certo *Oδ*: -te *RM*   sunt *Ascensius*   12 scripserit *Bos.*: -psit
ERΔ: dixit scripsit *O*   offenderit *ERδ*: -ret *O¹M¹*   13 spurc-] sed
parc- *C. F. Hermann*   21 putarem *bs*: -et *ORMdm*: -es *P*   23 tam
Zᵇλ: tamen *Ω*[*post* mihi *O*: *om. b*]   mihi desperatum iri *Zᵇλ*: m-
[m- tamen *O*] desperaturi ita *ORMm*: -aturi m- ita *bds*   videbantur
ΩZᵇλ: -amur *bm*: -atur *Gronovius* [*sed cf. Plaut. Rud. 1242, Quint.
Inst. ix. 2. 88*]   24 id *Vict.*: is *Ω*: his *P*: in iis *κ*   fiat tu *κ*: flat tu
s: flatu *Ω*   25 quod *OM¹*: quo *R*: quoad *δ*: quo ad *E*

Pompeio tum cum id videbamur sapienter facere detulimus.
Itaque tum et a tuo vilico sumpsimus et aliunde mutuati
sumus cum Quintus queritur per litteras sibi nos nihil dedisse,
qui neque ab illo rogati sumus neque ipsi eam pecuniam
aspeximus. Sed velim videas quid sit quod confici possit 5
quidque mihi de omnibus des consili; et causam nosti.

5   Plura ne scribam dolore impedior. Si quid erit quod ad quos
scribendum meo nomine putes, velim, ut soles, facias, quo-
tiensque habebis cui des ad me litteras nolim praetermittas.
Vale.   10

XIV   *Scr. Brundisi ex. mense Apr. an. 47.*

CICERO ATTICO SALVTEM.

1   Non me offendit veritas litterarum tuarum quod me cum
communibus tum praecipuis malis oppressum ne incipis quidem, ut solebas, consolari faterisque id fieri iam non posse. 15
Nec enim ea sunt quae erant antea cum, ut nihil aliud,
comites me et socios habere putabam. Omnes enim Achaici
deprecatores itemque in Asia quibus non erat ignotum, etiam
quibus erat, in Africam dicuntur navigaturi. Ita praeter
Laelium neminem habeo culpae socium; qui tamen hoc meliore 20
2 in causa est quod iam est receptus. De me autem non dubito
quin ad Balbum et ad Oppium scripserit; a quibus, si quid
esset laetius, certior factus essem, tecum etiam essent locuti.
Quibuscum tu de hoc ipso conloquare velim et ad me quid
tibi responderint scribas, non ⟨quod⟩ ab isto salus data quic- 25
quam habitura sit firmitudinis, sed tamen aliquid consuli et

3 queritur *Madvig*: -reretur *Ω*   6 omnibus ⟨rebus⟩ *Wes.*   7 quos
δ: quo *ORM*[1]: quem *P*: quenquam *cod. Vrs.*: aliquos *Lamb.*   9 nolim
O[2]*bs*: velim *O*[1]*RMdm*: non v- *P*: v- neminem *cod. Ball.*   10 vale *Eds*:
val. *Mm*: cura ut valeas *OR*: *om. Pb*   18 in asia *Ω*: asiani *cod. Vrs.*
20 meliore in *M*[2] [*sed* in *del.*] *cod. Helmst.*, *κ*: -orem *M*[1]: -ore *ORδ*
21 causa *Vict.*: casu *Ω*   25 quod *δ*: *om. O*[1]*RM*[1]: quo *Baiter*

prospici poterit. Etsi omnium conspectum horreo, praesertim
hoc genero, tamen in tantis malis quid aliud velim non reperio. Quintus pergit, ut ad me et Pansa scripsit et Hirtius, 3
isque item Africam petere cum ceteris dicitur. Ad Minucium
5 Tarentum scribam et tuas litteras mittam; ad te scribam num
quid egerim. HS $\overline{xxx}$ potuisse mirarer, nisi multa de Fufidianis
praediis. †advideo et† tamen exspecto; quem videre, si ullo
modo potest †enim res†, pervelim. Iam extremum conclu-
ditur; quod ibi facile est quale sit, hic gravius existimare.
10 Vale.

XV   *Scr. Brundisi prid. Id. Mai. an. 47.*

CICERO ATTICO SALVTEM.

Quoniam iustas causas adfers cur te hoc tempore videre 1
non possim, quaeso quid sit mihi faciendum. Ille enim ita
15 videtur Alexandria teneri ut eum scribere etiam pudeat de
illis rebus, hi autem ex Africa iam adfuturi videntur, Achaici,
item ex Asia redituri ad eos aut libero aliquo loco commora-
turi. Quid mihi igitur putas agendum? Video difficile esse
consilium. Sum enim solus aut cum altero cui neque ad illos
20 reditus sit neque ab his ipsis quicquam ad spem ostendatur.
Sed tamen scire velim quid censeas; idque erat cum aliis cur
te, si fieri posset, cuperem videre.

2 genero ΔC: -re ORs^2 aliud Rds: aliquid $OMbm$ 5 Tarentum *Gronovius*: par- Ω: parentem $Z^{(b)}$ num *Sal.–Reg.*: nam Ω
7 advideo [ad v- R] et OR: et adv- [ad v-] Δ: te avide *Wes.*: *alii alia*
quem Z^b: quam Ω 8 potest O^1RsZ^b: post Δ: potest, ⟨poscit⟩ *Graevius, fort. recte*   res Ω: res nostra κ pervelim *Ernesti*: -llem ΩZ^b
9 quod *e.q.s. ita scripsi, praeeunte Purser, qui* quod quale sit ibi facile est:
ibi [id R] f- est quod [quid Z^b] quale sit ΩZ^b: *alii alia*   hic gravius C: gravius
Z^b: -vis Ω: -ve est κ 13 cur *cod. Vrs.*: quod *bs*: quid ΣMm: qui *d*
14 possim ORM^cdms: -sum $EPM^1[^?]b$ cogita *post* quaeso *add. Mueller, alii
alia: malim* tu [*vel* iam: *sc.* scribe] *ante* quaeso, *conlato* [*quod fecit Sjögren*]
p. 75. 1   quid $E\delta$: quod ORM^1 15 -dria teneri *scripsi*: -driam
tenere Ω 16 Achaici K: achei Ω

2   Minucium $\overline{\text{XII}}$ sola curasse scripsi ad te antea. Quod superest
velim videas ut curetur. Quintus non modo non cum magna
prece ad me sed acerbissime scripsit, filius vero mirifico odio.
Nihil fingi potest mali quo non urgear. Omnia tamen sunt
faciliora quam peccati dolor, qui et maximus est et aeter- 5
nus. Cuius peccati si socios essem habiturus ego quos putavi,
tamen esset ea consolatio tenuis. Sed habet aliorum omnium
ratio exitum, mea nullum. Alii capti, alii interclusi non
veniunt in dubium de voluntate, eo minus scilicet cum se
expedierint et una esse coeperint. Ii autem ipsi qui sua volun- 10
tate ad Fufium venerunt nihil possunt nisi timidi existimari.
Multi autem sunt qui, quocumque [sunt] modo ad illos se
recipere volent, recipientur. Quo minus debes mirari non posse
me tanto dolori resistere. Solius enim meum peccatum corrigi
non potest et fortasse Laeli. Sed quid me id levat? Nam C. 15
quidem Cassium aiunt consilium Alexandriam eundi mutavisse.

3   Haec ad te scribo, non ut queas tu demere sollicitudinem
sed ut cognoscam ecquid tu ad ea adferas quae me conficiunt;
ad quae gener accedit et cetera quae fletu reprimor ne scribam. Quin etiam Aesopi filius me excruciat. Prorsus nihil 20
abest quin sim miserrimus. Sed ad primum revertor, quid
putes faciendum, occultene aliquo propius veniendum an
mare transeundum. Nam hic maneri diutius non potest.

4   ⟨De⟩ Fufidianis qua re nihil potuit confici? Genus enim
condicionis eius modi fuit in quo non solet esse controversia, 25
cum ea pars quae videtur esse minor licitatione expleri posset.
Hoc ego non sine causa quaero. Suspicor enim coheredes
dubiam nostram causam putare et eo rem in integro esse
malle. Vale. Prid. Id. Mai.

    6 ego quos *EOΔ*: quos ego *R cod. Faërn.*: eos quos *Corr.*   10 ii *E*:
hii *R*: hi *OΔ*   12 sunt *del. Lamb.* (*marg.*)   16 quidem *ds*: eq-
ΣMbm   17 ut *Ω*: quo *Tyrrell–Purser, fort. recte*   queas tu *ERδ*:
queam tuam *O¹λ*: quem tuam *M¹*   24 de *add. Crat.*   26 possit *Corr.*
29 malle *O*: *om. RΔ*: velle *Corr.*   vale *Δ*: cura ut valeas *R*: *om. Ob*

XVI   *Scr. Brundisi iii Non. Iun. an. 47.*

CICERO ATTICO SALVTEM.

Non meo vitio fit hoc quidem tempore (ante enim est **1**
peccatum) ut me ista epistula nihil consoletur. Nam et
5 exigue scripta est et suspiciones magnas habet non esse ab
illo; quas animadvertisse te existimo. De obviam itione ita
faciam ut suades. Neque enim ulla de adventu eius opinio
est neque si qui ex Asia veniunt quicquam auditum esse
dicunt de pace; cuius ego spe in hanc fraudem incidi. Nihil
10 video quod sperandum putem, nunc praesertim cum ea plaga
in Asia sit accepta, in Illyrico, in Cassiano negotio, in ipsa
Alexandria, in urbe, ⟨in⟩ Italia. Ego vero, etiam si rediturus
ille est qui adhuc bellum gerere dicitur, tamen ante reditum
eius negotium confectum iri puto.

15   Quod autem scribis quandam laetitiam bonorum esse com- **2**
motam ut sit auditum de litteris, tu quidem nihil praetermittis
in quo putes aliquid solaci esse, sed ego non adducor quemquam bonum ullam salutem putare mihi tanti fuisse ut eam
peterem ab illo, et eo minus quod huius consili iam ne socium
20 quidem habeo quemquam. Qui in Asia sunt rerum exitum
exspectant, Achaici etiam Fufio spem deprecationis adferunt.
Horum et timor idem fuit primo qui meus et constitutum;
mora Alexandrina causam illorum correxit, meam evertit.
Quam ob rem idem a te nunc peto quod superioribus litteris, **3**
25 ut, si quid in perditis rebus dispiceres quod mihi putares
faciendum, me moneres. Si recipior ab his, quod vides non
fieri, tamen, quoad bellum erit quid agam aut ubi sim non
reperio; sin iactor, eo minus. Itaque tuas litteras exspecto,
easque ut ad me sine dubitatione scribas rogo.

3 fit *Vict.*: fuit Ω   7 ulla de *Lamb.*: valde ΩZ⁽¹⁾: valde de *P cod.*
Faërn. adventus *E*   12 in italia *b*: it- Ω   19 illo κ: ullo Ω
21 auferunt *Man.*: diff- *Gronovius*   24 superioribus *Vict.*: tui [tu *bs*:
in *P*] prior- Ω   28 iactor aut reiicior κ

4　Quod suades ut ad Quintum scribam de his litteris, facerem,
si me quicquam istae litterae delectarent. Etsi quidam scripsit
ad me his verbis : 'Ego, ut in his malis, Patris sum non invitus ;
essem libentius, si frater tuus ea de te loqueretur quae ego
audire vellem.' Quod ais illum ad te scribere me sibi nullas 5
litteras remittere, semel ab ipso accepi; ad eas Cephalioni
dedi, qui multos mensis tempestatibus retentus est. Quintum
filium ad me acerbissime scripsisse iam ante ad te scripsi.

5　Extremum est quod te orem, si putas rectum esse et a te
suscipi posse, cum Camillo communices ut Terentiam mone- 10
atis de testamento. Tempora monent ut videat ut satis faciat
quibus debeat. Auditum ex Philotimo est eam scelerate
quaedam facere. Credibile vix est, sed certe, si quid est quod
fieri possit, providendum est. De omnibus rebus velim ad me
scribas et maxime quid sentias de ea in qua tuo consilio egeo 15
etiam si nihil excogitas. Id enim mihi erit pro desperato. iii
Non. Iun.

XVII　　*Scr. Brundisi prid. Id. aut Id. Iun. an. 47.*

CICERO ATTICO SALVTEM.

(1)　Properantibus tabellariis alienis hanc epistulam dedi. Eo 20
brevior est, et quod eram missurus nostros. Tullia mea venit
ad me prid. Id. Iun. deque tua erga se observantia benevolen-
tiaque mihi plurima exposuit litterasque reddidit trinas. Ego
autem ex ipsius virtute, humanitate, pietate non modo eam
voluptatem non cepi quam capere ex singulari filia debui sed 25
etiam incredibili sum dolore adfectus tale ingenium in tam
misera fortuna versari idque accidere nullo ipsius delicto,
summa culpa mea. Itaque a te neque consolationem iam, qua

2 etsi q- s- *Lamb.*: q- s- e- Ω　　　6 ipso *M*[1]: illo *O*δ: eo *R*　　12 debet *Ascensius*: -ent *Sal.–Reg.*　　15 sentias *Man.*: scribas Ω*Z*[1]　eo *O*
qua *Wes.*: quo Ω　egeo *s* [*in marg.*]: ego Ω　　21 et *O*Δ: etiam *R*,
Faërn. 'ex libro *Vbaldini*' [*Vrs.*]　nostros *O*[1]*RM*[1]*C*: meos δ

cupere te uti video, nec consilium, quod capi nullum potest,
exspecto teque omnia cum superioribus saepe litteris tum
proximis temptasse intellego.

XVIIa   *Scr. Brundisi xvii Kal. Quint. an. 47.*

5   ⟨CICERO ATTICO SALVTEM.⟩

Ego cum Sallustio Ciceronem ad Caesarem mittere cogita- 1
bam; Tulliam autem non videbam esse causam cur diutius
mecum tanto in communi maerore retinerem. Itaque †ema-
tiam†, cum primum per ipsam liceret, eram remissurus.†Pro ea
10 quem ad modum consolandis scripsisti†, putato ea me scripsisse quae tu ipse intellegis responderi potuisse.

Quod Oppium tecum scribis locutum, non abhorret a mea 2
suspicione eius oratio. Sed non dubito quin istis persuaderi
nullo modo possit ea quae faciant mihi probari posse, quo-
15 quo modo loquar. Ego tamen utar moderatione qua potero;
quamquam quid mea intersit ut eorum odium subeam non
intellego.

Te iusta causa impediri quo minus ad nos venias video, 3
idque mihi valde molestum est. Illum ab Alexandria dis-
20 cessisse nemo nuntiat constatque ne profectum quidem illim
quemquam post Id. Mart. nec post Id. Dec. ab illo datas ullas
litteras. Ex quo intellegis illud de litteris a. d. v Id. Febr. datis,
quod inane esset etiam si verum esset, non verum esse. L.
Terentium discessisse ex Africa scimus Paestumque venisse.

---

6 *novam ep. constituit Schmidt: cum superiore in codd. cohaeret*   8 ema-
tiam *OΔZ^β* [-th- *bms*]: emat iam *R*: eat iam *P*: matri eam *Bos.*   9 eram
*O*¹*bm*²: eam *O*¹*RMdm*¹: eram eam *s*   10 quem *OPbs*: que *RMdm*:
quam *Bos.*   consolantis *Bos.*   putato ea me *Mal.*: P. [*vel* p.: pudet
C] tanta eo me *Ω* [me eo *R*]   16 ⟨ne⟩ sub- *Wes.*: ⟨non⟩ sub-
Gronovius   19 valde *Pbs*: v- si *ORMdm*: v- scilicet *codd. Regii Paris.*
teste Lallemando   ab secl. *Kayser*   20 illim *cod. Ant.*: illinc *cod. Faërn.*:
illic [*ʳ*] *M*ᶜ: illi *ORM*¹*dm*: illo *bs*   22 int- ill- *Muretus*: ill- int- illud
Ω: ill- int- *s*

Quid is adferat aut quo modo exierit aut quid in Africa fiat scire velim. Dicitur enim per Nasidium emissus esse. Id quale sit velim, si inveneris, ad me scribas. De HS x̄, ut scribis, faciam. Vale. xvii Kal. Quint.

XVIII   *Scr. Brundisi xii Kal. Quint. an. 47.*   5

CICERO ATTICO SALVTEM.

1   De illius Alexandria discessu nihil adhuc rumoris, contraque opinio valde esse impeditum. Itaque nec mitto, ut constitueram, Ciceronem et te rogo ut me hinc expedias. Quodvis enim supplicium levius est hac permansione. Hac de 10 re et ad Antonium scripsi et ad Balbum et ad Oppium. Sive enim bellum in Italia futurum est sive classibus utentur, hic esse me minime convenit; quorum fortasse utrumque erit, 2 alterum certe. Intellexi omnino ex Oppi sermone quem tu mihi scripsisti quae istorum ira esset, sed ut eam flectas te 15 rogo. Nihil omnino iam exspecto nisi miserum, sed hoc perditius in quo nunc sum fieri nihil potest. Qua re et cum Antonio loquare velim et cum istis et rem, ⟨ut⟩ poteris, expedias et mihi quam primum de omnibus rebus rescribas. Vale. xii Kal. Quint.   20

XIX   *Scr. Brundisi xi Kal. Sext. an. 47*

CICERO ATTICO SALVTEM.

1   Cum tuis dare possem litteras non praetermisi, etsi quid scriberem non habebam. Tu ad nos et rarius scribis quam solebas et brevius, credo quia nihil habes quod me putes 2

2 emissus *sC* : me m- *Ω*   4 xvii *Man.* : xiiii *b* : xviii *Ω*   12 utentur *scripsi* : utetur *Ω*   15 ira *C. F. Hermann* : via *Ω*   18 ut *Ps* : *om.* *Ω*   23 possem *Sal.–Reg.* : -sim *Ω*

libenter legere aut audire posse. Verum tamen velim quicquid erit, qualecumque erit, scribas. Est autem unum quod
mihi sit optandum si quid agi de pace possit; quod nulla
equidem habeo in spe, sed quia tu leviter interdum significas,
5 cogis me sperare quod optandum vix est.

Philotimus dicitur Id. Sext. Nihil habeo de illo amplius. **2**
Tu velim ad ea mihi rescribas quae ad te antea scripsi. Mihi
tantum temporis satis est dum, ut in pessimis rebus, aliquid
caveam, qui nihil umquam cavi. Vale. xɪ Kal. Sext.

10 **XX**   *Scr. Brundisi xvi Kal. Sept. an. 47.*

CICERO ATTICO SALVTEM.

xvɪɪ Kal. Sept. venerat die xxvɪɪɪ Seleucia Pieria C. Tre- **1**
boni libertus qui se Antiochiae diceret apud Caesarem vidisse
Quintum filium cum Hirtio; eos de Quinto quae voluissent
15 impetrasse nullo quidem negotio. Quod ego magis gauderem
si ista nobis impetrata quicquam ad spem explorati haberent.
Sed et alia timenda sunt ab aliisque, et ab hoc ipso quae
dantur, ut a domino, rursus in eiusdem sunt potestate. Etiam **2**
Sallustio ignovit. Omnino dicitur nemini negare; quod ipsum
20 est suspectum, notionem eius differri. M. Gallius Q. f.
mancipia Sallustio reddidit. Is venit ut legiones in Siciliam
traduceret. Eo protinus iturum Caesarem Patris. Quod si
faciet ego, quod ante mallem, aliquo propius accedam. Tuas
litteras ad eas quibus a te proxime consilium petivi vehemen-
25 ter exspecto. Vale. xvɪ Kal. Sept.

---

1 quicquid *Klotz*: quid Ω: si quid *cod. Vrs.*: quod κ   5 cogis
bms: coges *ORMd*   9 qui δ: cui *ORM*¹   12 Pieria *Crat.*: peria Ω
Treboni libertus *Schmidt*: -ni. u [ii] *ORM*: -ni(i) is δ   13 antiochi(a)e
[-eae] *ORλ*: -ia [-ea] Δ   14 Q.F. [f.] *ORM*: Q. fratrem δ   eos de
Q. *bms*: eos deque *Md*: eosque *OR*   17 aliiisque *Vict.*: aliis qu(a)e Ω:
aliis *Sal.–Reg.*   20 cognitionem eius *cod. Vrs.*: mentionem mei *Reid*
22 eo *ORC*: et Δ   25 xvi *OΔ*: xɪɪɪ *W*: xv *R*: xvɪɪ *b*

XXI   *Scr. Brundisi vi Kal. Sept. an. 47.*

CICERO ATTICO SALVTEM.

1 Accepi vi Kal. Sept. litteras a te datas xii Kal. doloremque
quem ex Quinti scelere iam pridem acceptum iam abieceram,
lecta eius epistula gravissimum cepi. Tu etsi non potuisti ullo 5
modo facere ut mihi illam epistulam non mitteres, tamen
mallem non esse missam.

Ad ea autem quae scribis de testamento, videbis quid et
quo modo. De nummis et illa sic scripsit ut ego ad te antea,
et nos, si quid opus erit, utemur ex eo de quo scribis.   10

2 Ille ad Kal. Sept. Athenis non videtur fore. Multa eum
in Asia dicuntur morari, maxime Pharnaces. Legio xii, ad
quam primam Sulla venit, lapidibus egisse hominem dicitur.
Nullam putant se commoturam. Illum arbitrabantur protinus Patris in Siciliam. Sed si hoc ita est, huc veniat necesse 15
est. Ac mallem illud; aliquo enim modo hinc evasissem. Nunc
metuo ne sit exspectandum et cum reliquis etiam loci gravitas
huic miserrimae perferenda.

3 Quod me mones ut ea quae ⟨agam⟩ ad tempus accommo-
dem, facerem, si res pateretur et si ullo modo fieri posset. Sed 20
in tantis nostris peccatis tantisque nostrorum iniuriis nihil est
quod aut facere dignum nobis aut simulare possim. Sullana
confers; in quibus omnia genere ipso praeclarissima fuerunt,
moderatione paulo minus temperata. Haec autem eius modi
sunt ut obliviscar ⟨mei⟩ multoque malim quod omnibus sit 25
melius †quorum utilitatem† meam iunxi. Tu ad me tamen

9 scripsit *W*: -si *Ω*   ut *Vict.*: ut et *W*: tu *Ω* [tum *s*: tu *del.* *O²*]
13 primam *Gronovius*: -mum *ΩW*   14 -moturam *RMd*: -moraturam
ObmsW   arbitrantur *PW*   16 illud *Boot*: -um *ΩW*: -uc *Purser*: illim
Orelli   17 reliquis *s*: -quos *Ω*   19 ea] ea videam *R*   agam *add.*
Klotz: *alii alia*   25 mei *add. Man.*   mult- *bs*: mitt- *ORMdmW*
26 utilitatem eam *W*: -ati meam *Sal.–Reg.*, *quo probato* quam *ante*
quorum *add. Madvig. melius fortasse Mueller* ⟨quam quod iis, ad⟩ q- utilitatem, *nisi quod* me *pro* meam *scripsit.*

velim quam saepissime scribas, eoque magis quod praeterea
nemo scribit; ac, si omnes, tuas tamen maxime exspectarem.
Quod scribis illum per me Quinto fore placatiorem, scripsi ad
te antea eum statim Quinto filio omnia tribuisse, nostri nul-
5 lam mentionem. Vale.

XXII   *Scr. Brundisi fort. Kal. Sept. an. 47.*

CICERO ATTICO SALVTEM.

Diligenter mihi fasciculum reddidit Balbi tabellarius. Ac- **1**
cepi enim a te litteras quibus videris vereri ut epistulas illas
10 acceperim. Quas quidem vellem mihi numquam redditas;
auxerunt enim mihi dolorem ⟨nec⟩, si in aliquem incidissent,
quicquam novi attulissent. Quid enim tam pervulgatum quam
illius in me odium et genus hoc litterarum? quod ne Caesar
quidem ad istos videtur misisse quasi quo illius improbitate
15 offenderetur, sed, credo, uti notiora nostra mala essent. Nam
quod te vereri scribis ne illi obsint eique rei ⟨me vis⟩ mederi,
ne rogari quidem se passus est de illo. Quod quidem mihi
molestum non est; illud molestius, istas impetrationes nostras
nihil valere.

20   Sulla, ut opinor, cras erit hic cum Messalla. Currunt ad **2**
illum pulsi a militibus qui se negant usquam, nisi acceperint.
Ergo ille huc veniet, quod non putabant, tarde quidem.
Itinera enim ita facit ut multos dies in †oppidum† ponat.
Pharnaces autem, quoquo modo aget, adferet moram. Quid
25 mihi igitur censes? Iam enim corpore vix sustineo gravitatem
huius caeli quae mihi laborem adfert in dolore. An his illuc

. 1 velim *Iens.*: vellem *ΩW*   4 antea *Sal.–Reg.*: ad ea *ΩW*   11 nec
add. Man.   13 quod] quas *Kayser*   ne *O¹RW*: nec *Δ*   14 quasi
qui *Mueller*: quasi *Lamb.*: quo *Ernesti*   -tate *Rom.*: -tatem *ΩW*   16 me
vis *add. Madvig*   me debere *post* mederi *add. Purser*   17 ne rogari *Vict.*:
negari *ΩW*   21 negant *P*: -at *ΩW*   22 putabam *bs*   23 oppidis
Lamb.: uno oppido *Peerlkamp*: oppido uno *Schmidt*   26 quae *Corr.*:
qui *ΩW* [*ex* quid]: quod *cod. Vrs.*   languorem *κ cod. Vrs.*

109

euntibus mandem ut me excusent, ipse accedam propius?
Quaeso, attende et me, quod adhuc saepe rogatus non fecisti,
consilio iuva. Scio rem difficilem esse, sed ut ⟨in⟩ malis
etiam illud mea magni interest te ut videam. Profecto aliquid
profecero, si id acciderit. De testamento, ut scribis, animad- 5
vertes.

XXIII   *Scr. Brundisi vii Id. Quint. an. 47.*

CICERO ATTICO SALVTEM.

1   Quod ad te scripseram ut cum Camillo communicares, de
eo Camillus mihi scripsit ⟨te⟩ secum locutum. Tuas litteras 10
exspectabam; nisi illud quidem mutari, si aliter est et oportet, non video posse. Sed cum ab illo accepissem litteras,
desideravi tuas (etsi putabam te certiorem factum non esse),
modo valeres; scripseras enim te quodam valetudinis genere
temptari.   15

2   Agusius quidam Rhodo venerat viii Id. Quint. Is nuntiabat
Quintum filium ad Caesarem profectum iiii Kal. Iun., Philotimum Rhodum pridie eum diem venisse, habere ad me
litteras. Ipsum Agusium audies. Sed tardius iter faciebat. Eo
feci ut [eo] celeriter eunti darem. Quid sit in iis litteris 20
nescio, sed mihi valde Quintus frater gratulatur. Equidem in
meo tanto peccato nihil ne cogitatione quidem adsequi possum quod mihi tolerabile possit esse.

3   Te oro ut de hac misera cogites, et illud de quo ad te

2 saepe rogatus δ*W* : se periba- [sepe r-] *O*¹[*?*]*RM*¹   3 ut ⟨in⟩
Beroaldus : ut *ΩWZ*⁽ᵇ⁾   10 scripsit te secum *Rom.* : -psisse cum
ORMdmW : -psit secum *b* : -psit se tum *s* : -psisse *codd. Faërn. Ant.* : -psit se
tecum *Bos.*   11 est *O*¹*RW* : *om. Δ*   et *ΩWλ* : atque *Lamb.*   12 ab
illo *W* : a nillo *M* : a millo *m* : a nullo *ORbs* : *om. d* [*spat.*]   14 valeres
W : -ere *Ω*   16 augusius *dW* : -stus *P*   19 agusium *s* : augustum
ΩW   audies *Rom.* : -ens *ΩW*   20 ut *Graevius* : ut eo *ΩWZ*ᵇ : ut ei *s* :
fort. ut meo   iis *R* : his *OΔW*   22 ne cogitat- *Rom.* : negotiat- *ΩW*

proxime scripsi, ut aliquid conficiatur ad inopiam propul-
sandam, et etiam de ipso testamento. Illud quoque vellem
antea, sed omnia timuimus. Melius quidem in pessimis nihil
fuit discidio. Aliquid fecissemus ut viri vel tabularum nova-
5 rum nomine vel nocturnarum expugnationum vel Metellae
vel omnium malorum; nec res perisset et videremur aliquid
doloris virilis habuisse. Memini omnino tuas litteras sed et
tempus illud; etsi quidvis praestitit. Nunc quidem ipse videtur denuntiare; audimus enim de statua Clodi. Generumne
10 nostrum potissimum vel hoc vel tabulas novas? Placet mihi
igitur (et idem tibi) nuntium remitti. Petet fortasse tertiam
pensionem. Considera igitur tumne cum ab ipso nascetur an
prius. Ego, si ullo modo potuero, vel nocturnis itineribus
experiar ut te videam. Tu et haec et si quid erit quod intersit
15 me scire scribas velim. Vale.

XXIV   *Scr. Brundisi viii Id. Sext. an. 47.*

CICERO ATTICO SALVTEM.

Quae[dam] ad me et, quae etiam ad me vis, ad Tulliam 1
de me scripsisti, ea sentio esse vera. Eo sum miserior, etsi nihil
20 videbatur addi posse, quod mihi non modo irasci gravissima
iniuria accepta sed ne dolere quidem impune licet. Qua re
istuc feramus. Quod cum tulerimus, tamen eadem erunt
perpetienda quae tu ne accidant ut caveamus mones. Ea enim

---

4 viri *Pantagathus*: vivi ΩW 5 vel [*ante* Metellae] Ω: vel in $WZ^{1\beta}$:
velim Z^b [*fort. ex errore typogr.*]: *fort.* vel iam   6 malorum WZ^1: maio-
Ω 9 de statua *Purser*: de staturi [dest-] $\Delta Z^b\lambda$: testaturi O^1R: detesta-
ri 'al. v.c.' *ap. Lamb. marg.*: de statu *Rom.*   10 vel hoc *Purser*: ut hoc
Ω 11 et idem *Vict.*: est idem Ω: et item *Orelli*   12 cum λ: vim Ω
ab ipso $O^1R\lambda$: abuso Δ 15 mea *Ernesti*: anne ⟨mea⟩ me [*cf. p.* 234. 2,
Clu. 149]?   18 quae *scripsi*: quae dudum *Ascensius*   me [*post.*]
$O\Delta Z^{b\beta}$: in R vis ad $ObsZ^\beta$: bis ad Z^b: visat [vis at] Mdm: eius et R
19 miserior etsi *bms*: -ore si Md: -or si OR 21 licet *Ernesti*: -eat Ω

est a nobis contracta culpa ut omni statu omnique populo eundem exitum habitura videatur.

2   Sed ad meam manum redeo; erunt enim haec occultius agenda. Vide, quaeso, etiam nunc de testamento; quod tum factum ⟨vellem⟩ cum illa quaerere coeperat. Non, credo, te 5 commovit; neque enim rogavit, ne me quidem. Sed quasi ita sit, quoniam in sermonem iam venisti, poteris eam monere ut alicui committat cuius extra periculum huius belli fortuna sit. Equidem tibi potissimum velim, si idem illa vellet. Quam quidem celo miseram me hoc timere. De illo altero, scio 10 equidem venire nunc nil posse, sed seponi et occultari possunt

3 ut extra ruinam sint eam quae impendet. Nam quod scribis nobis nostra et tua ⟨et⟩ Terentiae fore parata, tua credo, nostra quae poterunt esse? De Terentia autem (mitto cetera quae sunt innumerabilia), quid ad hoc addi potest? Scripseras 15 ut HS x̅i̅i̅ permutaret; tantum esse reliquum de argento. Misit illa cciↄↄ mihi et adscripsit tantum esse reliquum. Cum hoc tam parvum de parvo detraxerit, perspicis quid in maxima re fecerit.

4   Philotimus non modo nullus venit sed ne per litteras 20 quidem aut per nuntium certiorem facit me quid egerit. Epheso qui veniunt ibi se eum de suis controversiis in ius adeuntem vidisse nuntiant; quae quidem (ita enim veri simile est) in adventum Caesaris fortasse reiciuntur. Ita aut nihil puto eum habere quod putet ad me celerius perferendum 25

---

1 ut *bsλ*: *om. ORMdm*   3 redeo; erunt *Wes.* [redeo. sunt *Lamb.*]: reddiderint *Ω*   4 agenda *bms*: acceda *M*: -am *OR*: -at *d*   5 vellem *addidi*   haerere *cod. Vrs.* te . . . rogavit *ita Gronovius*: et commoti neque eum [enim *cod. Helmst.*] rogari *Ω*   7 sermonem *bs*: -ne *ORMdm*   8 fortuna sit. Eq- *Man.*: -nas te q- *Ω*   9 illa] Tullia *Tyrrell–Purser*   velit *Wes.*   10 me *Lamb.*: mi(hi) *OΔ*: in *R*   13 nostra et tua *Vict.*: -r(a)e et tu(a)e *Ω* et Ter- *Schmidt*: ter- *Ω*: Tulliae *Lamb.* 14 de *s*: si de *ORMbm*: si *d*   16 permutarem *Corr.*   20 ne . . . aut *Rom.*: se . . . ut *Ω*   22 se eum *Sal.–Reg.*: secum *Ω*   25 puto . . . quod *bis ORMdm*

aut adeo me magis esse despectum ut, etiam si quid habet, id
nisi omnibus suis negotiis confectis ad me referre non curet. Ex
quo magnum equidem capio dolorem sed non tantum quantum videor debere. Nihil enim mea minus interesse puto quam
5 quid illinc adferatur. Id quam ob rem te intellegere certo scio.
Quod me mones de vultu et oratione ad tempus accom- 5
modanda, etsi difficile est, tamen imperarem mihi, si mea
quicquam interesse putarem. Quod scribis ⟨te binis⟩ litteris
putare Africanum negotium confici posse, vellem scriberes
10 cur ita putares; mihi quidem nihil in mentem venit qua re
id putem fieri posse. Tu tamen velim, si quid erit quod consolationis aliquid habeat, scribas ad me; sin, ut perspicio,
nihil erit, scribas id ipsum. Ego ad te, si quid audiero citius,
scribam. Vale. VIII Id. Sext.

15 **XXV**   *Scr. Brundisi iii Non. Quint. an. 47.*

CICERO ATTICO SALVTEM.

Facile adsentior tuis litteris quibus exponis pluribus verbis 1
nullum ⟨esse⟩ consilium quo a te possim iuvari. Consolatio
certe nulla est quae levare possit dolorem meum. Nihil est
20 enim contractum casu (nam id esset ferendum), sed omnia
fecimus his erroribus et miseriis et animi et corporis, quibus
proximi utinam mederi maluissent! Quam ob rem, quoniam
neque consili tui neque consolationis cuiusquam spes ulla
mihi ostenditur, non quaeram haec a te posthac; tantum

1 aut *cod. Vrs.*: ut *ORMdm*: et *bs*   adeo *Madvig*: eo Ω   magis [*sc.*
puto] Ω: in malis *Madvig*   5 certo *Os*: -te *RΔ*   6 ad tempus
C: attem *Md*: a te *R*: ad rem *O²[ˀ]bms*   accommodanda *P*: -am
Ω [comm- *O¹d*, commend- *s*]   8 te binis *addidi* [proximis *volu-
erant Tyrrell–Purser*]   9 putare ⟨te⟩ *Graevius*: ⟨te⟩ p- *Lamb.*
vellem *Ernesti*: vellim *R*: velim Ω   18 nullum ⟨esse⟩ *Wes.*: nullum
OΔ: n- te habere *R*   21 his Ω: iis *b*   23 cuiusq-] usq- *Madvig*

velim ne intermittas, scribas ad me quicquid veniet tibi in
mentem cum habebis cui des et dum erit ad quem des; quod
longum non erit.

2   Illum discessisse Alexandria rumor est non firmus ortus
ex Sulpici litteris; quas cuncti postea nuntii confirmarunt. 5
Quod verum an falsum sit, quoniam mea nihil interest, utrum
malim nescio.

3   Quod ad te iam pridem de testamento scripsi, apud †epi-
stolas velim ut possim adversas.† Ego huius miserrimae facilitate confectus conflictor. Nihil umquam simile natum puto. 10
Cui si qua re consulere aliquid possum, cupio a te admoneri.
Video eandem esse difficultatem †quam in consilio date† ante.
Tamen hoc me magis sollicitat quam omnia. In pensione
secunda caeci fuimus. Aliud mallem; sed praeteriit. Te oro,
ut in perditis rebus si quid cogi, confici potest quod sit in 15
tuto, ex argento, ⟨ves⟩te (quae satis multa est), supellectile,
des operam. Iam enim mihi videtur adesse extremum nec ulla
fore condicio pacis eaque quae sunt etiam sine adversario
peritura. Haec etiam, si videbitur, cum Terentia loquere tu
opportune. Non queo omnia scribere. Vale. III Non. Quint. 20

1 ne pristinum hoc officium int- *R*   scribere *bs*   4 discessisse *Vict.*: is
c- *M*[1]: c- *RM*[c]*d*: exc- *O*[2]*bms*   5 cuncti *O*[2]: eunti *O*[1]*RMdm*: euntes
PbsZ[(λ)]   7 nescio *Aldus*: scio *Ω*   8 scripsi *O*[1]*PZ*[b]: -it *RΔ*
epistolas *e.q.s. ita ΩZ*[b]: te tabulas [*ita Wes.*] v- potissimum adservari
Tyrrell–Purser: *alii alia*   9 ego huius *Δ*: h- e- *O*[P]*R*   miserrimae *Ernesti*: -errima *RZ*[(β)]: -erum ea *Δ*: -eria mea *s*: *de O*[1] *non liquet*
facilitate *Schiche*: facult- *OΔZ*[(β)]: volunt- *R*: infelicit- *Orelli*   10 simile
Rom.: mile *OΔ*: mille *R*   11 admoneri *δ*: admori *O*[1]*RM*[1]   12 video]
audeo *M*[1]*m*: audio *b*   date *Ω*: dare *s*: dando *Pius, quod nisi vulgo*
probassent non commemorarem: *fort.* diff- in c- quam ante.   14 aliud
Sal.–Reg.: -um *ΩC*   15 quid *O*[2]*bs*: qui *O*[1]*RMdm*   16 ⟨ves⟩te
quae *scripsi*: teque *O*[1]*Δ*: te qu(a)e *RP*   est *O*[1]*RM*[1]*bm*: ex *O*[2]*M*[2]*ds*
19 loquere tu *Orelli*: -retur *RMdm*: -re t [*spat.*] *b*: -re *s*: loquitor *Mal.*
20 opportune *Sal.–Reg.*: -na *RΔ*   queo *O*[2]*M*[c]*ms*: que *O*[1]*RM*[1]*d*: quaero *b*

AD ATTICVM

LIBER DVODECIMVS

I

Scr. in Arpinati viii Kal. Dec. an. 46.

CICERO ATTICO SALVTEM.

V N D E C I M O die postquam a te discesseram hoc litterularum 1
exaravi egrediens e villa ante lucem, atque eo die cogitabam
5 in Anagnino, postero autem in Tusculano, ibi unum diem:
v Kal. igitur ad constitutum. Atque utinam continuo ad
complexum meae Tulliae, ad osculum Atticae possem currere!
Quod quidem ipsum scribe, quaeso, ad me ut, dum consisto
in Tusculano, sciam quid garriat, sin rusticatur, quid scribat
10 ad te; eique interea aut scribes salutem aut nuntiabis itemque
Piliae. Et tamen etsi continuo congressuri sumus, scribes ad
me si quid habebis.

Cum complicarem hanc epistulam, noctuabundus ad me 2
venit cum epistula tua tabellarius; qua lecta de Atticae
15 febricula scilicet valde dolui. Reliqua quae exspectabam ex
tuis litteris cognovi omnia; sed quod scribis 'igniculum matu-
tinum ⟨γεροντικόν⟩,' γεροντικώτερον est memoriola vacillare.
Ego enim iiii Kal. Axio dederam, tibi iii, Quinto quo die
venissem, id est v Kal. Hoc igitur habebis, novi nihil. Quid
20 ergo opus erat epistula? Quid cum coram sumus et garrimus

*Huius libri epistulas non discernunt ORΔ; de codicis E excerptis vide Leh-
mann, De Cic. ad Att. epp., p. 22. Factam a Manutio et Bosio ordinationem
denuo excusserunt Schiche et Schmidt.   Equidem in hoc et sequentibus libris
ordini a C. F. W. Mueller recepto semper fere assensus sum.   5 anagnino bs²: agnino Ω   7 possem scripsi: -sim Ω   9 sin C: in OΔ:
ut R: et P   rusticatur O¹R: -catu Δ: -cetur C   10 aut scribes Mᶜ:
ut scribis Ω: scribes C   17 γεροντικόν add. Lamb. (marg.)   18 quo
die R: quotidie Δ [silet O, abscisa membrana]*

115

quicquid in buccam? Est profecto quiddam λέσχη, quae habet, etiam si nihil subest, conlocutione ipsa suavitatem.

II   *Scr. Romae paulo ante xiii Kal. Mai. an. 46.*

⟨CICERO ATTICO SALVTEM.⟩

1 Hic rumores tantum: Murcum perisse naufragio, Asinium 5 delatum vivum in manus militum, L navis delatas Vticam reflatu hoc, Pompeium non comparere nec in Balearibus omnino fuisse, ut Paciaecus adfirmat. Sed auctor nullius rei
2 quisquam. Habes quae, dum tu abes, locuti sint. Ludi interea Praeneste. Ibi Hirtius et isti omnes. Et quidem ludi dies VIII. 10 Quae cenae, quae deliciae! Res interea fortasse transacta est. O miros homines! At Balbus aedificat; τί γὰρ αὐτῷ μέλει; Verum si quaeris, homini non recta sed voluptaria quaerenti nonne βεβίωται? Tu interea dormis. Iam explicandum est πρόβλημα, si quid acturus es. Si quaeris quid putem, ego 15 fructum puto. Sed quid multa? Iam te videbo et quidem, ut spero, de via recta ad me. Simul enim et diem Tyrannioni constituemus et si quid aliud.

III   *Scr. in Tusculano mense Mai. vel Iun., ut videtur, an. 46.*

⟨CICERO ATTICO SALVTEM.⟩   20

1 Vnum te puto minus blandum esse quam me aut, si uter-que nostrum est aliquando adversus aliquem, inter nos certe numquam sumus. Audi igitur me hoc ἀγοητεύτως dicentem.

1 quicquid *EM²bds*: quid *RM¹m*: quod *C*   2 ipsa *Mᶜbs*: -am *ΣM¹dm*
5 rumor est *cod. Faërn.*   tantum *F. Schmidt*: tamen *Ω*   *post* tantum
distinxi   6 delatas *Sal.–Reg.*: -ta in *OΔ*: -tam *ER*   7 reflatu
Iens.: -tur *Ω*   8 Paciaecus *Orelli*: pacietus [pat-] *Ω*   9 sint
O¹R: sunt *Δ*   12 αὐτῷ *C*: ΑΥΤΩΝ *Ω*   13 homini non *O¹RC*:
hominem *Δ*   16 fructum *multis suspectum*   21 alterum huius ep.
exemplum ad xvi. 5. 3 post vocem revertar *habent RPΔ, quorum consensum
littera ω indicavi*   aut ω: et *Ω*   23 hoc me ω

Ne vivam, mi Attice, si mihi non modo Tusculanum, ubi ceteroqui sum libenter, sed μακάρων νῆσοι tanti sunt ut sine te sim totos dies. Qua re obduretur hoc triduum, ut te quoque ponam in eodem πάθει; quod ita est profecto. Sed velim
5 scire hodiene statim de auctione, et quo die venias. Ego me interea cum libellis; ac moleste fero Vennoni historiam me non habere.

Sed tamen ne nihil de re, nomen illud, quod a Caesare, 2 tris habet condiciones, aut emptionem ab hasta (perdere malo,
10 etsi praeter ipsam turpitudinem hoc ipsum puto esse perdere), aut delegationem a mancipe annua die (quis erit cui credam, aut quando iste Metonis annus veniet?), aut Vettieni condicione semissem. Σκέψαι igitur. Ac vereor ne iste iam auctionem nullam faciat, sed ludis factis Atypo subsidio currat,
15 ne talis vir ἀλογηθῇ. Sed μελήσει. Tu Atticam, quaeso, cura, et ei salutem et Piliae, Tulliae quoque verbis, plurimam.

IV   *Scr. in Tusculano paulo post ep. iii, ut videtur, an. 46.*

⟨CICERO ATTICO SALVTEM.⟩

O gratas tuas mihi iucundasque litteras! Quid quaeris? 1
20 restitutus est mihi dies festus. Angebar enim quod Tiro ἐνερευθέστερον te sibi esse visum dixerat. Addam igitur, ut censes, unum diem.

Sed de Catone, πρόβλημα Ἀρχιμήδειον est. Non adsequor 2

3 totos Ω: tot ω   5 et Ωλ: aut *Man.*   6 historiam me ORω: me h- *Δ*   8 illud quod a c- *Cω*: aliud quid c- [c(a)esar *bds*] Ω   9 ab hasta ω: ab hastam *M*: ob h- [has tam] O¹[ᵖ].ℛδ: ad h- O²   11 -onem a ω: -one in Ω   12 iste ω: ipse Ω   -one semissem *cod. Ball.*: -ones emissem Ω: -onis emisse ω   14 sed ludis *Man.*: sedulis ω [sed ill- *s*, sedulo his *P*, *deest R*]: et sedulo iis [is, his] Ω   Atypo *vel* Ἀτύπῳ [*sc. Balbo*] *Popma*: clypo *MdZ*ˡ [*ed. prima, sed posteriore* elypo]: clipo O²[ᵖ]R: clypso *bms*: olympo [oli-] ω: Crispo *Lamb.*   15 ΑΛΟΓΗΤΑΙ *vel sim.* ω   tu . . . plurimam ω *Rom.* [*ad xvi. 5. 3*], *nisi quod* plurimum [-mis *s*] ω: om. Ω

117

ut scribam quod tui convivae non modo libenter sed etiam
aequo animo legere possint; quin etiam si a sententiis eius
dictis, si ab omni voluntate consiliisque quae de re publica
habuit recedam ψιλῶϛque velim gravitatem constantiamque
eius laudare, hoc ipsum tamen istis odiosum ἄκουσμα sit. 5
Sed vere laudari ille vir non potest nisi haec ornata sint,
quod ille ea quae nunc sunt et futura viderit et ne fierent
contenderit et facta ne videret vitam reliquerit. Horum quid
est quod Aledio probare possimus? Sed cura, obsecro, ut
valeas eamque quam ad omnis res adhibes in primis ad con- 10
valescendum adhibe prudentiam.

V   *Scr. in Tusculano in. mense Quint., ut videtur, an. 46*

CICERO ATTICO SALVTEM.

1   Quintus pater quartum vel potius millesimum nihil sapit
qui laetetur Luperco filio et Statio, ut cernat duplici dede- 15
core cumulatam domum. Addo etiam Philotimum tertium.
O stultitiam, nisi mea maior esset, singularem! quod autem
os in hanc rem ἔρανον a te! Fac non ad διψῶσαν κρήνην sed ad
Πειρήνην eum venisse ⟨aut⟩ 'ἄμπνευμα σεμνὸν Ἀλφειοῦ', τὴν
κρήνην, ut scribis, hauriret, in tantis suis praesertim angustiis. 20
2 Ποῖ ταῦτα ἄρα ἀποσκήψει; Sed ipse viderit. Cato me quidem
delectat, sed etiam Bassum Lucilium sua.

---

4 ψιλῶς *Vict.*: ΨΕΙΛΩC *M¹Z¹*: ΨΕΑΙΜС *R*: ψευδῶς δ   5 istis
Bos.: est iis [his] *O¹*[?]*RM²ds*: est *O²M¹bm*   9 aledio [all- *R*] *Ωλ*: ate-
κ, *fort. recte: vide pp.* 135. 17, 137. 3, 139. 3, 140. 18   14 *Ex ep. v tres
fecit Schiche, quattuor Schmidt*   15 et statio *O¹R*: et stathio *C*: testario
Δ   dedecore *s* dec- *Ω*   18 os in *Lamb.*: osin *M¹dZ¹*: osim *Rbms*:
obsim *P*: olim *O²*   19 Πειρήνην *Vict.*: ΗΕΡΙΝΗΝ *vel sim. Ω* aut
add. Lamb. (marg.): et *Mal.*   τὴν κρήνην *scripsi*: ΙΝΤΕΡΗΝΗΝ
Mm, sim. O: κρήνην ['aut certe τρήκην'] *Z¹*: *del. Kasten*   20 hauriret
scripsi: -re *Ω*   *post* angustiis *plenius interpunxi*   22 Lucili *Reid*

V a   *Scr. in Tusculano prid. Kal. Iun. an. 45.*

⟨CICERO ATTICO SALVTEM.⟩

De Caelio tu quaeres, ut scribis; ego nihil novi. Noscenda autem est natura, non facultas modo. De Hortensio et
5 Verginio tu, si quid dubitabis. Etsi quod magis placeat, ego quantum aspicio, non facile inveneris. Cum Mustela, quem ad modum scribis, cum venerit Crispus. Ad Avium scripsi ut ea quae bene nosset de auro Pisoni demonstraret. Tibi enim sane adsentior et istuc nimium diu duci et omnia nunc un-
10 dique contrahenda. Te quidem nihil agere, nihil cogitare aliud nisi quod ad me pertineat facile perspicio meisque negotiis impediri cupiditatem tuam ad me veniendi. Sed mecum esse te puto, non solum quod meam rem agis verum etiam quod videre videor quo modo agas. Neque enim ulla
15 hora tui mihi est operis ignota.

V b   *Scr. in Tusculano iii aut ii Id. Iun. an. 45.*

⟨CICERO ATTICO SALVTEM.⟩

Tubulum praetorem video L. Metello Q. Maximo con- (v. 3) sulibus. Nunc velim P. Scaevola, pontifex maximus, quibus
20 consulibus tribunus pl. Equidem puto proximis, Caepione et Pompeio; praetor enim ⟨L.⟩ Furio Sex. Atilio. Dabis igitur tribunatum et, si poteris, Tubulus quo crimine. Et vide, quaeso, L. Libo, ille qui de Ser. Galba, Censorinone et Manīlio an T. Quintio M'. Acilio consulibus tribunus pl.

---

4 autem *O¹R: om. Δ*   5 quod *Man.*: quid *Ω*   7 Avium *Bos.*: aulum *Ω*   8 nosset *Lamb.*: -em *ORb*: noscem *Mm*: -cerem *ds*   demonstraret *Faërn.*: -em *OPΔ*: -etur *R*   9 istuc *O¹R*: -ud *Δ*   20 proximis *ORZᵇ*: om. *Δ*   21 L. *add. Beier*   23 -none [-no ne] *ORZᵇ cod. Ant.*: -no *Δ*   24 manilio *Zᵇ cod. Ant.*: manlio *Ω*   M'. ac- *Zᵇ cod. Ant.*: M. ac- [mac-] *ORZᵇ*: manlio *Δ* [an . . . Acilio *om. b*]

fuerit. Conturbat enim me †epitome Bruti Fanniana. In
Bruti epitoma Fannianorum scripsi† quod erat in extremo,
idque ego secutus hunc Fannium qui scripsit historiam
generum esse scripseram Laeli. Sed tu me γεωμετρικῶς re-
felleras, te autem nunc Brutus et Fannius. Ego tamen de 5
bono auctore Hortensio sic acceperam ut apud Brutum est.
Hunc igitur locum expedies.

V c   *Scr. in Tusculano prid. Id. Iun. an. 46.*

⟨CICERO ATTICO SALVTEM.⟩

(v. 4)   Ego misi Tironem Dolabellae obviam. Is ad me Idibus 10
revertetur. Te exspectabo postridie. ⟨De⟩ Tullia mea tibi
antiquissimum esse video idque ita ut sit te vehementer rogo.
Ergo ei in integro omnia ; sic enim scribis. Mihi etsi Kalendae
vitandae fuerunt Nicasionumque ἀρχέτυπα fugienda con-
ficiendaeque tabulae, nihil tamen tanti ut a te abessem fuit. 15
Cum Romae essem et te iam iamque visurum me putarem,
cotidie tamen horae quibus exspectabam longae videbantur.
Scis me minime esse blandum ; itaque minus aliquanto dico
quam sentio.

1 fuerit *C* : fierit [ỿ]*O* : fieret *R* : si erit *Δ*   conturbat *CZᵇ* : -bo *Ω* : -bor
λ *cod. Ball.*   enim *Ωλ* : etiam *Orelli*   me . . . Fanniana *om.* λ   epitome
CZᵇ : et pito me *ORMm* : et puto me *Pbd* : et puto *s*   2 epit(h)oma
O[ỿ]*PΔZᵇ*λ : epytonia *R* : epitome κ. *frustra vel temptatus vel defensus locus;*
tolerabilem habeas sententiam si scribas, Bosium partim secutus, conturbat
enim me epitome Bruti Fanniana (an Bruti epitome Fannianorum? scripsi
quod erat in extremo). ⟨Fanni ipsius patrem Marcum fuisse ex Bruto
cognoveram⟩, idque *e.q.s. suspicor tamen* Caeliana *pro* Fanniana *scribendum*
esse, conl. p. 168. 19   10 misi t- *bs* : mut- *O*[ỿ]*RMdm*   11 de *add.*
Sal.–Reg.   13 ei *Orelli* : et *Ω*   14 nicasi- *CZ*⁽ˡ⁾ : in cassi- *R* : me
[mea *M*¹] assi- *OªΔ* : ne occasi- *Zᵇ*

VI   *Scr. in Tusculano mense interc. post. an. 46.*

⟨CICERO ATTICO SALUTEM.⟩

De Caelio vide, quaeso, ne quae lacuna sit in auro. Ego 1
ista non novi. Sed certe in collubo est detrimenti satis. Huc
5 aurum si accedit—sed quid loquor? Tu videbis. Habes Hege-
siae genus, quod Varro laudat.

Venio ad Tyrannionem. Ain tu? verum hoc fuit? sine me? 2
At ego quotiens, cum essem otiosus, sine te tamen nolui?
Quo modo ergo hoc lues? Vno scilicet, si mihi librum miseris;
10 quod ut facias etiam atque etiam rogo. Etsi me non magis
ipse liber delectabit quam tua admiratio delectavit. Amo
enim πάντα φιλειδήμονα teque istam tam tenuem θεωρίαν tam
valde admiratum esse gaudeo. Etsi tua quidem sunt eius modi
omnia. Scire enim vis; quo uno animus alitur. Sed, quaeso,
15 quid ex ista acuta et gravi refertur ad τέλος?

Sed longa oratio est, et tu occupatus es in meo quidem
fortasse aliquo negotio. Et pro isto asso sole quo tu abusus es
in nostro pratulo a te nitidum solem unctumque repetemus.
Sed ad prima redeo. Librum, si me amas, mitte. Tuus est
20 enim profecto, quoniam quidem est missus ad te.

VI a   *Scr. in Tusculano mense interc. post. an. 46.*

⟨CICERO ATTICO SALVTEM.⟩

'Chremés, tantumne ab ré tua est otí tibi,'   1
ut etiam Oratorem legas? Macte virtute! Mihi quidem (VI. 3)
25 gratum, et erit gratius si non modo in tuis libris sed etiam

3 ne quae *Sal.–Reg.*: neque Ω: ne qua κ sit *Aldus*: si Ω   4 collubo
λ: colubo *OΔ*: columbo *R*: collybo *Ascensius*   detrimenti *C*: -to *RΔ*:
-tum κ   7 fuit *C*: fui Ω   9 ergo hoc *R*: h- e- *OΔ*   11 ipse
liber *OR*: l- i- *Δ*   12 φιλειδήμονα *Popma ex 'nonnullis libris'*: ΦΙΔΕ-
ΛΗΜΟΥ *vel sim. RMdm*: φιλόδημον *O*   16 es λ: *om.* Ω   quidem
*ΣΖ*β(b)λ: *om. Δ*   17 et] at *Lamb.*   quo *s*: quod Ω   23 *novam ep.*
ante Schmidt agnovit Corr., constituit Lamb.   chreme λ   25 *gratum est*
et Orelli   tuis libris *Σ*: l- t- *Δ*

in aliorum per librarios tuos 'Aristophanem' reposueris pro
2 'Eupoli.' Caesar autem mihi inridere visus est 'quaeso' illud
(VI. 4) tuum, quod erat et εὐπινὲς et urbanum. Ita porro te sine cura
esse iussit ut mihi quidem dubitationem omnem tolleret.
Atticam doleo tam diu; sed quoniam iam sine horrore est, 5
spero esse ut volumus.

VII   *Scr. in Tusculano mense interc. post. an. 46.*

⟨CICERO ATTICO SALVTEM.⟩

1   Quae desideras omnia scripsi in codicillis eosque Eroti dedi,
breviter, sed etiam plura quam quaeris, in iis de Cicerone; 10
cuius quidem cogitationis initium tu mihi attulisti. Locutus
sum cum eo liberalissime; quod ex ipso velim, si modo tibi
erit commodum, sciscitere. Sed quid differo? Exposui te ad
me detulisse et quid vellet et quid requireret. Velle Hispaniam, requirere liberalitatem. De liberalitate dixi, quantum 15
Publilius, quantum flamen Lentulus filio. De Hispania duo
attuli, primum idem quod tibi, me vereri vituperationem.
Non satis esse si haec arma reliquissemus? etiam contraria?
Deinde fore ut angeretur cum a fratre familiaritate et omni
gratia vinceretur. Vel nimia ⟨malim⟩ liberalitate uti mea quam 20
sua libertate. Sed tamen permisi; tibi enim intellexeram non
nimis displicere. Ego etiam atque etiam cogitabo teque ut
idem facias rogo. Magna res; et simplex est manere, illud
anceps. Verum videbimus.
2   De Balbo et in codicillis scripseram et ita cogito, simul ac 25

---

3 erat et *Σ*: erat *Δ*   5 tam *O¹R*: om. *Δ*   11 att- *O¹R*: abst- *Δ*
12 velim si modo *Vict.*: m- v- si *Ω*   13 ad *Corr.*: ex *Ω*   14 detulisse
Rom.: -es *Ω*   requireret *bsC*: -uiret *ORMdm*   16 publilius *Z⁽ᵇ⁾*:
publius *Ω*   18 esse *Man.*: est *Ω* ,   19 ang- *OR*: ag- *Δ*   20 vel
nimia *O²δ*: vel imma *M¹*: vellim mea *R*: velim magna *P*   malim *addidi*
22 nimis *O¹R*: minus *Δ*   23 et *ORMbm*: est et *ds*: est *Orelli*   est
om. *Ods*

redierit. Sin ille tardius, ego tamen triduo, et, quod praeterii,
Dolabella etiam mecum.

VIII   *Scr. in Tusculano mense interc. post. an. 46.*

⟨CICERO ATTICO SALVTEM.⟩

5 De Cicerone multis res placet. Comes est idoneus. Sed de
prima pensione ante videamus. Adest enim dies, et ille currit.
Scribe, quaeso, quid referat Celer egisse Caesarem cum candi-
datis, utrum ipse in Fenicularium an in Martium campum
cogitet. Et scire sane velim numquid necesse sit comitiis esse
10 Romae. Nam et Piliae satis faciendum est et utique Atticae.

IX   *Scr. Asturae vi Kal. Sext. an. 45.*

⟨CICERO ATTICO SALVTEM.⟩

Ne ego essem hic libenter atque id cotidie magis, ni esset
ea causa quam tibi superioribus litteris scripsi. Nihil hac
15 solitudine iucundius, nisi paulum interpellasset Amyntae
filius. *Ὦ ἀπεραντολογίας ἀηδοῦς!* Cetera noli putare ama-
biliora fieri posse villa, litore, prospectu maris, tum his rebus
omnibus. Sed neque haec digna longioribus litteris nec erat
quid scriberem, et somnus urgebat.

20 **X**   *Scr. Asturae v Kal. Sext. an. 45.*

⟨CICERO ATTICO SALVTEM.⟩

Male me hercule de Athamante. Tuus autem dolor
humanus is quidem, sed magno opere moderandus. Consola-
tionum autem multae viae sed illa rectissima: impetret ratio

---

1 triduo *scripsi*: -uum *Ω*   16 -λογίας ἀηδοῦς *Bos.*: -ΛΟΓΙΑΗΔΟΥϹ
*vel sim. RΔZ*b*λ*   17 villa *Corr.*: ulla *RΔ*: cum villa *Lamb.*   his *ds*: iis
ORMbm   19 quod *Man.*   23 consola- *Δ*: consulta- *OR*

quod dies impetratura est. Alexim vero curemus, imaginem
Tironis, quem aegrum Romam remisi, et, si quid habet collis
ἐπιδήμιον, ad me cum Tisameno transferamus. Tota domus
superior vacat, ut scis. Hoc puto valde ad rem pertinere.

XI   *Scr. in Tusculano mense interc. post. an. 46.*   5

⟨CICERO ATTICO SALVTEM.⟩

Male de Seio. Sed omnia humana tolerabilia ducenda.
Ipsi enim quid sumus aut quam diu haec curaturi sumus?
Ea videamus quae ad nos magis pertinent, nec tamen multo,
quid agamus de senatu. Et ut ne quid praetermittam, Cae- 10
sonius ad me litteras misit Postumiam Sulpici domum ad se
venisse. De Pompei Magni filia tibi rescripsi me nihil hoc
tempore cogitare; alteram vero illam quam tu scribis, puto,
nosti: nihil vidi foedius. Sed adsum. Coram igitur.

Obsignata epistula accepi tuas. Atticae hilaritatem libenter 15
audio. Commotiunculis συμπάσχω.

XII   *Scr. Asturae xvii Kal. Apr. an. 45.*

⟨CICERO ATTICO SALVTEM.⟩

1 De dote tanto magis perpurga. Balbi regia condicio est
delegandi. Quoquo modo confice. Turpe est rem impeditam 20
iacere. Insula Arpinas habere potest germanam ἀποθέωσιν,
sed vereor ne minorem τιμὴν habere videatur ἐκτοπισμός. Est
igitur animus in hortis; quos tamen inspiciam cum venero.

1 alexim *ORbm*: -in *Mds*   3 tisameno *Z*[b]: testamento *Ω*   4 sup-
vac- *ORM*[c]: vac- sup- *Δ*   11 sulpici(i) *OPΔ*: supplici *R*: supplicem *C*
12 Pompeia *Bonnet*   tibi *O* [*in ras.*] *δ*: *om. RM*[1][?]   me n- *ORλ*: n-
me *Δ*   15 hilaritatem *Rom.*: -te *Ω*   19 regia *Iens. Rom.*: -io *Ω*
22 sed . . . τιμὴν *OR codd. Faërn. Ant.* [τιμὴν *om. O*[1] *cod. Ant. spat. rel.*] λ:
om. Δ   -πισμός *Lamb.*: -ΠΙΜΟΣ *Z*: -ΝΙΜΟC *RM*[1]: ἐκγόνιμος *δC*
23 animus *Ps*: -mis *RΔ*

De Epicuro, ut voles; etsi μεθαρμόσομαι in posterum genus 2
hoc personarum. Incredibile est quam ea quidam requirant.
Ad antiquos igitur; ἀνεμέσητον γάρ. Nihil habeo ad te quod
scribam, sed tamen institui cotidie mittere ut eliciam tuas
5 litteras, non quo aliquid ex iis exspectem—sed nescio quo
modo tamen exspecto. Qua re sive habes quid sive nil habes,
scribe tamen aliquid teque cura.

XIII   *Scr. Asturae Non. Mart. an. 45.*

⟨CICERO ATTICO SALVTEM.⟩

10   Commovet me Attica; etsi adsentior Cratero. Bruti litterae 1
scriptae et prudenter et amice multas mihi tamen lacrimas
attulerunt. Me haec solitudo minus stimulat quam ista celebritas. Te unum desidero; sed litteris non difficilius utor quam
si domi essem. Ardor tamen ille idem urget et manet, non me
15 hercule indulgente me sed tamen repugnante.
      Quod scribis de Appuleio, nihil puto opus esse tua con- 2
tentione nec Balbo et Oppio; quibus quidem ille receperat
mihique etiam iusserat nuntiari se molestum omnino non
futurum. Sed cura ut excuser morbi causa in dies singulos.
20 Laenas hoc receperat. Prende C. Septimium, L. Statilium.
Denique nemo negabit se iuraturum quem rogaris. Quod si
erit durius, veniam et ipse perpetuum morbum iurabo. Cum
enim mihi carendum sit conviviis, malo id lege videri facere
quam dolore. Cocceium velim appelles. Quod enim dixerat
25 non facit. Ego autem volo aliquod emere latibulum et perfugium doloris mei.

1 -μόσομαι *Ernesti*: -MOZOMΔI [-MOΞ-]*RMdm*   4 scr- *OR*:
perscr- *Δ*   6 quid, sive nil habes *C*: *om. Ω*   14 idem *O¹RZ*[(b)]λ:
om. Δ   15 rep- tamen *Tyrrell*   21 denique *b*: beni que *O¹RMd*:
veni que *O²m*: diemque *s*

XIV   *Scr. Asturae viii Id. Mart. an. 45.*

⟨CICERO ATTICO SALVTEM.⟩

1 De me excusando apud Appuleium dederam ad te pridie
litteras. Nihil esse negoti arbitror. Quemcumque appellaris,
nemo negabit. Sed Septimium vide et Laenatem et Statilium; 5
tribus enim opus est. Sed mihi Laenas totum receperat.

2 Quod scribis a Iunio te appellatum, omnino Cornificius
locuples est; sed tamen scire velim quando dicar spopondisse,
et pro patre anne pro filio. Neque eo minus, ut scribis, procuratores Cornifici et Appuleium praediatorem videbis.   10

3 Quod me ab hoc maerore recreari vis, facis ut omnia; sed
me mihi non defuisse tu testis es. Nihil enim de maerore
minuendo scriptum ab ullo est quod ego non domi tuae
legerim. Sed omnem consolationem vincit dolor. Quin etiam
feci, quod profecto ante me nemo, ut ipse me per litteras 15
consolarer. Quem librum ad te mittam, si descripserint librarii. Adfirmo tibi nullam consolationem esse talem. Totos
dies scribo, non quo proficiam quid sed tantisper impedior—
non equidem satis (vis enim urget),—sed relaxor tamen,
omniaque nitor non ad animum sed ad vultum ipsum, si 20
queam, reficiendum, idque faciens interdum mihi peccare
videor, interdum peccaturus esse nisi faciam. Solitudo aliquid
adiuvat, sed multo plus proficeret si tu tamen interesses.
Quae mihi una causa est hinc discedendi; nam pro malis
recte habebat. Quamquam ⟨id⟩ ipsum doleo. Non enim iam 25
in me idem esse poteris. Perierunt illa quae amabas.

4 De Bruti ad me litteris scripsi ad te antea. Prudenter
scriptae, sed nihil quod me adiuvaret. Quod ad te scripsit id
vellem, ut ipse adesset. Certe aliquid, quoniam me tam valde

5 septimium *b*: -timum *s*: -tium *RMdm*   20 omniaque *ΣδZ*: ad
om- *M*¹: omnique vi *Wes.*   25 id *add. Lamb.*   28 quo
me *Es cod. Ant.*   adiuvaret *codd. Ball. Helmst.*: -ent *Ω*: -entur *E*: *anne*
adlevaret?   29 vellem *C*: -le *Ω*

amat, adiuvaret. Quod si quid scies, scribas ad me velim,
maxime autem Pansa quando. De Attica doleo, credo tamen
Cratero. Piliam angi veta. Satis est ⟨me⟩ maerere pro omnibus.

XV   *Scr. Asturae vii Id. Mart. an. 45.*

5   ⟨CICERO ATTICO SALVTEM.⟩

Apud Appuleium, quoniam in perpetuum non placet, in
dies ut excuser videbis. In hac solitudine careo omnium
conloquio, cumque mane me in silvam abstrusi densam et
asperam, non exeo inde ante vesperum. Secundum te nihil
10 est mihi amicius solitudine. In ea mihi omnis sermo est cum
litteris. Eum tamen interpellat fletus; cui repugno quoad
possum, sed adhuc pares non sumus. Bruto, ut suades, rescribam. Eas litteras cras habebis. Cum erit cui des, dabis.

XVI   *Scr. Asturae vi Id. Mart. an. 45.*

15   ⟨CICERO ATTICO SALVTEM.⟩

Te tuis negotiis relictis nolo ad me venire; ego potius accedam, si diutius impediere. Etsi ne discessissem quidem e
conspectu tuo, nisi me plane nihil ulla res adiuvaret. Quod si
esset aliquod levamen, id esset in te uno, et cum primum ab
20 aliquo poterit esse, a te erit. Nunc tamen ipsum sine te esse
non possum. Sed nec tuae domi probabatur nec meae poteram nec, si propius essem uspiam, tecum tamen essem. Idem
enim te impediret quo minus mecum esses, quod nunc etiam

---

1 adiuvaret *bs*: adiure [-ro *d*] *O²Mdm*: adire *O¹R*   3 veta satis *Z¹*:
vetabat is *Ω*: -bat id *κ*   me *add. Corr. et Lamb., bic fort. ex Z*   8 me
om. OM¹   17 disc- *Pbs*: dec- *ORMdm*   18 nisi *OR*: si *Δ*
21 probabatur *Zᵦλκ*: probatur *Ω*

impedit. Mihi nihil adhuc aptius fuit hac solitudine; quam
vereor ne Philippus tollat. Heri enim vesperi venerat. Me
scriptio et litterae non leniunt sed obturbant.

XVII   *Scr. Asturae iv Id. Mart. an. 45.*

⟨CICERO ATTICO SALVTEM.⟩   5

   Marcianus ad me scripsit me excusatum esse apud Appuleium a Laterensi, Nasone, Laenate, Torquato, Strabone.
Iis velim meo nomine reddendas litteras cures gratum mihi
eos fecisse. Quod pro Cornificio me abhinc amplius annis
xxv spopondisse dicit Flavius, etsi reus locuples est et Ap- 10
puleius praediator liberalis, tamen velim des operam ut in-
vestiges ex consponsorum tabulis sitne ita (mihi enim ante
aedilitatem meam nihil erat cum Cornificio. Potest tamen
fieri, sed scire certum velim), et appelles procuratores, si tibi
videtur. Quamquam quid ad me? Verum tamen—Pansae 15
profectionem scribes cum scies. Atticam salvere iube et eam
cura, obsecro, diligenter. Piliae salutem.

XVIII   *Scr. Asturae v Id. Mart. an. 45.*

⟨CICERO ATTICO SALVTEM.⟩

1 Dum recordationes fugio quae quasi morsu quodam do- 20
lorem efficiunt, refugio ad te admonendum; quod velim
mihi ignoscas, cuicuimodi est. Etenim habeo non nullos ex
iis quos nunc lectito auctores qui dicant fieri id oportere

---

1 nihil adhuc *OR*: a- n- *Δ*   aptius *ORδ*: peius *M¹d²*   6 marci-
O[?]: marti- *RΔ*   7 a Lat- *Crat.*: alt- *RMdm*: lat- *bs*: a Laterense
mults   torquato *bs*: -tus *ORMdm*   11 ut *Rbm*: et *Mds*   12 enim
ante *s*: a- e- *Ω*   14 fieri *λ*: eteri *Δ codd. Faern. Ant.*: et heri *OR*
15 de *ante* Pansae *add. Wes.* [*post* P- *Graevius*]   16 -onem *Obs*: -one
RMdm Wes.   21 ad *bs Madvig*: a *ΣMdm*   admonendum *Madvig*: -do *Ω*
22 cui cui modi *Z*⁽ᵇ⁾*λ*: cuim- *C*: cuiusm- *Ω*   23 iis *EOMbm*: his *Rds*

quod saepe tecum egi et quod a te approbari volo: de fano
illo dico, de quo tantum quantum me amas velim cogites.
Equidem neque de genere dubito (placet enim mihi Cluati)
neque de re (statutum est enim), de loco non numquam.
5 Velim igitur cogites. Ego, quantum his temporibus tam
eruditis fieri potuerit, profecto illam consecrabo omni genere
monimentorum ab omnium ingeniis sumptorum et Graeco-
rum et Latinorum. Quae res forsitan sit refricatura vulnus
meum. Sed iam quasi voto quodam et promisso me teneri
10 puto, longumque illud tempus cum non ero magis me movet
quam hoc exiguum, quod mihi tamen nimium longum videtur. Habeo enim nihil temptatis rebus omnibus in quo acquiescam. Nam dum illud tractabam de quo ad te ante scripsi,
quasi fovebam dolores meos; nunc omnia respuo, nec quic-
15 quam habeo tolerabilius quam solitudinem; nam, quod eram
veritus, non obturbavit Philippus. Nam ut heri me salutavit,
statim Romam profectus est.

Epistulam quam ad Brutum, ut tibi placuerat, scripsi misi 2
ad te. Curabis cum tua perferendam. Eius tamen misi ad te
20 exemplum, ut, si minus placeret, ne mitteres.

Domestica quod ais ordine administrari, scribes quae sint 3
ea. Quaedam enim exspecto. Cocceius vide ne frustretur.
Nam Libo quod pollicetur, ut Eros scribit, non incertum
puto. De sorte mea Sulpicio confido, et Egnatio scilicet. De
25 Appuleio quid est quod labores, cum sit excusatio facilis?

Tibi ad me venire, ut ostendis, vide ne non sit facile. Est 4
enim longum iter discedentemque te, quod celeriter tibi erit
fortasse faciendum, non sine magno dolore dimittam. Sed
omnia ut voles. Ego enim quicquid feceris id cum recte tum
30 etiam mea causa factum putabo.

---

7 sumpt- $\Sigma\lambda\lambda$: script- Δ 13 ad te ante $E\delta$: ante ad te R: ad te M^1
15 nam $O^1[?]RM^1\lambda$: quam $E\delta$ 23 pollicetur O^2: -eretur $O^1\Delta$ [nam
... pollicetur om. RP]   25 quod $O\delta$: quo RMm^2

XVIII a   *Scr. Asturae iii Id. Mart. an. 45.*

⟨CICERO ATTICO SALVTEM.⟩

1 Heri cum ex aliorum litteris cognossem de Antoni adventu,
admiratus sum nihil esse in tuis. Sed erant pridie fortasse
scriptae quam datae. Neque ista quidem curo; sed tamen 5
opinor propter praedes suos accucurrisse.

2 Quod scribis Terentiam de obsignatoribus mei testamenti
loqui, primum tibi persuade me istaec non curare neque esse
quicquam aut parvae curae aut novae loci. Sed tamen quid
simile? Illa eos non adhibuit quos existimavit quaesituros nisi 10
scissent quid esset. Num id etiam mihi periculi fuit? Sed
tamen faciat illa quod ego. Dabo meum testamentum legendum cui voluerit; intelleget non potuisse honorificentius a
me fieri de nepote quam fecerim. Nam quod non advocavi
ad obsignandum, primum mihi non venit in mentem, deinde 15
ea re non venit, quia nihil attinuit. Tute scis, si modo
meministi, me tibi tum dixisse ut de tuis aliquos adduceres.
Quid enim opus erat multis? Equidem domesticos iusseram.
Tum tibi placuit ut mitterem ad Silium. Inde est natum ut
ad Publilium. Sed necesse neutrum fuit. Hoc tu tractabis ut 20
tibi videbitur.

XIX   *Scr. Asturae prid. Id. Mart. an. 45.*

⟨CICERO ATTICO SALVTEM.⟩

1 Est hic quidem locus amoenus et in mari ipso, qui et Antio
et Circeis aspici possit; sed ineunda nobis ratio est quem ad 25
modum in omni mutatione dominorum, quae innumerabiles

3 *novam ep. constituit Iunius*   cognossem *Σ*: -ovissem *Δ*   6 predes
bs: pedes *ΣMdm*   11 quis *Cλ*   14 alios *ante* adv- *excidisse
suspicatus est Boot*   20 Publilium *nescio quis*: publium *Ω*   25 Circeis
Sal.–Reg.: certis *EOPΔ*: ceteris *Rs*: Cerceis *Sjögren*   26 qu(a)e
O[*?*]*M¹*: qui *ERδ*

fieri possunt in infinita posteritate, si modo haec stabunt,
illud quasi consecratum remanere possit. Equidem iam nihil
egeo vectigalibus et parvo contentus esse possum. Cogito interdum trans Tiberim hortos aliquos parare et quidem ob
5 hanc causam maxime; nihil enim video quod tam celebre
esse possit. Sed quos, coram videbimus, ita tamen ut hac
aestate fanum absolutum sit. Tu tamen cum Apella Chio
confice de columnis.

De Cocceio et Libone quae scribis approbo, maxime quae 2
10 de iudicatu meo. De sponsu, si quid perspexeris; et tamen
quid procuratores Cornifici dicant velim scire, ita ut in ea re
te, cum tam occupatus sis, non multum operae velim ponere.
De Antonio Balbus quoque ad me cum Oppio conscripsit
idque tibi placuisse ne perturbarer. Illis egi gratias. Te tamen,
15 ut iam ante ad te scripsi, scire volo me neque isto nuntio esse
perturbatum nec iam ullo perturbatum iri.

Pansa si hodie, ut putabas, profectus est, posthac iam incipi- 3
to scribere ad me de Bruti adventu quid exspectes, id est quos
ad dies. Id, si scies ubi iam sit, facile coniectura adsequere.
20 Quod ad Tironem de Terentia scribis, obsecro te, mi Attice, 4
suscipe totum negotium. Vides et officium agi meum quoddam, cui tu es conscius, et, ut non nulli putant, Ciceronis
rem. Me quidem id multo magis movet quod mihi est et
sanctius et antiquius, praesertim cum hoc alterum neque
25 sincerum neque firmum putem fore.

XX   *Scr. Asturae Id. Mart. an. 45.*

⟨CICERO ATTICO SALVTEM.⟩

Nondum videris perspicere quam me nec Antonius com- 1
moverit nec quicquam iam eius modi possit commovere.

2 iam *bs* : tam *OMdm* : om. *ER*   6 quos *OM*[1] : h(a)ec *ERδ*   9 qu(a)e
[*post.*] *O*[1]*Rλ* : quod *Δ*   10 de sponsu *Bos.* : desponsus *λ* : responsu *R* :
-um *OPΔ*   13 balbus quoque *OR* : q- b- *Δ*   17 incipito *Man.* : -pio *Ω*

De Terentia autem scripsi ad te eis litteris quas dederam
pridie. Quod me hortaris idque a ceteris desiderari scribis
ut dissimulem me tam graviter dolere, possumne magis quam
quod totos dies consumo in litteris ? Quod etsi non dissimu-
lationis sed potius leniendi et sanandi animi causa facio, 5
tamen si mihi minus proficio, simulationi certe facio satis.

2   Minus multa ad te scripsi, quod exspectabam tuas litteras
ad eas quas ad te pridie dederam. Exspectabam autem maxime
de fano, non nihil etiam de Terentia. Velim me facias certiorem proximis litteris Cn. Caepio, Serviliae Claudi pater, 10
vivone patre suo naufragio perierit an mortuo, item Rutilia
vivone C. Cotta filio suo mortua sit an mortuo. Pertinent ad
eum librum quem de luctu minuendo scripsimus.

XXI   *Scr. Asturae xvi Kal. Apr. an. 45.*

⟨CICERO ATTICO SALVTEM.⟩   15

1   Legi Bruti epistulam eamque tibi remisi, sane non prudenter rescriptam ad ea quae requisieras. Sed ipse viderit.
Quamquam illud turpiter ignorat: Catonem primum sententiam putat de animadversione dixisse, quam omnes ante
dixerant praeter Caesarem, et, cum ipsius Caesaris tam severa 20
fuerit qui tum praetorio loco dixerit, consularium putat
leniores fuisse, Catuli, Servili, Lucullorum, Curionis, Torquati, Lepidi, Gelli, Vulcati, Figuli, Cottae, L. Caesaris, C.
Pisonis, M'. Glabrionis, etiam Silani, Murenae, designatorum
consulum. Cur ergo in sententiam Catonis ? Quia verbis lucu- 25
lentioribus et pluribus rem eandem comprehenderat. Me
autem hic laudat quod rettulerim, non quod patefecerim,
cohortatus sim, quod denique ante quam consulerem ipse

3 quam quod *Ω*: quam *d*: qui *Faërn.*: quam cum *Gronovius*   5 -onis
Pδ: -onis causa *O¹RM¹*   8 ad te *OR*: *om. Δ*   12 pertinet *Iens.*,
fort. recte   17 viderit *OMᶜbs*: -ret *RM¹dm*   24 etiam *ante* M'.
Glab- *Ω*: *transp. Boot*   28 quod *ante* cohortatus *add. Vict.*

iudicaverim. Quae omnia quia Cato laudibus extulerat in caelum perscribendaque censuerat, idcirco in eius senten- tiam est facta discessio. Hic autem se etiam tribuere multum mi putat quod scripserit 'optimum consulem.' Quis enim 5 ieiunius dixit inimicus? Ad cetera vero tibi quem ad modum rescripsit! Tantum rogat de senatu consulto ut corrigas. Hoc quidem fecisset, etiam si ⟨a lib⟩rario admonitus esset. Sed haec iterum ipse viderit.

De hortis, quoniam probas, effice aliquid. Rationes meas **2** 10 nosti. Si vero etiam a Faberio aliquid recedit, nihil negoti est. Sed etiam sine eo posse videor contendere. Venales certe sunt Drusi, fortasse et Lamiani et Cassiani. Sed coram.

De Terentia non possum commodius scribere quam tu **3** scribis. Officium sit nobis antiquissimum. Si quid nos fefel- 15 lerit, illius malo me quam mei paenitere. Oviae Lolli curanda **4** sunt HS c. Negat Eros posse sine me, credo, quod accipienda aliqua sit et danda aestimatio. Vellem tibi dixisset. Si enim res est ut mihi scripsit parata nec in eo ipso mentitur, per te confici potuit. Id cognoscas et conficias velim.

20 Quod me in forum vocas, eo vocas unde etiam bonis meis **5** rebus fugiebam. Quid enim mihi foro sine iudiciis, sine curia, in oculos incurrentibus iis quos animo aequo videre non pos- sum? Quod autem a me homines postulare scribis ✱✱✱ aut

5 ieiunius M^cC: te iunius [un- *d*] *ORM¹dm*: tenvius *bs*   7 si a librario *Koch*: si rario [sir-, syr-] *ORMdm*: si raro *bs*   9 de *O²*: ad *Ω*   (h)ortis *Δ*: -tos *O¹Rs*   10 aliquid rec- *Z^b*: rec- *Ω*: acc- *s*: proc- *Lamb.*: aliquid proc- *Lamb.* (*marg.*): res cedit *Corr.*   negotii est *Δ*: -tii ei est *R*: -tii ei esse *O*   12 Drusi . . . Cassiani *Man.*: drus(a)e pertasse [fort- *bs in marg.*] et tamianit(a)e [tanna- *ds*, cannanice *b*, tam iam te *O¹R*] cassian(a)e *Ω*   fort- etiam *Baiter*   15 Oviae Lolli *scripsi*: oviae [obv- *R*] lolii *OR*: oviace [-te] lolii [lel- *bs*] *Δ*: Oviae C. Lolli(i) *Lamb. et vulg.*   16 Eros *Crat.*: fors *Ω*   19 potuit *δ*: -ui *O¹RM¹* 20 meis rebus *OPMds*: r- m- *ERbm*   21 foro *ORM¹λ*: cum f- *Eδ*   22 animo aequo *Σ*: aeq- an- *Δ*   23 a me hom- *Σ*: hom- a me *Δ*   scribis *Ω*: scribis ut Romae sim neque mihi ut adsim [absim *Iens.*] concedere *P*

133

⟨ali⟩quatenus eos mihi concedere, iam pridem scito esse cum
unum te pluris quam omnis illos putem. Ne me quidem
contemno meoque iudicio multo stare malo quam omnium
reliquorum. Neque tamen progredior longius quam mihi
doctissimi homines concedunt; quorum scripta omnia quae- 5
cumque sunt in eam sententiam non legi solum, quod ipsum
erat fortis aegroti, accipere medicinam, sed in mea etiam
scripta transtuli, quod certe adflicti et fracti animi non fuit.
Ab his me remediis noli in istam turbam vocare, ne recidam.

XXII   *Scr. Asturae xv Kal. Apr. an. 45.*   10

⟨CICERO ATTICO SALVTEM.⟩

1   De Terentia quod mihi omne onus imponis, non cognosco
tuam in me indulgentiam. Ista enim sunt ipsa vulnera quae
non possum tractare sine maximo gemitu. Moderare igitur,
quaeso, ut potes. Neque enim a te plus quam potes postulo. 15
2 Potes autem quid veri sit perspicere tu unus. De Rutilia
quoniam videris dubitare, scribes ad me cum scies, sed quam
primum, et num Clodia D. Bruto consulari, filio suo, mortuo
vixerit. Id de Marcello aut certe de Postumia sciri potest,
illud autem de M. Cotta aut de Syro aut de Satyro.   20
3   De hortis etiam atque etiam te rogo. Omnibus meis eorum-
que quos scio mihi non defuturos facultatibus (sed potero
meis) enitendum mihi est. Sunt etiam quae vendere facile
possim. Sed ut non vendam eique usuram pendam a quo
emero non plus annum, possum adsequi quod volo, si tu 25
me adiuvas. Paratissimi sunt Drusi; cupit enim vendere.
Proximos puto Lamiae; sed abest. Tu tamen, si quid potes,
odorare. Ne Silius quidem quicquam utitur, et is usuris

---

1 aliquatenus *anon. ap. Lamb.*: quat- Ω: quadamt- *Lamb.*   18 et num
M¹ cod. Ant.: num *Σδ*   19 sciri *ERδ*: -re *OM¹*   21 te *Zᵇ*: *om.* Ω
25 annua *cod. Ball.*   26 Drusi *Man.*: -ia Ω: -iani *Orelli*   27 sed δ: est sed
ORM¹: esse sed *Sjögren*   28 et is *Lipsius*: et iis [hiis, his] Ω: suis, et is *Wes.*

facillime sustentabitur. Habe tuum negotium, nec quid res
mea familiaris postulet, quam ego non curo, sed quid velim et
cur velim existima.

XXIII   *Scr. Asturae xiv Kal. Apr. an. 45.*

5   ⟨CICERO ATTICO SALVTEM.⟩

Putaram te aliquid novi, quod eius modi fuerat initium 1
litterarum, quamvis non curarem quid in Hispania fieret,
tamen te scripturum; sed videlicet meis litteris respondisti,
ut de foro et de curia. Sed domus est, ut ais, forum. Quid ipsa
10 domo mihi opus est carenti foro? Occidimus, occidimus,
Attice, iam pridem nos quidem, sed nunc fatemur, postea
quam unum quo tenebamur amisimus. Itaque solitudines
sequor, et tamen, si qua me res isto adduxerit, enitar, si quo
modo potero (potero autem), ut praeter te nemo dolorem
15 meum sentiat, si ullo modo poterit, ne tu quidem. Atque
etiam illa causa est non veniendi. Meministi quid ex te
Aledius quaesierit. Qui etiam nunc molesti sunt, quid existimas, si venero?

De Terentia ita cura ut scribis, meque hac ad maximas 2
20 aegritudines accessione non maxima libera. Et ut scias me ita
dolere ut non iaceam: quibus consulibus Carneades et ea
legatio Romam venerit scriptum est in tuo annali. Haec nunc
quaero, quae causa fuerit—de Oropo, opinor, sed certum
nescio; et, si ita est, quae controversiae. Praeterea, qui eo
25 tempore nobilis Epicureus fuerit Athenisque praefuerit hortis,
qui etiam Athenis πολιτικοί fuerint inlustres. Quae te etiam
ex Apollodori puto posse invenire.

1 tuum] tu *Corr.*   2 et cur velim $Z^b\lambda$: *om.* Ω 12 -dines $Z^{(b)}\lambda$:
-dinem Ω 13 abduxerit *Iens.*   14 te *Man.*: me Ω 15 ⟨ut⟩ ne *Wes.*
16 illa] alia *Boot*   17 aled- κ: ated- Ω qui *Wes.*: quin Ω 20 non
del. Corr.: nunc *Bos.*   maxima Ω: minima *Ascensius in marg., fort. recte*
21 iaceam *Vict.*: ta- $\Omega\lambda$ 22 h(a)ec ΣMds: hoc *bm*   25 epicureus ΣC:
-rus Δ 26 qu(a)e te $RZ^{\beta(b)}\lambda$: qu(a)e Δ 27 invenire $\Omega Z^{(b)}$: -ri PZ^β

3 De Attica molestum, sed quoniam leviter, recte esse confido. De Gamala dubium non mihi erat. Vnde enim tam felix
Ligus pater ? Nam quid de me dicam, cui ut omnia contingant
quae volo, levari non possum ?

De Drusi hortis, quanti licuisse tu scribis, id ego quoque 5
audieram et, ut opinor, heri ad te scripseram; sed quanti
quanti bene. emitur quod necesse est. Mihi, quoquo modo
tu existimas (scio enim ego ipse quid de me existimem), levatio quaedam est, si minus doloris at offici debiti.

Ad Siccam scripsi, quod utitur L. Cotta. Si nihil con- 10
ficietur de Transtiberinis, habet in Ostiensi Cotta celeber-
rimo loco sed pusillum loci, ad hanc rem tamen plus etiam
quam satis. Id velim cogites. Nec tamen ista pretia hortorum
pertimueris. Nec mihi argento iam nec veste opus est nec
quibus ⟨quon⟩dam amoenis locis; hoc opus est. Video etiam 15
a quibus adiuvari possim. Sed loquere cum Silio; nihil enim
est melius. Mandavi etiam Siccae. Rescripsit constitutum se
cum eo habere. Scribet igitur ad me quid egerit, et tu
videbis.

XXIV   *Scr. Asturae xiii Kal. Apr. an. 45.*   20

⟨CICERO ATTICO SALVTEM.⟩

1 Bene facit †asyllius† qui transegerit. Neque enim ei deesse
volebam et quid possem timebam. De Ovia confice, ut scribis.
De Cicerone tempus esse iam videtur; sed quaero, quod illi

2 gamala *CZ*b*λ*: magala *RΔ* [-lia *R*]: meg- *O*   mihi non *Rom.*
3 *post* pater *aliquid excidisse suspicor*   5 scribis *Pds*: -bes *ORMbm*
9 at officii *bmsC*. adf- *M*: affici *Rd*   10 conficietur *Pius*: -ceretur *Ω*
11 habet *Vict.*: habes .T. *Ω*   13 quam *O*¹*RCZ*b: *om. Δ*   14 argento
iam *Σ*: i- a- *Δ*   15 quibus ⟨quon⟩dam *scripsi*: quibusdam *Ω*: -squam
Lamb.: quibus ⟨gaude⟩bam *Castiglioni*   18 scribet *Rom.*: -bit *Ω*: -be *s*
tu *R*: cui *Δ*: ut tu *Z*β(b)   22 asyllius *OΔ*: asilius *R*: A. Silius *Rom.*
ei *bs*: et *O*[?]*RMdm*   23 confice *Pbs*: cemf- *RMdm*   24 quod
Man.: quid *Ω*   illi opus erit *ERδ*: o- e- i- *O*: o- i- erat *M*¹

opus erit, Athenis permutarine possit an ipsi ferendum sit, de
totaque re quem ad modum et quando placeat velim consideres. Publilius iturusne sɪt ɪn Africam et quando ex Aledio
scire poteris. Quaeras et ad me scribas velim. Et ut ad meas 2
5 ineptias redeam, velim me certiorem facias P. Crassus, Venuleiae filius, vivone P. Crasso consulari, patre suo, mortuus sit,
ut ego meminisse videor, an postea. Item quaero de Regillo,
Lepidi filio, rectene meminerim patre vivo mortuum. Cispi- 3
ana explicabis itemque Preciana. De Attica optime. Et ei
10 salutem dices et Piliae.

XXV   *Scr. Asturae xii Kal. Apr. an. 45.*

⟨CICERO ATTICO SALVTEM.⟩

Scripsit ad me diligenter Sicca de Silio, seque ad te rem 1
detulisse; quod tu idem scribis. Mihi et res et condicio
15 placet, sed ita ut numerato malim quam aestimatione. Volu-
ptarias enim possessiones nolet Silius; vectigalibus autem ut
his possum esse contentus quae habeo, sic vix minoribus.
Vnde ergo numerato? HS D̄C̄ exprimes ab Hermogene, cum
praesertim necesse erit; et domi video esse HS D̄C̄. Reliquae
20 pecuniae vel usuram Silio pendemus, dum a Faberio vel
[cum] aliquo qui Faberio debet repraesentabimus. Erit etiam
aliquid alicunde. Sed totam rem tu gubernabis. Drusianis 2
vero hortis multo antepono neque sunt umquam comparati.
Mihi crede, una me causa movet, in qua scio me τετυφῶσθαι.
25 Sed, ut facis, obsequere huic errori meo. Nam quod scribis
"ἐγγήραμα", actum iam de isto est; alia magis quaero.

3 Publil- *Bos.*: publ- Ω   aled- *O²PMᶜ*: aied- *O¹RM¹m*: ated- *bs*:
aed- *d*   5 venuleiae *cod. Ball.*: vinuli(a)e [vimil-, lumil-] *ERΔC*:
-leae *O¹*   7 postea [-eae *R*] *Σ*: post *Δ*   9 et ei *Man.*: id ei
[id *ante* opt- *R*] *ΩZ⁽ᵇ⁾*: eidem *s*   17 his *Δ*: iis *ORb*   20 vel *del.*
Kayser   21 cum *seclusi*: ab *Pius*   22 drusianis δ: druanis *O¹RM¹*
23 multo ⟨hos⟩ *Lamb.*   comparati *Man.*: -ta Ω   24 scio *O²bms*:
socio *O¹RMd*

XXVI   *Scr. Asturae xi Kal. Apr. an. 45.*

⟨CICERO ATTICO SALVTEM.⟩

1 Sicca, ut scribit, etiam si nihil confecerit cum Silio, tamen se scribit x Kal. esse venturum. Tuis occupationibus ignosco, eaeque mihi sunt notae. De voluntate tua ut simul simus, 5 2 vel studio potius et cupiditate, non dubito. De Nicia quod scribis, si ita me haberem ut eius humanitate frui possem, in primis vellem mecum illum habere. Sed mihi solitudo et recessus provincia est. Quod quia facile ferebat Sicca, eo magis illum desidero. Praeterea nosti Niciae nostri imbecilli- 10 tatem, mollitiam, consuetudinem victus. Cur ego illi molestus esse velim, cum mihi ille iucundus esse non possit? Voluntas tamen eius mihi grata est. Vnam rem ad me scripsisti de qua decrevi nihil tibi rescribere. Spero enim me a te impetrasse ut privares me ista molestia. Piliae et Atticae salutem.   15

XXVII   *Scr. Asturae x Kal. Apr. an. 45.*

⟨CICERO ATTICO SALVTEM.⟩

1 De Siliano negotio, etsi mihi non est ignota condicio, ta- men hodie me ex Sicca arbitror omnia cogniturum. Cottae quod negas te nosse, ultra Silianam villam est, quam puto tibi 20 notam esse, villula sordida et valde pusilla, nil agri, ad nul- lam rem loci satis nisi ad eam quam quaero. Sequor celebri- tatem. Sed si perficitur de hortis Sili, hoc est, si perficis (est enim totum positum in te), nihil est scilicet quod de Cotta cogitemus.   25

3 ut scr- *secl. Baiter*   Silio *scripsi*: agidio *RΔλ*: A. Silio *Vict.*   4 tuis *ER8Z*: cuius *M*¹   5 volunt- *s*: volupt- *Ω*   8 vellem mecum illum *EP Suetonius, de gramm. 14*: v- i- m- [meum *M*¹] *OΔ*: m- v- i- R   11 ego *Iens. Rom.*: ergo *Ω Suet.*   12 esse [*prius*] κ *Suet.*: om. *Ω*   19 cott(a)e [coct-] *O*¹*RCZ*ᵇ: certe *Δ*   20 nosse *bm*²*sZ*ᵇλ: non se *O*¹*RMdm*¹   21 ad nullam *Rom.*: an ul- *M*¹*dm*¹: a nul- *R*: ad ul- *M*ᶜ*bm*²*sZ*ᵇλ   22 nisi *Wes.*: nihil *Ω*: nihi *Sal.–Reg.*   24 Cottae *Mueller*

De Cicerone, ut scribis ita faciam; ipsi permittam de **2** tempore. Nummorum quantum opus erit ut permutetur tu videbis. Ex Aledio quod scribas si quid inveneris, scribes. Et ego ex tuis animadverto litteris et profecto tu ex meis nihil 5 habere nos quod scribamus: eadem cotidie, quae iam iamque ipsa contrita sunt. Tamen facere non possum quin cotidie ad te mittam ut tuas accipiam. De Bruto tamen, si quid **3** habebis. Sciri enim iam puto ubi Pansam exspectet. Si, ut consuetudo est, in prima provincia, circiter Kalendas adfu- 10 turus videtur. Vellem tardius; valde enim urbem fugio mul- tas ob causas. Itaque id ipsum dubito an excusationem aliquam ad illum parem; quod quidem video facile esse. Sed habemus satis temporis ad cogitandum. Piliae, Atticae salutem.

15 **XXVIII**   *Scr. Asturae ix Kal. Apr. an. 45.*

⟨CICERO ATTICO SALVTEM.⟩

De Silio nilo plura cognovi ex praesente Sicca quam ex **1** litteris eius. Scripserat enim diligenter. Si igitur tu illum conveneris, scribes ad me si quid videbitur. De quo putas ad 20 me missum esse, sit missum necne nescio; dictum quidem mihi certe nihil est. Tu igitur, ut coepisti; et si quid ita conficies, quod quidem non arbitror fieri posse, ut illi pro- betur, Ciceronem, si tibi placebit, adhibebis. Eius aliquid interest videri illius causa voluisse, mea quidem nihil nisi 25 quod tu scis, quod ego magni aestimo.

3 atedio κ   scribas *Wes.*: -bis Ω   8 sciri *Baiter*: -re Ω: -re te *Wes.* 10 valde . . . ad me scribes [*p.* 143. 14] *desunt in RP*   12 illum *Vict.*: silium OΔ   video δ: id- O¹M¹   13 et atticae O   17 nilo M¹*m*λ: nil M*ᶜd*: multo *bs*   18 eius O¹Z⁽ᵇ⁾: tuis Δ   20 nescio O¹C: scio Δ 21 est. tu igitur O¹[ʔ]C: extinguitur [est- O²] Δ   22 quidem non O[ʔ]Δ: eq- non *Man.*: non eq- *Iens.*   25 magni O¹λ *cod. Faërn.*: *om.* Δ

2 Quod me ad meam consuetudinem revocas, fuit meum
quidem iam pridem rem publicam lugere, quod faciebam,
sed mitius; erat enim ubi acquiescerem. Nunc plane non
ego victum nec vitam illam colere possum, nec in ea re quid
aliis videatur mihi puto curandum; mea mihi conscientia 5
pluris est quam omnium sermo. Quod me ipse per litteras
consolatus sum, non paenitet me quantum profecerim. Mae-
rorem minui, dolorem nec potui nec, si possem, vellem.

3 De Triario bene interpretaris voluntatem meam. Tu vero
nihil nisi ut illi volent. Amo illum mortuum, tutor sum libe- 10
ris, totam domum diligo. De Castriciano negotio, si Castri-
cius pro mancipiis pecuniam accipere volet eamque ei solvi
ut nunc solvitur, certe nihil est commodius. Sin autem ita
actum est ut ipsa mancipia abduceret, non mihi videtur esse
aequum (rogas enim me ut tibi scribam quid mihi videatur; 15
nolo enim negoti Quintum fratrem quicquam habere); quod
videor mihi intellexisse tibi videri idem. Publilius, si aequinoctium exspectat, ut scribis Aledium dicere, navigaturus videtur. Mihi autem dixerat per Siciliam. Vtrum et quando velim
scire. Et velim aliquando, cum erit tuum commodum, Len- 20
tulum puerum visas eique de mancipiis quae tibi videbitur
attribuas. Piliae, Atticae salutem.

---

1 me ad meam *Lamb.*: in eam M^1 *in fine versus, del. et* meam *add. in
marg.* M^2: in ea O: me ad δ [*post* meam *in marg.* M^2]: meam m^2
2 lugere *CZ*: leg- $O^1[ᵖ]M^1$: reg- [eg- *d*] δ   3 mitius erat *Bos.*: intus e-
$OM^1Z^bλ$: inter e- M^2: intere- δ   non λ: nec Ω   4 in *om.* O
5 aliis δ: *om.* O^1M^1 6 omnium *OMds*: hominum *bm*   9 triario *bs*:
riario *OMdm*   volunt- M^cs: volupt- Δ   12 pro mancupiis *Cλ*: romam
cupit is *O*Δ   ei *O*Δ: eis λ: sibi κ: pro eis *Lamb.*: sic *Wes.*: ita *Tyrrell*:
ei *post* solvi *transp. Baiter* [*post* ut *mallem*]: *del. alii*   13 ita] *anne* id?
16 nolo . . . habere *in parenthesi posui*   17 Publilius *Bos.*: publius *O*Δ
18 Aledium dicere *Lamb.*: ated- d- *bs*: a te diu inducere *Mdm*

XXIX   *Scr. Asturae viii Kal. Apr. an. 45.*

⟨CICERO ATTICO SALVTEM.⟩

Silius, ut scribis, hodie. Cras igitur eum vel potius cum **1**
poteris; scribes, si quid erit cum videris. Nec ego Brutum
5 vito nec tamen ab eo levationem ullam exspecto; sed erant
causae cur hoc tempore istic esse nollem. Quae si manebunt,
quaerenda erit excusatio ad Brutum et, ut nunc est, man-
surae videntur.

De hortis, quaeso, explica. Caput illud est quod scis. **2**
10 Sequitur ut etiam mihi ipsi quiddam opus sit; nec enim esse
in turba possum nec a vobis abesse. Huic meo consilio nihil
reperio isto loco aptius. Et de hac re quid tui consili sit:
mihi persuasum est, et eo magis quod idem tibi intellexi
videri, me ab Oppio et Balbo valde diligi. †Si† cum iis com-
15 munices quanto opere et qua re velim hortos; sed id ita posse,
si expediatur illud Faberianum; sintne igitur auctores futuri.
Si qua etiam iactura facienda sit in repraesentando, quoad
possunt adducito; totum enim illud desperatum. Denique
intelleges ecquid inclinent ad hoc meum consilium adiuvan-
20 dum. Si quid erit, magnum est adiumentum; si minus, quacumque ratione contendamus. Vel tu illud ἐγγήραμα, quem
ad modum scripsisti, vel ἐντάφιον putato. De illo Ostiensi
nihil est cogitandum. Si hoc non adsequimur (a Lamia non
puto posse), Damasippi experiendum est.

3 eum *OZ*ᵝλ: cum *Md*: *om. bms*   10 quiddam *C*: quod- *OΔ*   12 *post*
aptius *plenius interpunxi* [*sic etiam Sal.–Reg. sed et om.*]   velim scire *vel*
sim. post re *perisse putavit Mueller   post* sit *vulgo plene interpungitur*
13 tibi int- *Oλ*: i- t- *Δ*   14 si *O*¹*Z*⁽ᵇ⁾ [*vel sic aut* sit] λ: *om. Δ*: fac *seu*
velim *Mueller*: malim ⟨quid⟩ si   iis *OM*: his δ   15 id *OM*: *om.* δ
16 sintne *CZ*ᵝλ: sint *O*¹: sin *O*²*Δ*   au(c)tores *O*¹*C*λ: -or es *O*²*M*: -or est δ
17 quoad possunt *Z*ᵝ: quod possum *OΔ*   18 adducito. totum *Scbütz*:
-ci totum *O*¹[ᵖ]*Z*ᵝ: -cito tum *Δ*   19 ecquid *Z*ᵝ: et quid [*more suo*] *OΔ*
21 vel tu *Scbütz*: vetus *O*²*Δ*

141

XXX   *Scr. Asturae vi Kal. Apr. an. 45.*

⟨CICERO ATTICO SALVTEM.⟩

1 Quaero quid ad te scribam, sed nihil est: eadem cotidie.
Quod Lentulum invisis valde gratum. Pueros attribue ei
quot et quos videbitur. De Sili voluntate vendendi et de eo, 5
quanti, tu vereri videris, primum ne nolit, deinde ne tanti.
Sicca aliter; sed tibi adsentior. Qua re, ut ei placuit, scripsi
ad Egnatium. Quod †salas† te cum Clodio loqui vult, potes
id mea voluntate facere commodiusque est quam quod ille
2 a me petit, me ipsum scribere ad Clodium. De mancipiis 10
Castricianis commodissimum esse credo transigere Egnatium,
quod scribis te ita futurum putare. Cum Ovia, quaeso, vide
ut conficiatur. Quoniam, ut scribis, nox erat, in hodierna
epistula plura exspecto.

XXXI   *Scr. Asturae iv Kal. Apr. an. 45.*   15

⟨CICERO ATTICO SALVTEM.⟩

1 Silium mutasse sententiam Sicca mirabatur. Equidem
magis miror quod, cum in filium causam conferret quae mihi
non iniusta videtur (habet enim qualem vult), ais te putare,
si addiderimus aliud, a quo refugit cum ab ipso id fuerit 20
2 destinatum, venditurum. Quaeris a me quod summum pretium constituam et quantum anteire istos hortos Drusi.
Accessi numquam; Coponianam villam et veterem ⟨et⟩ non
magnam novi, silvam nobilem, fructum autem neutrius, quod

---

3 quod *Wes.*   4 quod δ: quo *OM*¹   5 volunt- *bds*: volupt-
OMmλ   8 salas *O*[ꝑ]*M*¹*d*: silius *M*ᶜ*bms*   potes *Rom.*: -est *OΔ*
9 volunt- *bs*: volupt- *OMdmλ*   12 vide *Z*ᵝλ: qui de *Z*ˡ, *ut vid.*:
quidem *OΔ*   19 qualem *Sal.–Reg.*: -le *Δ*   20 refugit *scripsi* [*quod
etiam ap. Graevium inter varias lectiones excusum inveni, fort. errore*]: -giat
OΔ   fuerit *C*: fieret *OΔλ*   23 accessi *O*ˡ*sC*: arc- *Δ*   et vet-
⟨et⟩ *Man.*: et vet- *OΔ*: vet- et *Iens.*

tamen puto nos scire oportere. Sed mihi utrivis istorum
tempore magis meo quam ratione aestimandi sunt. Possim
autem adsequi necne tu velim cogites. Si enim Faberianum
venderem, explicare vel repraesentatione non dubitarem de
5 Silianis, si modo adduceretur ut venderet. Si venalis non
haberet, transirem ad Drusum vel tanti quanti Egnatius illum velle tibi dixit. Magno etiam adiumento nobis Hermogenes potest esse in repraesentando. At tu concede mihi,
quaeso, ut eo animo sim quo is debeat esse qui emere cupiat;
10 et tamen ita servio cupiditati et dolori meo ut a te regi velim.

XXXII   *Scr. Asturae v Kal. Apr. an. 45.*

⟨CICERO ATTICO SALVTEM.⟩

Egnatius mihi scripsit. Is si quid tecum locutus erit (com- **1**
modissime enim per eum agi potest) ad me scribes, et id (xxxi.3)
15 agendum puto. Nam cum Silio non video confici posse. Piliae
et Atticae salutem.

Haec ad te mea manu. Vide, quaeso, quid agendum sit. **2**
Publilia ad me scripsit matrem suam, cum Publilio ⟨locutam (xxxii. 1)
et mecum ut⟩ loqueretur ad me cum illo venturam et se una,
20 si ego paterer. Orat multis et supplicibus verbis ut liceat et ut
sibi rescribam. Res quam molesta sit vides. Rescripsi me etiam
gravius esse adfectum quam tum cum illi dixissem me solum
esse velle; qua re nolle me hoc tempore eam ad me venire.
Putabam si nihil rescripsissem illam cum matre venturam;

1 utrivis $Z^b\lambda\kappa$: utrius $O\Delta$ 2 possim O^1m: -sum Δ 3 faber-
b: fabr- $O\Delta$ 4 -tione *Sal.-Reg.*: -tionem $O\Delta$ 8 at tu $Z^{(b)}$: aut $O\Delta\lambda$
cod. Faërn.   10 ita C: om. Δ: vel O^2 servio M^cdsC: -iat O^2M^1bm
13 *hinc novam ep. incipiendam monuit Schiche*   14 agi . . . et [agi dum
p- O] OM^cbs: agi . . . et id agi dum p- ad me s- et M^1dm [*sed* ad me s-
ante et id *bis* M^1]   18 publilia M: publia $OR\delta$ locutam . . . ut
addidi   publilio $OMdZ^l$: publio $R\delta$ 19 loqueretur ΩCZ^l: ut loquerer
Rom.   21 me] mi *Orelli*   22 adfectum O^1R: om. Δ *Orelli*   23 nolle
me *Vict.*: nole me $O^1[^?]R$: nollem me M: nolem me O^2: nollem δ

nunc non puto. Apparebat enim illas litteras non esse ipsius.
Illud autem quod fore video ipsum volo vitare ne illi ad me
veniant, et una est vitatio ut ego ⟨evolem⟩. Nollem, sed
necesse est. Te hoc nunc rogo ut explores ad quam diem hic
ita possim esse ut ne opprimar. Ages, ut scribis, temperate.   5

3 (2)   Ciceroni velim hoc proponas, ita tamen, si tibi non iniquum videbitur, ut sumptus huius peregrinationis, quibus, si
Romae esset domumque conduceret, quod facere cogitabat,
facile contentus futurus erat, accommodet ad mercedes Argi-
leti et Aventini, et cum ei proposueris, ipse velim reliqua 10
moderere quem ad modum ex iis mercedibus suppeditemus
ei quod opus sit. Praestabo nec Bibulum nec Acidinum nec
Messallam, quos Athenis futuros audio, maiores sumptus
facturos quam quod ex eis mercedibus recipietur. Itaque
velim videas primum conductores qui sint et quanti, deinde 15
ut sint qui ad diem solvant, et quid viatici, quid instrumenti
satis sit. Iumento certe Athenis nihil opus sit. Quibus autem
in via utatur domi sunt plura quam opus erat, quod etiam
tu animadvertis.

XXXIII   *Scr. Asturae vii Kal. Apr. an. 45.*   20

⟨CICERO ATTICO SALVTEM.⟩

1   Ego, ut heri ad te scripsi, si et Silius is fuerit quem tu
putas nec Drusus facilem se praebuerit, Damasippum velim
adgrediare. Is, opinor, ita partis fecit in ripa nescio quote-
norum iugerum ut certa pretia constitueret; quae mihi nota 25
non sunt. Scribes ad me igitur quicquid egeris.

1 esse ipsius $Z^b\lambda$: i- e- *OR*: illius e- *Δ*   2 illi *R*: ill(a)e *Δ*   3 visitatio
C   evolem *addidi, duce Madvig* [avolem]   4 ad quam *RC*: aliq- *Δ*
7 quibus . . . futurus erat *post* Aventini [*v.* 10] *transp. Madvig, fort.
recte*   11 iis *OM*: his *Rδ*   16 ut sint . . . solvant *Lamb.*: ut sit . . .
solvat *Ω*   17 sit *Ω*: est *nescio quis*: erit *Wes.*   18 via *Pius*: illa *M¹*:
villa *ORδ*   19 -vertas *O¹*: -vertes *Wes.*   22 ut heri *Rom.*: veteri *Ω*: vereris

Vehementer me sollicitat Atticae nostrae valetudo, ut **2** verear etiam ne quae culpa sit. Sed et paedagogi probitas et medici adsiduitas et tota domus in omni genere diligens me rursus id suspicari vetat. Cura igitur; plura enim non 5 possum.

XXXIV   *Scr. Asturae iii Kal. Apr. an. 45.*

⟨CICERO ATTICO SALVTEM.⟩

Ego hic vel sine Sicca (Tironi enim melius est) facillime **1** possem esse, ut in malis, sed, cum scribas videndum mihi 10 esse ne opprimar, ex quo intellegam te certum diem illius profectionis non habere, putavi esse commodius me istuc venire; quod idem video tibi placere. Cras igitur in Siccae suburbano. Inde, quem ad modum suades, puto me in Ficulensi fore. Quibus de rebus ad me scripsisti, quoniam ipse **2** 15 venio, coram videbimus. Tuam quidem et ⟨in⟩ agendis nostris rebus et in consiliis ineundis mihique dandis in ipsis litteris quas mittis benevolentiam, diligentiam, prudentiam mirifice diligo.

Tu tamen si quid cum Silio, vel illo ipso die quo ad Siccam **3** 20 venturus ero, certiorem me velim facias, et maxime cuius loci (xxxv. 1) detractionem fieri velit. Quod enim scribis 'extremi,' vide ne is ipse locus sit cuius causa de tota re, ut scis, est a nobis cogitatum. Hirti epistulam tibi misi et recentem et benevole scriptam.

4 ᵃcura *Vict.*: curịtuṛ *M*: curi *d*: cur *ORbms*   10 intelligo *Faërn.*: -gebam *Orelli*   certum diem [certitudinem *M*¹] i- p- *RM*¹λ: c- i- p- d-δ   15 et in *P*: et *Ω*   16 ineundis *s*: non eundis *Ω*: eundis *P* 19 tu tamen . . . scriptam *huic ep. adnexuit Schütz*   vel illo *Vict.*: vello *O*¹[?]*RM*¹: vel eo *P*: volo [-llo *O*²] δ   21 extremo κ   22 de tota re *Iens.*: deiot(h)are *Ω*

XXXV *Scr. Asturam ex praedio Attici iter faciens Kal. aut vi Non. Mai. an. 45.*

⟨CICERO ATTICO SALVTEM.⟩

(2)   Ante quam a te proxime discessi, numquam mihi venit in mentem, quo plus insumptum in monimentum esset quam 5 nescio quid quod lege conceditur, tantundem populo dandum esse. Quod non magno opere moveret, nisi nescio quo modo, ἀλόγως fortasse, nollem illud ullo nomine nisi fani appellari. Quod si volumus, vereor ne adsequi non possimus nisi mutato loco. Hoc quale sit, quaeso, considera. Nam etsi 10 minus urgeor meque ipse prope modum conlegi, tamen indigeo tui consili. Itaque te vehementer etiam atque etiam rogo, magis quam a me vis aut pateris te rogari, ut hanc cogitationem toto pectore amplectare.

XXXVI   *Scr. Asturae v Non. Mai. an. 45.*   15

⟨CICERO ATTICO SALVTEM.⟩

1   Fanum fieri volo, neque hoc mihi ⟨dis⟩suaderi potest. Sepulcri similitudinem effugere non tam propter poenam legis studeo quam ut maxime adsequar ἀποθέωσιν. Quod poteram, si in ipsa villa facerem; sed, ut saepe locuti sumus, 20 commutationes dominorum reformido. In agro ubicumque fecero, mihi videor adsequi posse ut posteritas habeat religionem. Hae meae tibi ineptiae (fateor enim) ferendae sunt; nam habeo ne me quidem ipsum quicum tam audacter communicem quam te. Sin tibi res, si locus, si institutum 25

4 a te $Z^b\lambda$: *om.* Ω 7 non ΩC: me *Iens.* (*post* opere *add. Wes.*) 11 collegi: O^2bms: -ligi $M^c d$: -legis $O^1 M^1$: -ligis R 17 dissuaderi *Lamb.*: suaderi $Z^{(b)}\lambda$: erui $R\delta$: eri $O^1[r]M^1$: exui *anon. ap. Lamb.*: eripi *Ernesti*   19 legis quia epistolam legis [*ex* misi, *ut vid.*] studeo O: l- q- e- *RP, quae sequuntur usque ad* misi [*p.* 147. 17] *omissis* 25 quam te *Vict.*: quant(a)e $O\Delta$: quam tecum *Corr.*

placet, lege, quaeso, legem mihique eam mitte. Si quid in
mentem veniet quo modo eam effugere possimus, utemur.

Ad Brutum si quid scribes, nisi alienum putabis, obiur- 2
gato eum quod in Cumano esse noluerit propter eam causam
5 quam tibi dixi. Cogitanti enim mihi nihil tam videtur potuisse
facere rustice. Et si tibi placebit sic agere de fano ut coepi-
mus, velim cohortere et exacuas Cluatium. Nam etiam si alio
loco placebit, illius nobis opera consilioque utendum puto.
Tu ad villam fortasse cras.

10 **XXXVII**   *Scr. Asturae iv Non. Mai. an. 45.*

⟨CICERO ATTICO SALVTEM.⟩

A te heri duas epistulas accepi, alteram pridie datam 1
Hilaro, alteram eodem die [a] tabellario, accepique ab Aegypta liberto eodem die Piliam et Atticam plane belle se habere.
15 Quod mihi Bruti litteras, gratum. Ad me quoque misit; quae
litterae mihi redditae sunt tertio decimo die. Eam ipsam ad
te epistulam misi et ad eam exemplum mearum litterarum.

De fano, si nihil mihi hortorum invenis, ⟨qui⟩ quidem tibi 2
inveniendi sunt si me tanti facis quanti certe facis, valde
20 probo rationem tuam de Tusculano. Quamvis prudens ad
cogitandum sis, sicut es, tamen, nisi magnae curae tibi esset
ut ego consequerer id quod magno opere vellem, numquam
ea res tibi tam belle in mentem venire potuisset. Sed nescio
quo pacto celebritatem requiro; itaque hortos mihi conficias
25 necesse est. Maxima est in Scapulae celebritas, propinquitas
praeterea urbis, ne totum diem in villa. Qua re ante quam
discedis, Othonem, si Romae est, convenias pervelim. Si

5 dixi *OΔ*: dixit *Lamb.* (*marg.*)   12 accepi *ObmsCZ*: recepi *Md*   13 eodem *Os*: in eodem *Δ*   a *del. nescio quis*   a t- accepi *om. O*   14 liberto
Z[b]: .l. [.L.] *OΔZ*[l]   habere δ: -ret *OM*[1]   15 quae [tuae] . . . die
post habere *OΔ*: *transp. Schütz*   quae *Z*[l] [*ed. prima*]: hae *Z*[l] [*ed. alt.*]
Z[b]: tu(a)e *O*[2]*Δ*   18 qui *add. Vict.*   26 urbis *Fr. Schmidt*: ubi
sis *Ω* villa *Man.*: -am *Ω*

nihil erit, etsi tu meam stultitiam consuesti ferre, eo tamen
progrediar ut stomachere. Drusus enim certe vendere vult.
Si ergo aliud deerit, non mea erit culpa si emero. Qua in re
ne labar, quaeso, provide. Providendi autem una ratio est si
quid de Scapulanis possumus. Et velim me certiorem facias 5
quam diu in suburbano sis futurus.

3   Apud Terentiam ⟨tam⟩ gratia opus est nobis tua quam
auctoritate. Sed facies ut videbitur. Scio enim si quid mea
intersit tibi maiori curae solere esse quam mihi.

XXXVII a   *Scr. Asturae iii Non. Mai. an. 45.*   10

⟨CICERO ATTICO SALVTEM.⟩

(4)   Hirtius ad me scripsit Sex. Pompeium Corduba exisse et
fugisse in Hispaniam citeriorem, Gnaeum fugisse nescio quo;
neque enim curo. Nihil praeterea novi. Litteras Narbone
dedit xiiii Kal. Mai. Tu mihi de Canini naufragio quasi dubia 15
misisti. Scribes igitur si quid erit certius. Quod me a maestitia
avocas, multum levaris si locum fano dederis. Multa mihi εἰς
ἀποθέωσιν in mentem veniunt, sed loco valde opus est. Qua re
etiam Othonem vide.

XXXVIII   *Scr. Asturae prid. Non. Mai. an. 45.*   20

⟨CICERO ATTICO SALVTEM.⟩

1   Non dubito quin occupatissimus fueris qui ad me nihil
litterarum; sed homo nequam, qui tuum commodum non

2 ut stomachere [-chare *bs*] *ORδ*: uti st- *Z*[(b)]λ: ut in isto machere *M*[1]: ut
mihi [mi *Vict.*] stom. *anon. ap. Corr.*, *fort. recte*   3 deerit . . . si
scripsi: erit . . . nisi *Ω*   7 tam *add. Boot* [*nescio an melius* non tam]
tua quam *ORMd*: tua que *bm*: tuaque *s*: tua tuaque *Z*[(b)]   12 *novam
ep. ante Schmidt fecerunt codd. Palatini teste Graevio*   16 scribes *Orelli*:
-bis *O*[1]*R*: -bas *Δ*   17 avocas *Vict.*: vocas *Ω*   levaris *C*: proficies
Rom.: om. *Ω*   fano *P*: lano *Δ*: vallo *R*   19 etiam ⟨atque etiam⟩
Koch   22 occupat- *O*[2]*bs*: (h)oc cum dat- *Mdm*: iocundat- *R*

exspectaret, cum ob eam unam causam missus esset. Nunc
quidem, nisi quid te tenuit, suspicor te esse in suburbano. At
ego hic scribendo dies totos nihil equidem levor, sed tamen
aberro.

5   Asinius Pollio ad me scripsit de impuro nostro cognato. **2**
Quod Balbus minor nuper satis plane, Dolabella obscure,
hic apertissime. Ferrem graviter si novae aegrimoniae locus
esset. Sed tamen ecquid impurius? O hominem cavendum!
'Quamquam mihi quidem—sed tenendus dolor est. Tu, quon-
10 iam necesse nihil est, sic scribes aliquid si vacabis. .

XXXVIII a   *Scr. Asturae Non. Mai. an. 45.*

⟨CICERO ATTICO SALVTEM.⟩

Quod putas oportere pervideri iam animi mei firmitatem **1** (3)
graviusque quosdam scribis de me loqui quam aut te scribere
15 aut Brutum, si qui me fractum esse animo et debilitatum
putant sciant quid litterarum et cuius generis conficiam,
credo, si modo homines sint, existiment me, sive ita levatus
sim ut animum vacuum ad res difficilis scribendas adferam,
reprehendendum non esse, sive hanc aberrationem a dolore
20 delegerim quae maxime liberalis sit doctoque homine dignis-
sima, laudari me etiam oportere. Sed cum ego faciam omnia **2** (4)
quae facere possim ad me adiuvandum, tu effice id quod video
te non minus quam me laborare. Hoc mihi debere videor
neque levari posse nisi solvero aut videro me posse solvere, id
25 est locum qualem volo invenero. Heredes Scapulae si istos hortos, ut scribis tibi Othonem dixisse, partibus quattuor factis
liceri cogitant, nihil est scilicet emptori loci; sin venibunt,

1 exspectaret λ: -rit *RΔ*   7 egrimonie *R*: agr- *M*: acr- *O²δ*   8 ecquid λ: et q- *RΔ*: et quidem *O*   13 *novam ep. constituit Schiche*   pervideri *ΔZ^(b)λ*: prev- *O[ᵖ]*: prov- *R*   20 liberalis sit *Vrs.*: -issima *Ω*
22 possim *ORMs*: -sum *bdm*   adlevandum *Orelli*   24 levari possum *bm*
25 volo *OR*: om. *Δ*

quid fieri possit videbimus. Nam ille locus Publicianus qui est
Treboni et Cusini erat ad me adlatus. Sed scis aream esse.
Nullo pacto probo. Clodiae sane placent, sed non puto esse
venalis. De Drusi hortis, quamvis ab iis abhorreas, ut scribis,
tamen eo confugiam nisi quid inveneris. Aedificatio me non 5
movet. Nihil enim aliud aedificabo nisi id quod etiam si illos
non habuero. Κῦρος β′ mihi sic placuit ut cetera Antisthenis,
hominis acuti magis quam eruditi.

XXXIX   *Scr. Asturae viii Id. Mai. an. 45.*

⟨CICERO ATTICO SALVTEM.⟩   10

1 Tabellarius ad me cum sine litteris tuis venisset, existimavi
tibi eam causam non scribendi fuisse quod pridie scripsisses ea
ipsa ad quae rescripsi hac epistula. Exspectaram tamen aliquid
de litteris Asini Pollionis. Sed nimium ex meo otio tuum
specto. Quamquam tibi remitto, nisi quid necesse erit, necesse 15
ne habeas scribere, nisi eris valde otiosus.

2 De tabellariis facerem quod suades, si essent ullae neces-
sariae litterae, ut erant olim, cum tamen brevioribus diebus
cotidie respondebant tempori tabellarii. At erat aliquid, Silius, Drusus, alia quaedam. Nunc, nisi Otho exstitisset, quid 20
scriberemus non erat; ⟨et id⟩ ipsum dilatum est. Tamen
adlevor cum loquor tecum absens, multo etiam magis cum
tuas litteras lego. Sed quoniam et abes (sic enim arbitror) et
scribendi necessitas nulla est, conquiescent litterae nisi quid
novi exstiterit.   25

---

1 publicianus *CZ*[b]λ: -canus Ω   7 *Κῦρος β′ scripsi*: ΚΥΡΣΑΣ Ω*Z*[(b)]λ:
κύρβας *Z*[β]: Κῦρος δ, ε Bos. [*conl. Diog. Laert. vi. 1. 16*]   13 quam
Lamb.   hac *OR*: *om. Δ Lamb.*   expectabam *O*   14 nimium Ω*Z*[(b)]:
nimirum *Lamb.*   otio tuum sp- *Man.*: otium exsp- Ω   15 necesse
ne *Vict.*: nec ne Ω [ne ne *d*, ne *s*]   16 eris *OR*: eis Δ [sis *s, om. b*]
19 at *scripsi, puncto ante posito*: et Ω   20 quid Ω: quod *s*   21 et id
addidi: id *Crat.*

XL   *Scr. Asturae vii Id. Mai. an. 45.*

⟨CICERO ATTICO SALVTEM.⟩

Qualis futura sit Caesaris vituperatio contra laudationem **1**
meam perspexi ex eo libro quem Hirtius ad me misit; in
5 quo conligit vitia Catonis, sed cum maximis laudibus meis.
Itaque misi librum ad Muscam ut tuis librariis daret. Volo
enim eum divulgari, quoque facilius fiat imperabis tuis.
Συμβουλευτικὸν saepe conor. Nihil reperio, et quidem **2**
mecum habeo et Ἀριστοτέλους et Θεοπόμπου πρὸς Ἀλέξανδρον.
10 Sed quid simile ? Illi et quae ipsis honesta essent scribebant et
grata Alexandro. Ecquid tu eius modi reperis ? Mihi quidem
nihil in mentem venit. Quod scribis te vereri ne et gratia
et auctoritas nostra hoc meo maerore minuatur, ego quid homines aut reprehendant aut postulent nescio. Ne doleam ?
15 Qui potest ? Ne iaceam ? Quis umquam minus ? Dum tua me
domus levabat, quis a me exclusus ? quis venit qui offenderet ?
Asturam sum a te profectus. Legere isti laeti qui me repre-
hendunt tam multa non possunt quam ego scripsi. Quam
bene, nihil ad rem; sed genus scribendi id fuit quod nemo
20 abiecto animo facere posset. Triginta dies in horto fui. Quis
aut congressum meum aut facilitatem sermonis desideravit ?
Nunc ipsum ea lego, ea scribo ut hi qui mecum sunt difficilius
otium ferant quam ego laborem. Si quis requirit cur Romae **3**
non sim: quia discessus est; cur non sim in iis meis praediolis
25 quae sunt huius temporis: quia frequentiam illam non facile
ferrem. Ibi sum igitur ubi is qui optimas Baias habebat quot-
annis hoc tempus consumere solebat. Cum Romam venero,

---

7 quoque *ERλ*: quod quo *O²Mᶜbms*: quo quo *O¹M¹d*   9 et Θεοπόμπου *Vict.*: ΕΤΘΕΟΡΙΟΜΜΟΥ *RM¹, peiora m*   πρὸς] ΠΒΡΟΣ *M¹*:
ΤΙΣΠΡΟΣ *m*: libros πρὸς *Muecke*   16 offenderet *ΣMZᵇλ*: me off-
ds: offenderetur *bm*   20 horto *CZᵇλ*: (h)ortis *Ω*   22 hi *Pd*: hii
RM: ii *EObms*   24 sim [*post.*] *EOδ*: sumus *M¹*: si minus sim *R*
iis *Σ*: eis *M¹*: his *Pδ*

nec vultu nec oratione reprehendar. Hilaritatem illam qua
hanc tristitiam temporum condiebamus in perpetuum amisi,
constantia et firmitas nec animi nec orationis requiretur.

4 De hortis Scapulanis hoc videtur effici posse, aliud tua
gratia, aliud nostra, ut praeconi subiciantur. Id nisi fit, ex- 5
cludemur. Sin ad tabulam venimus, vincemus facultates
Othonis nostra cupiditate. Nam quod ad me de Lentulo
scribis, non est in eo. Faberiana modo res certa sit tuque
enitare, quod facis, quod volumus consequemur.

5 Quod quaeris quam diu hic: paucos dies. Sed certum non 10
habeo. Simul ac constituero, ad te scribam, et tu ad me quam
diu in suburbano sis futurus. Quo die ego ad te haec misi, de
Pilia et Attica mihi quoque eadem quae scribis et scribuntur
et nuntiantur.

XLI   *Scr. Asturae v Id. Mai. an. 45.*   15

⟨CICERO ATTICO SALVTEM.⟩

1 Nihil erat quod scriberem. Scire tamen volebam ubi esses;
si abes aut afuturus es, quando rediturus esses. Facies igitur
certiorem. Et quod tu scire volebas ego quando ex hoc loco,
postridie Idus Lanuvi constitui manere, inde postridie in 20
Tusculano aut Romae. Vtrum sim facturus eo ipso die scies.

2 Scis quam sit φιλαίτιον συμφορά, minime in te quidem, sed
tamen avide sum adfectus de fano, quod nisi non dico effectum erit sed fieri videro (audebo hoc dicere et tu ut soles
accipies), incursabit in te dolor meus, non iure ille quidem 25
sed tamen feres hoc ipsum quod scribo ut omnia·mea fers

2 condiebamus *ORM*¹: -bam *E*δ   4 Scapulanis *Rom.*: -lis Ω
5 ut *Vict.*: aut Ω   8 est in eo Ω: extimesco *Madvig*: *alii alia*
11 ac] atque *Tyrrell–Purser*: *anne* hoc?   18 a(b)futurus *Hervagius*:
fut- Ω   facies ig- *O*Δ [facies *etiam* *Z*⁽ᵇ⁾λ]: facias ig- me *R*: facies me ig-
Rom.   19 ego *Vict.*: lego Ω   26 ut *bs*: et *ORMdm*

ac tulisti. Omnis tuas consolationes unam hanc in rem velim
conferas. Si quaeris quid optem, primum Scapulae, deinde **3**
Clodiae, postea, si Silius nolet, Drusus aget iniuste, Cusini et
Treboni. Puto tertium esse dominum, Rebilum fuisse certe
5 scio. Sin autem tibi Tusculanum placet, ut significasti quibusdam litteris, tibi adsentiar. Hoc quidem utique perficies, si
me levari vis, quem iam etiam gravius accusas quam patitur
tua consuetudo, sed facis summo amore et victus fortasse vitio
meo—sed tamen si me levari vis, haec est summa levatio vel,
10 si verum scire vis, una.

Hirti epistulam si legeris, quae mihi quasi πρόπλασμα vide- **4**
tur eius vituperationis quam Caesar scripsit de Catone, facies
me quid tibi visum sit, si tibi erit commodum, certiorem.
Redeo ad fanum. Nisi hac aestate absolutum erit quam vides
15 integram restare, scelere me liberatum non putabo.

XLII   *Scr. Asturae vi Id. Mai. an. 45.*

⟨CICERO ATTICO SALVTEM.⟩

Nullum a te desideravi diem litterarum; videbam enim **1**
quae scribis, et tamen suspicabar vel potius intellegebam
20 nihil fuisse quod scriberes; a. d. vi Id. vero et abesse te putabam et plane videbam nihil te habere. Ego tamen ad te fere
cotidie mittam; malo enim frustra quam te non habere cui
des, si quid forte sit quod putes me scire oportere. Itaque
accepi vi Id. litteras tuas inanis. Quid enim habebas quod
25 scriberes? Mi tamen illud quicquid erat non molestum fuit,
⟨ut⟩ nihil aliud, scire me novi te nihil habere.

---

1 ac tulisti *Vict.*: att- Ω   hanc in *R*δ: in h- *O*[?]*M*¹   4 tertium
*Z*¹: terentium Ω   certo *Rom.*   6 assentior *s*   13 me *C*: *om.*
Ω   14 redeo *O*¹*R*: redet *M*¹: reddes δ   20 quod *bms*: quid *RMd*
25 mi *RMbm*λ: mihi *OPds*   26 ut *add. Mueller*: si *Madvig*

Scripsisti tamen nescio quid de Clodia. Vbi ergo ea est aut quando ventura? Placet mihi res sic ut secundum Othonem 2 nihil magis. Sed neque hanc vendituram puto (delectatur enim et copiosa est) et illud alterum quam sit difficile te non fugit. Sed, obsecro, enitamur ut aliquid ad id quod cupio 5 excogitemus.

3   Ego me hinc postridie ⟨Id.⟩ exiturum puto sed aut in Tusculanum aut domum, inde fortasse Arpinum. Cum certum sciero, scribam ad te.

XLIII   *Scr. Asturae iv Id. Mai. an. 45.*   10

⟨CICERO ATTICO SALVTEM.⟩

1   Venerat mihi in mentem monere te ut id ipsum quod facis (XLII. 3) faceres. Putabam enim commodius te idem istuc domi agere posse interpellatione sublata.

2   Ego postridie Idus, ut scripsi ad te ante, Lanuvi manere 15 (XLIII. 1) constitui, inde aut Romae aut in Tusculano; scies ante utrum. Quod scribis scire te mihi illam rem fore levamento, bene facis; quin id esse mihi crede perinde ut existimare tu non potes. Res indicat quanto opere id cupiam, cum tibi audeam confiteri quem id non ita valde probare arbitrer. 20 Sed ferendus tibi in hoc meus error. Ferendus? immo vero 3 (2) etiam adiuvandus. De Othone diffido, fortasse quia cupio. Sed tamen maior etiam res est quam facultates nostrae, praesertim adversario et cupido et locuplete et herede. Proximum est ut velim Clodiae. Sed si ista minus confici possunt, 25

1 scripsisti *Man.*: -psi *Ω*   7 Id. *add. Lamb.*   12 venerat . . . sublata [*v.* 14] *huic ep. adnexuit Schiche*   13 istuc *OR*: -ud *Δ* 17 utrum *Schiche*: -mque *Ω*   scribis *Zˡ* [ᵖ]: scies *Ω*: sues *Zᵝ*   scire te *scripsi*: recte *ΩZ*: certe *Lamb.*   mihi *ORZˡ* ['*plane et integre scriptum*']: mi *Zᵝ*: *om. Δ*   18 quin *Lattmann*: quom *O¹*: cum *RΔ*: tum *cod. Faërn.*: *anne* tu modo? esse *O¹RMd cod. Faërn.*: esset *O²b*[ᵖ]*ms*   19 cum *Eδ*: quam *O¹RM¹*   20 quem *O¹*[ᵖ]*M¹*: quam *EO²RM²ms*: qui *bd*   arbitrer *Rom.*: -rarer *Ω*   25 sed *ORλ*: *om. Δ*

effice quidvis. Ego me maiore religione quam quisquam fuit
ullius voti obstrictum puto. Videbis etiam Trebonianos, etsi
absunt domini. Sed, ut ad te heri scripsi, considerabis etiam
de Tusculano, ne aestas effluat; quod certe non est commit-
5 tendum.

XLIV   *Scr. Asturae iii Id. Mai. an. 45.*

⟨CICERO ATTICO SALVTEM.⟩

Et Hirtium aliquid ad te συμπαθῶς de me scripsisse facile **1**
patior (fecit enim humane) et te eius epistulam ad me non
10 misisse multo facilius; tu enim etiam humanius. Illius librum
quem ad me misit de Catone propterea volo divulgari a tuis
ut ex istorum vituperatione sit illius maior laudatio.

Quod per Mustelam agis, habes hominem valde idoneum **2**
meique sane studiosum iam inde a Pontiano. Perfice igitur
15 aliquid. Quid autem aliud nisi ut aditus sit emptori? quod
per quemvis heredem potest effici. Sed Mustelam id perfectu-
rum, si rogaris, puto. Mihi vero et locum quem opto ad id
quod volumus dederis et praeterea ἐγγήραμα. Nam illa Sili et
Drusi non satis οἰκοδεσποτικὰ mihi videntur. Quid enim?
20 sedere totos dies in villa? Ista igitur malim, primum Othonis,
deinde Clodiae. Si nihil fiet, aut Druso ludus est suggerendus
aut utendum Tusculano.

Quod domi te inclusisti ratione fecisti; sed, quaeso, confice **3**
et te vacuum redde nobis. Ego hinc, ut scripsi antea, postridie
25 Idus Lanuvi, deinde postridie in Tusculano. Contudi enim
animum et fortasse vici, si modo permansero. Scies igitur
fortasse cras, summum perendie.

1 me *Eδ*: mea *ORM*¹   relig- *Eδ*: reg- *ORM*¹   15 sit emptori *O*²[?]
Iens. Rom.: si tempori *RΔ* [sit tem- *b*, sit em- *s*]   18 nam *litteris
Graecis RMm*: *om. bds* [*cum vocabulo Graeco, spat. rel.*] λ ['*v. c. non habet
nam*']   Silii *Iens. Rom.*: si illi *Ω*   22 Tusculano *Iens.*: -num
Ω   25 Lanuvii *Corr.*: iami *M*: ian(uarii) *Rδ* [idus . . . postr- *om. Ob*]
26 vici si *M*ᶜ*bm*: vicissi *M*¹: -sim *Σ*: -sim si *ds*

Sed quid est, quaeso? Philotimus nec Carteiae Pompeium
teneri (qua de re litterarum ad Clodium Patavinum missarum
exemplum mihi· Oppius et Balbus miserant, se id factum
arbitrari) bellumque narrat reliquum satis magnum. Solet
omnino esse Favoniaster. Sed tamen, si quid habes. Volo 5
etiam de naufragio Caniniano scire quid sit.

4 Ego hic duo magna συντάγματα absolvi; nullo enim alio
(XLV. 1) modo a miseria quasi aberrare possum. Tu mihi, etiam si
nihil erit quod scribas, quod fore ita video, tamen id ipsum
scribas velim te nihil habuisse quod scriberes, dum modo ne 10
his verbis.

XLV *Scr. in Tusculano xvi Kal. Iun. an. 45.*

⟨CICERO ATTICO SALVTEM.⟩

1 (2) De Attica optime. Ἀκηδία tua me movet, etsi scribis nihil
esse. In Tusculano eo commodius ero quod et crebrius tuas 15
litteras accipiam et te ipsum non numquam videbo; nam
ceteroqui ἀνεκτότερα erant Asturae †nec† haec quae refricant
hic me magis angunt; etsi tamen, ubicumque sum, illa sunt
2 (3) mecum. De Caesare vicino scripseram ad te, quia cognoram
ex tuis litteris. Eum σύνναον Quirino malo quam Saluti. Tu 20
vero pervulga Hirtium. Id enim ipsum putaram quod scribis,
ut cum ingenium amici nostri probaretur, ὑπόθεσις vitupe-
randi Catonis inrideretur.

1 nec ΩZ^l: negat *Lamb.* Carteiae *Corr.*: cartini [-ivi] Ω: cartani Z^l
['*ut vulgati*', *errore, ut vid.,* ·*typogr.*] 2 Patavinum *Rom.*: put- b^2:
putavi num in *ORMm*: numin *s*: nunni *d*: Petavonium *Orelli* 3 fictum
Corr. 5 Favoniaster *scripsi*: fulvin- [*vel sim.*] Ωλ *codd. Mal.*
6 Caniniano *Man.*: ganiano *ORMC*: geni- *d*: gabi- *m*: gabini- *bs* 7 ego
. . . verbis [*v.* 11] *huic ep. adnexuit Schiche* 17 cetero qui Ω: -ra quidem κ nec] nunc *Corr.*: *fort.* et 18 me *om.* M^1 19 cognoveram Eλ 20 quirino . . . saluti Z^{b}λ: -ni . . . -tis Ω

XLVI   *Scr. Asturae Id. Mai. an. 45.*

⟨CICERO ATTICO SALVTEM.⟩

Vincam, opinor, animum et Lanuvio pergam in Tuscula- **1**
num. Aut enim mihi in perpetuum fundo illo carendum est
5 (nam dolor idem manebit, tantum modo occultius) aut nescio
quid intersit utrum illuc nunc veniam an ad decem annos.
Neque enim ista maior admonitio quam quibus adsidue conficior et dies et noctes. 'Quid ergo ?' inquies, 'nihil litterae ?' In
hac quidem re vereor ne etiam contra ; nam essem fortasse du-
10 rior. Exculto enim animo nihil agreste, nihil inhumanum est.

Tu igitur, ut scripsisti, nec id incommodo tuo. Vel binae **2**
enim poterunt litterae. Occurram etiam si necesse erit. Ergo (XLVII. 1
id quidem ut poteris.

XLVII   *Scr. Lanuvi xvii Kal. Iun. an. 45.*

15   ⟨CICERO ATTICO SALVTEM.⟩

De Mustela, ut scribis, etsi magnum opus est. Eo magis **1**
delabor ad Clodiam. Quamquam in utroque Faberianum
nomen explorandum est. De quo nihil nocuerit si aliquid cum
Balbo eris locutus, et quidem, ut res est, emere nos velle nec
20 posse sine isto nomine nec audere re incerta. Sed quando **2**
Clodia Romae futura est et quanti rem aestimas ? Eo prorsus
specto, non quin illud malim, sed et magna res est et difficile
certamen cum cupido, cum locuplete, cum herede. Etsi de
cupiditate nemini concedam ; ceteris rebus inferiores sumus.
25 Sed haec coram.

3 vincam δ: -ar *ΣM*¹   5 modo occultius *Fr. Schmidt*: m- octius
*OMZ*ˡ: m- ott- *m*: m- ocius [ot-] *Rbds*: modestius λ: mediocrius *anon. ap.*
Lamb.   10 exculto *Vict.*: exto *O*¹[ᵖ]*M*¹*Z*⁽ᵇ⁾: exsto *Z*ᵝ: esto *R*: isto *E*δ
animo *ER*δ: animo ne *O*¹*M*¹: in animo *Wes.*   11 tu . . . poteris *huic*
ep. adnexuit Schiche   12 poterunt *Om*: potue- *RΔ*   20 audere re
λ: audirer *Ω* [-res *M*ᶜ⁽ᵖ⁾*s*]   22 specto *OΔ*λ: exp- *R*   24 inferi-
ORMdsC: infirmi- *bm*

XLVIII   *Scr. Lanuvi xvi Kal. Iun. an. 45.*

⟨CICERO ATTICO SALVTEM.⟩

(XLVII. 3) Hirti librum, ut facis, divulga. De Philotimo idem et ego
arbitrabar. Domum tuam pluris video futuram vicino Caesare.
Tabellarium meum hodie exspectamus. Nos de Pilia et Attica 5
certiores faciet.

(XLVIII) Domi te libenter esse facile credo. Sed velim scire quid tibi
restet aut iamne confeceris. Ego te in Tusculano exspecto
eoque magis quod Tironi statim te venturum scripsisti et
addidisti te putare opus esse.   10

XLIX   *Scr. in Tusculano xiv Kal. Iun. an. 45.*

⟨CICERO ATTICO SALVTEM.⟩

1 Sentiebam omnino quantum mihi praesens prodesses, sed
(XLVIII) multo magis post discessum tuum sentio. Quam ob rem, ut
ante ad te scripsi, aut ego ad te totus aut tu ad me quod 15
licebit.

2 Heri non multo post quam tu a me discessisti, †puto†
(XLIX. 1) quidam urbani ut videbantur ad me mandata et litteras
attulerunt a C. Mario C. f. C. n. multis verbis: agere mecum
per cognationem quae mihi secum esset, per eum Marium 20
quem scripsissem, per eloquentiam L. Crassi, avi sui, ut se
defenderem, causamque suam mihi perscripsit. Rescripsi pa-
trono illi nihil opus esse, quoniam Caesaris, propinqui eius,
omnis potestas esset, viri optimi et hominis liberalissimi; me

---

3 *hinc ep. incepit Schmidt*   4 arbitrabar *bm*: -rabor *ORMd*: -ror *s*
5 expectamus *O¹RM²*: -tavi is [-ta mis *M¹d*] *Δ*: -tamus is *O²*   13 sentiebam...licebit [*v.* 16] *huic ep. adiungendum ante Schiche viderat Corr.*   prodesses *Mᶜbms*: -esse *ORM¹d*   15 aut ego *bms*: ut ego *ORMd*   17 puto
Ω: pueri *Corr.* [*cf. p.* 165. 17]: *del. Schütz*   18 urbani *δ* [atedani *b*]: -ne
ΣM¹   22 perscripsit. rescripsi *EM²bms*: perscripsit *OR*: -si. t. *d*: -si *M¹*

tamen ei fauturum. O tempora! fore cum dubitet Curtius
consulatum petere! Sed haec hactenus.

De Tirone mihi curae est. Sed iam sciam quid agat. Heri (2) **3**
enim misi qui videret; cui etiam ad te litteras dedi. Epistulam
5 ad Ciceronem tibi misi. Horti quam in diem proscripti sint
velim ad me scribas.

L   *Scr. in Tusculano xv Kal. Iun. an. 45.*

⟨CICERO ATTICO SALVTEM.⟩

Vt me levarat tuus adventus sic discessus adflixit. Qua re
10 cum poteris, id est cum Sexti auctioni operam dederis, re-
vises nos. Vel unus dies mihi erit utilis, quid dicam gratus?
Ipse Romam venirem ut una essemus, si satis consilium quadam de re haberem.

LI   *Scr. in Tusculano xiii Kal. Iun. an. 45.*

15   ⟨CICERO ATTICO SALVTEM.⟩

Tironem habeo citius quam verebar. Venit etiam Nicias, **1**
et Valerium hodie audiebam esse venturum. Quamvis multi
sint, magis tamen ero solus quam si unus esses. Sed exspecto
te, a Peducaeo utique; tu autem significas aliquid etiam ante.
20 Verum id quidem ut poteris.

De Vergilio, ut scribis. Hoc tamen velim scire, quando
auctio. Epistulam ad Caesarem mitti video tibi placere. Quid
quaeris? mihi quoque hoc idem maxime placuit, et eo magis
quod nihil est in ea nisi optimi civis, sed ita optimi ut

5 ciceronem *ΩC*: Caesarem *Iens., fort. recte*   10 cum p- *s*: dum p-
Ω   11 gratus *bs*: -tius *ORM¹m*: gravius *M²d*   12 consilii *Corr.*:
consultum *Mueller*: ⟨constitutum⟩ consilium *Lehmann*   18 ⟨tu⟩ unus
Ernesti: unus ⟨una⟩ *Goligher*   20 verum *bs*: utrum *ORMdm*
23 hoc idem *Bos.*: hodie *ΩCλ* [*ante* quoque *bm*]

tempora; quibus parere omnes πολιτικοί praecipiunt. Sed
scito ita nobis esse visum ut isti ante legerent. Tu igitur id
curabis. Sed nisi plane iis intelleges placere, mittenda non
est. Id autem utrum illi sentiant anne simulent tu intelleges.
Mihi simulatio pro repudiatione fuerit. Τοῦτο δὲ μηλώσῃ.   5

3 De Caerellia quid tibi placeret Tiro mihi narravit: debere
non esse dignitatis meae, perscriptionem tibi placere:

    'Hoc métuere, alterum ín metu non pónere.'

Sed et haec et multa alia coram. Sustinenda tamen, si tibi
videbitur, solutio est nominis Caerelliani dum et de Metione 10
et de Faberio sciamus.

LII   *Scr. in Tusculano xii Kal. Iun. an. 45.*

⟨CICERO ATTICO SALVTEM.⟩

1 L. Tullium Montanum nosti qui cum Cicerone profectus
est. Ab eius sororis viro litteras accepi Montanum Planco 15
debere, quod praes pro Flaminio sit, HS $\overline{xxv}$; de ea re nescio
quid te a Montano rogatum. Sane velim, sive Plancus est
rogandus sive qua re potes illum iuvare, iuves. Pertinet ad
nostrum officium. Si res tibi forte notior est quam mihi,
aut si Plancum rogandum putas, scribas ad me velim ut quid 20
rei sit et quid rogandum sciam.

2 De epistula ad Caesarem quid egeris exspecto. De Silio non
ita sane laboro. Tu mi aut Scapulanos aut Clodianos efficias
necesse est. Sed nescio quid videris dubitare de Clodia; utrum
quando veniat an sintne venales? Sed quid est quod audio 25
Spintherem fecisse divortium?

2 scito ita *OP*δ [ita *etiam Z*^b] : si *M*¹ : scito *R* : scis ita *Lamb.*   4 anne
Vict. : ante *OM*¹ : an te *Rdms* : an re *b*   5 mihi λ: si m- *O*¹*M*¹ : sed
m- *R*δ   μηλώσῃ *C* : ΜΗΛΟCΗ *R* : ΜΗΟCΗ *Mm* : μὴ δόσοι
O : ΜΥΪΛΟCΗ *Z*^(b) [*unde* μυῖα ὅση *Bos.*, μυῖ' ὅση *Ellis*] : γνώσῃ κ
10 videbitur *Δ* : -etur *O*¹*R*   metione *Ω* [mit- *ds*] : Metone *Man.*   11 et
de faberio *bms* : et de faberi et de faberio *O*¹*RMd*   16 xxv *Bos.* [*conl.*
p. 313. 11] : xx [$\overline{xx}$] *RΔ*

De lingua Latina securi es animi. Dices †qui alia quae 3
scribis†. Ἀπόγραφα sunt, minore labore fiunt; verba tantum
adfero quibus abundo.

LIII   *Scr. in Tusculano xi Kal. Iun. an. 45.*

5   ⟨CICERO ATTICO SALVTEM.⟩

Ego, etsi nihil habeo quod ad te scribam, scribo tamen quia
tecum loqui videor. Hic nobiscum sunt Nicias et Valerius.
Hodie tuas litteras exspectabamus matutinas. Erunt fortasse
[alteras notasse] alterae postmeridianae, nisi te Epiroticae
10 litterae impedient quas ego non interpello. Misi ad te epistulas ad Marcianum et ad Montanum. Eas in eundem fasciculum velim addas, nisi forte iam dedisti.

1 es δ: est O¹RM¹: esto *Boot*   alia qu(a)e scr- O¹M: talia qu(a)e scr-
O²R: talia conscr- δ   quid ad illa quae scr-? *temptavi*   2 tantum
RC: tamen OΔ   9 alterae *bs*: alteras notasse alterae ORMdm

AD ATTICVM

LIBER TERTIVS DECIMVS

I

Scr. in Tusculano x Kal. Iun. an. 45.

⟨CICERO ATTICO SALVTEM.⟩

1 A D Ciceronem ita scripsisti ut neque severius neque temperatius scribi potuerit nec magis [quam] quem ad modum
ego maxime vellem; prudentissime etiam ad Tullios. Qua 5
2 re aut ista proficient aut aliud agamus. De pecunia vero
video a te omnem diligentiam adhiberi vel potius iam adhi-
bitam esse. Quod si efficis, a te hortos habebo. Nec vero
ullum genus possessionis est quod malim, maxime scilicet
ob eam causam quae suscepta est; cuius festinationem mihi 10
tollis, quoniam de aestate polliceris vel potius recipis. Deinde
etiam ad καταβίωσιν maestitiamque minuendam nihil mihi
reperiri potest aptius; cuius rei cupiditas impellit me interdum ut te hortari velim. Sed me ipse revoco; non enim
dubito quin, quod me valde velle putes, in eo tu me ipsum 15
cupiditate vincas. Itaque istuc iam pro facto habeo.
3 Exspecto quid istis placeat de epistula ad Caesarem.
Nicias te, ut debet, amat vehementerque tua sui memoria
delectatur. Ego vero Peducaeum nostrum vehementer diligo; nam et quanti patrem feci, †totum in hunc† ipsum 20

*Et huius libri epistulas non discernunt codd. dempta b²: vide quae ad
librum xii praefatus sum*   3 ut Ω: ullius Z^b: ulli ut *Bos.*   4 quam
del. Corr.   8 quod si CZ^(b)λ: om. Ω: anne quam si?   ˙a te Δ: a te
enim O: enim a te R   9 quod *Pbds*: quo *ORMm*   et max- *OR*
10 -tionem *bs*: -tione *ORMdm*   12 etiam ad [A.D. M] *OMPm*: ad. R:
etiam *bds*   16 pro facto b²: profecto Ω   20 totum in hunc: ⟨et⟩
ipsum *Lamb.*: tanti hunc ⟨et⟩ i- *Reid: illud malim cui Tyrrell–Purser
nugas praetulerunt* totum in hunc ⟨transtuli et hunc⟩ i-

per se aeque amo atque illum amavi, te vero plurimum qui
hoc ab utroque nostrum fieri velis. Si hortos inspexeris et
si de epistula certiorem me feceris, dederis mihi quod ad te
scribam; si minus, scribam tamen aliquid. Numquam enim
5 deerit.

II   *Scr. in Tusculano ix Kal. Iun. an. 45.*

⟨CICERO ATTICO SALVTEM.⟩

Gratior mihi celeritas tua quam ipsa res. Quid enim in- (1)
dignius? Sed iam ad ista obduruimus et humanitatem omnem
10 exuimus. Tuas litteras hodie exspectabam, nihil equidem ut
ex iis novi; quid enim? verum tamen—

II a   *Scr. in Tusculano vi Kal. Iun. an. 45.*

⟨CICERO ATTICO SALVTEM.⟩

Oppio et Balbo epistulas deferri iubebis; et tamen Piso- 1
15 nem sicubi, de auro. Faberius si venerit, videbis ut tantum (ii. 1)
attribuatur, si modo attribuetur, quantum debetur. Accipies ab Erote.

Ariarathes Ariobarzani filius Romam venit. Vult, opinor, 2
regnum aliquod emere a Caesare; nam quo modo nunc est, (ii. 2)
20 pedem ubi ponat in suo non habet. Omnino eum Sestius
noster, parochus publicus, occupavit; quod quidem facile
patior. Verum tamen, quod mihi summo beneficio meo
magna cum fratribus illius necessitudo est, invito eum per
litteras ut apud me deversetur. Ad eam rem cum mitterem
25 Alexandrum, has ei dedi litteras.

1 per se (a)eque $O^1RM^1b^1m^1$: for. persequor M^2: persequor $O^2b^2m^2$: for.
persequar *d*: persequar *s*   amo atque O^1Rbm: amat que *Md*: amo eque
atque *s*   amavi *bms*: -it *ORMd*   te *OR*: tu *Δ*   8 ipsa $O^1[?]R$:
-am O^2Md: -arum *bms*   quid enim ind- O^1RM^cbs: quidem iniud- [-ind-]
O^2M^1m: quidem ind- *d*   14 *novam ep. constituit Schmidt*   15 auro
Ω: avio *d*   18 ario[-eo-]barzani *Ω*: -nis bs^2 20 ubi $O^2R\delta$: vel O^1M^1

II b   *Scr. in Tusculano iv Kal. Iun. an. 45.*

⟨CICERO ATTICO SALVTEM.⟩

(ii. 3)   Cras igitur auctio Peducaei. Cum poteris ergo; etsi impediet fortasse Faberius. Sed tamen, cum licebit. Dionysius noster graviter queritur, et tamen iure, a discipulis abesse 5 tam diu. Multis verbis scripsit ad me, credo item ad te. Mihi quidem videtur etiam diutius afuturus. Ac nollem; valde enim hominem desidero.

(ii. 1)   A te litteras exspectabam, nondum scilicet; nam has mane rescribebam.   10

III   *Scr. in Tusculano iii Kal. Iun. an. 45.*

⟨CICERO ATTICO SALVTEM.⟩

1   Ego vero ista nomina sic probo ut nihil aliud me moveat nisi quod tu videris dubitare. Illud enim non accipio in bonam partem, quod ad me refers; qui si ipse negotium 15 meum gererem, nihil gererem nisi consilio tuo. Sed tamen intellego magis te id facere diligentia qua semper uteris quam quo dubites de nominibus istis. Etenim Caelium non probas, plura non vis. Vtrumque laudo. His igitur utendum est. Praes aliquando factus esses, et in his quidem tabulis. 20 A me igitur omnia. Quod dies longior est (teneamus modo

3 *novam ep. constituit Schmidt*   ergo *OR* : *om. Δ*   5 se *post* iure *add. Lamb., post* abesse *Ernesti*   6 item ad] *hic deficit O : vide quae scripsi in praef. p.* vii   7 valde enim *Δ* : v- eum *R* : eum v- *P*   9 a te ... rescribebam *huic ep. adnexuit Schmidt*   15 quod *b²λ* : *om. RΔ*   referri *s* qui si *ORZ* : quid *Δ* : quid si *κ*   16 nihil ger- *ORZ* : *om. Δ*   18 quo *Rλ* : quod *Δ* [*sed* d *superscr.* *M¹*] : que *P*   dubites *PΔ* : -tas *R*   c(a)elium *PΔ* : celum *R* : celam *d*   19 his *Pdm* : hiis *M* : iis *Rbs*   20 est. praes *C* [praes *etiam Z¹*] : espes *M* [*sed* r *super alterum* e *posuit* *M¹*] : expers *δ* : expresse *R*   aliquando ... quod *om. d*   aliquando *ΔZ¹* : quidem al- *RC* esses et *Bos.* : es et *CZ¹* : esset *RΔ*   21 longior est *Z¹* : -ores *Ω*

quod volumus), puto fore istam etiam a praecone diem, certe
ab heredibus.

De Crispo et Mustela videbis, et velim scire quae sit pars
duorum. De Bruti adventu eram factus certior. Attulerat **2**
5 enim ab eo Aegypta libertus litteras. Misi ad te epistulam,
quia commode scripta erat.

IV   *Scr. in Tusculano Kal. Iun. an. 45.*

⟨CICERO ATTICO SALVTEM.⟩

Habeo munus a te elaboratum decem legatorum : et quidem **1**
10 ⟨de Tuditano idem⟩ puto. Nam filius anno post quaestor fuit
quam consul Mummius. Sed quoniam saepius de nominibus **2**
quaeris quid placeat, ego quoque tibi saepius respondeo
placere. Si quid poteris, cum Pisone conficies ; Avius enim
videtur in officio futurus. Velim ante possis, si minus, uti-
15 que simul simus cum Brutus veniet in Tusculanum. Magni
interest mea una nos esse. Scies autem qui dies is futurus sit,
si puero negotium dederis ut quaerat.

V   *Scr. in Tusculano iv Non. Iun. an. 45.*

⟨CICERO ATTICO SALVTEM.⟩

20   Sp. Mummium putaram in decem legatis fuisse, sed vide- **1**
licet (etenim εὔλογον) fratri fuisse. Fuit enim ad Corinthum.
Misi tibi Torquatum. Conloquere tu quidem cum Silio, ut
scribis, sed urge. Illam diem negabat esse mense Maio, istam

1 precone *bds* : -nem *Mm* : -ne in *R*   4 duorum *RMbm* : istorum
ds : duorum horum *Orelli*   5 misi *PΔ* : et m- *R*   9 elab- *bds* :
lab- *Rm* : lob- *M*   de decem *Z^b*   10 de T- idem *add. Lehmann*
qu(a)estoŕ *bs* : que *RMdm*   13 placere *Δ* : etiam pl- *R*   avius
RMdλ : annus *Pbs* : annis *m*   17 si puero *PΔ* : set puto *R*   20 puta-
aram *Rb²* : -rem *Δ*   sed *del. Reid*   vid- et- *RMd* : vid- *bms* : vid- ⟨erravi⟩ ;
et- *Wes.*   23 sed urge λ *cod. Ball.* : etu verge *Mm* : etuvergae *b¹* :
et tu verge *Rds* : et inge *b²* *in marg.* : et urge *Vict.*

non negabat. Sed tu, ut omnia, istuc quoque ages diligen-
2 ter. De Crispo et Mustela scilicet, cum quid egeris. Quoniam
ad Bruti adventum fore te nobiscum polliceris, satis est, praesertim cum hi tibi dies in magno nostro negotio consumantur.

VI   *Scr. Asturae med. mense Mart., ut videtur, an. 45.*   5

⟨CICERO ATTICO SALVTEM.⟩

1 De aquae ductu probe fecisti. Columnarium vide ne nullum debeamus; quamquam mihi videor audisse ⟨e⟩ Camillo
2 commutatam esse legem. Pisoni quid est quod honestius
respondere possimus quam solitudinem Catonis? Nec co- 10
heredibus solum Herennianis, sed etiam, ut scis (tu enim
mecum egisti), de puero Lucullo, quam pecuniam tutor (nam
hoc quoque ad rem pertinet) in Achaia sumpserat. Sed agit
liberaliter, quoniam negat se quicquam facturum contra
nostram voluntatem. Coram igitur, ut scribis, constituemus 15
quem ad modum rem explicemus. Quod reliquos coheredes
convenisti, fecisti plane bene.
3 Quod epistulam meam ad Brutum poscis, non habeo eius
exemplum; sed tamen salvum est, et ait Tiro te habere
oportere et, ut recordor, una cum illius obiurgatoria tibi 20
meam quoque quam ad eum rescripseram misi. Iudiciali
molestia ut caream videbis.

2 Mustela *Vict.*: multis *RΔ*   3 ad *bs*: a *Mm*: om. *Rd*   fore te
bms: forte *Md* [nobis f- cum poll- *d*]: fore *R*   4 hi *P*: hii *RM¹*: hic δ
-mantur *P*: - matur *RΔ*   7 nullum *RΔZⁱ*: om. κ   8 ⟨e⟩
Camillo *nescio quis*: ⟨a⟩ Camillo *Man.*: camillo *C*: cami[l]lio *OR*: eam
illic *Δ*: iam i- κ   10 possumus *ds*   coh- *Man.*: comh- *M*: cum
h- *RδZⁱ*: ⟨de⟩ coh- *Wes.*   12 mecum egisti *PΔ*: e- m- *R*   de]
debet *Boot*: DC *Tyrrell–Purser*   17 fecisti *RZᵇλ* [*sed post* bene *Zᵇ*]: om. *Δ*
18 meam om. *ds*   poscis *Pδ*: possis *RM¹*   20 oportere *ΔZⁱ*: om. *R*
21 eum] eam *s*

VI a   *Scr. in Tusculano prid. Non. Iun. an. 45.*

⟨CICERO ATTICO SALVTEM.⟩

Tuditanum istum, proavum Hortensi, plane non noram (vi. 4)
et filium, qui tum non potuerat esse legatus, fuisse putaram.
5 ⟨Sp.⟩ Mummium fuisse ad Corinthum pro certo habeo. Saepe
enim hic Spurius, qui nuper est ⟨mortuus⟩, epistulas mihi
pronuntiabat versiculis facetis ad familiaris missas a Corintho.
Sed non dubito quin fratri fuerit legatus, non in decem.
Atque hoc etiam accepi, non solitos maiores nostros eos
10 legare in decem qui essent imperatorum necessarii, ut nos
ignari pulcherrimorum institutorum aut neglegentes potius
M. Lucullum et L. Murenam et ceteros coniunctissimos ad
L. Lucullum misimus. Illudque εὐλογώτατον, illum fratri in
primis eius legatis fuisse. ⟨O⟩ operam tuam multam, qui et
15 haec cures et mea expedias et sis in tuis non multo minus
diligens quam in meis!

VII   *Scr. in Tusculano v Id. Iun. an. 45.*

⟨CICERO ATTICO SALVTEM.⟩

Sestius apud me fuit et Theopompus pridie. Venisse a (1)
20 Caesare narrabat litteras; hoc scribere, sibi certum esse Romae
manere, causamque eam ascribere quae erat in epistula nostra,
ne se absente leges suae neglegerentur sicut esset neglecta
sumptuaria (est εὐλογον, idque eram suspicatus. Sed istis mos

3 *novam ep. constituit Schmidt*   5 Sp. *addendum censuit Boot*
6 est ⟨mortuus⟩ *Man. ex 'antiquo libro'*: est *RΔZ*: decessit *Mueller*
7 facetis *b²*: facies *Δ*: facias *Rλ*: factas *Z⁽ᵇ⁾*   8 fuerit *bms*: -rat *R*
Md   9 eos *OR codd. Faërn. Ant.*: om. *Δ*   10 qui *Rb²*: quin *PΔ*
12 coniunctissimos *Z⁽ᵇ⁾λ*: om. *Ω*   14 legatis *PΔ* [-tum *b*]: -tus *R*   O *add.*
Lehmann   15 non *OR*: om. *Δ*   16 in meis *bms*: in miis *M*: minus *d*:
in iis *R*: in his *P*   21 que eam *Δ* [eam *et λ*]: meam *R*   22 leges
suae negl- *Pb²* [*sed* negl- sue *P*]: lege sue nec l- *R*: eleges ve nec l- *M*:
leges ne nec l- *dm* [*de d post* nec *non liquet*]: leges negl- *b¹s*

gerendus est, nisi placet hanc ipsam sententiam nos persequi);
et Lentulum cum Metella certe fecisse divortium. Haec
omnia tu melius. Rescribes igitur quicquid voles, dum modo
aliquid. Iam enim non reperio quid te rescripturum putem,
nisi forte de Mustela aut si Silium videris.   5

VII a   *Scr. in Tusculano iv Id. Iun. an. 45.*

⟨CICERO ATTICO SALVTEM.⟩

(VII. 2)   Brutus heri venit in Tusculanum post horam decimam.
Hodie igitur me videbit, ac vellem cum tu adesses. Iussi
equidem ei nuntiari te, quoad potuisses, exspectasse eius 10
adventum venturumque si audisses meque, ut facio, continuo
te certiorem esse facturum.

VIII   *Scr. in Tusculano vi Id. Iun. an. 45.*

⟨CICERO ATTICO SALVTEM.⟩

Plane [facturum] nihil erat quod ad te scriberem; modo 15
enim discesseras et paulo post triplicis remiseras. Velim cures
fasciculum ad Vestorium deferendum et alicui des negotium
qui quaerat Q. Staberi fundus num quis in Pompeiano Nolanove venalis sit. Epitomen Bruti Caelianorum velim mihi
mittas et a Philoxeno Παναιτίου περὶ προνοίας. Te Idibus 20
videbo cum tuis.

4 aliquid *Lamb.*: ne quid *RΔλ*: quid *Man.*   5 nisi *Rb²*: si *Δ* si *Rb²*:
om. Δ   8 *novam ep. faciunt b² cod. Helmst.*   9 videbit *Pbm*:
-bis *s*: -bat *RMd*   ac . . . adesses *om. b¹* [*add. in marg. b²*] *m*   cum
RM¹b²: tum *PMᶜds*   iussi *ORCZ*: nisi *Md*: misi *bms*   10 ei n-
bms: et n- *Md*: en- *R*   15 facturum *del. Vict.* [plane facturum *iam
del. b²*]   16 trip- *Rb²s²*: (h)erip- *Δ*   17 fasc- ad vest- *C cod. Ball.*:
eas cic[cit-, tit-]ulum duestorium [*vel sim.*] *Ω*   18 staberi *Rdm*:
staleri *M*: fçab- *s*: fab- *Pb*   nolanove *b²Z⁽ᵇ⁾ cod. Vrs.*: no(l)lano *RΔ*
19 epit(h)omen *RM²ms*: -meum *b*: opitome *M¹d*   20 philox- *s*:
pilox- *RMdmZᵇ*: polyx- *b*

IX   *Scr. in Tusculano xv Kal. Quint. an. 45.*

⟨CICERO ATTICO SALVTEM.⟩

Commodum discesseras heri cum Trebatius venit, paulo **1**
post Curtius, hic salutandi causa, sed mansit invitatus. Tre-
5 batium nobiscum habemus. Hodie mane Dolabella. Multus
sermo ad multum diem. Nihil possum dicere ἐκτενέστερον,
nihil φιλοστοργότερον. Ventum est tamen ad Quintum. Multa
ἄφατα, ἀδιήγητα, sed unum eius modi quod, nisi exercitus
sciret, non modo Tironi dictare sed ne ipse quidem auderem
10 scribere * * * Sed haec hactenus.

Εὐκαίρως ad me venit, cum haberem Dolabellam, Torquatus, humanissimeque Dolabella quibus verbis secum egissem exposuit. Commodum enim egeram diligentissime; quae
diligentia grata est visa Torquato. A te exspecto si quid de **2**
15 Bruto. Quamquam Nicias confectum putabat, sed divortium
non probari. Quo etiam magis laboro idem quod tu. Si quid
est enim offensionis, haec res mederi potest.

Mihi Arpinum eundum est. Nam et opus est constitui
a nobis illa praediola et vereor ne exeundi potestas non sit
20 cum Caesar venerit; de cuius adventu eam opinionem Dolabella habet quam tu coniecturam faciebas ex litteris Messallae.
Cum illuc venero intellexeroque quid negoti sit, tum ad quos
dies rediturus sim scribam ad te.

3 *novam ep. incipit* b^2 4 curtius *b*: cult- *R*: culcius *Mdm*: culeius *s*
7 tandem *Man.*   9 dictare b^2: dicare *vel sim. RΔ*   10 *quae*
vocem scribere *secuta sunt a primo editore consulto omissa putavit Lehmann*
hec *R*: om. *Δ*   12 humanissimeque ... qu(a)e [*v.* 13] *OR*: -issime qu(a)e
mediis omissis Δ [*sed* Dol- ... exposuit *add. in marg.* b^2]   18 constitui
a *Man.*: -tuta *RΔ*   21 tu ⟨cum⟩ *Lamb.*

X *Scr. in Tusculano inter xiv et xii Kal. Quint. an. 45.*

⟨CICERO ATTICO SALVTEM.⟩

1 Minime miror te et graviter ferre de Marcello et plura
vereri periculi genera. Quis enim hoc timeret quod neque
acciderat antea nec videbatur natura ferre ut accidere posset? 5
Omnia igitur metuenda. Sed illud παρὰ τὴν ἱστορίαν, tu
praesertim, me reliquum consularem. Quid? tibi Servius
quid videtur? Quamquam hoc nullam ad partem valet scilicet, mihi praesertim qui non minus bene actum cum illis
putem. Quid enim sumus aut quid esse possumus? domin an 10
foris? Quod nisi mihi hoc venisset in mentem, scribere ista
nescio quae, quo verterem me non haberem.

2 Ad Dolabellam, ut scribis, ita puto faciendum, κοινότερα
quaedam et πολιτικώτερα. Faciendum certe aliquid est; valde
3 enim desiderat. Brutus si quid egerit, curabis ut sciam; cui 15
quidem quam primum agendum puto, praesertim si statuit.
Sermunculum enim omnem aut restinxerit aut sedarit. Sunt
enim qui loquantur etiam mecum. Sed haec ipse optime,
praesertim si etiam tecum loquetur.

Mihi est in animo proficisci xi Kal. Hic enim nihil habeo 20
quod agam, ne hercule illic quidem nec usquam sed tamen
aliquid illic. Hodie Spintherem exspecto. Misit enim Brutus
ad me. Per litteras purgat Caesarem de interitu Marcelli; in
quem, ne si insidiis quidem ille interfectus esset, caderet ulla
suspicio. Nunc vero, cum de Magio constet, nonne furor eius 25
causam omnem sustinet? Plane quid sit non intellego. Explanabis igitur. Quamquam nihil habeo quod dubitem nisi
ipsi Magio quae fuerit causa amentiae; pro quo quidem etiam

---

3 ferre δ: fere *M*¹: fero *R*   5 ante *bm*   10 domin *M*¹*m*: domi
ne *ERM*²*ds*: domi *b*   15 egerit *ORZ codd. Faërn. Ant.*: *om. Δ*
17 restinxerit *bm*: restṛi- *M*: restri- *Rds*   sunt δ: sum *RM*   18 hoc
ipsum *s*   21 quod *κ*: quid *ERΔ*   22 aliquid *Z*ᵝλ: *om. Ω*   enim]
etiam *Orelli*   ad me. Br- *Boot*   28 etiam] omnia *d*

sponsor sum factus. Et nimirum id fuit. Solvendo enim non
erat. Credo eum petisse a Marcello aliquid et illum, ut erat,
constantius respondisse.

XI   *Scr. in Arpinati x Kal. Quint. an. 45.*

5   ⟨CICERO ATTICO SALVTEM.⟩

"*Οὐ ταὐτὸν εἶδος.*" Credebam esse facile; totum est aliud **1**
postea quam sum a te diiunctior. Sed fuit faciendum ut et
constituerem mercedulas praediorum et ne magnum onus
observantiae Bruto nostro imponerem. Posthac enim poteri-
10 mus commodius colere inter nos in Tusculano. Hoc autem
tempore, cum ille me cotidie videre vellet, ego ad illum ire
non possem, privabatur omni delectatione Tusculani. Tu **2**
igitur si Servilia venerit, si Brutus quid egerit, etiam si con-
stituerit quando obviam, quicquid denique erit quod scire
15 me oporteat, scribes. Pisonem, si poteris, convenies. Vides
quam maturum sit. Sed tamen quod commodo tuo fiat.

XII   *Scr. in Arpinati ix Kal. Quint. an. 45.*

                       ⟨CICERO ATTICO SALVTEM.⟩

Valde me momorderunt epistulae tuae de Attica nostra; **1**
20 eaedem tamen sanaverunt. Quod enim te ipse consolabare
eisdem litteris, id mihi erat satis firmum ad leniendam aegri-
tudinem.
Ligarianam praeclare vendidisti. Posthac quicquid scri- **2**
psero, tibi praeconium deferam. Quod ad me de Varrone **3**

1 sponsor sum $Z^b\lambda$: -sorum ΣMd: -sor $O^a Pbms$ et $\Omega\lambda$: est Z^b
2 eum $EP\varDelta C$: enïm Rs ut $ER\delta$: aut M^1 *pro* ut ... constantius *varia*
temptaverunt, ceteris melius Sedgwick ut erat ⟨mos⟩, c-   7 diiu- RM
$m\lambda$: disiu- bds et *om. bm*   9 nostro] modo d 10 colere $M^c bs$:
-lore $RM^1 dm$ 11 ille me δ: ille m M^1: illam R illum $\varDelta$: eum R
20 e(a)edem δ [hed- d]: eadem RM^1 tamen bs: sane t- $RMdm$
ipsum ds 21 leniendam $P\varDelta$: -dum Rd

scribis, scis me antea orationes aut aliquid id genus solitum
scribere ut Varronem nusquam possem intexere. Postea autem
quam haec coepi φιλολογώτερα, iam Varro mihi denuntiaverat
magnam sane et gravem προσφώνησιν. Biennium praeteriit,
cum ille Καλλιππίδης adsiduo cursu cubitum nullum proces- 5
serit. Ego autem me parabam ad id quod ille mihi misisset ut
"αὐτῷ τῷ μέτρῳ καὶ λώϊον", si modo potuissem; nam hoc
etiam Hesiodus ascribit, "αἴ κε δύνηαι".

Nunc illam περὶ τελῶν σύνταξιν sane mihi probatam Bruto,
ut tibi placuit, despondimus, idque tu eum non nolle mihi 10
scripsisti. Ergo illam Ἀκαδημικήν, in qua homines nobiles illi
quidem sed nullo modo philologi nimis acute loquuntur, ad
Varronem transferamus. Etenim sunt Antiochia quae iste
valde probat. Catulo et Lucullo alibi reponemus, ita tamen si
tu hoc probas; deque eo mihi rescribas velim.   15

4   De Brinniana auctione accepi a Vestorio litteras. Ait sine
ulla controversia rem ad me esse conlatam. Romae videlicet
aut in Tusculano me fore putaverunt a. d. viii Kal. Quint.
Dices igitur vel amico tuo Suettio, coheredi meo, vel
Labeoni nostro paulum proferant auctionem; me circiter 20
Nonas in Tusculano fore. ⟨Tu⟩ cum Pisone; Erotem habes.
De Scapulanis hortis toto pectore cogitemus. Dies adest.

4 sane Δ: om. R   5 processerat *Mueller*   6 mihi *RM²bms*:
nullum *M¹d*   9 nunc illam *Rb²*: nunci- *M* [*parum perspicue*]: inviti-
vel sim. δ [*exp. s*]   10 tu eum *Z⁽ᵇ⁾λ*: tu enim *R*: eum *Δ*   12 philologi
Iens. Rom.: philogi *RΔ*   13 antiochea *b²*: ἀντιοχεία *Sal.–Reg.* [*et ita alibi*]
14 alibi rep- *Iens. Rom.*: alibere [a li-] p- *RMbm*: a libero p- *ds*   ita *RΔ*:
sic *C*   16 brinniana *MdC*: brimana *aliaque cett. qualia amplius non
curabo*   18 a.d. *nescio quis*: ad *RΔ*   19 [tuo] suettio coh- *Z²*: tuos
[tuo *P*] vectio coh- *R*: tuos nectiotoni h- *M*: tuos necticom h- *d*: tuos
[tuo *b*] necnon coh- [comh- *m*] *b¹m* [necnon *exp.*, vel othoni *in marg. add.*
b²]: tuo vel Othoni coh- *Iens.*: tuo S. Vettio coh- *Bos.*   21 tu *add.*
Wes.   Erotem *Sal.–Reg.*: or- *O¹RMds*: oro te ni *bm*: oro te *O²*

XIII, XIV   *Scr. in Arpinati vii Kal. Quint. an. 45.*

⟨CICERO ATTICO SALVTEM.⟩

Commotus tuis litteris, quod ad me de Varrone scripseras, **1**
totam Academiam ab hominibus nobilissimis abstuli, transtuli
5 ad nostrum sodalem et e duobus libris contuli in quattuor.
Grandiores sunt omnino quam erant illi, sed tamen multa
detracta. Tu autem mihi pervelim scribas qui intellexeris
illum velle; illud vero utique scire cupio quem intellexeris
ab eo ζηλοτυπεῖσθαι, nisi forte Brutum. Id hercle restabat!
10 Sed tamen scire pervelim. Libri quidem ita exierunt, nisi
forte me communis φιλαυτία decipit, ut in tali genere ne apud
Graecos quidem simile quicquam. Tu illam iacturam feres
aequo animo quod illa quae habes de Academicis frustra
descripta sunt. Multo tamen haec erunt splendidiora, breviora,
15 meliora. Nunc autem ἀπορῶ quo me vertam. Volo Dolabellae **2**
valde desideranti; non reperio quid, et simul αἰδέομαι Τρῶας,
neque, si aliud quid, potero μέμψιν effugere. Aut cessandum
igitur aut aliquid excogitandum. Sed quid haec levia cura- **3**
mus? Attica mea, obsecro te, quid agit? Quae me valde angit.
20 Sed crebro regusto tuas litteras; in iis acquiesco. Tamen exspecto novas.

Brinni libertus, coheres noster, scripsit ad me velle, si mihi **4**
placeret, coheredes se et Sabinum Albium ad me venire. Id (xiv. 1)

3 *novam ep. facit b²*   5 e Σ: ex Δ   6 erant illi *ERMd*: i- e-
s: erant *bm*   7 qui *PΔ*: que *R*: quid *b²s*   8 illud Δ: id il- *R*   utique
Δ: u- ego *R*   quem Δ: que *R*   9 id ercle [her- *Vict.*] rest- λ: ider de
re st- *Md*: id ei de re st- *bms* [id ei dem st- *b²*]: id credere st- *R* [scribat *P*]
10 pervelim Δ: vel(l)im *RP*   11 decipit *PΔ*: decepit *R*   13 de
ac(h)ademicis [-missis *M¹*] *ERΔ*: *del. Reid*   17 aliud quid *bdm*: -d qui
RMCλ: aliquid quid *s*: aliquid *Man.*   effugere *b*: -ret *RΔ*   18 cogit- *bm*
20 iis *ER*: hiis *M*: his *Pδ*   tamen *om. E*   21 novas *Eδλ* [*om. s*]:
nonas *RM¹*   22 Brinni . . . scribes [*p.* 174. 7] *huic ep.* adnexuit
Schmidt   coheres . . . coheredes *R* [*sed* cum h-]: coheres [*ceteris omissis*]
Mbd [*sed* comh- *M*]: et comheres *m*: *om. s*   23 placeret *Zᵇλ*: -cet *R*   se
et *cod. Vrs.*: et *RM¹dm*: ait *Mᶜbs*: sed *P*

173

ego plane nolo. Hereditas tanti non est. Et tamen obire
auctionis diem facile poterunt (est enim III Id.) si me in
Tusculano postridie Nonas mane convenerint. Quod si laxius
volent proferre diem, poterunt vel biduum vel triduum vel
ut videbitur; nihil enim interest. Qua re nisi iam profecti 5
5 sunt, retinebis homines. De Bruto, si quid erit, de Caesare, si
(xiv. 2) quid scies, si quid erit praeterea, scribes.

XIV, XV   *Scr. in Arpinati vi Kal. Quint. an. 45.*

⟨CICERO ATTICO SALVTEM.⟩

1   Illud etiam atque etiam consideres velim, placeatne tibi 10
mitti ad Varronem quod scripsimus. Etsi etiam ad te aliquid
pertinet. Nam scito te ei dialogo adiunctum esse tertium.
Opinor igitur consideremus. Etsi nomina iam facta sunt; sed
vel induci vel mutari possunt.

2   Quid agit, obsecro te, Attica nostra? Nam triduo abs te 15
(xv) nullas acceperam; nec mirum. Nemo enim venerat, nec fortasse causa fuerat. Itaque ipse quid scriberem non habebam.
Quo autem die has Valerio dabam, exspectabam aliquem
meorum. Qui si venisset et a te quid attulisset, videbam non
defuturum quid scriberem.   20

XVI   *Scr. in Arpinati v Kal. Quint. an. 45.*

⟨CICERO ATTICO SALVTEM.⟩

1   Nos cum flumina et solitudines sequeremur quo facilius
sustentare nos possemus, pedem e villa adhuc egressi non

1 obire *RΔ* : novare *C*   3 laxius *ΔC* : latius *Rb*   4 vel triduum *om.* λ
5 enim *om. ds*   6 erit *RΔZ*ᵇ : egerit *Orelli*   7 si quid erit pr- *ΣCZ*ᵇ
λ : si quid scies [*iterum*] pr- *bm* [*linea del. b*] : si quid pr- *M*²κ : pr- *M*¹*ds*
10 *novam ep. hinc incepit Schmidt*   11 a te *M*¹ [*talia non semper commemoro*]
14 vel [*post.*] *Δ* : vel enim *R*   15 quid agit] *hinc novam ep. incipit b*²
et edd. ante Schmidt   te [*prius*] *Δ* : *om. R*   23 -dines *Z*⁽ᵇ⁾λ : -dinem *Ω*

sumus; ita magnos et adsiduos imbris habebamus. Illam
Ἀκαδημικὴν σύνταξιν totam ad Varronem traduximus. Primo
fuit Catuli, Luculli, Hortensi; deinde, quia παρὰ τὸ πρέπον
videbatur, quod erat hominibus nota non illa quidem ἀπαι-
5 δευσία sed in his rebus ἀτριψία, simul ac veni ad villam,
eosdem illos sermones ad Catonem Brutumque transtuli.
Ecce tuae litterae de Varrone. Nemini visa est aptior Antiochia ratio. Sed tamen velim scribas ad me, primum placeatne **2**
tibi aliquid ad illum, deinde, si placebit, hocne potissimum.
10   Quid Servilia? iamne venit? Brutus ecquid agit et quando?
De Caesare quid auditur? Ego ad Nonas, quem ad modum
dixi. Tu cum Pisone, si quid poteris.

XVII, XVIII *Scr. in Arpinati iv Kal. Quint. an. 45.*

⟨CICERO ATTICO SALVTEM.⟩

15 v Kal. exspectabam Roma aliquid, non quo imperassem **1**
aliquid tuis. Nunc igitur eadem illa, quid Brutus cogitet,
aut, si aliquid egit ⟨quid egerit⟩, ecquid a Caesare. Sed quid
ista quae minus curo? Attica nostra quid agat scire cupio.
Etsi tuae litterae (sed iam nimis veteres sunt) recte sperare
20 iubent, tamen exspecto recens aliquid.
    Vides propinquitas quid habeat. Nos vero conficiamus hor- **2**
tos. Conloqui videbamur in Tusculano cum essem; tanta erat (xviii)
crebritas litterarum. Sed id quidem iam erit. Ego interea

2 primo *CZ^bλ*: modo *Ω*: quae modo *Sal.–Reg.*   4 vid- *R*: non
vid- *Δ*   quod *b¹ms*: quid *RMb²d*   5 sed in his *Pb²*: sed in hiis *R*:
sedimus *Md*: sed vivis *b¹[?]ms*: sed in iis *vulg.*   ἀτριψία *Vict.*: ΑΤΡΕΙ-
ΨΙΑ *R*: -ΕΥΨΙΔ *M¹*: -εψία δ   15 v Kal. [Cal.] *CZ^{lb}λ*: vi Kal. *Z^β*:
vi *Ω*: de Sexto *b²κ* ['de *in multis libris' Lamb.*]   quo *Z^bλκ*: quod *Z^β*: *om. Ω*
imperassem *Δλ*: impetr- *O¹Rs* [*sed t exp. s*]   16 igitur *post* impe-
(t)rassem *RΔ*: *transp. Sedgwick* [*ante* nunc *Lamb.*]   17 quid egerit
add. Boot   ecquid *Lamb.*: et q- *RΔ*, *ut solent, hic fort. recte*   21 vides
. . . coram [*p.* 176. 8] *huic ep. adnexuit Schiche*   habeat *Lamb.*: -et
RΔλ: -es *s*   conficiamus δ: conf[-nif- *M*] iamus *RM*   22 essemus *bm*
23 celebritas *d*   erit δ: erat *RM¹*

175

admonitu tuo perfeci sane argutulos libros ad Varronem, sed
tamen exspecto quid ad ea quae scripsi ad te: primum qui
intellexeris eum desiderare a me, cum ipse homo πολυγραφώ-
τατος numquam me lacessisset; deinde quem ζηλοτυπεῖν * * *
multo Hortensium minus aut eos qui de re publica loquuntur. 5
Plane hoc mihi explices velim in primis, maneasne in sententia ut mittam ad eum quae scripsi, an nihil necesse putes.
Sed haec coram.

XIX   *Scr. in Arpinati iii Kal. Quint. an. 45.*

⟨CICERO ATTICO SALVTEM.⟩   10

1 Commodum discesserat Hilarus librarius iv Kal., cui dederam litteras ad te, cum venit tabellarius cum tuis litteris pridie datis; in quibus illud mihi gratissimum fuit, quod Attica
nostra rogat te ne tristis sis, quodque tu ἀκίνδυνα esse scribis.
2 Ligarianam, ut video, praeclare auctoritas tua commen- 15
davit. Scripsit enim ad me Balbus et Oppius mirifice se probare, ob eamque causam ad Caesarem eam se oratiunculam
misisse. Hoc igitur idem tu mihi antea scripseras.
3 In Varrone ista causa me non moveret, ne viderer φιλέν-
δοξος. Sic enim constitueram, neminem includere in dialo- 20
gos eorum qui viverent; sed quia ⟨scripseras⟩ et desiderari
a Varrone et magni illum aestimare, eos confeci, et absolvi

4 nunquam Δ: ac n- R cod. Ant.   quem Man.: quam RΔ   lacunam,
quam agnovit Faërn., his explevit Bos.: nisi forte Brutum, quem si non
ζηλοτυπεῖ   5 aut [autem b] eos Δ: anteos R: ante hos P   6 plane
ORbs: plene Mdm   maneas ne Δ: tu maneas R: tu m- ne P   8 hoc
P   11 novam ep. incipit b² hilaris Δ [hyl- s]: hylaris R [ill- P]   iv M
m: iii b: ix ds: vi R: viii λ   16 et λ: ac codd. Mal. nonnulli: om. ERΔ
17 eam M¹: meam ERδ   18 hoc R: h(a)ec Δ   antea Δ: hec a- R: a- hoc P
20 -tueram Pius: -tuebam ERΔ   21 eorum om. M¹   scripseras add.
Plasberg: scribis Rom.   -derari a EPδ: -deria M¹: -deri a M²: -deriar
a R   22 -re eos ERδ: -r eos M¹: -re Reid: fort. -re, hos

nescio quam bene, sed ita accurate ut nihil posset supra,
Academicam omnem quaestionem libris quattuor. In eis
quae erant contra ἀκαταληψίαν praeclare conlecta ab Antiocho,
Varroni dedi. Ad ea ipse respondeo; tu es tertius in sermone
5 nostro. Si Cottam et Varronem fecissem inter se disputantis,
ut a te proximis litteris admoneor, meum κωφὸν πρόσωπον
esset. Hoc in antiquis personis suaviter fit, ut et Heraclides in 4
multis et nos in vi de re publica libris fecimus. Sunt etiam
de oratore nostri tres mihi vehementer probati. In eis quoque
10 eae personae sunt ut mihi tacendum fuerit. Crassus enim
loquitur, Antonius, Catulus senex, C. Iulius, frater Catuli,
Cotta, Sulpicius. Puero me hic sermo inducitur, ut nullae
esse possent partes meae. Quae autem his temporibus scripsi
Ἀριστοτέλειον morem habent in quo ita sermo inducitur
15 ceterorum ut penes ipsum sit principatus. Ita confeci quinque
libros περὶ τελῶν ut Epicurea L. Torquato, Stoica M. Catoni,
περιπατητικὰ M. Pisoni darem. Ἀζηλοτύπητον id fore putaram
quod omnes illi decesserant. Haec Academica, ut scis, cum 5
Catulo, Lucullo, Hortensio contuleram. Sane in personas
20 non cadebant; erant enim λογικώτερα quam ut illi de iis
somniasse umquam viderentur. Itaque ut legi tuas de Varrone, tamquam ἕρμαιον adripui. Aptius esse nihil potuit ad id
philosophiae genus, quo ille maxime mihi delectari videtur,

1 possit *Kayser*   5 si . . . fecissem *PΔ*: si . . . -set [*sed* t *del.*] *d*:
set . . . -se *R*   6 ut *Rb²*: om. *Δ*   7 esset *b²*: esse *RΔ*   ut et
Mbm: ut *ERds*   8 in vi *Schütz*: in *ERM²*: vi *M¹m* [videre .P. *M¹*]:
sex *Mᶜb*: om. *ds*   sunt *ERδ*: sit *M¹*: sic *M²*   9 nostri *ERbms*: nostri
[*ex* -ro *M*] nosti *Md*   10 e(a)e p- *RMᶜms*: esse [eē] p- *E*: p- *Pb*:
perorate *d*: ea persona *M¹*   11 ⟨Scaevola⟩ Ant- *Wes.*   iu[l]lius *Pb*:
iunius *ERΔ*   14 Ἀρ- *nescio quis*: aristotiliori *M¹* [-ion *M²*]: -telicum
[-til-] *ERδ*   ita sermo *Σ*: s- i- *Δ*   16 libros *M²bms*: -ris [-eris] *ERM¹d*
epicurea *ER*: -ra *Mdm*: -ria *bs*   catoni *Mᶜb*: antonio *ERΔ*   17 -οτύ-
πητον *MᶜZ⁽ᵇ⁾*: -ΟΥ[ᵖ]ΠΗΤΟΝ *R* [-ΤΡ-] *M¹*: -ότυπον δ   18 cum
secluderem si dativi sic positi exemplum Tullianum haberem   20 ut
illi *RC*: inutili *Δ* [in ut- *M*, -le *d*]   de iis *Rom.*: de his *Cb²*: deus *RΔ*:
21 somniasse unq- *C*: omnia et unq- *Δ*: omni actum quam *R*

eaeque partes ut non sim consecutus ut superior mea causa
videatur. Sunt enim vehementer πιθανὰ Antiochia; quae
diligenter a me expressa acumen habent Antiochi, nitorem
orationis nostrum, si modo is est aliquis in nobis. Sed tu
dandosne putes hos libros Varroni etiam atque etiam videbis. 5
Mihi quaedam occurrunt; sed ea coram.

XX   *Scr. in Arpinati vi aut v Non. Quint. an. 45.*

⟨CICERO ATTICO SALVTEM.⟩

1 A Caesare litteras accepi consolatorias datas prid. Kal.
Mai. Hispali. De urbe augenda quid sit promulgatum non 10
intellexi. Id scire sane velim. Torquato nostra officia grata
2 esse facile patior eaque augere non desinam. Ad Ligarianam
de uxore Tuberonis et privigna neque possum iam addere (est
enim pervulgata) neque Tuberonem volo offendere; mirifice
est enim φιλαίτιος. Theatrum quidem sane bellum habuisti. 15
3 Ego etsi hoc loco facillime sustentor, tamen te videre cupio.
Itaque, ut constitui, adero. Fratrem credo a te esse conventum. Scire igitur studeo quid egeris.
4 De fama nihil sane laboro, etsi scripseram ad te tunc
stulte 'nihil melius'; curandum enim non est. Atque hoc 20
'in omni vita sua quemque ⟨a⟩ recta conscientia traversum
unguem non oportet discedere', viden quam φιλοσόφως? An
tu nos frustra existimas haec in manibus habere? Δεδῆχθαι te

1 eaeque partes *scripsi*: easque p- *RΔ* [-tis *Mbm²*, -tim *m¹*]: measque p-
Z⁽ᵇ⁾: eaeque sunt p- *Reid*   5 putas *ds*   *prius* etiam *om. Mdm*
9 *novam ep. incipit b²*   a *EΔ* [a G. *b*]: *om. R*   10 urbe *Rbs*: verbe *Mdm*
aug- *b²*: ag- *RΔ*   11 id sc- sane *Rλ*: sane id sc- *O*: id sane sc- *Δ*
12 ad ligarianam *ORCZᵇλ*: *om. Δ*   14 offendere *Ernesti*: def- *RΔ*
16 etsi *b²*: si *RΔ*: sed *P*   19 tunc *PM²bm*: tu ne *M¹ds*: *om. R*
20 mel- cur- enim *ΔC* [enim non *del.*, enim *add. in marg. b²*]: enim cur-
mel- *R cod. Faërn.*   est. atque *ΔC*: extat quo *R*   21 a δ: *om. RM¹*
22 viden *Δ* [-eri *d*]: vide *P*: inde *R*   φιλ- *Vict.*: philosophos *RΔ*   an
tu nos *Vict.*: ancunos *Md*: autunos *ms*: tu nos *b* [haud *add. in marg.*
b²]: aut tu nos *R*   23 te ⟨eo⟩ *Wes.*

nollem, quod nihil erat. Redeo enim rursus eodem. Quicquamne me putas curare in toto, nisi ut ei ne desim ? Id ago
scilicet ut iudicia videar tenere. Μὴ γὰρ αὐτοῖς. Vellem tam
domestica ferre possem quam ista contemnere. Putas autem
5 me voluisse aliquid quod perfectum non sit ? Non licet scilicet
sententiam suam. Sed tamen quae tum acta sunt non possum
non probare, et tamen non curare pulchre possum, sicuti
facio. Sed nimium multa de nugis.

XXI   *Scr. Asturae c. vi Kal. Sept. an. 45.*

10   ⟨CICERO ATTICO SALVTEM.⟩

Ad Hirtium dederam epistulam sane grandem quam scri- 1
pseram proxime in Tusculano. Huic quam tu mihi misisti
rescribam alias. Nunc alia malo. Quid possum de Torquato, 2
nisi aliquid a Dolabella ? Quod simul ac, continuo scietis.
15 Exspectabam hodie aut summum cras ab eo tabellarios ; qui
simul ac venerint, mittentur ad te. A Quinto exspecto. Proficiscens enim e Tusculano VIII Kal., ut scis, misi ad eum
tabellarios.

Nunc ad rem ut redeam, 'inhibere' illud tuum, quod valde 3
20 mihi adriserat, vehementer displicet. Est enim verbum totum
nauticum. Quamquam id quidem sciebam, sed arbitrabar
sustineri remos cum inhibere essent remiges iussi. Id non esse
eius modi didici heri cum ad villam nostram navis appelle-
retur. Non enim sustinent, sed alio modo remigant. Id ab

2 in toto ⟨negotio⟩ *Schelle, quod ex tradita lect. cum Gronovio intellegas;
ceteroqui mallem* in ⟨hoc⟩ toto [*cf. p.* 186. 2]: *alii alia*   ei [*sc. Ligario*]
RΔ : mihi *Wieland*   ago scilicet *O¹RC* : agnosci l- *Δ*   5 perfectum
RΔ : prof- *b* : rectum *Lamb.* : per se rectum *Boot*   6 sed tamen quae tum
*b*² : q- tum s- tamen *RMd* : s- tamen q- *bms*   12 quam tu mihi *b*² : quam
tum [quant-] m- *ΔZ*ᵇ : q- m- tu *R*   13 alia *O¹Rλ* : -as *Δ*   14 scieris
Sal.–Reg. : scies *Lamb.*   16 ad *Pδ* : a *RM*¹   17 enim *PΔ* : om. *R*
scis *Δ* : s- et *R*   20 veh- *Δ* : ac veh- *R*   22 inhibere *s* : -ri *RΔ*
23 huiusmodi *d*

179

ἐποχῇ remotissimum est. Qua re facies ut ita sit in libro quem
ad modum fuit. Dices hoc idem Varroni, si forte mutavit.
Nec est melius quicquam quam ut Lucilius:
   'Sustineas currum ut bonus saepe agitator equosque.'
Semperque Carneades προβολὴν pugilis et retentionem aurigae 5
similem facit ἐποχῇ. Inhibitio autem remigum motum habet
et vehementiorem quidem remigationis navem convertentis
ad puppim. Vides quanto haec diligentius curem quam aut
de rumore aut de Pollione †de Pansa etiam si quid certius
credo enim palam factum esse de Critonio si quid esset certe 10
ne† de Metello et Balbino.

XXI a   *Scr. in Arpinati prid. Kal. aut Kal. Quint. an. 45.*

⟨CICERO ATTICO SALVTEM.⟩

1 (4)   Dic mihi, placetne tibi primum edere iniussu meo? Hoc
ne Hermodorus quidem faciebat, is qui Platonis libros soli- 15
tus est divulgare, ex quo "λόγοισιν Ἑρμόδωρος". Quid illud?
Rectumne existimas cuiquam ⟨ante quam⟩ Bruto, cui te auctore προσφωνῶ? Scripsit enim Balbus ad me se a te quintum
de finibus librum descripsisse; in quo non sane multa mutavi,
sed tamen quaedam. Tu autem commode feceris si reliquos 20
continueris, ne et ἀδιόρθωτα habeat Balbus et ἔωλα Brutus.

1 ἐποχῇ *nescio quis:* ἔποχα *b*[2]: epoche *RΔλ*   2 idem *Δλ:* etiam *R*
varroni si *b:* varro nisi *RΔ:* varroni nisi *Z*[(b)] *cod. Ant.*   3 Lucilius
Faërn.: lucullus *RΔλ*   4 sustineas *RM*[1]λ: -at δ   equos [*om.* que] *bs*
6 ἐποχῇ *Vict.:* ΕΠΟΛΑΙ *vel sim. RMm:* ἐποχάς *C*   7 quidem
om. ds   8 vides *Δ:* tu v- *R*   h(a)ec *O*[1]*R:* hoc *Δ*   10 esset
[esse *b*] certe ne] est certi, certe de *Boot*   *verba* de Pansa . . . certe ne
varie interpuncta nonnullaque mutata; quae eiusmodi fuisse conieci: . . . de
Pollione, de Pansa etiam. ⟨Sed⟩ si quid certius (credo . . . esse), et de Cr-,
si quid est certi [*sc.* scribe]; ne de M- et B- [*sc.* dicam; *quam vocem post*
Balbino *addere voluit Boot, fort. recte*]   14 *novam ep. constituit Schiche*
16 quid *RMb*[a]*d:* qui *b*[1]*ms*   17 existimas *b*[2]: -ma *RΔ*   cuiquam ⟨ante-
quam⟩ *Vict.:* quiquam *M:* quicq- *Rδ*   20 quaedam addidi κ
21 ἀδιόρθωτα *C:* -ΡΟΩΤΑ *RM:* ἀδωρότατα [-ρώτ- *b*] δ

Sed haec hactenus, ne videar περὶ μικρὰ σπουδάζειν. Etsi nunc
quidem maxima mihi sunt haec; quid est enim aliud?
    Varroni quidem quae scripsi te auctore ita propero mit-
tere ut iam Romam miserim describenda. Ea si voles, statim
5 habebis. Scripsi enim ad librarios ut fieret tuis, si tu velles,
describendi potestas. Ea vero continebis quoad ipse te videam;
quod diligentissime facere soles cum a me tibi dictum est.
Quo modo autem fugit me tibi dicere? Mirifice Caerellia (5) 2
studio videlicet philosophiae flagrans describit a tuis: istos
10 ipsos de finibus habet. Ego autem tibi confirmo (possum falli
ut homo) a meis eam non habere; numquam enim ab oculis
meis afuerunt. Tantum porro aberat ut binos scriberent, vix
singulos confecerunt. Tuorum tamen ego nullum delictum
arbitror itemque te volo existimare; a me enim praetermis-
15 sum est ut dicerem me eos exire nondum velle. Hui, quam diu
de nugis! de re enim nihil habeo quod loquar.
    De Dolabella tibi adsentior. Coheredes, ut scribis, in (6) 3
Tusculano. De Caesaris adventu scripsit ad me Balbus non
ante Kal. Sext. De Attica optime, quod levius ac lenius et
20 quod fert εὐκόλως. Quod autem de illa nostra cogitatione (7) 4
scribis, in qua nihil tibi cedo, ea quae novi valde probo,
hominem, domum, facultates. Quod caput est, ipsum non
novi sed audio laudabilia, de Scrofa etiam proxime. Accedit,

---

4 descr- RΔ [de scr- M¹]: scr- P   5 tu PΔ: om. R   6 quod M¹
7 a PMᶜbms: ad RM¹d   est R cod. Ant.: sit Δλ   8 quomodo Δ:
quom Z⁽ˡ⁾: cum RZ⁽ᵇ⁾: tum P   dicere Pbs: -rem RMdm   10 ego
PΔ: hoc R   possem λ   11 homo a meis λ Mal. ex cod. Ant. homo
ans: [homo] a mis [vel amis] Z: h- annis [hō ānis] R: humanus Δ
eam ΔZ: causa [cā] R   nunquam [non-] Δ: quam R   12 abfuerunt δZ¹
[af-]: affuerint RM¹   13 cum fecerunt [om. tuorum] R: conficerent
P   ego Zᵇλκ: eo RΔ   15 est Rδ: sit M¹   hi M¹   17 de
dol-] hic novam ep. indicat b²   de .Adol- M   coh- Vict.: cum h- RΔ
19 lev- ac len- Mb[?]ds: len- ac len- m: lev- ac lev- RZ¹   22 domum Δ: bonum R   23 laudabilia s²: -buta Δ: -bit ita R: -biliora bˢ
scrofa bˢ: crof(f)a RΔ

si quid hoc ad rem, εὐγενέστερος est etiam quam pater. Coram igitur, et quidem propenso animo ad probandum. Accedit enim quod patrem, ut scire te puto, plus etiam quam non modo tu sed quam ipse scit, amo, idque et merito et iam diu.

XXII   *Scr. in Arpinati iv Non. Quint. an. 45.*   5

⟨CICERO ATTICO SALVTEM.⟩

1 De Varrone non sine causa quid tibi placeat tam diligenter exquiro. Occurrunt mihi quaedam. Sed ea coram. Te autem ἀσμεναίτατα intexo, faciamque id crebrius. Proximis enim 2 tuis litteris primum te id non nolle cognovi. De Marcello 10 scripserat ad me Cassius antea, τὰ κατὰ μέρος Servius. O rem 3 acerbam! Ad prima redeo. Scripta nostra nusquam malo esse quam apud te, sed ea tum foras dari cum utrique nostrum videbitur. Ego et librarios tuos culpa libero neque te accuso, et tamen aliud quiddam ad te scripseram, Caerelliam quae- 15 dam habere ⟨quae nisi a te habere⟩ non potuerit. Balbo quidem intellegebam sat faciendum fuisse; tantum nolebam aut obsoletum Bruto aut Balbo incohatum dari. Varroni, simul ac te videro, si tibi videbitur, mittam. Quid autem dubitarim, cum videro te, scies.   20

4 Attributos quod appellas, valde probe. Te de praedio Oviae exerceri moleste fero. De Bruto nostro perodiosum,

1 *pro* εὐγενέστερος, *quod mihi quidem non valde adridet,* εὐτεν- *libenter scripserim*   4 et iam *s*: etiam *RΔ*   7 quid t- p- non s- c- *bm*
9 -ΝΑΙΤΑΤΑ *RM*¹: -*νέοτατα* δ   intexo *RZ*ᵇλ: intex *M*¹ [*ʔ*] *dm*: -xe *M*ᶜ [*ʔ*]: -xui *bs*   11 o *Z*⁽ᵇ⁾λ: *om.* Ω   12 prima *Δ*: -am *R*   nusq- *Δ*: nunq- *R*   13 tum *RMb*²*d*: timui *b*¹[*ʔ*]*ms*: tamen *P*   14 videbitur *O*¹*Rb*²: vibitur *b*¹: iubetur *Δ*: videtur *Wes.*   15 et *Δ*: et etiam *R*   16 quae ... habere *vulg.*: que nisi a te *b*² *in marg.*: ad te *ds*: *om.* *RMb*¹*m*   17 sat f- [satf-] *ΔCZ*⁽ᵇ⁾λ: satis f- *Rbκ*   18 quid autem dubitarim *post* obsoletum *R* [*non habet P*], vacat *superscr. R*². *huiusmodi interpolationes ex R non amplius referam*   19 simul ac te *Δ*: -late *R*   21 attribu- tos *P*: ad tr- *RMdm*: ad tribunos *bs*   probo *bs*   te *om. R*   22 Oviae *Schütz*: av- *RΔ*: a me *P*

sed vita fert. Mulieres autem vix satis humane quae inimico
animo ferant, cum ⟨in⟩ utraque officio pareat. Tullium scribam nihil fuit quod appellares ; nam tibi mandassem, si fuisset.
Nihil enim est apud eum positum nomine voti, sed est
5 quiddam apud illum meum. Id ego in hanc rem statui conferre. Itaque et ego recte tibi dixi ubi esset, et tibi ille recte
negavit. Sed hoc quoque ipsum continuo adoriamur. Lucum
hominibus non sane probo quod est desertior, sed habet
εὐλογίαν. Verum hoc quoque ut censueris, quippe qui omnia.
10 Ego, ut constitui, adero, atque utinam tu quoque eodem die!
Sin quid (multa enim), utique postridie. Etenim coheredes,
a quis sine te opprimi †militia† est. Alteris iam litteris nihil 5
ad me ⟨de⟩ Attica. Sed id quidem in optima spe pono ; illud
accuso, non te sed illam, ne salutem quidem. At tu et illi et
15 Piliae plurimam, nec me tamen irasci indicaris. Epistulam
Caesaris misi, si minus legisses.

XXIII   *Scr. in Tusculano vi Id. Quint. an. 45.*

⟨CICERO ATTICO SALVTEM:⟩

Antemeridianis tuis litteris heri statim rescripsi ; nunc 1
20 respondeo vespertinis. Brutus mallem me arcesseret. Nam et
aequius erat, cum illi iter instaret et subitum et longum, et
me hercule nunc, cum ita simus adfecti ut non possimus plane
simul vivere (intellegis enim profecto in quo maxime posita
sit συμβίωσις), facile patiebar nos potius Romae una esse quam
25 in Tusculano.

1 vita ⟨ita⟩ *Baiter*: ⟨ita⟩ vita *Orelli*   iniquo *Lamb.*   2 in *add.*
Orelli   4 enim est *PΔ* : est enim *Rm*   7 ipsum *om. ds*   lucum
Bos.: locum *RΔ*   8 anne ⟨in⟩ hom-?   11 sin q- *Δ* : siq- *R*
12 quibus *s*   militia *RΔZ¹*: mal- *b²*: *coniecturis multis et malis melior,
credo, accedat* iniurium   13 de *s²* : *om. RΔ*   14 at *PΔ* : ac *R*
15 me *RMd* : tue *s* : *om. bm*   19 *novam ep. indicat b²*   20 me *Δ* : et
me *R*   arcesseret *PMm* : a(c)cerseret [-rit *b*] *Rbds* [*sic et alibi*]   22 ita
Pbs : ista *RMdm*   plane *Δ* : etiam p- *R*   23 in quo *ORZᵦλ* : quo *Δ*

2   Libri ad Varronem non morabuntur. Sunt enim adfecti,
ut vidisti; tantum librariorum menda tolluntur. De quibus
libris scis me dubitasse, sed tu videris. Item quos Bruto mit-
timus in manibus habent librarii.

3   Mea mandata, ut scribis, explica. Quamquam ista re- 5
tentione omnis ait uti Trebatius; quid tu istos putas? Nosti
domum. Qua re confice εὐαγώγως. Incredibile est quam ego
ista non curem. Omni tibi adseveratione adfirmo, quod mihi
credas velim, mihi maiori offensioni esse quam delectationi
possessiunculas meas. Magis enim doleo me non habere cui 10
tradam quam habere qui utar. Atque illud Trebatius se tibi
dixisse narrabat; tu autem veritus es fortasse ne ego invitus
audirem. Fuit id quidem humanitatis, sed, mihi crede, iam
ista non curo. Qua re da te in sermonem et praesta et confice et
ita cum Polla loquere ut te cum illo Scaeva loqui putes nec 15
existimes eos qui non debita consectari soleant quod debeatur
remissuros. De die tantum videto, et id ipsum bono modo.

XXIV   *Scr. in Tusculano v Id. Quint. an. 45.*

〈CICERO ATTICO SALVTEM.〉

1   Quid est quod Hermogenes mihi Clodius Andromenem 20
sibi dixisse se Ciceronem vidisse Corcyrae? Ego enim audita

1 morabuntur *Turnebus*: -bantur *RΔ*   adfecti *Gronovius*: deff- *RM*:
def- *Pδλ*: eff- *b²* codd. *quidam teste Vrs.*: des- *unus cod. teste eodem*: detexti
Lamb. ['*scripturae veteris vestigia secutus*']: *alii alia*   3 tu *Δ*: tu tamen *R*
4 habent librarii: mea *b²*: h- librum. ea [mea *P*] *PΔ*: hunc librum. mea *R*
codd. Mal.   6 uti *Vict.*: ut ei *RΔ*: om. *b*   7 quare *Z*⁽ᵇ⁾λ: qua
Mb¹dm: quam *Rb²s*   εὐαγώγως *Bos.*: ΕΥΑΓΩC *RΔZ*ᵇ: εὐλαβῶς *Z¹*['*plane
scriptum*'] λ   8 quod *RM* [d *exp.*]: quo δ   11 *post* quam *add.* delector *b²*, *alii alia*   12 invitus *M*ᶜᵇ²[*ᵖ*]: inultus *Δ*: multis *R*   13 *fort.*
hum- 〈tuae〉 mihi *PΔ*: om. *R*   14 praesta *scripsi*: perseca *RΔ*:
persta *Ribbeck*: persectare *Sedgwick*: *alii alia*   et ita cum polla *ORλ*:
excita compella [-le *ds*] *Δ*   15 scaeva loqui λ: scevalo qui *O*: -llo qui
[llo *eras. in b*] *Δ*: scenalo *P*: scevola qui *R*: -la loqui *b²* *in marg.*   nec
Corr.: ne *RΔ*   16 eos *PΔ*: om. *R*   solent *ds*   21 corcyr(a)e [-cire *R*]
O[*ᵖ*]*RPb²* [*in marg. pro v.l.*] λ: currere *Δ*: citerae *b¹*   enim *b²s*: eum *RΔ*

tibi putarem. Nil igitur ne ei quidem litterarum ? An non vidit ? Facies ergo ut sciam.

Quid tibi ego de Varrone rescribam ? Quattuor διφθέραι sunt in tua potestate. Quod egeris id probabo. Nec tamen 5 αἰδέομαι Τρῶας. Quid enim ? Sed ipsi quam res illa probaretur magis verebar. Sed quoniam tu suscipis, in alteram aurem.

De retentione rescripsi ad tuas accurate scriptas litteras. **2** Conficies igitur, et quidem sine ulla dubitatione aut retrecta- (xxv. 1) tione. Hoc fieri et oportet et opus est.

10 **XXV**   *Scr. in Tusculano iv Id. Quint. an. 45.*

⟨CICERO ATTICO SALVTEM.⟩

De Andromene ut scribis ita putaram. Scisses enim mihique **1** dixisses. Tu tamen ita mihi de Bruto scribis ut de te nihil. **2** Quando autem illum putas ? Nam ego Romam prid. Id. 15 Bruto ita volui scribere (sed, quoniam tu secus id te legisse scribis, fui fortasse ἀσαφέστερος), me ex tuis litteris intellexisse nolle eum me quasi prosequendi sui causa Romam nunc venire. Sed, quoniam iam adest meus adventus, fac, quaeso, ne quid eum Idus impediant quo minus suo commodo in 20 Tusculano sit. Nec enim ad tabulam eum desideraturus eram (in tali enim negotio cur tu unus non satis es ?), sed ad testamentum volebam, quod iam malo alio die, ne ob eam causam

1 putarem *scripsi* : -ram *RΔ*   3 *ante* quid *novam ep. indicat* b^2 διφθέραι *Rom.* : -PIAI *RΔZ*   8 sine ulla *Pbs* : si u- *Mdm* : si illa u- [*sed* illa *del.*] *R*   retrectat- *Cλ* : retractat- *OPΔ* : retractione *b* : retrottat- *R* 9 hoc *Δ* : hec *R*   12 mi(c)hi qu(a)e *RMb^2dmκ* [scripsisses e- m- q- didicisses b^2κ] : q- m- b^1s   14 illum *PΔ* : illam *R*   15 bruto ita volui *ORZ$^{(b)}$λ cod. Ant.* : i- v- b- *Δ*   sed q- tu secus id te l- *scripsi* : sed q- tu te legisse *RΔ* : q- secus te intellexisse *λ et Lamb.* '*partim coniectura ductus, partim cod. Torn. auctoritatem secutus*'   16 fui *RΔ* : et fui *λ et Lamb.* 17 eum *Δ* : enim *m* : cum *R*   18 fac *Δ* : tu fac *R*   21 in tali *Δ* : ni(c)hil *RP*   cur tu *Hervagius* : cultu *RΔ* : -us b^2 es *RMd* : est *bms*

Romam venisse videar. Scripsi igitur ad Brutum iam illud,
quod putassem, Idibus nihil opus esse. Velim ergo totum hoc
ita gubernes ut ne minima quidem re ulla Bruti commodum
impediamus.

3   Sed quid est tandem quod perhorrescas quia tuo periculo 5
iubeam libros dari Varroni? Etiam nunc si dubitas, fac ut
sciamus. Nihil est enim illis elegantius. Volo Varronem, praesertim cum ille desideret; sed est, ut scis,

  δεινὸς ἀνήρ· τάχα κεν καὶ ἀναίτιον αἰτιόῳτο.

Ita mihi saepe occurrit vultus eius querentis fortasse vel hoc, 10
meas partis in iis libris copiosius defensas esse quam suas,
quod me hercule non esse intelleges, si quando in Epirum
veneris. Nam nunc Alexionis epistulis cedimus. Sed tamen
ego non despero probatum iri Varroni et id, quoniam im-
pensam fecimus in macrocolla, facile patior teneri. Sed etiam 15
atque etiam dico, tuo periculo fiet. Qua re si addubitas, ad
Brutum transeamus; est enim is quoque Antiochius. O Academiam volaticam et sui similem! modo huc, modo illuc.
Sed, quaeso, epistula mea ad Varronem valdene tibi placuit?
Male mi sit si umquam quicquam tam enitar. Ergo [at ego] 20
ne Tironi quidem dictavi, qui totas περιοχὰς persequi solet,
sed Spintharo syllabatim.

---

1 scripsi Δ : et s- R   3 ⟨in⟩ re Turnebus   6 fac PΔ : om. R
7 enim om. b, num recte? anne Varroni?   10 eius Pbds : ei es RMm
vel hoc Δ : vel hec R : om. E   11 iis ORMm [sed parcissimis M¹] : hiis
E : his bds   12 non esse int- ΣZ⁽ᵇ⁾ : i- n- e- Δ   13 tamen ego Δ : e-
t- R : e- cum P   14 quoniam PΔ : ipsum Rd   15 patiar s   16 addub-
Δ : dub- R   17 o PΔ : om. ER   20 quicquam om. d   tam enitar Δ
[tum s, nit- d] Zᵇ : tamen utar R : tantum en- scribendum vix credo   ergo
Schütz : ergo at [ut s] ego RΔZᵇ : ego. at ego λ : ergo ego κ

XXVI   *Scr. in Tusculano prid. Id. Mai. an. 45.*

⟨CICERO ATTICO SALVTEM.⟩

De Vergili parte valde probo. Sic ages igitur. Et quidem 1
id erit primum, proximum Clodiae. Quod si neutrum, metuo
5 ne turbem et inruam in Drusum. Intemperans sum in eius
rei cupiditate quam nosti. Itaque revolvor identidem in
Tusculanum. Quidvis enim potius quam ut non hac aestate
absolvatur.

    Ego, ut tempus est nostrum, locum habeo nullum ubi 2
10 facilius esse possim quam Asturae. Sed quia qui mecum sunt,
credo quod maestitiam meam non ferunt, domum properant,
etsi poteram remanere, tamen, ut scripsi tibi, proficiscar hinc,
ne relictus videar. Quo autem? Lanuvio conor equidem in
Tusculanum. Sed faciam te statim certiorem. Tu litteras
15 conficies. Equidem credibile non est quantum scribam, quin
etiam noctibus; nihil enim somni. Heri etiam effeci epistulam
ad Caesarem; tibi enim placebat. Quam non fuit malum scribi,
si forte opus esse putares; ut quidem nunc est, nihil sane est
necesse mittere. Sed id quidem ut tibi videbitur. Mittam
20 tamen ad te exemplum fortasse Lanuvio, nisi forte Romam.
Sed cras scies.

XXVII   *Scr. in Tusculano viii Kal. Iun. an. 45.*

⟨CICERO ATTICO SALVTEM.⟩

De epistula ad Caesarem, nobis vero semper rectissime 1
25 placuit ut isti ante legerent. Aliter enim fuissemus et in hos

4 proximum *C*: max- *PΔ*: et max- *Rb²*   5 ne turbem *R* [-be *P*]: nec
[ne *b*] ur- *Δ*   et] ne *ds*   6 revolvor *PΔ*: relevor *R*   9 loc- no- *bm*
10 possim *EΔ*: -sum *R*   11 ferunt *RΔ* [-rant *m*]: -rem *E*   13 lanuvio
b et s in marg. pro v.l.: -vi *R*: -vium *Z⁽ᵇ⁾*: lavinni *P*: lanivo *O¹*: lanio *Δ*
[*talia non semper referam*]   15 et quidem *ds*   die *post* scribam
add. b²   qui et- *Wes.*   18 necesse est *ds*   24 *novam ep. incipit b²*
de epistola *O¹* [-am *O²*, *ut vid.*] *Zᵇλ*: epistolam *RΔ*   25 in hos inoff-
b²: in hos [hoc *ds*] off- *PΔ*: in off- *R*

inofficiosi et in nosmet ipsos, si illum offensuri fuimus, paene
periculosi. Isti autem ingenue, mihique gratum quod quid
sentirent non reticuerunt; illud vero vel optime, quod ita
multa mutari volunt ut mihi de integro scribendi causa non
sit. Quamquam de Parthico bello, quid spectare debui nisi
quod illum velle arbitrabar? Quod enim aliud argumentum
epistulae nostrae nisi κολακεία fuit? An, si ea quae optima
putarem suadere voluissem, oratio mihi defuisset? Totis igitur
litteris nihil opus est. Vbi enim ἐπίτευγμα magnum nullum
fieri possit, ἀπότευγμα vel non magnum molestum futurum   10
sit, quid opus est παρακινδυνεύειν? praesertim cum illud oc-
currat, illum, cum antea nihil scripserim, existimaturum me
nisi toto bello confecto nihil scripturum fuisse. Atque etiam
vereor ne putet me hoc quasi Catonis μείλιγμα esse voluisse.
Quid quaeris? valde me paenitebat, nec mihi in hac quidem   15
re quicquam magis ut vellem accidere potuit quam quod
σπουδή nostra non est probata. Incidissemus etiam in illos, in
eis in cognatum tuum.

2   Sed redeo ad hortos. Plane illuc te ire nisi tuo magno
commodo nolo; nihil enim urget. Quicquid erit, operam in   20
Faberio ponamus. De die tamen auctionis, si quid scies. Eum
qui e Cumano venerat, quod et plane valere Atticam nuntiabat et litteras se habere aiebat, statim ad te misi.

XXVIII   *Scr. in Tusculano vii Kal. Iun. an. 45.*
⟨CICERO ATTICO SALVTEM.⟩   25

1   Hortos quoniam hodie eras inspecturus, quid visum tibi
2 sit cras scilicet. De Faberio autem, cum venerit. De epistula

2 quid *b²*: qui *RΔ*   3 reticu- *Rb*: retinu- *Δ*   7 κολακεία *Boot* [-κία
Vict.]: co(l)lacia [-tia] *RΔ*   8 igitur *Δ*: his ig- *P*: his *R*   10 ἀπότ-
... sit *om. P*, vel ... παρα- *om. R*   12 cum *om. R*   15 nec mihi *Pλ*:
ne mi *R*: ne cum *Δ*: nec enim *b²*   20 commodo *Δ*: cognoscis com- *R*
nolo *Δ*: volo *P*: *om. R*   in *Z⁽ᵇ⁾*: *om. Ω*   21 eum] *hic novam ep. incipit b²*   Erotem *Schütz*   22 atticam *vel sim. Pδ*: -ca *RM¹*   26 visum
Δ [tibi v- *ds*]: vis *R*

ad Caesarem, iurato mihi crede, non possum; nec me turpi-
tudo deterret, etsi maxime debebat. Quam enim turpis est
adsentatio, cum vivere ipsum turpe sit nobis! Sed, ut coepi,
non me hoc turpe deterret. Ac vellem quidem (essem enim
5 qui esse debebam), sed in mentem nihil venit. Nam quae sunt
ad Alexandrum hominum eloquentium et doctorum suasiones
vides quibus in rebus versentur. Adulescentem incensum
cupiditate verissimae gloriae, cupientem sibi aliquid consili
dari quod ad laudem sempiternam valeret, cohortantur ad
10 decus. Non deest oratio. Ego quid possum? Tamen nescio
quid e quercu exsculpseram quod videretur simile simulacri.
In eo quia non nulla erant paulo meliora quam ea quae fiunt
et facta sunt, reprehenduntur; quod me minime paenitet. Si
enim pervenissent istae litterae, mihi crede, nos paeniteret.
15 Quid? tu non vides ipsum illum Aristoteli discipulum, sum- **3**
mo ingenio, summa modestia, postea quam rex appellatus sit,
superbum, crudelem, immoderatum fuisse? Quid? tu hunc
de pompa, Quirini contubernalem, his nostris moderatis epistulis laetaturum putas? Ille vero potius non scripta desideret
20 quam scripta non probet. Postremo ut volet. Abiit illud quod
tum me stimulabat cum tibi dabam πρόβλημα Ἀρχιμήδειον.
Multo me hercule magis nunc opto casum illum quam tum
timebam, vel quem libebit.

   Nisi quid te aliud impediet, mi optato veneris. Nicias
25 ad Dolabellam magno opere arcessitus (legi enim litteras),
etsi invito me tamen eodem me auctore, profectus est.

   Hoc manu mea. Cum quasi alias res quaererem de **4**
                                                    (xxix. 1)

5 debeam $Z^{(b)}$ 13 -duntur $ER\Delta$: -derunt P: *fort.* -dunt   15 ipsum
illum $E\Delta$: il- ip- R -teli $M^1\lambda$: -telis δ: -tilis ER 16 rex potitus
cod. Vrs., unde rerum potitus $Vrs.$ 21 tum] tunc E quom tibi *Wes.*:
quod t- $R\Delta$: quo t- *Sal.–Reg.*   22 quam tum *vel* quantum $RMdm$:
quem tum bs 23 timebam δ: -bat RM^1 25 ad dolabellam [Adol- M^1]
RM^1: a dolobella in δ [in m- o- a dol- d]: ab dolabella λ 27 hoc] h(a)ec
bs. *hinc novam ep. incipit b^2 et edd. ante Schiche*   qu(a)ererem $P\Delta$: conq- R

philologis e Nicia, incidimus in Talnam. Ille de ingenio nihil
nimis, modestum et frugi. Sed hoc mihi non placuit. Se scire
aiebat ab eo nuper petitam Cornificiam, Quinti filiam, vetu-
lam sane et multarum nuptiarum; non esse probatum muli-
eribus, quod ita reperirent, rem non maiorem $\overline{\text{DCCC}}$. Hoc 5
putavi te scire oportere.

XXIX   *Scr. in Tusculano vi Kal. Iun. an. 45.*

⟨CICERO ATTICO SALVTEM.⟩

1 (2)   De hortis ex tuis litteris cognovi et Chrysippo. In villa,
cuius insulsitatem bene noram, video nihil aut pauca mutata; 10
balnearia tamen laudat maiora, de minoribus ait hiberna
effici posse. Tecta igitur ambulatiuncula addenda est; quam
ut tantam faciamus quantam in Tusculano fecimus prope
dimidio minoris constabit isto loco. Ad id autem quod
volumus ἀφίδρυμα nihil aptius videtur quam lucus, quem ego 15
noram; sed celebritatem nullam tum habebat, nunc audio
maximam. Nihil est quod ego malim. In hoc τὸν τῦφόν μου
πρὸς θεῶν τροποφόρησον. Reliquum est, si Faberius nobis
nomen illud explicat, noli quaerere quanti; Othonem vincas
volo. Nec tamen insaniturum illum puto; nosse enim mihi 20
hominem videor. Ita male autem audio ipsum esse tractatum ut mihi ille emptor non esse videatur. Quid enim
2 (3) pateretur? Sed quid argumentor? Si Faberium explicas,

1 talnam *C*: tal. nam *Δ*: talem nam *R*: talenam *b²* [*in marg.*]: Thalnam
vulg.   4 probatum λλ: -tam *RΔ*   9 crisippo *vel sim. RΔ*: ⟨ex⟩
Chrys- *Orelli*   10 pauca mutata bal. *C*: paucam aut atabal- *R*: p- aut
[*spat.*] *P*: paucam [-cum *b²*] ut ad bal- *Δ*   12 -atiuncula *bmλ cod. Faërn.*:
-at vincula *Mds*: -at iungula *R*   est *Rb²*: sunt *Δ cod. Faërn.*   13 fecimus *Δ*: fac- *R*   15 lucus *b²*: luctus *RΔ*   16 celebr- *b²*: celer- *Pb¹*:
sceler- *RΔ*   ut audio *s*   18 ΤΡΟΠΟΦΟΡΠΟΦΟΡ- *M¹ et sim. P*
19 noli *ORδ*: nil *M¹*   20 nosce *R*   23 si *Δ*: si enim *R*
faberium [-us *d*] *RΔ*: -ianum *Man., fort. recte*

emamus vel magno; si minus, ne parvo quidem possumus.
Clodiam igitur. A qua ipsa ob eam causam sperare videor,
quod et multo minoris sunt et Dolabellae nomen iam expeditum videtur, ut etiam repraesentatione confidam. De hortis
5 satis. Cras aut te aut causam; quam quidem ⟨puto⟩ futuram
Faberianam. Sed si poteris.

⟨Q.⟩ Ciceronis epistulam tibi remisi. O te ferreum, qui **3**
illius periculis non moveris! Me quoque accusat. Eam tibi (**xxx.** 1)
epistulam †misissem†. Nam illam alteram de rebus gestis
10 eodem exemplo puto. In Cumanum hodie misi tabellarium.
Ei dedi tuas ad Vestorium quas Pharnaci dederas.   **(2)**

XXX   *Scr. in Tusculano post ep. xxxi v Kal. Iun. an. 45.*

⟨CICERO ATTICO SALVTEM.⟩

Commodum ad te miseram Demean, cum Eros ad me **1** (2)
15 venit. Sed in eius epistula nihil erat novi nisi auctionem
biduum. Ab ea igitur, ut scribis, et velim confecto negotio
Faberiano; quem quidem negat Eros hodie, cras mane putat.
⟨A⟩ te colendus est; istae autem κολακεῖαι non longe absunt
a scelere. Te, ut spero, perendie.
20   Mi, sicunde potes, erues qui decem legati Mummio fuerint. **2** (3)

1 si minus *bms*: simus *RMd*   nos possumus *R*   2 sperare
Vict.: spir- *C*: si rare *RΔ*   3 nomē iam [*ex* nam?] *P*: nomemiam *R*:
nomen nam *Δ*: n- tam *Boot*   4 confidam *λ*: commodam *R*: comidam
M: conudam *b¹m*: conidam *d*: quondam *s*: concludam *b²*   5 cras . . .
efficias ne [*p.* 197. 5] *desunt in R*   aut etiam causam *P*   puto
add. Baiter   7 Cic- . . . dederas *huius esse ep. agnovit Crat., novae
tribuunt⋅multi*   Q. *add. Lebmann*   misi *d*   9 misissem *PΔ*: misi
κ   nisi tuae simillima esset *vel sim. ante* mis- *excidisse coni. Mueller*
14 *novam ep. incipit b²*   cum *b²*: quomodo *PΔ*   16 biduo *Wes.*   18 a
add. b²   tollendus *P*   est *Δ*: es *b¹*: *om. P*   istae . . . κολακεῖαι [*sic*] *Hervagius*: istae . . . κολᾰκίδες *C*: iste est . . . ΚΟΛΑΚΕΙΝ *P*: ista . . . ΚΟΛΑ-
ΚΕΙΝ [*sed* -άζειν *δ*] *Δ*   19 te *P*: *om. Δ*   [-die] mi sicunde *Zᵇ*: -diem
sic unde *PΔ* [sicu-]: -die sicunde *b*   20 erues *Zᵇ*: eruere [erru- *PM¹*]
PΔλ: erue *Baiter*   fuerint *Pλ codd. Faërn. Ant.*: -runt *Δ*

Polybius non nominat. Ego memini Albinum consularem et
Sp. Mummium; videor audisse ex Hortensio Tuditanum.
Sed in Libonis annali xiiii annis post praetor est factus
Tuditanus quam consul Mummius. Non sane quadrat. Volo
aliquem Olympiae aut ubivis πολιτικὸν σύλλογον more Dicae- 5
archi familiaris tui.

XXXI   *Scr. in Tusculano v Kal. Iun. an. 45.*

⟨CICERO ATTICO SALVTEM.⟩

1   v Kal. mane accepi a Demea litteras pridie datas, ex quibus
aut hodie aut cras ⟨te⟩ exspectare deberem. Sed, ut opinor, 10
idem [quod] ego qui exspecto tuum adventum morabor te.
Non enim puto tam expeditum Faberianum negotium futurum, etiam si est futurum, ut ⟨non⟩ habeat aliquid morae.
2 Cum poteris igitur. Quoniam etiamnum abes, Dicaearchi
quos scribis libros sane velim mi mittas, addas etiam κατα- 15
βάσεως.
3   De epistula ad Caesarem κέκρικα; atque id ipsum quod isti
aiunt illum scribere, se nisi constitutis rebus non iturum
in Parthos, idem ego suadebam in illa epistula. Vtrum liberet

2 tuditanum *b²*: -tano *Δ*: -trio *P*   3 annis *M^c bs*: xmus *vel sim. M¹dm*:
om. P [spat.]   post pretor *PM^c bs*: posprecor *M¹dm*   4 quadrat. volo *cod.*
Ball.: -atullo *M¹bmZ^(b)*: -atulo *PM^c ds*   5 olympiae *b*: olimpia *PΔ*
ubivis *b¹*: ubi visum *Δλ*: nisi visum *P*   9 *novam ep. incipit b²*   a demea
Pb²: de mea *Δ*   10 te *add. Rom.*   11 idem *Vict.* [quod *del.*]: idem
quod *PMds* [quod *in M eadem manu deletum esse, ut Baiter adfirmat, ex*
scidis phot. vix perspicio]: id quod *m*: id [idem *b²*] quoque *b¹*   12 expeditum *δ*: -pecum *M¹*: -pertum *P*   13 non *add. Rom.*   mor(a)e *M^c bs*:
-ri *PM¹[ᵖ]dm*   14 potero *P*   etiamnum [*vel* etiam nunc] *Orelli*: etiam
dum *PΔ*: dum *d*   15 mi mit- *Mbm*: mihi mit- *ds*: mihi inmit- *P*
17 κέκρικα *Z^βλ*: ΚΕΚΒΙΚΔ *PMZ^bl* [*'ut ex littera quae est ordine quarta*
aeque facile fieri possit ρ atque φ et vero facilius' Lamb.]: κελτικὰ *Oδ* [κ-
κελτιβηρικὰ *M^c d*]   atqui *Wes.*   19 sin *ante* utrum *Z^(b)*: in *Z^β*: ut *cod.*
Faërn.   utrum . . . me] *ita M¹, nisi quod* auctorem *pro* -re me: me
utrum [iturum *d*] . . . auctore *δ*: ut verum libere f- p- autorem *P*: utrum
liberet, f- posse, auctore me *Man.*

facere posset auctore me. Hoc enim ille exspectat videlicet, neque est facturus quicquam nisi de meo consilio. Obsecro, abiciamus ista et semiliberi saltem simus; quod adsequemur et tacendo et latendo.

5 Sed adgredere Othonem, ut scribis. Confice, mi Attice, **4** istam rem. Nihil enim aliud reperio ubi et in foro non sim et tecum esse possim. Quanti autem, hoc mihi venit in mentem. C. Albanius proximus est vicinus. Is cɔ iugerum de M. Pilio emit, ut mea memoria est, HS |cxv| . Omnia scilicet nunc 10 minoris. Sed accedit cupiditas, in qua praeter Othonem non puto nos ullum adversarium habituros. Sed eum ipsum tu poteris movere, facilius etiam si Kanum haberes. O gulam insulsam! Pudet me patris. Rescribes si quid voles.

XXXII   *Scr. in Tusculano iv Kal. Iun. an. 45.*

15   ⟨CICERO ATTICO SALVTEM.⟩

Alteram a te epistulam cum hodie accepissem, nolui te **1** una mea contentum. Tu vero age, quod scribis, de Faberio. In eo enim totum est positum id quod cogitamus; quae cogitatio si non incidisset, mihi crede, istuc ut cetera non 20 laborarem. Quam ob rem, ut facis (istuc enim addi nihil potest), urge, insta, perfice.

Dicaearchi περὶ ψυχῆς utrosque velim mittas et κατα- **2** βάσεως. Τριπολιτικὸν non invenio et epistulam eius quam ad Aristoxenum misit. Tris eos libros maxime nunc vellem; 25 apti essent ad id quod cogito. Torquatus Romae est. Misi ut **3**

8 albanius *Mbm*: albanus *ds*: albinus *P*: Albinius*Corr., fort. recte* ∞*Mm*: cc *b*: v *ds*: o *P*   9 est mem- *P* |cxv| *T. Frank*: c̄x̄v̄ *Mbm*: dcccxv *ds*: cxɪ *P*: cx *κ*   12 kanum *Mmλ codd. Faern. Ant.* [*cf. p.* 202. 5]: ha- *b*: kavum *P*: canum *ds*   13 insulsam *b*ª*ds*: -sum *P*[inf-]*Mb*¹*m*   rescribes *s*: -bis *PMbm*: -b *d*   16 *novam ep. incipit b*ª   22 utrosque *Pb*ª: -oque *Mbm*: om. *ds*   23 et epistolam *Vict.*: te epistola *PΔ*   ad *bms*: et *PMd*   25 misi *Z*ᵇλ: iussi *OPΔ*

tibi daretur. Catulum et Lucullum, ut opinor, antea. His
libris nova prohoemia sunt addita, quibus eorum uterque
laudatur. Eas litteras volo habeas, et sunt quaedam alia. Et
quod ad te ⟨de⟩ decem legatis scripsi parum intellexisti, credo
quia διὰ σημείων scripseram. De C. Tuditano enim quaere- 5
bam, quem ex Hortensio audieram fuisse in decem. Eum
video in Libonis praetorem P. Popilio P. Rupilio ⟨consuli-
bus⟩. Annis XIIII ante quam praetor factus est legatus esse
⟨qui⟩ potuisset ?—nisi admodum sero praetor est factus, quod
non arbitror. Video enim curulis magistratus eum legitimis 10
annis perfacile cepisse. Postumium autem cuius statuam in
Isthmo meminisse te dicis ⟨Aulum⟩ nesciebam fuisse. Is
autem est qui ⟨consul⟩ cum ⟨L.⟩ Lucullo fuit ; quem tu mihi
addidisti sane ad illum σύλλογον personam idoneam. Videbis
igitur, si poteris, ceteros, ut possimus πομπεῦσαι καὶ τοῖς 15
προσώποις.

XXXIII   *Scr. in Tusculano iii Non. Iun. an. 45.*

⟨CICERO ATTICO SALVTEM.⟩

1   Neglegentiam miram! Semelne putas mihi dixisse Balbum
et Faberium professionem relatam ? qui etiam eorum iussu 20
miserim qui profiteretur. Ita enim oportere dicebant. Pro-
fessus est Philotimus libertus. Nosti, credo, librarium. Sed

---

3 alia. et] aliae *Tyrrell*: et *cum anon. ap. Lamb. delendum vel* id *legendum
putavit Orelli*   4 ad δ : a *PM*   de *bms*: om. *PMd*   intellexisti *Lamb.*:
-lexi *PΔ*: -lexti *Pius*   7 P. [p.] *PZ^bλ*: L. [l.] *Δ*   P. Rupilio ⟨Coss.⟩
annis *Rom.*: p. rupilio [-li *b*] annis *bs*: P. rupilian [-ilan *d*] *Mdm*: an *P*
9 qui *add. Castiglioni*: non *cod. Vrs.*   praetor *Pighius*: qu(a)estor *RΔ*
esset f- *cod. Vrs.*   10 magistratus *b*^a: -tum *s*: mage *Δ*: magis *P*   eum
Δ: cum *P*   12 Aulum nesc- [*i.e.* anesc-] *scripsi*: annis sc- *Z^β*: sc-
PΔ [*ante* dicis *s*^1]: nesc- *Muretus*   is *Pbm*: his *M*^1 [hic vel is *superscr.*
M^a]: hic *ds*   13 cos. *et* L. *add. Wes.*   15 possimus *Rom.*: -semus *PΔ*
19 *novam ep. indicat b*^a   ⟨o⟩ neg- *Mueller*   20 qui *Wes.*: quin *PΔλ*
eorum *Pb*^aλ: in e- *Md*: me- *b*^1[*f*]*ms*   21 miserim *PΔ*: -ram *b*^a

scribes, et quidem confectum. Ad Faberium, ut tibi placet, **2**
litteras misi. Cum Balbo autem puto te aliquid fecisse †H†
in Capitolio. In Vergilio mihi nulla est δυσωπία. Nec enim
eius causa sane debeo et, si emero, quid erit quod postulet?
5 Sed videbis ne is, cum sit in Africa, ut Caelius.

De nomine tu videbis cum †cuspio†; sed si Plancus destinat, tum habet res difficultatem. Te ad me venire uterque
nostrum cupit; sed ista res nullo modo relinquenda est.
Othonem quod speras posse vinci, sane bene narras. De aesti-
10 matione, ut scribis, cum agere coeperimus; etsi nihil scripsit
nisi de modo agri. Cum Pisone, si quid poterit. Dicaearchi
librum accepi et καταβάσεως exspecto.

∗ ∗ ∗ negotium dederis, reperiet ex eo libro in quo sunt **3**
senatus consulta Cn. Cornelio L. ⟨Mummio⟩ consulibus. De
15 Tuditano autem, quod putas εὔλογον est, tum illum, quoniam
fuit ad Corinthum (non enim temere dixit Hortensius), aut
quaestorem ⟨aut⟩ tribunum mil. fuisse, idque potius credo;
sed tu de Antiocho scire poteris. Vide etiam ∗ ∗ ∗ quo anno
quaestor aut tribunus mil. fuerit; si neutrum †cadet,† in

---

1 scribes *OPλ*: -bis *Δ*   2 aliquid etiam f- *P*   H *PΔ*: N *b*[1]: HS *b*[2]:
HC. CC *cod. Vrs.*: H. 5. [*pro* H.s.*?*] κ, *quod pro hora secunda interpreta-*
tus est Corr. H. *utique pro hora esse numerumque excidisse verisimile puto*
4 expost- *Lamb.*   5 cum *PΔ*: tum *Tyrrell*   celius *P*: calius *Δ* [tal- *b*]:
calvus *M*[*?*]   6 cuspio *Δ*: crispo *P*: Cispio *Man.*   destinat tum *b*[2]*Z*[1]:
-atum *PΔ cod. Faërn.*: -atam *s*   7 habet res *PZ*[1] *cod. Ant.*: -eres *Δ*: habet
haberes *cod. Faërn.*: -ere *s*   9 aest- *b*: ext- *PΔ, vulgari errore*   10 cepimus *P*
12 περὶ ψυχῆς *post* librum *excidisse coni. Lamb.*   accepi et *b*[2]*C*: -cipiet *PΔ*
13 lacuna, quam agnovit *Faërn.*, varie expleta   14 Mummio *add. Man.*
16 aut q- ⟨aut⟩ *Man.*: ad q- *PΔ*   17 fuisse, idque p- *Ernesti*: i- p- f-
PΔ [idque . . . tr- mil. *om. b*[1]]   credo sed tu *b*[2]: sed cr- te *PΔ*: credo tu
Sal.–Reg.   18 vide etiam *multis suspectum; ego lacunam indicavi, nomen*
proprium [fort. Sp., *i.e.* Spurius Mummius] *excidisse ratus*   19 aut
PΔ: an κ: Annius aut *Corr.*   si neutrum *Z*: sive u- *PΔ*   cadet in
O[1]*PZ*: ea de in *Md*: eadem *O*[2]*bms*: eodem in κ: quadret in *Bos.*: *alii*
alia. equidem in tempus *vel sim.* cum cadet aut calamo aut animo supplendum
censeo

praefectis an in contubernalibus fuerit, modo fuerit in eo bello.

XXXIII a   *Scr. in Tusculano vii Id. Quint. an. 45.*

⟨CICERO ATTICO SALVTEM.⟩

1 (4)   De Varrone loquebamur: lupus in fabula. Venit enim ad 5 me et quidem id temporis ut retinendus esset. Sed ego ita egi ut non scinderem paenulam. Memini enim tuum 'Et multi erant nosque imparati.' Quid refert? Paulo post C. Capito cum T. Carrinate. Horum ego vix attigi paenulam. Tamen remanserunt ceciditque belle. Sed casu sermo a Capitone de 10 urbe augenda, a ponte Mulvio Tiberim perduci secundum montis Vaticanos, campum Martium coaedificari, illum autem campum Vaticanum fieri quasi Martium campum. 'Quid ais?' inquam; 'at ego ad tabulam ut, si recte possem, Scapulanos hortos.' 'Cave facias' inquit; 'nam ista lex perferetur; vult 15 enim Caesar.' Audire me facile passus sum, fieri autem moleste fero. Sed tu quid ais? Quamquam quid quaero? Nosti diligentiam Capitonis in rebus novis perquirendis. Non concedit Camillo. Facies me igitur certiorem de Idibus. Ista enim me res adducebat. Eo adiunxeram ceteras, quas consequi tamen 20 biduo aut triduo post facile potero. Te tamen in via confici **2** (5) minime volo; quin etiam Dionysio ignosco. De Bruto quod scribis, feci ut ei liberum esset, quod ad me attineret. Scripsi enim ad eum heri, Idibus [Maii] eius opera mihi nihil opus esse.

1 an *Z*¹: aut *PΔ*   5 *novam ep. agnovit Man.*   loquebamur *Δ*: ne loquamur *P*   7 tuum *PM*¹*b*¹*mλ*: tui *M*²*b*²*ds*   et *Δ*: *om. P*: num ii? 8 impar- *δ*: imper- *PM*¹   10 ceciditque *OZ*⁽ᵇ⁾: -dique *P*: -di *Δ* 11 a p- *M*²*b*: op- *M*¹*dm*: op [*spat.*] *P*: e p- *s*   perduci *Bos.*: duci *C*: pauci *OPΔ*   12 coaed- *Lamb.*: etiam coaed- *cod. Ball.*: cum ed- *MdmZ*ᵇ: tum (a)ed- *Pbsλ*: totum aed- *Man.*   13 agis *P*   14 si recte *Pb*²: scire te *Δ*   17 sed nosti *bm*   21 aut] an *b*   22 bruto *O*¹[*ᵖ*]*PC*: hyuto *Md*: hyrcio *s*: hirc [-t-]io *O*²*bm*   24 maii *Mds*: -iis *bm*: -ias *P*: *del. Man.*   opera *δ*: -am *PM*¹

XXXIV   *Scr. Asturae c. vii Kal. Sept. an. 45.*

⟨CICERO ATTICO SALVTEM.⟩

Asturam veni viii Kal. H. xii. Vitandi enim caloris causa
Lanuvi tris horas acquieveram. Tu velim, si grave non erit,
5 efficias ne ante Nonas mihi illuc veniendum sit (id potes per
Egnatium Maximum), illud in primis ut cum Publilio me
[apene] absente conficias. De quo quae fama sit scribes.
              'Id populus curat scilicet!'
Non me hercule arbitror; etenim haec decantata erat fabula.
10 Sed complere paginam volui. Quid plura? ipse enim adsum,
nisi quid tu prorogas. Scripsi enim ad te de hortis.

XXXV, XXXVI   *Scr. in Tusculano iii Id. Quint. an. 45.*

⟨CICERO ATTICO SALVTEM.⟩

O rem indignam! Gentilis tuus urbem auget quam hoc **1**
15 biennio primum vidit, et ei parum magna visa est quae
etiam ipsum capere potuerit. Hac de re igitur exspecto
litteras tuas. Varroni scribis te, simul ac venerit. Dati igitur **2**
iam sunt nec tibi integrum est: hui, si scias quanto periculo
tuo! Aut fortasse litterae meae te retardarunt, si eas nondum
20 legeras cum has proximas scripsisti. Scire igitur aveo quo
modo res se habeat.

De Bruti amore vestraque ambulatione, etsi mihi nihil **3**
(xxxvi)

3 *novam ep. incipit b*² Asturam *Iens.*: -r(a)e *PΔ*   H. xii *scripsi* [*an*
xi ? *cf. p.* 253. 3]: Iullii *P*: iul. *Mbm*: iulias *ds*: vesperi *Schmidt*   6 illud
[-us *m*] *PΔ*: -um *R*   ut *Z*⁽ᵇ⁾λ: *om. RΔ*   publilio *M*: publio *Rδ*   me
Schütz: me apene *R*: mea pene *Δ*: me p(a)ene *bZ*⁽ᵇ⁾   9 mehercle
Vict.: mercedem *RΔ*   17 litt- tuas *Δ*: t- l- *R*   18 hui si sc- *Δ*:
hinc si sc- enim *R*   19 aut] at *b*ᵃ[ᵖ] *in ras.*   retardarunt *Δ*: -rent *R*
si *RΔZ*⁽ᵇ⁾: sed *Man.*   20 aveo *Δ*: habeo *R*   21 se habeat *PMbm*: se
habeant *ds*: habeat *R*   22 de Bruti . . . dicitur *huic ep. adnexuit*
Crat., denuo Schütz   mihi *om. bm*

197

novi adfers sed idem quod saepe, tamen hoc audio libentius
quo saepius, eoque mihi iucundius est quod tu eo laetaris,
certiusque eo est quod a te dicitur.

XXXVII   *Scr. in Tusculano c. xii Kal. Sept. an. 45.*

⟨CICERO ATTICO SALVTEM.⟩   5

1 Has alteras hodie litteras. De Xenonis nomine et de Epiro-
ticis x̄x̄x̄x̄ nihil potest fieri nec commodius nec aptius quam
ut scribis. Is erat locutus mecum eodem modo. Balbus minor
2 mecum. Nihil novi sane, nisi Hirtium cum Quinto acerrime
pro me litigasse; omnibus eum locis †faceret† maximeque in   10
conviviis; cum multa de me tum redire ad patrem; nihil
autem ab eo tam ἀξιοπίστως dici quam alienissimos nos esse
a Caesare, fidem nobis habendam non esse, me vero etiam
cavendum (φοβερὸν ἂν ἦν nisi viderem scire regem me animi
nihil habere), Ciceronem vero meum vexari; sed id quidem   15
3 arbitratu suo. Laudationem Porciae gaudeo me ante dedisse
Leptae tabellario quam tuas acceperim litteras. Eam tu
igitur, si me amas, curabis, si modo mittetur, isto modo
mittendam Domitio et Bruto.
4 De gladiatoribus, de ceteris quae scribis ἀνεμοφόρητα, facies   20
me cotidie certiorem. Velim, si tibi videtur, appelles Balbum

1 *post* affers *habent haec* δ [*exp. b*]: de fratris filio et contumeliosis litteris ab illo sibi missis   hoc audio [-di *s*] *Δ*: audio hoc *R*: hoc ⟨eo⟩ audio
Wes.   6 xen- *RMm*: zen- *bds* [*et sic alibi*]   8 is *Gronovius*: id *RΔ*
erat *Pδ*: eras *RM¹*   iunior *bs*   9 mecum [*sc.* est] *vulgo delent,
ut ita legatur*: id erat . . . modo B- minor. nihil *e.q.s.* sed iam *Gronovius*
is erat . . . modo. B- minor nihil *e.q.s.*   10 eum] enim *bm*   facere]
furere *Faërn. equidem* verba *vel sim.* excidisse *potius credo*   11 tum *κ*:
cum *RΔ*: eum *s*   12 ab eo *Corr.*: habeo *RΔ* [ab eo *om. b*]   tam *Rb²*:
om. Δ: tamen *κ*   14 φοβερὸν ἂν ἦν *Baiter*: ΦΟΒΕΡΔΝΗΝ *RMm*:
-ρὰν *bds*   15 vero meum *R²Pδ*: m- v- *R¹*: v- m- v- *M¹* [*post.* vero
del. Mᶜ]   16 portiae *b*: portitie *vel sim. RΔ*   gaudeo . . . Leptae
om. R   20 *novam ep. hinc incipere vult Taylor xix Kal. Sept. scriptam*   facias *s*

et Offilium. De auctione proscribenda equidem locutus sum
cum Balbo. Placebat (puto conscripta habere Offilium omnia;
habet et Balbus)—sed Balbo placebat propinquum diem et
Romae; si Caesar moraretur, posse diem differri. Sed is
5 quidem adesse videtur. Totum igitur considera; placet enim
Vestorio.

XXXVIII   *Scr. in Tusculano c. xviii Kal. Sept. an. 45.*

⟨CICERO ATTICO SALVTEM.⟩

Ante lucem cum scriberem contra Epicureos, de eodem **1**
10 oleo et opera exaravi nescio quid ad te et ante lucem dedi.
Deinde cum somno repetito simul cum sole experrectus essem,
datur mi epistula a sororis tuae filio quam ipsam tibi misi;
cuius est principium non sine maxima contumelia. Sed fortasse οὐκ ἐπέστησεν. Est autem sic, 'Ego enim quicquid non
15 belle in te dici potest —.' Posse vult in me multa dici non
belle, sed ea se negat approbare. Hoc quicquam pote impurius? Iam cetera leges (misi enim ad te) iudicabisque. Bruti
nostri cotidianis adsiduisque laudibus, [ne] quas ab eo de
nobis haberi permulti mihi renuntiaverunt, commotum istum
20 aliquando scripsisse aliquid ad me credo; ⟨credo⟩ et ad te,
idque ut sciam facies. Nam ad patrem de me quid scripserit nescio, de matre quam pie! 'Volueram,' inquit 'ut quam
plurimum tecum essem, conduci mihi domum et id ad te
scripseram. Neglexisti. Ita minus multum una erimus. Nam

4 posse diem *Z* : -sem diem *O¹R* : -se in diem *b* : -se in diem diem *Δ* :
[-se] in diem tertium *cod. Vrs.*   9 *novam ep. incipit b²* epicureos de *Pb²* :
-ros deos *Δ* [*sed* -reos *bs*, -rus *m*] : -ros de eos *R*   10 ante δ: dante *M* :
id ante *R*   12 mi *Mmsλ* : mihi *Pb* : in *Rd*   sororis tu(a)e *M²bms* :
soris tum *RM¹d*   14 enim] vero *Schmidt : fort. delendum vel* egomet
legendum   16 pote *RM* : -est δ   18 nostri *bms* : -is *RMd*   ne *del.*
Hervagius   20 scripsisse *anon. ap. Corr.* : -sisti *RΔ* : -si *P*   credo
addidi [*cf. p.* 164. 6]

ego istam domum videre non possum; qua de causa scis.'
2 Hanc autem causam pater odium matris esse dicebat. Nunc
me iuva, mi Attice, consilio, 'πότερον δίκᾳ τεῖχος ὕψιον,' id est
utrum aperte hominem asperner ac respuam, 'ἢ σκολιαῖς
ἀπάταις.' Vt enim Pindaro sic 'δίχα μοι νόος ἀτρέκειαν εἰπεῖν.' 5
Omnino moribus meis illud aptius, sed hoc fortasse temporibus. Tu autem quod ipse tibi suaseris idem mihi persuasum
putato. Equidem vereor maxime ne in Tusculano opprimar.
In turba haec essent faciliora. Vtrum igitur Asturae? Quid
si Caesar subito? Iuva me, quaeso, consilio. Vtar eo quod tu 10
decreveris.

XXXIX   *Scr. in Tusculano c. xvii Kal. Sept. an. 45.*

⟨CICERO ATTICO SALVTEM.⟩

1   O incredibilem vanitatem! ad patrem domo sibi carendum
propter matrem: ⟨ad matrem⟩ plena pietatis. Hic autem 15
2 iam languescit et ait sibi illum iure iratum. Sed utar tuo
consilio; σκολιὰ enim tibi video placere. Romam, ut censes,
veniam sed invitus; valde enim in scribendo haereo. 'Brutum'
inquis 'eadem.' Scilicet; sed nisi hoc esset, res me ista non
cogeret. Nec enim inde venit unde mallem neque diu afuit 20
neque ullam litteram ad me. Sed tamen scire aveo qualis ei
totius itineris summa fuerit. Libros mihi de quibus ad te
antea scripsi velim mittas et maxime Φαίδρου †ΠΕΡΙΟϹωΝ
et ΠΛΛΙΔΟΣ†.

3 me iuva mi *RM²bm*: me viuna mi *E*: me via mi *M¹*: iuva me *ds*
4 ac *Eδ*: et *RM¹*   8 putato *ORC*: puto *Δ*   9 Asturam *Wes.*
10 si *Z^b*: *om. RΔ*   iuva *d*: via *M¹*: etiam iuva *R*   15 ad matrem *add.*
Orelli   plena *RZ^(b)λ*: plenam *Δ*   16 sibi λ: tibi *RΔ* [*post* illum
b], *fort. recte*   iratum *PM²bms*: iur- *RM¹d*   tuo *om. R*   17 tibi
[sibi λ] video *ΔZ^(b)λ*: v- t- *R*: tibi *P*   Romam] *hinc novam ep. incipit b²*
21 aveo *Iens. Rom.*: habeo *RΔ*   ei *Δ* [eiụṣ *d*]: *om. R*   23 *Graeca sic M
et sim. RPm* [*sed* et ϹΙΑΛΙΑΟϹ, *ut vid., R*]   θεῶν *Vict. pro* ΟϹωΝ *proba-
biliter; sed nihil certi*

XL   *Scr. in Tusculano c. xvi Kal. Sept. an. 45.*

⟨CICERO ATTICO SALVTEM.⟩

Itane? nuntiat Brutus illum ad bonos viros? Εὐαγγέλια. **1**
Sed ubi eos? nisi forte se suspendit. Hic autem ut fultum est.
5 Vbi igitur φιλοτέχνημα illud tuum quod vidi in Parthenone,
Ahalam et Brutum? Sed quid faciat? Illud optime, 'Sed ne
is quidem qui omnium flagitiorum auctor bene de nostro.'
At ego verebar ne etiam Brutus eum diligeret; ita enim
significarat iis litteris quas ad me: 'Ac vellem aliquid de-
10 gustasses de fabulis.' Sed coram, ut scribis.

Etsi quid mi auctor es? advolone an maneo? Equidem et in **2**
libris haereo et illum hic excipere nolo; ad quem, ut audio,
pater hodie ad Saxa †acronoma.† Mirum quam inimicus ibat,
ut ego obiurgarem. Sed ego ipse κεκέπφωμαι. Itaque posthac.
15 Tu tamen vide quid de adventu meo censeas et τὰ ὅλα cras,
si perspici potuerint, mane statim ut sciam.

XLI   *Scr. in Tusculano c. xv Kal. Sept. an. 45.*

⟨CICERO ATTICO SALVTEM.⟩

Ego vero Quinto epistulam ad sororem misi. Cum ille **1**
20 quereretur filio cum matre bellum et se ob eam causam domo
cessurum filio diceret, dixi illum commodas ad matrem

4 ut fultum est *RΔ* [*sed* fulct- *b*, est *om. R*]: *haec pro corruptis habent*
omnes, num recte dubito   5 ubi Δ : ibi *R*   tum *ds*   Parthenone Ahalam *Man.*: -no ne alia *R* [ala *P*]: -none Alani *C* : partenoneala *M, et sim.* δ
7 is *Rδ*: his *M*   ⟨est⟩ auctor *Wes.*   8 ac ego *bs*   9 me: 'Ac
Wes.: mea est *RM¹*: me ast *M²*: me a se *ds*: meas. at *bm*: me: 'At *Orelli,*
Z false tribuens   degustasses *Gronovius*: -sse *RΔ*   11 mi δ :
mei *M¹*: etiam mei *R*   equidem Δ : et q- *R*   12 nolo Δ : volo
R   13 acronoma *Z*: acrun- *C* : acrimonia *RΔ* : ⟨summa⟩ acr- *Schmidt*
14 κεκέπφωμαι *Bos.* : κέκφωμα *O* : ΚΕΦΦΩΜΔ *vel sim. RMbm*   posthac.
tu *Crat.*: post fac tu Δ : p- factum *R*   15 vide *om. R*   et] καὶ
b   19 *novam ep. incipit b²*   20 ⟨esse⟩ et se *Wes.*

litteras, ad te nullas. Ille alterum mirabatur, de te autem
suam culpam quod saepe graviter ad filium scripsisset de tua in
illum iniuria. Quod autem relanguisse se dicit, ego ei tuis
litteris lectis σκολιαῖς ἀπάταις significavi me non fore ✳ ✳ ✳
2 tum enim mentio Canai. Omnino si id consilium placeret, 5
esset necesse; sed, ut scribis, ratio est habenda gravitatis, et
utriusque nostrum idem consilium esse debet, etsi in me
graviores iniuriae et certe notiores. Si vero etiam Brutus
aliquid adferet, nulla dubitatio est. Sed coram. Magna enim
res et multae cautionis. Cras igitur, nisi quid a te comme- 10
atus.

XLII   *Scr. in Tusculano ex. mense Dec. an. 45.*

⟨CICERO ATTICO SALVTEM.⟩.

1   Venit ille ad me καὶ μάλα κατηφής. Et ego "Σὺ δὲ δὴ τί
σύννους;" 'Rogas?' inquit, 'cui iter instet et iter ad bellum, 15
idque cum periculosum tum etiam turpe!' 'Quae vis igitur?'
inquam. 'Aes' inquit 'alienum, et tamen ne viaticum quidem.'
Hoc loco ego sumpsi quiddam de tua eloquentia; nam tacui.
At ille: 'Sed me maxime angit avunculus.' 'Quidnam?' inquam. 'Quod mihi' inquit 'iratus est.' 'Cur pateris?' inquam, 20
'malo enim ita dicere quam cur committis?' 'Non patiar'
inquit; 'causam enim tollam.' Et ego: 'Rectissime quidem;
sed si grave non est, velim scire quid sit causae.' 'Quia, dum
dubitabam quam ducerem, non satis faciebam matri; ita ne
illi quidem. Nunc nihil mihi tanti est. Faciam quod volunt.' 25

2 ad Q. f. scripsit *R*   3 se] *fort.* me   4 *post* fore *excidisse vid.*
ἄτεγκτον [*Tyrrell–Purser*] *vel sim.*   5 tum *Δλ*: cum *R*   canai *RΔλ*
[*cf. p.* 193. 12]: -ae *Bos.*   6 ut *EΔ*: ut tu *R*   7 me *Pb²*: mea *RΔ*
9 afferet *RMdm*: affert [adf-] *Pbs*   10 mult(a)e *Pbms*: -ta *RMd*
14 ille *EΔ*: i- enim *R*   et ego *EΔ*: ergo *R*   15 quoi iter *λ*: quo iter
EP: quo uter *RM*: quod iter *δ*   et *M¹b²*: est *ERδ*   17 inquit *om.*
bm   quidem *Ω*: q- habeo *λ*   21 cur [quur] *EΔ*: cur tu *R*   23 dum
EΔ [*om. d*]: cum *R*

'Feliciter velim' inquam, 'teque laudo. Sed quando?' 'Nihil
ad me' inquit 'de tempore, quoniam rem probo.' 'At ego'
inquam 'censeo prius quam proficiscaris. Ita patri quoque
morem gesseris.' 'Faciam' inquit 'ut censes.' Hic dialogus sic
5 conclusus est.

Sed heus tu, diem meum scis esse III Non. Ian.; aderis 2
igitur. Scripseram iam: ecce tibi orat Lepidus ut veniam. 3
Opinor, augures vult habere ad templum effandum. Eatur;
μὴ σκόρδου. Videbimus te igitur.

10 **XLIII**   *Scr. in Tusculano prid. Id. Quint. an. 45.*

⟨CICERO ATTICO SALVTEM.⟩

Ego vero utar prorogatione diei, tuque humanissime fecisti
qui me certiorem feceris, atque ita ut eo tempore acciperem
litteras quo non exspectarem, tuque ut ab ludis scriberes.
15 Sunt omnino mihi quaedam agenda Romae, sed consequemur
biduo post.

XLIV   *Scr. in Tusculano xiii aut xii Kal. Sext. an. 45.*

⟨CICERO ATTICO SALVTEM.⟩

O suavis tuas litteras!—etsi acerba pompa. Verum tamen 1
20 scire omnia non acerbum est, vel de Cotta—populum vero
praeclarum, quod propter malum vicinum ne Victoriae
quidem ploditur! Brutus apud me fuit; cui quidem valde

---

2 probo. at *Vict.*: -bat *ERΔ*   3 -scaris *Eδ*: -sseris *M¹*: -sceris *R*:
-scereris *P*   8 vult *Boot*: nil *Δ*: ni(c)hil *RP*: velle *Tyrrell*   effandum
Beroaldus: effla- λ: affla- [adf-] *RΔ*   eatur *RΔZ*⁽ᵇ⁾λ: fatur *Zᵝ*   9 μὴ
σκόρδου *Tyrrell*: ΜΙΔϹΚΟΡΔΟΥ *vel sim. RΔZ*⁽ᵇ⁾λ   12 tuque etiam
h- *R*   16 *post* biduo *novam ep. incipit* bᵃ   post *Δ*: posco *OR* [*sed* o
ad sequentia pertinet]   19 o *om. Δ*: *de OR vide supra*   20 cotta
C: cocta *R*: tota *Δ*   21 victori(a)e q- *RMᶜbms*: -ia eq- *M¹*: -ia q- *d*
22 cui] qui *M¹d*

placebat me aliquid ad Caesarem. Adnueram ; sed pompa me
2 deterret. Tu tamen ausus es Varroni dare! Exspecto quid
iudicet. Quando autem pelleget ? De Attica probo. Est quiddam etiam animum levari cum spectatione tum etiam reli-
3 gionis opinione et fama. Cottam mi velim mittas; Libonem 5
mecum habeo et habueram ante Cascam. Brutus mihi T.
Ligari verbis nuntiavit, quod appelletur L. Corfidius in oratione Ligariana, erratum esse meum. Sed, ut aiunt, μνημονικὸν
ἁμάρτημα. Sciebam Corfidium pernecessarium Ligariorum ;
sed eum video ante esse mortuum. Da igitur, quaeso, nego- 10
tium Pharnaci, Antaeo, Salvio ut id nomen ex omnibus libris
tollatur.

XLV   *Scr. in Tusculano iii Id. Sext. an. 45.*

⟨CICERO ATTICO SALVTEM.⟩

1   Fuit apud me Lamia post discessum tuum epistulamque 15
ad me attulit missam sibi a Caesare. Quae quamquam ante
data erat quam illae Diocharinae, tamen plane declarabat
illum ante ludos Romanos esse venturum. In qua extrema
scriptum erat ut ad ludos omnia pararet neve committeret
ut frustra ipse properasset. Prorsus ex his litteris non videba- 20
tur esse dubium quin ante eam dicm venturus esset, itemque
Balbo cum eam epistulam legisset videri Lamia dicebat.
    Dies feriarum mihi additos video sed quam multos fac, si
me amas, sciam. De Baebio poteris et de altero vicino Egnatio.

1 adnueram *bs*: advene- *RMm*: vene- *P*: venerant *d*   pompa me deterret *Orelli*: -pa videret *RΔ*: -pa deterret *C*   2 autem *post*
quid *R*   3 probe *Otto*   4 cum *Rb*: tum *Δ*   religionis opinione
Man.: -ne -nis *RΔλ Schmidt*   5 fama δλ: flama *M¹*: flammi *R*:
flaminis *P*: famae *Schmidt*   6 cascam *Mms*: castam *Rd*: causam *b*
[cascham *in marg. b²*]   7 corfi- *P* [*cf. pro Lig. 33*]: curfi- *RΔ*: cursi-
bκ   9 corfi- *nescio quis*: curfi- *RΔ*: cursi- *P*   10 negotium *om.* M
15 *novam ep. incipit b²*   21 idemque *Vict.*   24 b(a)ebio *OR codd.*
Faërn. Ant.: babio *Δ*

Quod me hortaris ut eos dies consumam in philosophia 2
explicanda, currentem tu quidem; sed cum Dolabella vivendum esse istis diebus vides. Quod nisi me Torquati causa
teneret, satis erat dierum ut Puteolos excurrere possem et ad
5 tempus redire. Lamia quidem a Balbo, ut videbatur, audi- 3
verat multos nummos domi esse numeratos, quos oporteret
quam primum dividi, magnum pondus argenti praeter praedia; auctionem primo quoque tempore fieri oportere. Scribas
ad me velim quid tibi placeat. Equidem si ex omnibus esset
10 eligendum, nec diligentiorem nec officiosiorem nec nostri
studiosiorem facile delegissem Vestorio, ad quem accura-
tissimas litteras dedi; quod idem te fecisse arbitror. Mihi
quidem hoc satis videtur. Tu quid dicis? Vnum enim pungit,
ne neglegentiores esse videamur. Exspectabo igitur tuas lit-
15 teras.

XLVI   *Scr. in Tusculano prid. Id. Sext. an. 45.*

CICERO ATTICO SALVTEM.

Pollex quidem, ut dixerat ad Id. Sext., ita mihi Lanuvi 1
prid. Id. praesto fuit, sed plane pollex, non index. Cognosces
20 igitur ex ipso. Balbum conveni—Lepta enim de sua mune- 2
rum curatione laborans me ad eum perduxerat; in eo autem
Lanuvino quod Lepido tradidit. Ex eo hoc primum: 'Paulo
ante acceperam eas litteras in quibus magno opere se confirmat ante ludos Romanos.' Legi epistulam. Multa de meo

7 dividi *b²*: die [dic *m*, dein *s*] vidi *Δ*: die *R*: di[*P*] *P* [*spat.*]   pr- praedia: auct- *Mal.*: auct- pr- pr(a)edia [prandia *Δ*] *RΔC*   9 esset *Pbs*:
esse *RΔ*   10 nec . . . stud- *Zᵇλ Crat.* [mehercule *ante* nostri *add. Crat.*]:
om. Ω   14 negligent- *Rbs*: neglegt- *M¹*: neglect- *PM²d*: neglent-
m   18 *novam ep. incipit b²*   19 index *δ*: iudex *PM¹*: video *R*
20 munerum cur- *Schmidt*: vi in cur- [incur-] *Δ* [vi *om. bs*]: vini cur-
Rλ ['*aut hoc aut illud*' *Z¹*]   21 in eo *R*: meo *Mdm*: mea *bs*
22 hoc *ds*: h(a)ec *Mbm*: h' *R*   23 eas *RΔ* [eam *s¹*]: Caesaris *Schütz*:
fort. has *vel* eius (*Watt*)   se *OR*: *om. Δ*

Catone, quo saepissime legendo se dicit copiosiorem factum,
3 Bruti Catone lecto se sibi visum disertum. ⟨Tum⟩ ex eo
cognovi cretionem Cluvi (o Vestorium neglegentem!), liberam
cretionem testibus praesentibus sexaginta diebus. Metuebam
ne ille arcessendus esset. Nunc mittendum est ut meo iussu 5
cernat. Idem igitur Pollex. Etiam de hortis Cluvianis egi cum
Balbo. Nil liberalius. Se enim statim ad Caesarem scripturum,
Cluvium autem a T. Hordeonio legare eι Terentiae HS ıↃↃↃ
et sepulcro multisque rebus, nihil a nobis. Subaccusa, quaeso,
Vestorium. Quid minus probandum quam Plotium unguen- 10
tarium per suos pueros omnia tanto ante Balbo, illum mi ne
4 per meos quidem? De Cossinio doleo; dilexi hominem.

Quinto delegabo si quid aeri meo alieno superabit et
emptionibus, ex quibus mi etiam aes alienum faciendum puto.
De domo Arpini nil scio. 15

5 Vestorium nil est quod accuses. Iam enim obsignata hac
epistula noctu tabellarius noster venit et ab eo litteras diligenter scriptas attulit et exemplum testamenti.

XLVII   *Scr. in Tusculano Id. Sext. an. 45.*

⟨CICERO ATTICO SALVTEM.⟩ 20

(1) 'Postea quam abs te, Agamemno,' non 'ut venirem' (nam
id quoque fecissem nisi Torquatus esset) sed ut scriberem
'tetigit auris nuntius, extemplo' instituta omisi; ea quae in

---

1 quo $Z^{(\beta)}\lambda$: que $R\varDelta$: quem b 2 visum Pbm: iussum RMd: videri s
tum *add. Graevius*   3 certiorem b^1s cluvii . . . cretionem [*v.* 4] Z^b
[cretionem *om.* Z^β]: *om.* Ω 7 nil [nihil] lib- *Lamb.*: illib- *ORC*:
lib- $\varDelta$ 8 a tito *OC*: actito R: attico [act- P, ath- d] $P\varDelta$ ıↃↃↃ
RM: ᴸꟾꟾꟾ bms: L [*spat.*] d: ᴸꟾꟾꟾꟾ P 9 a *om.* λ 12 de cossinio doleo
s^2 *in marg.* C [cosi-]: de cofinio d- R [corf- P]: deos in iodoleo $\varDelta$ [in id- d,
mi d- bs^1]   13 meo al- $\varDelta$: al- meo P: meo R 17 diligenter $P\varDelta$:
sapienter R 18 et ex- test- RMb^2ds: et t- e- P: exemplum et m: et
ex- b 21 *novam ep. incipit* b^2 23 tetigit . . . omisi $CZ^1\kappa$:
tetigit [egit b *ex corr.*] omisi [*mediis omissis*] Ω

manibus habebam abieci, quod iusseras edolavi. Tu velim e
Pollice cognoscas rationes nostras sumptuarias. Turpe est
enim nobis illum, qualiscumque est, hoc primo anno egere.
Post moderabimur diligentius. Idem Pollex remittendus est
5 ut ille cernat. Plane Puteolos non fuit eundum cum ob ea
quae ad te scripsi tum quod Caesar adest. Dolabella scribit se
ad me postridie Idus. O magistrum molestum!

XLVII a   *Scr. Asturae iii Kal. Sext. an. 45.*

⟨CICERO ATTICO SALVTEM.⟩

10 Lepidus ad me heri vesperi litteras misit Antio. Nam ibi **1** (2)
erat. Habet enim domum quam nos vendidimus. Rogat
magno opere ut sim Kalendis in senatu; me et sibi et Caesari
vehementer gratum esse facturum. Puto equidem nihil esse.
Dixisset enim tibi fortasse aliquid Oppius, quoniam Balbus
15 est aeger. Sed tamen malui venire frustra quam desiderari si
opus esset ⟨et⟩ moleste ferre postea. Itaque hodie Anti, cras
ante meridiem domi. Tu velim, nisi te impedivisti, apud nos
prid. Kal. cum Pilia.

Te spero cum Publilio confecisse. Equidem Kalendis in **2** (3)
20 Tusculanum recurram; me enim absente omnia cum illis
transigi malo. Quinti fratris epistulam ad te misi, non satis
humane illam quidem respondentem meis litteris sed tamen
quod tibi satis sit, ut equidem existimo. Tu videbis.

10 *novam ep. constituit Gruber*   15 malui v- *PMds*: malum v- *R*:
malim v- [*om.* tamen] *m*: v- malim *b*   16 et *add. Wes.*   ferre *RΔ*: -em
Vict.   antii *M^cbs*: anui *RM¹dm*: an. vi. *P*   19 publilio *Md*: publio
Rbms

XLVIII   *Scr. in Tusculano c. xii Kal. Sept. an. 45.*

⟨CICERO ATTICO SALVTEM.⟩

1   Heri nescio quid in strepitu videor ⟨ex te⟩ exaudisse, cum
diceres te in Tusculanum venturum. Quod utinam! iterum
utinam! tuo tamen commodo.   5
Lepta me rogat ut, si quid sibi opus sit, accurram; mortuus
enim Babullius. Caesar, opinor, ex uncia, etsi nihil adhuc;
sed Lepta ex triente. Veretur autem ne non liceat tenere
hereditatem, ἀλόγως omnino, sed veretur tamen. Is igitur si
accierit, accurram; si minus, ⟨haud⟩ ante quam necesse erit. 10
Tu Pollicem, cum poteris.
2   Laudationem Porciae tibi misi correctam. Eo properavi
ut, si forte aut Domitio filio aut Bruto mitteretur, haec
mitteretur. Id si tibi erit commodum, magno opere cures
velim, et velim M. Varronis et Olli mittas laudationem, Olli 15
utique. Nam illam legi, volo tamen regustare. Quaedam enim
vix mihi credo legisse me.

XLIX   *Scr. in Tusculano c. xi Kal. Sept. an. 45.*

⟨CICERO ATTICO SALVTEM.⟩

1   Atticae primum salutem, quam equidem rure esse arbi- 20
tror; multam igitur salutem, et Piliae. De Tigellio, si quid
novi. Qui quidem, ut mihi Gallus Fabius scripsit, μέμψιν
ἀναφέρει mihi quandam iniquissimam, me Phameae defuisse
cum eius causam recepissem. Quam quidem receperam contra

3 *novam ep. incipit* b²   ex te *addidi*   6 mortuus [-uos *M¹d*] *Δ*: -uo
R   7 enim] enim est *Lamb.*: est enim *Orelli*   babullius *Δ* [ball- *d*]:
-l(l)io *RP*: Vibullius *Schiche*   9 is *Rs*: his *Δ*   10 haut *cod.* Ball.: *om.*
RΔ: non *Graevius*: non veniam *Wes.*   12 correctam. eo λ: -ta aveo *R*:
-tam. aveo *M¹*: -tam. ac eo δ: -tam. atque eo *Lamb.*   15 et olli mit-
tas *Δ*: se colimitas *R*   olli *Δ*: olim *R*   17 me *ORZᵝλ codd. Faërn.*
Ant.: *om. Δ*   20 quidem *Mueller*   rure *RΔλ*: ruri *Rom.*   22 Fadius
Orelli et vulg.   23 me Ph- *Rom.*: eph- *RΔ*

pueros Octavios Cn. filios non libenter; sed et Phameae causa
volebam. Erat enim, si meministi, in consulatus petitione per
te mihi pollicitus si quid opus esset; quod ego perinde tuebar
ac si usus essem. Is ad me venit dixitque iudicem operam dare
5 sibi constituisse eo die ipso quo de Sestio nostro lege Pompeia
in consilium iri necesse erat. Scis enim dies illorum iudiciorum
praestitutos fuisse. Respondi non ignorare eum quid ego
deberem Sestio. Quem vellet alium diem si sumpsisset, me ei
non defuturum. Ita tum ille discessit iratus. Puto me tibi nar-
10 rasse. Non laboravi scilicet nec hominis alieni iniustissimam
iracundiam mihi curandam putavi. Gallo autem narravi, 2
cum proxime Romae fui, quid audissem, neque nominavi
Balbum minorem. Habuit suum negotium Gallus, ut scribit.
Ait illum me animi conscientia quod Phamean destituissem
15 de ⟨se⟩ suspicari. Qua re tibi hactenus mando, de illo nostro,
si quid poteris, exquiras, de me ne quid labores. Est bellum
aliquem libenter odisse et quem ad modum ⟨non omnibus
dormire, ita⟩ non omnibus servire. Etsi me hercule, ut tu
intellegis, magis mihi isti serviunt, si observare servire est.

20 L   *Scr. in Tusculano c. x Kal. Sept. an. 45.*

⟨CICERO ATTICO SALVTEM.⟩

Admonitus quibusdam tuis litteris ut ad Caesarem ube- 1
riores litteras mittere instituerem, cum mihi Balbus nuper
in Lanuvino dixisset se et Oppium scripsisse ad Caesarem
25 me legisse libros contra Catonem et vehementer probasse,

1 octavios *vulg.* -ius *RΔ*: -ii *b ex corr.* [*pro* filios *habent* f. *vel* F. *codd.*]
et ph- *RMds*: et eph- *bm*: ph- *Iens. Rom.*   3 etiam esset *R*: etiam iam e- *P*
4 dare sibi *M^c^b*: -es ibi *RM¹dm*: -e tibi *s*   7 quid *M^c^b* [*ex corr.*] *ds*:
quod *RM¹m*   8 quem ipse v- *R*   11 narravi δ: -it *RM¹*   14 illum]
i- ⟨dicere⟩ *Lamb.*: ille *Schmidt*   15 de ⟨se⟩ susp- *Crat.*: desusp- *RΔ*
17 aliquod *R* et *om. b*: *exp. m*   non ... ita *add.* Erasmus *ex Fam.*
vii. 24. 1   19 enim magis *R*   22 *novam ep. incipit b²*   23 mittere
M²Z^(b)^λ: -rem *RΔ*   instituerem *M¹Z^(b)^λ*: -ram *Rδ*

conscripsi de iis ipsis libris epistulam Caesari quae deferre-
tur ad Dolabellam; sed eius exemplum misi ad Oppium et
Balbum, scripsique ad eos ut tum deferri ad Dolabellam iu-
berent meas litteras si ipsi exemplum probassent. Ita mihi
rescripserunt, nihil umquam se legisse melius, epistulamque 5
meam iusserunt dari Dolabellae.

2   Vestorius ad me scripsit ut iuberem mancipio dari servo
suo pro mea parte Hetereio cuidam fundum Brinnianum,
ut ipse ei Puteolis recte mancipio dare posset. Eum servum,
si tibi videbitur, ad me mittes; opinor enim ad te etiam 10
scripsisse Vestorium.

3   De adventu Caesaris idem quod a te mihi scriptum est ab
Oppio et Balbo. Miror te nihildum cum Tigellio, velut hoc
ipsum, quantum acceperit: prorsus aveo scire, nec tamen
4 flocci facio. Quaeris quid cogitem de obviam itione. Quid 15
censes nisi Alsium? Et quidem ad Murenam de hospitio
scripseram, sed opinor cum Matio profectum. Silius tuus
igitur urgebitur.

5   Scripto iam superiore versiculo Eros mihi dixit sibi Murenam liberalissime respondisse. Eo igitur utamur. Nam Silius 20
culcitas non habet. Dida autem, opinor, hospitibus totam
villam concessit.

LI   *Scr. in Tusculano ix Kal. Sept. an. 45.*

⟨CICERO ATTICO SALVTEM.⟩

1   Ad Caesarem quam misi epistulam eius exemplum fugit 25
me tum tibi mittere. Nec id fuit quod suspicaris, ut me

---

1 iis *M²bm*: is *R*: his *Pds*: om. *M¹*   3 tum *Δ*: tamen *R*   13 et
om. *bm*   et miror *R*   ni(c)hil dum *Δ*: ni(c)hil *RP*   14 quantum]
quo animo *Boot*   17 Silius tuus *scripsi*: salustius [sall- *m*] *RΔ*: Silius
Muretus   20 Sil-] Sallustius *Corr.*   21 dida *PΔ*: tita *R*   25 *novam
ep. incipit b²*

puderet tui †ne ridicule micillus†, nec me hercule scripsi
aliter ac si πρὸς ἴσον ὅμοιον que scriberem. Bene enim existimo
de illis libris, ut tibi coram. Itaque scripsi et ἀκολακεύτως et
tamen sic ut nihil eum existimem lecturum libentius.

5   De Attica nunc demum mihi est exploratum; itaque ei **2**
de integro gratulare. Tigellium totum mihi, et quidem quam
primum; nam pendeo animi. Narro tibi, Quintus cras; sed ad
me an ad te nescio. Mi scripsit Romam viii Kal. Sed misi qui
invitaret. Etsi hercle iam Romam veniendum est, ne ille ante
10 advolet.

LII   *Scr. in Puteolano xiv Kal. Ian. an. 45.*

⟨CICERO ATTICO SALVTEM.⟩

O hospitem mihi tam gravem ἀμεταμέλητον! Fuit enim **1**
periucunde. Sed cum secundis Saturnalibus ad Philippum
15 vesperi venisset, villa ita completa a militibus est ut vix
triclinium ubi cenaturus ipse Caesar esset vacaret; quippe
hominum ꜾƆ ꜾƆ. Sane sum commotus quid futurum esset
postridie; ac mihi Barba Cassius subvenit, custodes dedit.
Castra in agro, villa defensa est. Ille tertiis Saturnalibus apud
20 Philippum ad H. vii, nec quemquam admisit; rationes,
opinor, cum Balbo. Inde ambulavit in litore. Post H. viii in
balneum. Tum audivit de Mamurra, vultum non mutavit.
Vnctus est, accubuit. Ἐμετικὴν agebat. Itaque et edit et bibit
ἀδεῶς et iucunde, opipare sane et apparate nec id solum sed

1 micillus [miti- *b*] *ΔZ*⁽ˡ⁾: militibus *R*: *om. P* [*spat.*]: anne μειλιχίως
[*cf. p.* 188. 14] ᴾ   nec etiam *R*   aliter scripsi *R*   3 et *om. b*
ἀκολ- δ: ΚΔΚΟΛ- *RM*   et *om.* δ   5 mihi totum *R*   7 narro *OZ*⁽ᴮᵇ⁾λ
cod. Ant.: varro *R*: narabo *M*: narrabo δ   9 herc(u)le iam *RΔ*: i- h- *E*
ille *EΔ*: i- etiam *R*   13 tam gravem *ERΔλ*: g- tamen *Boot*   14 Phil-]
me *bm*   17 .∞. ∞. *R*: ∞̄ ∞̄ *EMm*: x̄x̄x̄ *bs*: cccc M *b²* *in marg.*: *om.*
d [*spat.*]   20 H. [h. *m*] vii. *EMm*: .vii. *R*: ʰ. [horas] .viii. *bs*: *om. d*
21 H. viii] .viii. .kl. *s*: haec *b*: HS. viii *P*   22 tum *ORMdm*: cum
bs: dum *Zˡ*   vultum *Zϰ*: *om.* Ω   24 iocunde *b²*: -di Ω

'bene cocto et
condito, sermone bono et, si quaeris, libenter.'

2 Praeterea tribus tricliniis accepti οἱ περὶ αὐτὸν valde copiose.
Libertis minus lautis servisque nihil defuit. Nam lautiores
eleganter accepi. Quid multa? homines visi sumus. Hospes 5
tamen non is cui diceres: 'Amabo te, eodem ad me cum re-
vertere.' Semel satis est. Σπουδαῖον οὐδὲν in sermone, φιλόλογα
multa. Quid quaeris? delectatus est et libenter fuit. Puteolis
se aiebat unum diem fore, alterum ad Baias.

Habes hospitium sive ἐπισταθμείαν odiosam mihi, dixi, non 10
molestam. Ego paulisper hic, deinde in Tusculanum. Dolabellae villam cum praeteriret, omnis armatorum copia dextra
sinistra ad equum nec usquam alibi. Hoc ex Nicia.

---

1 et *del. Man.* [*cf. De Fin. ii. 25*]   2 libenter *om. bms*   4 libertis
bs: -tus *ORMdm*   5 accepi *Ωλ*: -pti *b*   visi *Oδ*: iussi *RM¹*   6 cui
Vict.: qui *Ω*   amabo *Rs*: ambo *Δ*   eadem *Moricca*   cum *om. R*
8 multum *P*: mul *R*

AD ATTICVM

LIBER QVARTVS DECIMVS

I
Scr. in suburbano Mati vii Id. Apr. an. 44.

CICERO ATTICO SALVTEM.

DEVERTI ad illum de quo tecum mane. Nihil perditius; **1**
explicari rem non posse. 'Etenim si ille tali ingenio exitum
5 non reperiebat, quis nunc reperiet?' Quid quaeris? perisse
omnia aiebat (quod haud scio an ita sit; verum ille gaudens)
adfirmabatque minus diebus xx tumultum Gallicum. In sermonem se post Id. Mart. praeterquam Lepido venisse nemini.
Ad summam, non posse istaec sic abire. O prudentem Op-
10 pium! qui nihilo minus illum desiderat, sed loquitur nihil
quod quemquam bonum offendat. Sed haec hactenus.

Tu, quaeso, quicquid novi (multa autem exspecto) scri- **2**
bere ne pigrere, in his de Sexto satisne certum, maxime autem
de Bruto nostro. De quo quidem ille ad quem deverti,
15 Caesarem solitum dicere, 'Magni refert hic quid velit, sed
quicquid volet valde volet'; idque eum animadvertisse cum
pro Deiotaro Nicaeae dixerit; valde vehementer eum visum
et libere dicere; atque etiam (ut enim quidque succurrit libet
scribere) proxime, cum Sesti rogatu apud eum fuissem ex-
20 spectaremque sedens quoad vocarer, dixisse eum, 'Ego dubitem quin summo in odio sim, cum M. Cicero sedeat nec suo

---

3 perditius *PM²bdm²s*: -tus *ERM¹m¹*   5 non *om. E*   6 haud *Rδ*:
aut *EM¹*   gaudens *ERΔλ*: -et *cod. Faërn.*   7 affirmabatque *Zᵇλ*: -mat-
que *Ω*: -abat *κ*   8 lepido *P cod. Faërn.*: -di *ERΔ*   9 ist(h)ec *Eδ*
[-huc *d*]: ista et *M¹[P̌]*: ista *RM²*   o *om. E*   11 haec hact-] h' act- *E*
15 ⟨non⟩ magni *Brandt*   16 volet . . . volet *ΩZ⁽ᵗ⁾λ*: volt . . . volt *Zᵇ*
['*perspicue*']   cum δ: tum *ERM¹*   17 dix-] diceret *cod. Vrs.*   18 quicquam *bms*   19 sesti *R*: sexti *EPΔ*   20 vocaret *b*   21 cum
ERδ: que *M¹*

213

commodo me convenire possit? Atqui si quisquam est facilis,
hic est. Tamen non dubito quin me male oderit.' Haec et
eius modi multa. Sed ad propositum. Quicquid erit, non
modo magnum sed etiam parvum, scribes. Equidem nihil
intermittam.   5

II   *Scr. in suburbano Mati* [?] *vi Id. Apr. an. 44.*

CICERO ATTICO SALVTEM.

1   Duas a te accepi epistulas heri. Ex priore theatrum Publi-
liumque cognovi, bona signa consentientis multitudinis. Plau-
sus vero L. Cassio datus etiam facetus mihi quidem visus est. 10
2 Altera epistula de Madaro scripta, apud quem nullum †φαλά-
κωμα, ut putas. Processit enim, sed minus diutius sermone
3 enim† sum retentus. Quod autem ad te scripseram, obscure
fortasse, id eius modi est: aiebat Caesarem secum, quo tempore Sesti rogatu veni ad eum, cum exspectarem sedens, 15
dixisse, 'Ego nunc tam sim stultus ut hunc ipsum facilem
hominem putem mihi esse amicum, qui tam diu sedens meum
commodum exspectet?' Habes igitur φαλάκρωμα inimicissimum oti, id est Bruti.
4   In Tusculanum hodie, Lanuvi cras, inde Asturae cogita- 20
bam. Piliae paratum est hospitium, sed vellem Atticam.
Verum tibi ignosco. Quarum utrique salutem.

1 me *om.* R [*post* conv- P]   est *ERM^cb*: est si *Δ*   2 valde od- *s*   et
haec et *b*   3 eius *EPMbm*: huius *Rds*   4 modo enim *R*   8 epist-
Δ: litteras *R*   publili- *M*: publi- *Rδλ*   11 madaro *Mbm*:
mand- *d*: mandato *s*: maclaro *R*   Φ∂Λ- *M*: ΚΛΛ- *R* [-OMA *P*]: σαλ-
dm: φαλάκρωμα *bsλ*   12 putat λλ   at processi e- s- m- : d- enim
serm- *b²* *in marg.*   processit *etiam Z^(l)*λλ   minus *Δ*: sedimus *R*   diutius *PΔZ^(bl)*: -us in *R*: diu eius *Man.*   13 obscure *PC*: -ro *b²in marg.*:
obsecro *RΔ*   15 expect- *RM^cb²*: spect- *ΔC*   16 tam sim *RMdm²*:
tam sum *m¹s*: sum tam *b*   17 qui *R*: quin *M¹*: cum δ   18 ami-
ciss- *bms*

III   *Scr. in Tusculano vi aut v Id. Apr. an. 44.*

CICERO ATTICO SALVTEM.

Tranquillae tuae quidem litterae. Quod utinam diutius! **1**
nam Matius posse negabat. Ecce autem structores nostri ad
5 frumentum profecti, cum inanes redissent, rumorem adferunt
magnum Romae domum ad Antonium frumentum omne
portari. Πανικὸν certe; scripsisses enim. Corumbus Balbi nullus adhuc. Est mihi notum nomen; bellus enim esse dicitur
architectus.

10   Ad obsignandum tu adhibitus non sine causa videris. **2**
Volunt enim nos ita putare; nescio cur non animo quoque
sentiant. Sed quid haec ad nos? Odorare tamen Antoni
διάθεσιν; quem quidem ego epularum magis arbitror rationem habere quam quicquam mali cogitare.

15   Tu si quid πραγματικὸν habes rescribe; sin minus, populi
ἐπισημασίαν et mimorum dicta perscribito. Piliae et Atticae
salutem.

IV   *Scr. Lanuvi v aut iv Id. Apr. an. 44.*

CICERO ATTICO SALVTEM.

20   Numquid putas me Lanuvi? At ego te istic cotidie aliquid **1**
novi suspicor. Tument negotia. Nam cum Matius, quid censes ceteros? Equidem doleo, quod numquam in ulla civitate
accidit, non una cum libertate rem publicam reciperatam.
Horribile est quae loquantur, quae minitentur. Ac vereor

3 tue q- *RMd²s cod. Faërn.*: q- t- *Pbd¹m*   4 matius *b²*: maius *RΔZ⁽ˡ⁾*
8 est *Wes.*: et *RΔ*   15 πραγματικον *b*: pragmaticon *R*: -cum *Δ*   habes
rescribe *bsZᵗ*: habere scribe *Mᶜ*: -re scribeses *M¹*: -re scribes *Rdm*   sin
Mbs: in *Rdm*   16 mimorum *b* [*in ras.*] *s*: minorum *Mdm*: minor *R*
20 nunquid *ds*: nunc q- *ERMbm*   quot- ist(h)ic *ds*   21 novi *om. b*
tument *EΔ*: tum etiam *b¹*: tument iam *b²*: timent *R*   22 ceteros
PMᶜ: -ro *ERΔ*   nunc quam *M¹*

2 Gallica etiam bella, ipse Sextus quo evadat. Sed omnia licet
concurrant, Idus Martiae consolantur. Nostri autem ἥρωες
quod per ipsos confici potuit gloriosissime et magnificentis-
sime confecerunt; reliquae res opes et copias desiderant, quas
nullas habemus. Haec ego ad te. Tu, si quid novi (nam cotidie 5
aliquid exspecto), confestim ad me, et, si novi nihil, nostro
more tamen ne patiamur intermitti litterulas. Equidem non
committam.

V   *Scr. Asturae iii Id. Apr. an. 44.*

CICERO ATTICO SALVTEM.   10

1   Spero tibi iam esse ut volumus, quoniam quidem ἡσίτησας,
cum leviter commotus esses; sed tamen velim scire quid agas.
Signa bella, quod Calvena moleste fert se suspectum esse
Bruto; illa signa non bona, si cum signis legiones veniunt ⟨e⟩
Gallia. Quid tu illas putas quae fuerunt in Hispania? nonne 15
idem postulaturas? quid, quas Annius transportavit? Asinium
volui, sed μνημονικὸν ἁμάρτημα. A balneatore φυρμὸς πολύς.
Nam ista quidem Caesaris libertorum coniuratio facile op-
2 primeretur, si recte saperet Antonius. Meam stultam vere-
cundiam! qui legari noluerim ante res prolatas, ne deserere 20
viderer hunc rerum tumorem; cui certe si possem mederi,

3 ipsos *O¹M¹Z^tλ*: se i- *ERδ*   potuerit *b*   4 reliqu(a)e δ: -qua *ERM¹*
5 ego *ERMm*: *om. bds*   tu *Klotz*: ut *ERΔ*: *om. P*   7 equidem
ERM^cC: si q- *Δ*   11 ἡσίτησας *Z*: ICEITHCΔC [-ΔЄ *m*] *ORMm*
12 cum *Z^t*: quem *RΔ*: quam *b²s*   leviter *Rds*: leni- *Mbm*   13 se
R: *om. Δ* [*post* susp- *add. b²*]   14 signis *RM^cbs*: ins- *M¹dm*   e
add. b²   16 quid] quidem *b¹*[ʔ]*m*: quid eas *b²* *cod. Ball.*   quas
annius λ *cod. Ball.*: qua s- *R* [qua *P, spat. rel.*]: quas anius [anñis *s*] *bms*:
qua sanius *Md*   -tavit] Asinium *scripsi*: -tavi [-tam *b¹m*, -tavit *b²*]
caninium [ea nimium *P*] *RΔ*   17 a balneatore [ab a- *O¹*] *O¹RCZ*
[*cf. Phil. xiii. 26 fin.ʔ*]: ab alea- [aba-, a ba-] *Δ*   19 recte *P*: -ta *RΔ*
sapere *R*   meam *Ω*: ⟨o⟩ m- *Crat.*   20 qui *Δ*: ceperit qui *R*   21 mederi
deesse *R*: -ri desse λ: -ri disse *M¹m* [*sed* me derid- *M¹*]: -ri odisse *b¹* [-rer,
od- *b²*]: -ri ipse *M²ds*

deesse non deberem. Sed vides magistratus, si quidem illi
magistratus, vides tamen tyranni satellites ⟨in⟩ imperiis, vides
eiusdem exercitus, vides in latere veteranos, quae sunt εὑρί-
πιστα omnia; eos autem qui orbis terrae custodiis non modo
5 saepti verum etiam magni esse debebant tantum modo laudari
atque amari, sed parietibus contineri. Atque illi quoquo modo
beati, civitas misera. Sed velim scire qui adventus Octavi, 3
num qui concursus ad eum, num quae νεωτερισμοῦ suspicio.
Non puto equidem, sed tamen, quicquid est, scire cupio.
10 Haec scripsi ad te proficiscens Astura III Id.

VI   *Scr. Fundis prid. Id. Apr. an. 44.*

CICERO ATTICO SALVTEM.

Prid. Id. Fundis accepi tuas litteras cenans. Primum igitur 1
melius esse, deinde meliora te nuntiare. Odiosa enim illa
15 fuerant, legiones venire. Nam de Octavio susque deque. Exspecto quid de Mario; quem quidem ego sublatum rebar a
Caesare. Antoni conloquium cum heroibus nostris pro re
nata non incommodum. Sed tamen adhuc me nihil delectat
praeter Idus Martias. Nam quoniam Fundis sum cum Ligure
20 nostro, discrucior Sextili fundum a verberone Curtilio possideri. Quod cum dico, de toto genere dico. Quid enim miserius 2

1 illum *R*   2 tamen *etiam O*   in *add. b²*   imperii *b¹s*   4 custodiis
Mᶜb²: -dis *Δ*: -des *R*   5 magni esse debebant *bms codd. Ball. Helmst.*
[*sed* debeant *bms*]: magnis sedebant *M¹* [*prius* s *del.*, esse *add. M²*]: -nis
aedebant *d*: -ni sedebant *R*: magisse *pro* magni esse *Zᵇ*   7 qui
Wes.: quid *RΔ*   8 qui *Δ*: quid *R*   num qu(a)e *PΔ*: factus sit que *R*
-ισμῶν *bs*   10 III *RΔZᵇ*: IIII *sZᵝλ*   14 enim illa *Obs*: i- e- *RMdm*
15 susque deque *C*: scis qu(a)e de qu(a)e *M¹dm*: scis quid de eo *Mᶜ* [*corr.
prima manus, ut vid.*] *b¹* [que *et* Quinto *pro* eo *b²*]: scis quid ego *s*: que *R*
16 quid] aliquid *Wes.*: si q- *Otto*   rebar a *Rom.*: -are [-ar e] *RΔ*   17 coll-
Rδ: conquium *EM¹*   20 discrutior sest[ilii] *C*: distructor sesti [sexti *P*]
illi *R*: destructo res est ulli *Δ*: structore est ulli *b in ras.* [t ulli *exp.*,
Sestilii vel sestilianum *posuit in marg. b²*]

quam ea nos tueri propter quae illum oderamus? etiamne
consules et tribunos pl. in biennium quos ille voluit? Nullo
modo reperio quem ad modum possim πολιτεύεσθαι. Nihil
enim tam σόλοικον quam tyrannoctonos in caelo esse, tyranni
facta defendi. Sed vides consules, vides reliquos magistratus, 5
si isti magistratus, vides languorem bonorum. Exsultant laetitia in municipiis. Dici enim non potest quanto opere gau-
deant, ut ad me concurrant, ut audire cupiant mea verba de
re publica. Nec ulla interea decreta. Sic enim πεπολιτεύμεθα
ut victos metueremus.   10

Haec ad te scripsi apposita secunda mensa; plura et πολιτικώτερα postea, et tu quid agas quidque agatur.

VII   *Scr. in Formiano xvii Kal. Mai. an. 44.*

⟨CICERO ATTICO SALVTEM.⟩

1   Postridie Id. Paulum in Caieta vidi. Is mihi de Mario 15
et de re publica aliqua, quaedam sane pessima. A te scilicet
nihil; nemo enim meorum. Sed Brutum nostrum audio visum
sub Lanuvio. Vbi tandem est futurus? Nam cum reliqua
tum de hoc scire aveo omnia. Ego e Formiano exiens XVII
Kal. ut inde altero die in Puteolanum scripsi haec.   20

2   A Cicerone mihi litterae sane πεπινωμέναι et bene longae.
Cetera autem vel fingi possunt, πίνος litterarum significat
doctiorem. Nunc magno opere a te peto, de quo sum nuper
tecum locutus, ut videas ne quid ei desit. Id cum ad officium

4 cum tyranno et onus *M¹dm*   5 consules *P*: cos *Rm*: eos *Δ*
6 exultant *b²*: -tat *RΔ, fort. recte*   9 re p. *M^cbs*: re *RM¹dm*
10 metueremus *Δ*: -res *R*   15 *novam ep. incipiunt M⁴b²*: *superiori
coniungunt codd. et edd. vett.*   in caieta *RΔZ⁽ᵇ⁾*: caietae *M^c*: in caietano
λ   is *RM^cbm*: hic *M¹* [*ut vid.*] *ds*   18 cum δ: quin *RM¹*: quoniam *P*
19 aveo *Δ*: ab eo nunc *R*   21 a cic-] *hic novam ep. incipit M⁴* ΠΕΠΙ-
ΝѠΜΕΝΔΙ *RMZ*: πεπυκν- δ [-νωμένα *m*, -νομέναι *s*]   22 πίνος
Man.: ΠΕΙΝΟC *Mms*: ΠΕΙΠΟC *R*: πυκνῶς *Obκ*

nostrum pertinet tum ad existimationem et dignitatem;
quod idem intellexi tibi videri. Omnino si ego evolo mense
Quintili in Graeciam, sunt omnia faciliora; sed cum sint ea
tempora ut certi nihil esse possit quid honestum mihi sit,
5 quid liceat, quid expediat, quaeso, da operam ut illum quam
honestissime copiosissimeque tueamur.

Haec et cetera quae ad nos pertinebunt, ut soles, cogitabis, ad meque aut quod ad rem pertineat aut, si nihil erit,
quod in buccam venerit scribes.

10 **VIII**   *Scr. in Sinuessano xvii Kal. Mai. an. 44.*

⟨CICERO ATTICO SALVTEM.⟩

Tu me iam rebare, cum scribebas, in actis esse nostris; at **1**
ego accepi XVII Kal. in deversoriolo Sinuessano tuas litteras.
De Mario probe, etsi doleo L. Crassi nepotem. Optime
15 tamen etiam Bruto nostro probari Antonium. Nam quod
Iuniam scribis moderate et amice scriptas litteras attulisse, at
mihi Paulus dedit ad se a fratre missas; quibus in extremis
erat sibi insidias fieri; se id certis auctoribus comperisse. Hoc
nec mihi placebat et multo illi minus. Reginae fuga mihi
20 non molesta est. Clodia quid egerit scribas ad me velim. De
Byzantiis curabis ut cetera et Pelopem ad te arcesses. Ego, ut

2 videri $M^c bms\lambda$: -re $RM^1 d$ omnino $P\varDelta$: omnes R ego $R\lambda$: ergo $\varDelta$
[r *in* M *superscr. manus prima, ut vid.*]   evolo *scripsi*: est volo $P\varDelta$: 'st
volo λ: volo [n-?] R: ut volo *Wes.* [ego, si est ut volo *e Michaelis Bruti
ed. refert Graevius*]   4 certe λ quod $d\lambda$ 8 ni(c)hil erit $\varDelta$: e-
n- R 12 *novam ep. incipiunt* $M^4 b^2$: *superiori coniungunt codd. et edd.
vett.*   rebare cum $M^2 bm$: rebar equm *vel sim.* RM^1: -re cum (a)equum
ds   at Crat.: et $R\varDelta$ 13 in dev- [div-] sin- $M^2 b^2\lambda\lambda$: inde versoliolos
in vessano *vel sim.* $R\varDelta$ 14 probe M^c: -bes $RM^1 dm$: -bo *bs*   nepotem RM^c: ne putem $\varDelta$ 15 tamen *Corr.*: tam $R\varDelta$: iam *Moser*
quod iun- R [quod P, *spat. rel.*]: quo divin- M^1: quod divin- [Cluviam
superscr. b^2] δ 16 attulisse at R [at *etiam* Z^l]: -set M^1: -se δ
20 non *om.bm*   est *Wes.*: sed RM^1: est. sed δ 21 et cet- ut R:
ut P arcesses Z: arces $R\varDelta$: -esse b^2

219

postulas, Baiana negotia chorumque illum de quo scire vis,
2 cum perspexero, tum scribam, ne quid ignores. Quid Galli,
quid Hispani, quid Sextus agat vehementer exspecto. Ea scilicet tu declarabis, qui cetera. Nauseolam tibi tamen causam
oti dedisse facile patiebar. Videbare enim mihi legenti tuas 5
litteras requiesse paulisper. De Bruto semper ad me omnia
perscribito, ubi sit, quid cogitet. Quem quidem ego spero
iam tuto vel solum tota urbe vagari posse. Verum tamen—.

IX   *Scr. xv aut xvi Puteolis Kal. Mai. an. 44.*

⟨CICERO ATTICO SALVTEM.⟩   10

1   De re publica multa cognovi ex tuis litteris, quas quidem
multiiuges accepi uno tempore a Vestori liberto. Ad ea autem
quae requiris brevi respondebo. Primum vehementer me
Cluviana delectant. Sed quod quaeris quid arcessierim Chry-
sippum, tabernae mihi duae corruerunt reliquaeque rimas 15
agunt; itaque non solum inquilini sed mures etiam migrave-
runt. Hanc ceteri calamitatem vocant, ego ne incommodum
quidem. O Socrate et Socratici viri! numquam vobis gratiam referam. Di immortales, quam mihi ista pro nihilo! Sed
tamen ea ratio aedificandi initur, consiliario quidem et aucto- 20
re Vestorio, ut hoc damnum quaestuosum sit.
2   Hic turba magna est eritque, ut audio, maior. Duo quidem
quasi designati consules. O di boni! vivit tyrannis, tyrannus
occidit! Eius interfecti morte laetamur cuius facta defendi-
mus! Itaque quam severe nos M. †cutius† accusat, ut pudeat 25

2 scribam δ: ari- *RM¹*: *om. P* [*spat.*]   3 ea *Mᶜbms*: eas *RM¹d*
4 tu decl- *Δ*: tute dabis *R*   tamen *scripsi*: tum *R*: tum in *Δ*: tui *b*:
tuam *Schütz*   5 enim *PΔ*: *om. R*   11 novam ep. incipit *b²*:
superiori coniungunt codd. et edd. vett.   13 brevi enim *R*   18 socrate
ERM¹Z¹: -tes δ *codd. Mal.*   23 o *om. E*   25 cutius *M¹*
[cicius [ʳ] *prius scr. sed del.*] *Z¹*: curt- *Eδ*: tut- *R cod. Faërn.*: tucius
P: curius *Zᵝλ fort. recte*, M'. *pro* M. *posito*: mutius *cod. Ant.*

vivere, neque iniuria. Nam mori miliens praestitit quam haec
pati; quae mihi videntur habitura etiam vetustatem.

Et Balbus hic est multumque mecum. Ad quem a Vetere **3**
litterae datae prid. Kal. Ian., cum a se Caecilius circumsede-
5 retur et iam teneretur, venisse cum maximis copiis Pacorum
Parthum; ita sibi esse eum ereptum multis suis amissis. In qua
re accusat Vulcatium. Ita mihi videtur bellum illud instare.
Sed Dolabella et Nicias viderint. Idem Balbus meliora de
Gallia. xxi die litteras habebat Germanos illasque nationes re
10 audita de Caesare legatos misisse ad Aurelium, qui est prae-
positus ab Hirtio: se quod imperatum esset esse facturos.
Quid quaeris? omnia plena pacis, aliter ac mihi Calvena
dixerat.

X   *Scr. in Cumano xiii Kal. Mai. an. 44.*

15   ⟨CICERO ATTICO SALVTEM.⟩

Itane vero? hoc meus et tuus Brutus egit ut Lanuvi esset, **1**
ut Trebonius itineribus deviis proficisceretur in provinciam,
ut omnia facta, scripta, dicta, promissa, cogitata Caesaris
plus valerent quam si ipse viveret? Meministine ⟨me⟩ clamare
20 illo ipso primo Capitolino die ⟨debere⟩ senatum in Capitolium
a praetoribus vocari? Di immortales, quae tum opera effici
potuerunt laetantibus omnibus bonis, etiam sat bonis, fractis
latronibus! Liberalia tu accusas. Quid fieri tum potuit? iam
pridem perieramus. Meministine te clamare causam perisse
25 si funere elatus esset? At ille etiam in foro combustus lauda-
tusque miserabiliter servique et egentes in tecta nostra cum

4 c⟨a⟩ecilius *RC*: catil- *Δ*   5 et iam *Pbs*: etiam *Mdm*: et *R*   pacorum
bs: pauc- *RMdm*   7 accusa *m*   mihi *bs*: nihil *RMdm*   illud *Δ*:
istud *R*   10 ad *om. M*¹   13 dixerat *Rom.*: -rit *ERΔ*   16 *novam*
*ep. incipit b*²: *superiori coniungunt codd. et edd. vett.*   19 me *b*²: *om. Ω*
clamari *Corr.*   20 debere *hic add. Reid [post* vocari *iam Mueller]*
21 vocandum *Housman*   qu⟨a⟩e tum *Eδ*: quant- *RM*¹   effici *Mᶜbms*:
-caci *ERM*¹*d*   22 sat *RΔ* [sat b- *om. P, spat. rel.*]: sic *E*   25 in *om. E*

facibus immissi. Quae deinde? ut audeant dicere, 'Tune
contra Caesaris nutum?' Haec et talia ferre non possum.
Itaque "γῆν πρὸ γῆς" cogito; tua tamen ὑπηνέμιος.

2   Nausea iamne plane abiit? Mihi quidem ex tuis litteris
coniectanti ita videbatur. Redeo ad Tebassos, Scaevas, Fan- 5
gones. Hos tu existimas confidere se illa habituros stantibus
nobis? in quibus plus virtutis putarunt quam experti sunt.
Pacis isti scilicet amatores et non latrocini auctores. At ego,
cum tibi de Curtilio scripsi Sextilianoque fundo, scripsi de
Censorino, de Messalla, de Planco, de Postumo, de genere 10
toto. Melius fuit perisse illo interfecto, quod numquam
accidisset, quam haec videre.

3   Octavius Neapolim venit XIIII Kal. Ibi eum Balbus mane
postridie, eodemque die mecum in Cumano; illum hereditatem aditurum. Sed, ut scribis, †ῥιξόθεμιν† magnam cum 15
Antonio. Buthrotia mihi tua res est, ut debet, eritque curae.
Quod quaeris iamne ad centena Cluvianum, adventare videtur; sed primo anno l̄x̄x̄x̄ detersimus.

4   Quintus pater ad me gravia de filio, maxime quod matri
nunc indulgeat cui antea bene merenti fuerit inimicus. Ar- 20
dentis in eum litteras ad me misit. Ille autem quid agat si scis
nequedum.Roma es profectus, scribas ad me velim, et hercule
si quid aliud. Vehementer delector tuis litteris.

1 quae *om. M¹*   2 talia *ΣZᵗ*: alia *Δ*   5 coniect- *C cod. Sichardi*:
conlect- *OR*: cum [tum *b²s*] l(a)et- *Δ*   videbatur *Rs*: -bitur *Δ*   tebassos
[te b-] *ΣMmλ*: the- *bds*   sc(a)evas *M¹λ*: sevas *O¹ [de litt. a dubitavit
Lehmann]*: scenas. suevos *d*: scacuas *cod. Sichardi*: suevos *EO²Rbms*: sic
nos *P*   Fango- *Ibm*: frango- *OΔλ cod. Sichardi*: franco- *E*: fraco- *R*: fratico-
P   9 de curt- *Δ*: detur t- *R*   sextilia- *Man.*: sestulita- *O²RΔ* [sext-
ds, -sisses tul- *O¹[ᵖ]R*]   10 messal(l)a *RΔ*: Mustela *Man.*   genere
toto *Δ*: t- g- *R*   11 nunc quam *OM¹*   15 ΡΙΞΟΘΕΜΙΝ *Ω*
[-ΟΤΕΜΙΗ *P*]: ΡΙΖΟ- *Z⁽ᵇ⁾λ*: ἐριζό- *κ*: ῥιζοτομίαν *conieci*   17 centena
Cluv- *bᵃ in marg.*: cenaclav- *M¹dm*: cenam clav- *OR*: c(a)enam cluv-
Mᶜb¹s[-anam *Mᶜb¹*]: cenam *etiam Zᵗ*   18 sed] scilicet *Wes.*   19 gravia
PΔ: -iora *R*   22 roma es *bᵃ*: rome es *OR*: rome *Δ*   23 delector.
Pδ: -to *ORM¹*

XI   *Scr. in Cumano xi Kal. Mai. an. 44.*

CICERO ATTICO SALVTEM.

Nudius tertius dedi ad te epistulam longiorem; nunc ad ea 1
quae proxime. Velim me hercule Asturae Brutus. Ἀκολασίαν
5 istorum scribis. An censebas aliter? Equidem etiam maiora
exspecto. Cum [equidem] contionem lego 'de tanto viro, de
clarissimo civi', ferre non queo. Etsi ista iam ad risum. Sed
memento, sic alitur consuetudo perditarum contionum, ut
nostri illi non heroes sed di futuri quidem in gloria sempiterna
10 sint sed non sine invidia, ne sine periculo quidem. Verum
illis magna consolatio conscientia maximi et clarissimi facti,
nobis quae? qui interfecto rege liberi non sumus. Sed haec
fortuna viderit, quoniam ratio non gubernat.

De Cicerone quae scribis iucunda mihi sunt; velim sint 2
15 prospera. Quod vero curae tibi est ut ei suppeditetur ad usum
et cultum copiose, per mihi gratum est, idque ut facias te
etiam rogo. De Buthrotiis et tu recte cogitas et ego non
dimitto istam curam. Suscipiam omnem etiam actionem,
quam video cotidie faciliorem. De Cluviano, quoniam in re
20 mea me ipsum diligentia vincis, res ad centena perducitur.
Ruina rem non fecit deteriorem, haud scio an iam fructuo-
siorem.

Hic mecum Balbus, Hirtius, Pansa. Modo venit Octavius,
et quidem in proximam villam Philippi, mihi totus deditus.
25 Lentulus Spinther hodie apud me; cras mane vadit.

6 cum *Vict.*: quin *RΔ*   equidem *RΔ*: et *b*[1][*ᵖ*]: etiam *b*[2]: *secl. Wes.*
10 sine invidia ne *Z*: *om.* *Ω*   12 que *Δ*: quid *R*   13 ratio non
ORb[2]: -one *Δ*   15 vero cure *Rom.*: vere *RMdmZ*[(1)]: cur(a)e *bs*
17 etiam ⟨atque etiam⟩ *Orelli*   18 etiam *PΔC*: tuam *R*: istam *Iens.*
21 ruina *Vict.*: una *Δ*: unam *R*: uni *Z*[1]: nam *b*[2]   an etiam *Lamb.*
25 me *om.* *M*[1]

XII   *Scr. Puteolis x Kal. Mai. an. 44.*

CICERO ATTICO SALVTEM.

1   O mi Attice, vereor ne nobis Idus Martiae nihil dederint
praeter laetitiam et odi poenam ac doloris. Quae mihi istim
adferuntur! quae hic video! *Ὦ πράξεως καλῆς μέν, ἀτελοῦς δέ.* 5
Scis quam diligam Siculos et quam illam clientelam honestam
iudicem. Multa illis Caesar, neque me invito (etsi Latinitas
erat non ferenda. Verum tamen—). Ecce autem Antonius
accepta grandi pecunia fixit legem 'a dictatore comitiis latam'
qua Siculi cives Romani; cuius rei vivo illo mentio nulla. 10
Quid? Deiotari nostri causa non similis? Dignus ille quidem
omni regno, sed non per Fulviam. Sescenta similia. Verum
illuc referor: tam claram tamque testatam rem tamque
iustam, Buthrotiam, non tenebimus aliqua ex parte? et eo
quidem magis quo ista plura?   15

2   Nobiscum hic perhonorifice et peramice Octavius. Quem
quidem sui Caesarem salutabant, Philippus non, itaque ne
nos quidem; quem nego posse ⟨esse⟩ bonum civem. Ita multi
circumstant, qui quidem nostris mortem minitantur, negant
haec ferri posse. Quid censes cum Romam puer venerit, ubi 20
nostri liberatores tuti esse non possunt? ⟨Qui⟩ quidem semper erunt cĺari, conscientia vero facti sui etiam beati; sed nos,
nisi me fallit, iacebimus. Itaque exire aveo 'ubi nec Pelopidarum', inquit. Haud amo vel hos designatos, qui etiam

4 et odii *ERΔZ^l*: taedii *W*oelfflin   p(a)enam *ERΔZ*: ple- *Pλ*   istim
M^1λ: -inc *ERδ*   5 -λοὺς *s*: -ΛΟϹ *RM^1m*   8 erat non *Ω*: n- e- κ
9 finxit *P*   11 non *ERM^1bm*: num *M^2ds*   12 non *om. bm*   13 referor
Z^(β): -ro *EPΔ*: -rro *R*: ⟨me⟩ refero *Wes.* [⟨me⟩ illuc r- *Lamb.*]   15 ista
ERΔ: iste *b^2*   16 peramice *ΣCZ^l*: am- *Δ*   17 non ⟨item⟩ *Moser*
18 esse *add. Lamb.*   19 qui *M^1*: cui *ERδ*   nostris *Vict.*: -ri *ERΔ*   negant
Z: -at *ERΔ*   20 ferri *EPΔ*: fieri *RZ^(l)λ*   romam puer *ERMm*: p- r- *bds*
21 tuti *ERMds*: tuto *bm*   qui *add. Vict.*   quidem semper *M^1*: s- q- *ERδ*
23 ubi . . . quicquid [*p.* 225. 7] *om. ERP*   -pidarum *bs^2*: -pi cla-
rum *Δ*   24 aut [haud *m*] hamo *M^1m*

declamare me coegerunt, ut ne apud aquas quidem acquie-
scere liceret. Sed hoc meae nimiae facilitatis. Nam id erat
quondam quasi necesse, nunc, quoquo modo se res habet,
non est item.

5   Quam dudum nihil habeo quod ad te scribam! Scribo 3
tamen, non ut delectem his litteris sed ut eliciam tuas. Tu
si quid erit de ceteris, de Bruto utique quicquid. Haec conscripsi x Kal., accubans apud Vestorium, hominem remotum
a dialecticis, in arithmeticis satis exercitatum.

10 **XIII**   *Scr. in Puteolano vel Cumano vi Kal. Mai. an. 44.*

⟨CICERO ATTICO SALVTEM.⟩

Septimo denique die litterae mihi redditae sunt quae erant 1
a te XIII Kal. datae; quibus quaeris, idque etiam me ipsum
nescire arbitraris, utrum magis tumulis prospectuque an am-
15 bulatione ἀλιτενεῖ delecter. Est me hercule, ut dicis, utriusque loci tanta amoenitas ut dubitem utra anteponenda sit.

Ἀλλ' οὐ δαιτὸς ἐπηράτου ἔργα μέμηλεν,
ἀλλὰ λίην μέγα πῆμα, διοτρεφές, εἰσορόωντες
δείδιμεν· ἐν δοιῇ δὲ σαωσέμεν ἢ ἀπολέσθαι.

20 Quamvis enim tu magna et mihi iucunda scripseris de D. 2
Bruti adventu ad suas legiones in quo spem maximam video,
tamen, si est bellum civile futurum (quod certe erit si Sextus
in armis permanebit, quem permansurum esse certo scio),
quid nobis faciendum sit ignoro. Neque enim iam licebit,
25 quod Caesaris bello licuit, neque huc neque illuc. Quemcumque enim haec pars perditorum laetatum Caesaris morte

---

3 res se *b*   6 delectem *Mdλ*: -ter *bms*: ⟨te⟩ delectem *Lamb.*   his]
meis *Man.*   7 conscr- *ERMbm*: scr- *ds*   12 *novam ep. constituit Man.*:
cum superiore in codd. cohaeret   13 idque *ER*: atq- *OΔ*   14 prospectuque [persp- *b*] *Δ*: -tioneque *ER*   15 est *ERM*: et δ   17 *graeca*
om. bds, spat. inter versus rel.   *ante* quamvis [*v.* 20] *novam ep. incipit b¹*
20 perscrips- *ds*   23 certo *Ebm*: -te *RMdsλ*   24 sit *Corr.*: est *ERΔ*
25 quidem. cumque *M¹*: quec- *d*

putabit (laetitiam autem apertissime tulimus omnes), hunc
in hostium numero habebit; quae res ad caedem maximam
spectat. Restat ut in castra Sexti aut, si forte, Bruti nos conferamus. Res odiosa et aliena nostris aetatibus, incerto exitu
belli—et nescio quo pacto tibi ego possim, mihi tu dicere, 5

> Τέκνον ἐμόν, οὔ τοι δέδοται πολεμήια ἔργα,
> ἀλλὰ σύγ’ ἱμερόεντα μετέρχεο ἔργα λόγοιο.

3 Sed haec fors viderit, ea quae talibus in rebus plus quam
ratio potest. Nos autem id videamus quod in nobis ipsis esse
debet, ut quicquid acciderit fortiter et sapienter feramus et 10
accidisse hominibus meminerimus, nosque cum multum litterae tum non minimum Idus quoque Martiae consolentur.
4 Suscipe nunc meam deliberationem qua sollicitor. Ita multa
veniunt in mentem in utramque partem. ⟨Si⟩ proficiscor, ut
constitueram, legatus in Graeciam, caedis impendentis peri- 15
culum non nihil vitare videor, sed casurus in aliquam vituperationem quod rei publicae defuerim tam gravi tempore.
Sin autem mansero, fore me quidem video in discrimine, sed
accidere posse suspicor ut prodesse possim rei publicae. Iam illa
consilia privata sunt, quod sentio valde esse utile ad confirma- 20
tionem Ciceronis me illuc venire; nec alia causa profectionis
mihi ulla fuit tum cum consilium cepi legari a Caesare. Tota
igitur hac de re, ut soles si quid ad me pertinere putas, cogitabis.
5   Redeo nunc ad epistulam tuam. Scribis enim esse rumores me ad lacum quod habeo venditurum, minusculam vero 25
villam utique Quinto traditurum vel impenso pretio, quo

---

1 putabit *M²ds*: -avit *ERM¹bm, quod defendere licet*   3 nos *om. M¹*
4 incerto *R*: et in cetero *P*: et incerto *EΔ, quo retento sequentia alii aliter*
refingunt. aposiopesin post belli *ego indicavi*   5 pacto *RΔ*ᵗ: peccato *E*
possim *ERΔ*: -sum *b*   8 ea qu(a)e *ERδZ¹*: ei qua quae *M¹*
11 multum *Iens.*: -t(a)e *ERΔ*   12 minimum *M¹*: minus *ERδ*   13 ita
enim *R*   14 ⟨si⟩ prof- *Lamb.*: prof- *ERΔ*   15 cedis *Pb*: cre-
ERΔ   periculum *RM¹*: -li *Eδ*   18 fore me quidem *Z*: equidem *Ω*
26 utique *ORM¹*: *om. Eδ*   quo *Ascensius*: quod *ERΔ*

introducatur, ut tibi Quintus filius dixerit, dotata Aquilia.
Ego vero de venditione nihil cogito, nisi quid quod magis me
delectet invenero. Quintus autem de emendo nihil curat hoc
tempore. Satis enim torquetur debitione dotis, in qua miri-
5 ficas Egnatio gratias agit; a ducenda autem uxore sic abhorret
ut libero lectulo neget esse quicquam iucundius. Sed haec **6**
quoque hactenus.

    Redeo enim ad miseram seu nullam potius rem publicam.
M. Antonius ad me scripsit de restitutione Sex. Cloeli;
10 quam honorifice, quod ad me attinet, ex ipsius litteris cognosces (misi enim tibi exemplum); quam dissolute, quam
turpiter quamque ita perniciose ut non numquam Caesar
desiderandus esse videatur, facile existimabis. Quae enim
Caesar numquam neque fecit neque fecisset neque passus esset,
15 ea nunc ex falsis eius commentariis proferuntur. Ego autem
Antonio facillimum me praebui. Etenim ille, quoniam semel
induxit animum sibi licere quod vellet, fecisset nihilo minus me
invito. Itaque mearum quoque litterarum misi tibi exemplum.

A

Scr. Romae inter xii et viii Kal. Mai. an. 44.

20   ⟨M.⟩ ANTONIVS COS. S. D. M. CICERONI.

    Occupationibus est factum meis et subita tua profectione **1**
ne tecum coram de hac re agerem. Quam ob causam vereor
ne absentia mea levior sit apud te. Quod si bonitas tua re-
sponderit iudicio meo quod semper habui de te, gaudebo.
25   A Caesare petii ut Sex. Cloelium restitueret; impetravi. **2**
Erat mihi in animo etiam tum sic uti beneficio eius si tu

1 dixit *E*   aquilia *EPδ*: -llia *RM¹Z^t*   5 egnatio *ERδ cod. Faërn.*: quae
e- *M¹*: Q. Gnatius *M²* [*sed deletum*]: Q. Egnatio *Vict.*   9 cloelii *EZ^t*:
cellii *M¹*: celii *R*: clodii δ   10 ipsis *E*   12 ita *bis E*: om. *ds*
14 numquam *om. ds*   neque fecit *om. M¹*   neque passus esset *C*: om.
ERΔ   15 autem *EPMds*: om. *Rbm*   20 M. *add. Rom.*   25 cloelium *EZ^t*: celium *RM¹*: clodium δ

concessisses. Quo magis laboro ut tua voluntate id per me
facere nunc ⟨liceat⟩. Quod si duriorem te eius miserae et
adflictae fortunae praebes, non contendam ego adversus te,
quamquam videor debere tueri commentarium Caesaris. Sed
me hercule, si humaniter et sapienter et amabiliter in me co- 5
gitare vis, facilem profecto te praebebis et voles P. Claudium,
optima in spe puerum repositum, existimare non te insecta-
3 tum esse, cum potueris, amicos paternos. Patere, obsecro, te
pro re publica videri gessisse simultatem cum patre eius,
non ⟨quod⟩ contempseris hanc familiam. Honestius enim et 10
libentius deponimus inimicitias rei publicae nomine susceptas
quam contumaciae. Me deinde sine ad hanc opinionem iam
nunc dirigere puerum et tenero animo eius persuadere non
esse tradendas posteris inimicitias. Quamquam tuam fortunam, Cicero, ab omni periculo abesse certum habeo, tamen 15
arbitror malle te quietam senectutem et honorificam potius
agere quam sollicitam. Postremo meo iure te hoc beneficium
rogo; nihil enim non tua causa feci. Quod si non impetro,
per me Cloelio daturus non sum, ut intellegas quanti apud me
auctoritas tua sit atque eo te placabiliorem praebeas.   20

B

Scr. in Puteolano vel Cumano vi Kal. Mai. an. 44.

CICERO ANTONIO COS. S. D.

1 Quod mecum per litteras agis unam ob causam mallem
coram egisses. Non enim solum ex oratione, sed etiam ex

1 ut *Sal.-Reg.*: et *ERΔZ*⁽ˡ⁾   tuam -tem *M*¹   2 liceat *Iens.* [*om.*
nunc]: *om. ERΔZ*⁽ˡ⁾   6 claudium [*cf. C.I.L. vi. 1282*] *ER*: clod- *PΔ*
7 optima in *ER*λ: i- o- *Δ*   8 pat- am- *bs*   10 ⟨quod⟩ c- *Mueller*:
⟨quo⟩ c- *Wes.*: contempsisse *Baiter*   12 contumaci(a)e [-tie] *EΔ*:
-iter in eis persistimus [*om.* me] *R, et sim. aliquid P. vulgatum in Ciceronis
epistula vix probarem*   iam *E*δ: tam *M*¹: tuam *R*   19 cloelio *E*: clolio
*M*¹: clodio *R*δ

vultu et oculis et fronte, ut aiunt, meum erga te amorem
perspicere potuisses. Nam cum te semper amavi, primum
tuo studio, post etiam beneficio provocatus, tum his temporibus res publica te mihi ita commendavit ut cariorem
5 habeam neminem. Litterae vero tuae cum amantissime tum 2
honorificentissime scriptae sic me adfecerunt ut non dare
tibi beneficium viderer sed accipere a te ita petente ut inimicum meum, necessarium tuum, me invito servare nolles,
cum id nullo negotio facere posses. Ego vero tibi istuc, mi 3
10 Antoni, remitto atque ita ut me a te, cum his verbis scripseris, liberalissime atque honorificentissime tractatum existimem, idque cum totum, quoquo modo se res haberet, tibi
dandum putarem, tum do etiam humanitati et naturae
meae. Nihil enim umquam non modo acerbum in me fuit
15 sed ne paulo quidem tristius aut severius quam necessitas rei
publicae postulavit. Accedit ut ne in ipsum quidem Cloelium
meum insigne odium fuerit umquam, semperque ita statui,
non esse insectandos inimicorum amicos, praesertim humi-
liores, nec his praesidiis nosmet ipsos esse spoliandos.
20   Nam de puero Clodio tuas partis esse arbitror ut eius 4
animum tenerum, quem ad modum scribis, iis opinionibus
imbuas ut ne quas inimicitias residere in familiis nostris
arbitretur. Contendi cum P. Clodio cum ego publicam causam, ille suam defenderet. Nostras concertationes res publica
25 diiudicavit. Si viveret, mihi cum illo nulla contentio iam
maneret. Qua re, quoniam hoc a me sic petis ut, quae tua 5
potestas est, ea neges te me invito usurum, puero quoque hoc
a me dabis, si tibi videbitur, non quo aut aetas nostra ab illius
aetate quicquam debeat periculi suspicari aut dignitas mea

3 his _P∆_: hiis _R_: is _E_   6 me affecerunt _E∆_: ad me afferuntur [adf-]
O¹R [-runt _P_]   10 his _P∆_: iis _Em_: is _R_   16 cloelium _ER_: clolium
[clel-?] _M¹_: clodium _Pδ_   20 _anne_ Claudio?   21 iis _m_: his _ER∆_
26 remaneret _bm_   hoc _RMds_: h' _E_: hec _P_: om. _bm_

ullam contentionem extimescat, sed ut nosmet ipsi inter nos
coniunctiores simus quam adhuc fuimus. Interpellantibus
enim his inimicitiis animus tuus mihi magis patuit quam
domus. Sed haec hactenus.

Illud extremum. Ego quae te velle quaeque ad te per- 5
tinere arbitrabor semper sine ulla dubitatione summo studio
faciam. Hoc velim tibi penitus persuadeas.

XIV *Scr. in Puteolano vel Cumano iv aut iii Kal. Mai. an. 44.*

CICERO ATTICO SALVTEM.

1 'Iteradum eadem ista mihi.' Coronatus Quintus noster 10
Parilibus! Solusne? Etsi addis Lamiam. Quod demiror equidem, sed scire cupio qui fuerint alii; quamquam satis scio
nisi improbum neminem. Explanabis igitur hoc diligentius.
Ego autem casu, cum dedissem ad te litteras vi Kal. satis
multis verbis, tribus fere horis post accepi tuas et magni 15
quidem ponderis. Itaque ioca tua plena facetiarum de haeresi
Vestorina et de †pherionum more† Puteolano risisse me satis
nihil est necesse rescribere. Πολιτικώτερα illa videamus.

2 Ita Brutos Cassiumque defendis quasi eos ego reprehendam;
quos satis laudare non possum. Rerum ego vitia conlegi, non 20
hominum. Sublato enim tyranno tyrannida manere video.
Nam quae ille facturus non fuit ea fiunt, ut de Cloelio, de
quo mihi exploratum est illum non modo non facturum sed
etiam ne passurum quidem fuisse. Sequetur Rufio Vestorianus,

3 mihi *Σ*: *om. Δ*   5 extremum sit *R*   10 iteradum *Z*[t]:
itira d- *R*: littera d- *P*: iterand- *OΔ*   istaec *Faërn.*   11 parilibus *semel RbdsZ*[t]*λ codd. Ant. Vrs.*: *bis Mm*   p- solus ne p- *O*   solusne?
⟨solus⟩ *Lamb.*   demiror *Δ*: e- *R*   16 ioca *EM*[2]*bms*: loca *ORM*[1]*d*:
17 vestorina *ΣδZ*[(t)]*λ*: -tirina *M*[1]:-toriana *Rom.*   pherionum more *RΔ*:
phacr- m- *E*: pherio mummore *Z*[t]   18 ni(c)hil est *ERδ*: est n-
M[1]: est. n- est *P*: et si n- *O*[1]   22 cloelio *Σ*: clolio [clel-?] *M*[1]: clodio
Pδ   24 etiam *om. ds*   Rufio *Man.*: rufo *EOΔZ*[t]*λ*: ruffo *R*

Victor numquam scriptus, ceteri, quis non ? Cui servire ipsi non
potuimus, eius libellis paremus. Nam Liberalibus quis potuit
in senatum non venire ? Fac id potuisse aliquo modo ; num
etiam, cum venissemus, libere potuimus sententiam dicere ?
5 nonne omni ratione veterani qui armati aderant, cum praesidi
nos nihil haberemus, defendendi fuerunt ? Illam sessionem
Capitolinam mihi non placuisse tu testis es. Quid ergo ? ista
culpa Brutorum ? Minime illorum quidem, sed aliorum brutorum, qui se cautos ac sapientis putant ; quibus satis fuit laetari,
10 non nullis etiam gratulari, nullis permanere. Sed praeterita 3
omittamus ; istos omni cura praesidioque tueamur, et, quem ad
modum tu praecipis, contenti Idibus Martiis simus ; quae quidem nostris amicis, divinis viris, aditum ad caelum dederunt,
libertatem populo Romano non dederunt. Recordare tua.
15 Nonne meministi clamare te omnia perisse si ille funere elatus
esset ? Sapienter id quidem. Itaque ex eo quae manarint vides.
   Quae scribis Kal. Iun. Antonium de provinciis relaturum, 4
ut et ipse Gallias habeat et utrisque dies prorogetur, lice-
bitne decerni libere ? Si licuerit, libertatem esse reciperatam
20 laetabor ; si non licuerit, quid mihi attulerit ista domini
mutatio praeter laetitiam quam oculis cepi iusto interitu
tyranni ? Rapinas scribis ad Opis fieri ; quas nos quoque tum 5
videbamus. Ne nos et liberati ab egregiis viris nec liberi
sumus. Ita laus illorum est, culpa nostra. Et hortaris me ut
25 historias scribam, ut conligam tanta eorum scelera a quibus
etiam nunc obsidemur! Poterone eos ipsos non laudare qui
te obsignatorem adhibuerunt ? Nec me hercule me rauduscu-
lum movet, sed homines benevolos, qualescumque sunt, grave

1 ipsi *om. bs*   2 qui potui *Boot*   4 libere *EP*δ: -rare *O¹RM¹*
10 etiam *EΔ*: in *R*   12 pr(a)ecipis *EOδC*: p̄cis *R*: petis *PM¹*   14 P.R.
[p.r.] *ERMdm*: rei p. *bs*   15 non ne *EΔ*: non *b*: ne *R*   20 domini(i)
*EP*δ: domi *ORM¹*   23 et *om.* λ   25 colligam *b²s*: cui legam *Ω*
27 me raud- *Mb¹m* [raud- *etiam C*]: me rand- [mir- *R*] *ERs*: rand- *b²d*
28 beniv- *RΔ*λ

6 est insequi contumelia. Sed de omnibus meis consiliis, ut
scribis, existimo exploratius nos ad Kal. Iun. statuere posse.
Ad quas adero, et omni ope atque opera enitar, adiuvante me
scilicet auctoritate tua et gratia et summa aequitate causae,
ut de Buthrotiis senatus consultum quale scribis fiat. Quod 5
me cogitare iubes, cogitabo equidem, etsi tibi dederam superiore epistula cogitandum. Tu autem quasi iam reciperata
re publica vicinis tuis Massiliensibus sua reddis. Haec armis,
quae quam firma habeamus ignoro, restitui fortasse possunt,
auctoritate non possunt.   10

7   Epistula brevis quae postea a te scripta est sane mihi fuit
(xv. 1) iucunda de Bruti ad Antonium et de eiusdem ad te litteris.
Posse videntur esse meliora quam adhuc fuerunt. Sed nobis
ubi simus et quonam nunc nos conferamus providendum est.

XV   *Scr. in Cumano Kal. Mai. an. 44.*   15
⟨CICERO ATTICO SALVTEM.⟩

1 (2)   O mirificum Dolabellam meum! iam enim dico meum;
antea, crede mihi, subdubitabam. Magnam ἀναθεώρησιν res
habet: de saxo, in crucem, columnam tollere, locum illum
sternendum locare! Quid quaeris? heroica. Sustulisse mihi 20
videtur simulationem desideri, adhuc quae serpebat in dies
et inveterata verebar ne periculosa nostris tyrannoctonis esset.

2 (3) Nunc prorsus adsentior tuis litteris speroque meliora. Quamquam istos ferre non possum qui, dum se pacem velle simulant,
acta nefaria defendunt. Sed non possunt omnia simul. Incipit 25
res melius ire quam putaram. Nec vero discedam, nisi cum

---

3 me *OMbm*: etiam me *R*: te *Eds*   7 iam iam *ds*   9 possunt
. . . -sunt *EΔ*: -sent . . . -sent *R*   11 epistula] *hinc novam ep. incipit
Sal.–Reg.*   a *RM*c*bm*²*s*: ad *EM*¹*dm*¹   14 quonam *b*: quo iam *ERΔ*
nunc *om. s*   iam nunc *ante* provid- *Wes.*   17 *novam ep. fecit Crat.*:
superiori coniungunt codd.   o *om. E*   18 ante [añ] *E*   19 illum]
istum *s*   20 ἡρωικά *Orelli*   21 adhuc *Δ*: educ *ER*   22 τυραννοκτο-
νοις *b*   26 descendam *E*

tu me id honeste putabis facere posse. Bruto certe meo nullo
loco deero, idque, etiam si mihi cum illo nihil fuisset, facerem
propter eius singularem incredibilemque virtutem.

Piliae nostrae villam totam quaeque in villa sunt trado, **3** (4)
5 in Pompeianum ipse proficiscens Kal. Mai. Quam velim Bruto
persuadeas ut Asturae sit!

XVI   *Scr. in hortis Cluvianis vi Non. Mai. an. 44.*

CICERO ATTICO SALVTEM.

vi Non. conscendens ab hortis Cluvianis in phaselum **1**
10 epicopum has dedi litteras, cum Piliae nostrae villam ad
Lucrinum, vilicos, procuratores tradidissem. Ipse autem eo
die in Paeti nostri tyrotarichum imminebam; †perpaucis
diebus in Pompeianum†, post in haec Puteolana et Cumana
regna †renavigare†. O loca ceteroqui valde expetenda, inter-
15 pellantium autem multitudine paene fugienda!

Sed ad rem ut veniam, o Dolabellae nostri magnam **2**
ἀριστείαν! Quanta est ἀναθεώρησις! Equidem laudare eum et
hortari non desisto. Recte tu omnibus epistulis significas quid
de re, quid de viro sentias. Mihi quidem videtur Brutus noster
20 iam vel coronam auream per forum ferre posse. Quis enim
audeat violare proposita cruce aut saxo, praesertim tantis
plausibus, tanta approbatione infimorum?

Nunc, mi Attice, me fac ut expedias. Cupio, cum Bruto **3**

5 bruto *RΔ*: -o ipse *b*: sibi *E*   9 *novam ep. faciunt PM*c*bms* [*salut.*
om. m]: *superioribus coniungunt RM*¹*d*   vi *Corr.*: .v. [.vᵒ., quinto] *RΔ*
10 epicopum *RΔCλ*: ἐπίκωπον *Tyrrell–Purser*   cum *Δ*: quin *R*   12 per-
paucos dies in Pompeiano *Wes.*, *nescio an recte, nisi* diebus *idem quod* dies
significare licuerit   13 h(a)ec *ERbs*: hac *Mdm*: hoc *P*   14 regna
EOΔ: *om. R*   renavigare. o *RΔ* [-reo *M*¹] λ: -are *EO*: -aturus. o
Lamb.: -are ⟨cogitabam⟩. o *Wes.*   cetero qui *M*¹: -ra qui *ER*: -ra
quam δ   17 ἀριστείαν *b*: aristian *EMms*: -am *Rd* [*ex* -an, *ut vid.*]
21 violare *ERM*c*bms*: laudare *M*¹*dZ*⁽*b*⁾: laedere *Orelli*   22 infim-
*bm*²*s*: infirm- *ERMdm*¹

nostro adfatim satis fecerim, excurrere in Graeciam. Magni
interest Ciceronis vel mea potius vel me hercule utriusque
me intervenire discenti. Nam epistula Leonidae quam ad me
misisti quid habet, quaeso, in quo magno opere laetemur?
Numquam ille mihi satis laudari videbitur cum ita laudabi- 5
tur, 'quo modo nunc est.' Non est fidentis hoc testimonium,
sed potius timentis. Herodi autem mandaram ut mihi κατὰ
μίτον scriberet. A quo adhuc nulla littera est. Vereor ne nihil
habuerit quod mihi, cum cognossem, iucundum putaret fore.

4 Quod ad Xenonem scripsisti, valde mihi gratum est; nihil 10
enim deesse Ciceroni cum ad officium tum ad existimationem meam pertinet. Flammam Flaminium audio Romae esse.
Ad eum scripsi me tibi mandasse per litteras ut de Montani
negotio cum eo loquerere, et velim cures epistulam quam ad
eum misi reddendam, et ipse, quod commodo tuo fiat, cum eo 15
conloquare. Puto, si quid in homine pudoris est, praestaturum
eum, ne sero cum damno dependatur. De Attica pergratum
mihi fecisti quod curasti ut ante scirem recte esse quam non
belle fuisse.

XVII   *Scr. in Pompeiano v vel iv Non. Mai. an. 44.*   20

⟨CICERO ATTICO SALVTEM.⟩

1 In Pompeianum veni v Non. Mai., cum pridie, ut antea ad
te scripsi, Piliam in Cumano conlocavissem. Ibi mihi cenanti
litterae tuae sunt redditae quas dederas Demetrio liberto

3 ep- *Δ* : in ep- *R*   5 cum *Δ* : quin *R*   7 κατὰ μίτον *Vict.* :
KΑΤΑΜΙΤωΝ *RMmC*   8 adhuc nulla *Δ* : n- a- *R*   9 cognossem
Iens. : -scem *RM* : -scerem δ   15 cum eo *om. bm*   16 colloquare
Man. : -uere *ERΔ*   17 sero cum damno *Orelli* : spero [sero *b*²]
quodammodo *Δ* : se pro quodam modo *R*   pergratum mihi *PΔ* : m- p-
Rb   18 ut *Z*[(b)]λ : *om.* Ω   22 *novam ep. incipiunt M*[cb²] : *superiori*
coniungunt RΔ et edd. vett. ante Cratandrinam   ante *bm*   24 liberto
*R*δ : liboto *P* : libet *M*¹ : *om. E*

prid. Kal.; in quibus multa sapienter, sed tamen talia, quem
ad modum tute scribebas, ut omne consilium in fortuna
positum videretur. Itaque his de rebus ex tempore et coram.
De Buthrotio negotio, utinam quidem Antonium conveni- **2**
5 am! Multum profecto proficiam. Sed non arbitrantur eum
a Capua declinaturum; quo quidem metuo ne magno rei
publicae malo venerit. Quod idem L. Caesari videbatur, quem
pridie Neapoli adfectum graviter videram. Quam ob rem
ista nobis ad Kal. Iun. tractanda et perficienda sunt. Sed
10 hactenus.

Quintus filius ad patrem acerbissimas litteras misit, quae **3**
sunt ei redditae cum venissemus in Pompeianum. Quarum
tamen erat caput Aquiliam novercam non esse laturum. Sed
hoc tolerabile fortasse, illud vero, se a Caesare habuisse omnia,
15 nihil a patre, reliqua sperare ab Antonio—o perditum hominem! Sed μελήσει.

Ad Brutum nostrum, ad Cassium, ad Dolabellam epistulas **4**
scripsi. Earum exempla tibi misi, non ut deliberarem red-
dendaene essent; plane enim iudico esse reddendas, quod non
20 dubito quin tu idem existimaturus sis.

Ciceroni meo, mi Attice, suppeditabis quantum videbitur **5**
meque hoc tibi onus imponere patiere. Quae adhuc fecisti
mihi sunt gratissima. Librum meum illum ἀνέκδοτον non- **6**
dum, ut volui, perpolivi; ista vero quae tu contexi vis aliud
25 quoddam separatum volumen exspectant. Ego autem, credas
mihi velim, minore periculo existimo contra illas nefarias
partis vivo tyranno dici potuisse quam mortuo. Ille enim
nescio quo pacto ferebat me quidem mirabiliter; nunc,
quacumque nos commovimus, ad Caesaris non modo acta

7 quem *ERM*: q- quidem δ   10 ⟨haec⟩ hact- *Orelli*   13 esse
⟨se⟩ *Baiter*   15 o *om. E*   16 μελήσει δ: ΜδΛ- *vel sim. RM*[1]: μετα-
μελ- *Z*[t] [*?*]   23 meum illum *Popma*: illum eum illum *M*: eum i- δ:
illum *ER*   24 contexi [vis] *C*: con(n)exi vis *ER*: convexius *Δ* [conne-
b[1]*dm*]: connecti vis *b*[2]*κ*   25 credas *bs*: pred- *ERM*[1]: prod- *M*[2]*dm*

verum etiam cogitata revocamur. De Montano, quoniam
Flamma venit, videbis. Puto rem meliore loco esse debere.

A

Scr. in Pompeiano v Non. Mai. an. 44.

CICERO DOLABELLAE COS. SVO SALVTEM.   5

1   Etsi contentus eram, mi Dolabella, tua gloria satisque ex
ea magnam laetitiam voluptatemque capiebam, tamen non
possum non confiteri cumulari me maximo gaudio quod vulgo
hominum opinio socium me ascribat tuis laudibus. Neminem
conveni (convenio autem cotidie plurimos. Sunt enim per- 10
multi optimi viri qui valetudinis causa in haec loca veniant;
praeterea ex municipiis frequentes necessarii mei) quin omnes,
cum te summis laudibus ad caelum extulerunt, mihi continuo maximas gratias agant. Negant enim se dubitare quin
tu meis praeceptis et consiliis obtemperans praestantissimum 15
2   te civem et singularem consulem praebeas. Quibus ego quamquam verissime possum respondere te quae facias tuo iudicio
et tua sponte facere nec cuiusquam egere consilio, tamen
neque plane adsentior, ne imminuam tuam laudem si omnis
a meis consiliis profecta videatur, neque valde nego; sum enim 20
avidior etiam quam satis est gloriae. Et tamen non alienum
est dignitate tua, quod ipsi Agamemnoni, regum regi, fuit
honestum, habere aliquem in consiliis capiendis Nestorem,
mihi vero gloriosum te iuvenem consulem florere laudibus
3   quasi alumnum disciplinae meae. L. quidem Caesar, cum ad 25

---

1 -tata revocamur *ERM*²: -tare voc- *M*¹: -tata voc- δ   6 *haec ep.*
deest in b, exstat in epp. ad Fam. [*ix. 14*]. *F = consensus codd. Medicei 49.*
9 [*M*ᶠ], *Harleiani 2682* [*H*], *Palatini 598* [*D*]   11 qui *F*: *om.* Ω   in
haec loca veniant *F* [conv- *H*]: in [*om. s*] his [is *R, sed* his *P*] locis conveni-
unt Ω*C*λ *codd. Faërn. Ant.*   12 quin *HD*: qui *M*ᶠΩ   14 agant
F: agunt Ω   17 te *M*ᶠ*H*: *om.* D*Ω*λλ   22 est *om. F*   23 habere
FO: *post* nestorem *ERM*²*dms*: *om.* *M*¹

eum aegrotum Neapolim venissem, quamquam erat oppressus
totius corporis doloribus, tamen, ante quam me plane salutavit, 'O mi Cicero' inquit, 'gratulor tibi cum tantum vales
apud Dolabellam quantum si ego apud sororis filium valerem,
5 iam salvi esse possemus. Dolabellae vero tuo et gratulor et
gratias ago, quem quidem post te consulem solum possumus
vere consulem dicere.' Deinde multa de facto ac de re gesta
tua; nihil magnificentius, nihil praeclarius actum umquam,
nihil rei publicae salutarius. Atque haec una vox omnium
10 est. A te autem peto ut me hanc quasi falsam hereditatem 4
alienae gloriae sinas cernere meque aliqua ex parte in societatem tuarum laudum venire patiare. Quamquam, mi Dolabella (haec enim iocatus sum), libentius omnis meas, si modo
sunt aliquae meae, laudes, ad te transfuderim quam aliquam
15 partem exhauserim ex tuis. Nam cum te semper tantum
dilexerim quantum tu intellegere potuisti, tum his tuis factis
sic incensus sum ut nihil umquam in amore fuerit ardentius.
Nihil est enim, mihi crede, virtute formosius, nihil pulchrius,
nihil amabilius. Semper amavi, ut scis, M. Brutum propter 5
20 eius summum ingenium, suavissimos mores, singularem probi-
tatem atque constantiam; tamen Idibus Martiis tantum accessit ad amorem ut mirarer locum fuisse augendi in eo quod
mihi iam pridem cumulatum etiam videbatur. Quis erat qui
putaret ad eum amorem quem erga te habebam posse ali-
25 quid accedere? Tantum accessit ut mihi nunc denique amare
videar, antea dilexisse. Qua re quid est quod ego te horter ut 6

3 0 *om. E*   cum *FE⊿*: qui *R*   5 iam *HDEO*[1][?]*ms*: tam *M*[1]*O*[2]
Md: *om. R*   et [ei *M*[1]*H*] gr- *FEO⊿*: congr- *R*   6 possumus *F*κ: possum *Ω*   7 deinde *FEP*: dein *O*[2]*R⊿ cod. Faërn.*   ac] et *s*   re gesta
tua *Wes.*: re g- tum [cum *D*] *FO*[?]*P⊿*: rege est actum *ER*   10 ut me]
uti ne *M*[1]: uti me *m*   14 transfuderim *F*: trans *M*[1]: transtul(l)erim
ΣM[2]*dms*: transferam *Z*[l]   17 amore *ER⊿*: -rem *F*: -re me κ   18 crede
mihi *ds*   famosius *R*   23 mihi iam *F⊿*: i- m- *R*: iam *E*   24 te
FOM[2]*dms Nonius* [*p. 682 Lindsay*]: illum *ER*: *om. M*[1]   25 demum *s*
26 antea] ante *Nonius*: añ antea [?] *E*: te antea *P*

237

dignitati et gloriae servias ? Proponam tibi claros viros, quod
facere solent qui hortantur ? Neminem habeo clariorem quam
7 te ipsum. Te imitere oportet, tecum ipse certes. Ne licet
quidem tibi iam tantis rebus gestis non tui similem esse.
Quod cum ita sit, hortatio non est necessaria, gratulatione 5
magis utendum est. Contigit enim tibi, quod haud scio an
nemini, ut summa severitas animadversionis non modo non
invidiosa sed etiam popularis esset et cum bonis omnibus
tum infimo cuique gratissima. Hoc si tibi fortuna quadam
contigisset, gratularer felicitati tuae, sed contigit magnitu- 10
dine cum animi tum etiam ingeni atque consili. Legi enim
contionem tuam. Nihil illa sapientius. Ita pedetemptim et
gradatim tum accessus a te ad causam facti, tum recessus,
ut res ipsa maturitatem tibi animadvertendi omnium con-
8 cessu daret. Liberasti igitur et urbem periculo et civitatem 15
metu neque solum ad tempus maximam utilitatem attulisti
sed etiam ad exemplum. Quo facto intellegere debes in te
positam esse rem publicam tibique non modo tuendos sed
etiam ornandos esse illos viros a quibus initium libertatis
profectum est. Sed his de rebus coram plura prope diem, 20
ut spero.Tu, quoniam rem publicam nosque conservas, fac
ut diligentissime te ipsum, mi Dolabella, custodias.

XVIII   *Scr. in Pompeiano vii Id. Mai. an. 44.*

CICERO ATTICO SALVTEM.

1   Saepius me iam agitas quod rem gestam Dolabellae nimis 25
in caelum videar efferre. Ego autem, quamquam sane probo
factum, tamen ut tanto opere laudarem adductus sum tuis et
unis et alteris litteris. Sed totum se a te abalienavit Dolabella

---

3 ipsum te *FO* : ipsum *ΣMdm* : te i- *s*   imitere *MᶠO* : -tari *HDRΔ* :
-tari re *E*   11 cum *MᶠDH²ΣMᶜ*[?] : quam *M¹* : quadam *M²* [*sed del.*] :
quadam cum *dms* : om. *H¹*   12 et [ac *D*] gradatim *Fκ* : om. *Ω*   13 tum
[*prius*] *FRMdm* : cum *Es* : tamen *P*   19 esse *F* : om. *Ω*   28 te a se *Ernesti*

ea de causa qua me quoque sibi inimicissimum reddidit. O
hominem impudentem! Kal. Ian. debuit, adhuc non solvit,
praesertim cum se maximo aere alieno Faberi manu liberarit et
opem ab Ope petierit. Licet enim iocari, ne me valde contur-
5 batum putes. Atque ego ad eum VIII Id. litteras dederam bene
mane, eodem autem die tuas litteras vesperi acceperam in Pompeiano sane celeriter tertio abs te die. Sed, ut ad te eo ipso die
scripseram, satis aculeatas ad Dolabellam litteras dedi; quae si
nihil profecerint, puto fore ut me praesentem non sustineat.
10 Albianum te confecisse arbitror. De Patulciano nomine, 2
quod mihi †suspendiatus est† gratissimum est et simile
tuorum omnium. Sed ego Erotem ad ista expedienda factum
mihi videbar reliquisse; cuius non sine magna culpa vacil-
larunt. Sed cum ipso videro.
15 De Montano, ut saepe ad te scripsi, erit tibi tota res 3
curae. Servius proficiscens quod desperanter tecum locutus
est minime miror neque ei quicquam in desperatione con-
cedo. Brutus noster, singularis vir, si in senatum non est Kal. 4
Iun. venturus, quid facturus sit in foro nescio. Sed hoc ipse
20 melius. Ego ex iis quae parari video non multum Idibus
Martiis profectum iudico. Itaque de Graecia cotidie magis et
magis cogito. Nec enim Bruto meo exsilium, ut scribit ipse,
meditanti video quid prodesse possim. Leonidae me litterae
non satis delectarunt. De Herode tibi adsentior. Saufei legisse
25 vellem. Ego ex Pompeiano VI Id. Mai. cogitabam.

1 o $R\Delta\lambda$: om. E   2 impud- $\Sigma Z^b\lambda$: pud- Mms: prud- bd 4 Ope
Cobet: eo $ER\Delta$ 7 sane] satis s 11 suspendiatus est $RM^1m^1Z^l$:
suppeditatus es M^cb [in ras.] dm^2s: ⟨abs te⟩ . . . -tatum est $Lamb.$: suppe-
ditavisti [mallem -asti] $Wes.$: fort. suppeditatur, et   12 (h)erotem ORb
[in ras.] C: errorem Δ: ero tunc P ad illa expetenda s 13 vacil-
latum κ 15 scripsi erit Rs: -serit Δ: -seram b^2 19 sit in foro
$E\Delta$: in f- s- R hoc $EP\Delta$: hec R 21 et magis $ERMdm$: ac m- s: om. b
22 scribit $Corr.$: -is $ER\Delta$ 23 quid . . . possim $E\Delta$: qui . . . possum R
24 saufeii $R\Delta Z^{(b)}\lambda$: -eium $Sal.-Reg.$ 25 ego] hic novam ep. incipiunt
$Sal.-Reg.$

XIX   *Scr. in Pompeiano viii Id. Mai. an. 44.*

⟨CICERO ATTICO SALVTEM.⟩

1 Non. Mai., cum essem in Pompeiano, accepi binas a te
litteras, alteras sexto die, alteras quarto. Ad superiores igitur
prius. Quam mihi iucundum opportune tibi Barnaeum lit- 5
teras reddidisse! Tu vero cum Cassio ut cetera. Quam commode autem quod id ipsum quod me mones quadriduo ante
ad eum scripseram exemplumque mearum litterarum ad te
miseram! Sed cum ex Dolabellae ἀριστείᾳ (sic enim tu ad me
scripseras) magna †desperatione adfectus† essem, ecce tibi 10
et Bruti et tuae litterae! Ille exsilium meditari. Nos autem
alium portum propiorem huic aetati videbamus; in quem
mallem equidem pervehi florente Bruto nostro constituta-
que re publica. Sed nunc quidem, ut scribis, non utrumvis.
Adsentiris enim mihi nostram aetatem a castris, praesertim 15
civilibus, abhorrere.

2 M. Antonius ad me tantum de Cloelio rescripsit, meam
lenitatem et clementiam et sibi esse gratam et mihi voluptati
magnae fore. Sed Pansa furere videtur de Cloelio itemque
Deiotaro et loquitur severe, si velis credere. Illud tamen non 20
belle, ut mihi quidem videtur, quod factum Dolabellae
3 vehementer improbat. De coronatis, cum sororis tuae filius

3 *novam ep. incipiunt* M^cb^2: *superiori coniungunt* $R\varDelta$ *et edd. vett. praeter
Sal.–Reg.* [*v. supra*]   4 alteras . . . quarto *Mbm*: alt- s- [.vi.] alt- q-
[.iiii.] die *ds*: .iiii. *R*   6 ut] et *d*   9 ex λκ: *om.* Ω   ἀριστείᾳ
coni. nec intellexit Fr. Schmidt, intellexit [*sed* aristia] *nec coni. Vict.*: aritia
[-cia Pb^1] $R\varDelta Z^{(\beta)}$λ: avaricia b^2 *in marg.*: multa praeterea multi, ne dicam
stulta stulti   10 desp- refectus *Tyrrell–Purser, fort. recte, se ipsi tamen
revocantes* [*e ante* desp- *desideres*]: de re p. spei elatione *temptavi*   ecce
tibi *om. R*   15 assentiris Z^β: -res $R\varDelta$ a castris pr- *Lamb.*
(*marg.*): p- a c- $R\varDelta$ 17 M. $R\delta$: *om.* M^1 Cloelio resc- *scripsi*:
cloelio sc- *R*: cloclio vale. sc- *P*: cloliore resc- M^1: clodio resc- δ   18 et
sibi $\varDelta$: sibi *R*   19 cloelio *R*: cloclio *P*: clelio *M*: celio *ds*: clodio *bm*
20 deiot(h)aro *Rbm*: de Iotariō *M*: de deiotaro *ds*   21 belle M^2:
velle $R\varDelta$: vele *P*

a patre accusatus esset, rescripsit se coronam habuisse honoris
Caesaris causa, posuisse luctus gratia; postremo se libenter
vituperationem subire quod amaret etiam mortuum Caesarem.
    Ad Dolabellam, quem ad modum tibi dicis placere, scripsi **4**
5 diligenter. Ego etiam ad Siccam; tibi hoc oneris non impono.
Nolo te illum iratum habere. Servi orationem cognosco; in
qua plus timoris video quam consili. Sed quoniam perterriti
omnes sumus, adsentior Servio. Publilius tecum tricatus est.
Huc enim Caerellia missa ab istis est legata ad me; cui facile
10 persuasi mihi id quod rogaret ne licere quidem, non modo
non libere. Antonium si videro, accurate agam de Buthroto.
    Venio ad recentiores litteras; quamquam de Servio iam **5**
rescripsi. 'Me facere magnam πρᾶξιν Dolabellae.' Mihi me
hercule ita videtur, non potuisse maiorem tali re talique
15 tempore. Sed tamen quicquid ei tribuo, tribuo ex tuis litteris.
Tibi vero adsentior maiorem πρᾶξιν eius fore si mihi quod
debuit dissolverit. Brutus velim sit Asturae. Quod autem **6**
laudas me quod nihil ante de profectione constituam quam
ista quo evasura sint videro, muto sententiam. Neque quic-
20 quam tamen ante quam te videro. Atticam meam gratias
mihi agere de matre gaudeo; cui quidem ego totam villam
cellamque tradidi eamque cogitabam v Id. videre. Tu
Atticae salutem dices. Nos Piliam diligenter tuebimur.

---

1 coronam se *bm*   6 servii *s*: -viḷḷi *M*: -villi ł *m*: -vili *d*: -vilii *Rb*
[*in ras.*]   8 publilius *Man.*: publius *RΔ*   tricatus *Δ*: altercatus *R*
9 est *om. R*   legata] alleg- *Lamb.*   11 sed ant- *R*   14 potuisse
maiorem . . . tempore *scripsi*: p- m- . . . tempore fuisse *R*: p- maior . . .
tempore *Δ*: potuit esse maior . . . t- *Orelli*: potuisset esse maior . . . t-
Wes.   16 πραξιν *b*: praxin *RM*[1]: -im *M*[2]*dms*   17 debuit *P*δ: debui
RMZ[1]: debet *Mal., fort. recte*   autem] vero *s*   18 const- de prof- *bm*
20 tamen quicq- *bm*   te *om. R*   21 de matre *om. bm*

XX   *Scr. in Puteolano v Id. Mai. an. 44.*

           ⟨CICERO ATTICO SALVTEM.⟩

1 E Pompeiano navi advectus sum in Luculli nostri hospitium VI Id. hora fere tertia. Egressus autem e navi accepi
   tuas litteras quas tuus tabellarius in Cumanum attulisse dice- 5
   batur Non. Mai. datas. A Lucullo postridie eadem fere hora
   veni in Puteolanum. Ibi accepi duas epistulas, alteram Nonis,
2 alteram VII Id. Lanuvio datas. Audi igitur ad omnis. Primum,
   quae de re mea gesta et in solutione et in Albiano negotio,
   grata. De tuo autem Buthrotio, cum in Pompeiano essem, 10
   Misenum venit Antonius. Inde ante discessit quam illum
   venisse audissem. A quo †in Samnium† vide quid speres.
   Romae igitur de Buthroto. L. Antoni horribilis contio,
   Dolabellae praeclara. Iam vel sibi habeat nummos, modo
   numeret Idibus. Tertullae nollem abortum. Tam enim Cassii 15
   sunt iam quam Bruti serendi. De regina velim atque etiam
   de Caesare illo. Persolvi primae epistulae, venio ad secundam.
3   De Quintis, Buthroto, cum venero, ut scribis. Quod
   Ciceroni suppeditas, gratum. Quod errare me putas qui rem
   publicam putem pendere in Bruto, sic se res habet. Aut nulla 20
   erit aut ab isto istisve servabitur. Quod me hortaris ut scriptam contionem mittam, accipe a me, mi Attice, καθολικὸν
   θεώρημα earum rerum in quibus satis exercitati sumus. Nemo
   umquam neque poeta neque orator fuit qui quemquam
   meliorem quam se arbitraretur. Hoc etiam malis contingit; 25

   3 *novam ep. incipiunt* M^cb²: *superioribus coniungunt* RΔ *et edd. vett. ante*
   Sal.–Reg.   advectus *PMbm*: adduc- *Rds*   6 a Luc- . . . datas [*v.* 8]
   om. P   7 in . . . no. alteram *C*: *om.* RΔ   8 .VII. *RMb*: .VI.
   dms   10 buthrotio *b*: -to *RΔ*   cum . . . Buthroto [*v.* 13] *om.* b¹,
   add. in marg. b²   12 a quo in samnium *RΔ*: a quo insom[*spat.*] *P*: in
   samnium. a quo *Wes.*: in samnium *secl. Moricca, fort. recte*   13 -bilius
   Md   contio b²: contentio *ERΔ*   16 iam *om. ds*   19 ciceroni Eδ: -nis
   *RM*¹   20 in λ: ex *bs*: *om.* ERMdm: e Rom.: est *Sal.–Reg.*   21 istis ve b:
   istius ve [ne E] ERΔ   23 satis *om. ds*   25 contingit Mbmλ: -igit ERds

quid tu Bruto putas et ingenioso et erudito? De quo etiam
experti sumus nuper in edicto. Scripseram rogatu tuo. Meum
mihi placebat, illi suum. Quin etiam cum ipsius precibus
paene adductus scripsissem ad eum de optimo genere dicendi,
5 non modo mihi sed etiam tibi scripsit sibi illud quod mihi
placeret non probari. Qua re sine, quaeso, sibi quemque
scribere.

'Suam quoíque sponsam, míhi meam; suum quoíque
amorem, míhi meum.'

10 Non scite. Hoc enim Atilius, poeta durissimus. Atque utinam
liceat isti contionari! Cui si esse in urbe tuto licebit, vicimus.
Ducem enim novi belli civilis aut nemo sequetur aut ii
sequentur qui facile vincantur.

Venio ad tertiam. Gratas fuisse meas litteras Bruto et 4
15 Cassio gaudeo. Itaque iis rescripsi. Quod Hirtium per me
meliorem fieri volunt, do equidem operam et ille optime
loquitur, sed vivit habitatque cum Balbo, qui item bene
loquitur. Quid credas videris. Dolabellam valde placere tibi
video; mihi quidem egregie. Cum Pansa vixi in Pompeiano.
20 Is plane mihi probabat se bene sentire et cupere pacem.
Causam armorum quaeri plane video. Edictum Bruti et Cassi
probo. †Quaeris† ut suscipiam cogitationem quidnam istis
agendum putem, consilia temporum sunt, quae in horas
commutari vides. Dolabellae et prima illa actio et haec contra
25 Antonium contio mihi profecisse permultum videtur. Prorsus
ibat res; nunc autem videmur habituri ducem, quod unum

1 et ing-] ut ing- *d* : ing- *s*   etiam mee [?] expertissimum *M*[1]
8 quoique [*bis*] *nescio quis*: quoque [*bis*] *M*[1]: cuique [*bis*] *ER*δ mihi
meam *om. ds*   9 morem *bm*   11 esse δ: -em *ERM*[1]   urbe
EPbds: -em *RMm*   tute *E*   12 ii *Ebm*: hii *R*: hi *PMds*   15 iis
Sal.–Reg.: is *R*: his *EP*Δλ   17 loquetur *M*[1]   20 bene sentire
*s*ᵃ: ne sen- *R*Δ: assen- *b* [*in ras.*] κ   22 qu(a)eris *R*Δ: quod hortaris
Lamb.: quod vis *Madvig*   24 video *b*   25 *anne* prorsus
⟨melius⟩?

5 municipia bonique desiderant. Epicuri mentionem facis et audes dicere μὴ πολιτεύεσθαι? Non te Bruti nostri vulticulus ab ista oratione deterret? Quintus filius, ut scribis, Antoni est dextella. Per eum igitur quod volemus facile auferemus. Exspecto, si, ut putas, L. Antonius produxit Octavium, 5 qualis contio fuerit.

Haec scripsi; statim enim Cassi tabellarius. Eram continuo Piliam salutaturus, deinde ad epulas Vestori navicula. Atticae plurimam salutem.

XXI   *Scr. in Puteolano v Id. Mai. an. 44*   10

⟨CICERO ATTICO SALVTEM.⟩

1 Cum paulo ante dedissem ad te Cassi tabellario litteras, v Id. venit noster tabellarius et quidem, portenti simile, sine tuis litteris. Sed cito conieci Lanuvi te fuisse. Eros autem festinavit ut ad me litterae Dolabellae perferrentur, non de 15 re mea (nondum enim meas acceperat) sed rescripsit ad eas 2 quarum exemplum tibi miseram sane luculente. Ad me autem, cum Cassi tabellarium dimisissem, statim Balbus. O dei boni, quam facile perspiceres timere otium! Et nosti virum quam tectus. Sed tamen Antoni consilia narrabat; illum circumire 20 veteranos ut acta Caesaris sancirent idque se facturos esse iurarent, ut arma omnes haberent eaque duumviri omnibus mensibus inspicerent. Questus est etiam de sua invidia eaque omnis eius oratio fuit ut amare videretur Antonium. Quid

2 dicere *Rδ*: dicerem *M*¹: dicere mi *Mᶜ*   3 antoni(i) *Zᵇλκ*: *om. Ω*   7 scripsi ⟨citatim⟩ *Bos., alii alia*   12 *novam ep. faciunt bms* [*salut. om. bm*]: *superioribus coniungunt RMd*   13 simile sine *CZ*¹: -les in *Ω*   15 litter(a)e *δ*: -ras *RM*: *om. P*   16 acceperat *Δ*: recep- *R*   rescripsit *Δ* [-si *s*]: dolabella resc- *E* [*sed excerptum incipiens*] *R*   17 luc- ad me *bs*: luc- a me *EPMdm*: lentule me *R*   18 denniss- *M*¹ [demi- *M*²]   19 virum *Mᶜbms*: utrum *RM*¹*d*: utri *E*   21 se *om. E*   22 ut arma *anon. ap. Vict.*: utram *ERΔ*: una *s*: ut iam *Mᶜ*: ut tam *λ*   duumviri *Mᵃbᵃm* [-unv-]: dum v- *M*¹: divini v- *ERbⁱs*: *om. d* [*spat.*]

quaeris? nihil sinceri. Mihi autem non est dubium quin res 3
spectet ad castra. Acta enim illa res est animo virili, consilio
puerili. Quis enim hoc non vidit, regni heredem relictum?
Quid autem absurdius?

5   'Hoc métuere, alterum ín metu non pónere'!
Quin etiam hoc ipso tempore multa ὑποσόλοικα. Ponti Nea-
politanum a matre tyrannoctoni possideri! Legendus mihi
saepius est Cato maior ad te missus. Amariorem enim me
senectus facit. Stomachor omnia. Sed mihi quidem βεβίωται;
10 viderint iuvenes. Tu mea curabis, ut curas.

Haec scripsi seu dictavi apposita secunda mensa apud 4
Vestorium. Postridie apud Hirtium cogitabam et quidem
πεντέλοιπον. Sic hominem traducere ad optimatis paro. Λῆρος
πολύς. Nemo est istorum qui otium non timeat. Qua re
15 talaria videamus. Quidvis enim potius quam castra.

Atticae salutem plurimam velim dicas. Exspecto Octavi
contionem et si quid aliud, maxime autem ecquid Dolabella
tinniat an in meo nomine tabulas novas fecerit.

XXII   *Scr. in Puteolano prid. Id. Mai. an. 44.*

20   ⟨CICERO ATTICO SALVTEM.⟩

Certior a Pilia factus mitti ad te Idibus tabellarios statim 1
hoc nescio quid exaravi. Primum igitur scire te volui me hinc
Arpinum xvi Kal. Iun. Eo igitur mittes si quid erit posthac;
quamquam ipse iam iamque adero. Cupio enim ante quam

3 videt *Corr.*   7 tyrannoctoni *b²s*: tiranno CTONEI *vel sim. ERM*:
-no ctonei *m*: tyranno *b¹d* [*spat. d*]   8 s(a)epius est *EΔ*: e- s- *R*
12 et quidem *Δ*: eq- *EP*: quidem *R*   13 ΠΕΝΤΕΛΟΙΠΟΝ [πέντε
λοιπὸν] *R* [A *pro* Λ] *ΔC*, *quod nec damno nec intellego*: πᾶν τὸ λοιπόν *Reid*
λῆρος πολύς *Crat.*: ΔΕΡΟCΠΟΛΟΑC *vel sim. RMm*   15 indua-
mus *b²κ*   18.tinniat: an *b²*: tinniatam [tinna- s, tiniria- *R*]
RΔ: *om.* P [*spat.*]   meo nomine *Δ*: n- m- *R*   21 *novam ep. faciunt*
Mᶜbms [*salut. om. bm*]: *superioribus coniungunt RMd*   -or a pilia δ: -ora
piʼ:e *RM¹*   22 scire te *Δ*: t- s- *R*   23 .xv. *bm*

245

Romam venio odorari diligentius quid futurum sit. Quamquam vereor ne nihil ⟨a⟩ coniectura aberrem. Minime enim
obscurum est quid isti moliantur; meus vero discipulus qui
hodie apud me cenat valde amat illum quem Brutus noster
sauciavit. Et si quaeris (perspexi enim plane), timent otium; 5
ὑπόθεσιν autem hanc habent eamque prae se ferunt, clarissimum ⟨virum⟩ interfectum, totam rem publicam illius interitu
perturbatam, inrita fore quae ille egisset simul ac desisteremus
timere, clementiam illi malo fuisse, qua si usus non esset, nihil
2 ei tale accidere potuisse. Mihi autem venit in mentem, si 10
Pompeius cum exercitu firmo veniat, quod est εὔλογον, certe
fore bellum. Haec me species cogitatioque perturbat. Nec
enim quod tibi tum licuit nobis nunc licebit. Nam aperte
laetati sumus. Deinde habent in ore nos ingratos. Nullo modo
licebit quod tum et tibi licuit et multis. Φαινοπροσωπητέον 15
ergo et ἰτέον in castra? Miliens mori melius, huic praesertim
aetati. Itaque me Idus Martiae non tam consolantur quam
antea. Magnum enim mendum continent. Etsi illi iuvenes
     ἄλλοις ἐν ἐσθλοῖς τόνδ' ἀπωθοῦνται ψόγον.
Sed si tu melius quippiam speras, quod et plura audis et 20
interes consiliis, scribas ad me velim simulque cogites quid
agendum nobis sit super legatione votiva. Equidem in his locis
moneor a multis ne in senatu Kalendis. Dicuntur enim occulte milites ad eam diem comparati et quidem in istos, qui
mihi videntur ubivis tutius quam in senatu fore.   25

---

1 orari M^1 2 a *add. Crat.*   4 ille *R*   5 et si quaeris *om. M^1*
timent PM^1: -ens *R*: -et δ   7 virum *b*: *om. RΔ*   totam *om. s*
8 desisteremus bm^1s: -temus $RMdm^2$ 10 potuisse RM^1b: -set M^cdms
12 nec enim *scripsi*: ne gemam *RΔ*: neque [nec *Buecheler*] enim iam *Vict.*
13 tibi tum *s*: ibi tum *PΔ*: ibi tunc *R*   licuit *Pδ*: liquit RM^1 14 deinde
Δ: demum *R*   20 quicquam *ds*   22 votiva. equidem *Vict.*: -ve quidem
RΔ: -va quod $b^a[?]κ$ 24 comparari *Corr., fort. recte*

AD ATTICVM

LIBER QVINTVS DECIMVS

I   *Scr. in Puteolano xvi Kal. Iun. an. 44.*

CICERO ATTICO SALVTEM.

O FACTVM male de Alexione! Incredibile est quanta me **1**
molestia adfecerit, nec me hercule ex ea parte maxime quod
5 plerique mecum, 'Ad quem igitur te medicum conferes?'
Quid mihi iam medico? Aut si opus est, tanta inopia est?
Amorem erga me, humanitatem suavitatemque desidero.
Etiam illud. Quid est quod non pertimescendum sit, cum
hominem temperantem, summum medicum, tantus impro-
10 viso morbus oppresserit? Sed ad haec omnia una consolatio
est quod ea condicione nati sumus ut nihil quod homini
accidere possit recusare debeamus.

De Antonio, iam antea tibi scripsi non esse eum a me con- **2**
ventum. Venit enim Misenum cum ego essem in Pompeiano.
15 Inde ante profectus est quam ego eum venisse cognovi. Sed
casu, cum legerem tuas litteras, Hirtius erat apud me in
Puteolano. Ei legi et egi. Primum, quod ⟨ad te⟩ attinet,
nihil mihi concedebat, deinde ad summam arbitrum me
statuebat non modo huius rei sed totius consulatus sui. Cum
20 Antonio autem sic agemus ut perspiciat, si in eo negotio nobis
satis fecerit, totum me futurum suum. Dolabellam spero
domi esse.

Hūius libri epistulae praeter 1, 2, 3, 27, *item Hirtii et Dolabellae epistulas,
in codd. cohaerent, nisi quod nonnullae a M et b correctoribus distinguuntur*
3 quanta *EΔ* : -tum *R*   9 sum- med- *om. M¹*   13 a me *Eδ* : me
RM¹   14 essem *ERΔ* : irem *b*   pompeiano *PM^cs* : -num *ERΔ*   17 puteolano ei *M^c* : -num ei *ERδ* [*sed* eum *d¹*] : -num mei *M¹* : -no *P*   quid *b¹*
ad te *addere noluit Boot*   18 mihi] enim *P*   concedebat *Pδ* : -as *ERM¹*
summam *b²* : -mum *ERΔC*

3 Redeamus ad nostros. De quibus tu bonam spem te significas habere propter edictorum humanitatem. Ego autem perspexi, cum a me XVII Kal. de Puteolano Neapolim Pansae
conveniendi causa proficisceretur Hirtius, omnem eius sen-
sum. Seduxi enim et ad pacem sum cohortatus. Non poterat 5
scilicet negare se velle pacem, sed non minus se nostrorum
arma timere quam Antoni, et tamen utrosque non sine causa
praesidium habere, se autem utraque arma metuere. Quid
quaeris? οὐδὲν ὑγιές.

4 De Quinto filio tibi adsentior. Patri quidem certe gratissi- 10
mae et bellae tuae litterae fuerunt. Caerelliae vero facile satis
feci; nec valde laborare mihi viśa est, et si illa, ego certe non
laborarem. Istam vero quam tibi molestam scribis esse audi-
tam a te esse omnino demiror. Nam quod eam conlaudavi
apud amicos, audientibus tribus filiis eius et filia tua, τί ἐκ 15
τούτου; [quid est hoc] Quid est autem cur ego personatus
ambulem? Parumne foeda persona est ipsius senectutis?

5 Quod Brutus rogat ut ante Kalendas, ad me quoque scripsit et fortasse faciam. Sed plane quid velit nescio. Quid
enim illi adferre consili possum, cum ipse egeam consilio et 20
cum ille suae immortalitati melius quam nostro otio consulu-
erit? De regina rumor exstinguitur. De Flamma, obsecro te,
si quid potes.

---

5 seduxi M^c: sed vix $ER\Delta Z^{(l)}$ 10 patri bs: -re RM^1dm 11 -m(a)e
et bell(a)e bms: -ma et belli $RM^cd\lambda$: -ma et bella [?] M^1: -mae bellae
Baiter   14 quod] cum b 15 τί ἐκ τούτου; *Kayser*: ΤΟΕϹΤΟΥ-
ΟΥ RMm [ΤΕϹΤ- m^1]: τὸ ἐκ του ου Z^{β}: τὸ ἐκ τοῦ οὖ Z^l [*an. 1584; sed*
τού ου *an. 1573*, τούτου *an. 1565*]: τί ἐστι τοῦτο; *Corr.*   16 quid est hoc
del. Lamb. [*habuit et* O]   quid . . . ambulem *poetae veteris fuisse puta-*
vit Palmer   cur] ut ds est pers- Ps 22 exstinguitur *Wes.*: -uetur
$ER\Delta$

I a   *Scr. in Sinuessano xv Kal. Iun. an. 44.*

⟨CICERO ATTICO SALVTEM.⟩

Heri dederam ad te litteras exiens e Puteolano deverte- 1
ramque in Cumanum. Ibi bene valentem videram Piliam.
5 Quin etiam paulo ⟨post⟩ Cumis eam vidi. Venerat enim in
funus; cui funeri ego quoque operam dedi. Cn. Lucceius,
familiaris noster, matrem efferebat. Mansi igitur eo die in
Sinuessano atque inde mane postridie Arpinum proficiscens
hanc epistulam exaravi. Erat autem nihil novi quod aut 2
10 scriberem aut ex te quaererem, nisi forte hoc ad rem putas
pertinere: Brutus noster misit ad me orationem suam habitam in contione Capitolina petivitque a me ut eam ne
ambitiose corrigerem ante quam ederet. Est autem oratio
scripta elegantissime sententiis, verbis, ut nihil possit ultra.
15 Ego tamen si illam causam habuissem, scripsissem ardentius.
Ὑπόθεσις vides quae sit ⟨et⟩ persona dicentis. Itaque eam
corrigere non potui. Quo enim in genere Brutus noster esse
vult et quod iudicium habet de optimo genere dicendi, id
ita consecutus est in ea oratione ut elegantius esse nihil possit;
20 sed ego secutus aliud sum, sive hoc recte sive non recte. Tu
tamen velim orationem legas, nisi forte iam legisti, certio-
remque me facias quid iudices ipse. Quamquam vereor ne

3 *novam ep. incipiunt* M^c^b²   heri *Lamb.* [*ed. alt.*]: here RCλ: hercle Δ
4 ibi M^c^bms: tibi RM¹d: ubi κ   bene *Sal.–Reg.*: pene RΔ: plane *cod.*
Vrs.   5 paullo ⟨post⟩ *Lamb.*: paul(l)o RΔZ^b^: paulo ante *b*²: paullum
Iunius   cumis *b²Z^b^*: clam iis Δ: damus R   6 Lucceius *scripsi*: lucul-
(l)us RΔ   7 efferebat M²b *ex corr.*: efferat RΔ   11 noster M²:
non ERΔ [vel noster *in marg.* s] Z^(t)^λ: *rasura est in* b   15 ego tamen
ERδ: cogitamen M¹   16 et *add. Orelli*   eam M^c^: iam EΔ
[*post corr.* b]: iam enim R   18 id ita M^c^Z^t^: edita M¹: et ita
ERM²dm: ita b [*post ras.*] s   19 in ea or- EM^c^ [*ut vid.*] bms: in ea
or- est R: sine ea or- est M¹: sine ea or- d   20 secutus *Pius*: solus
ERΔ   sive [*prius*] M^c^: spe ERMdm: s(a)epe bs   21 or- leg- ER²PM^c^ds:
leg- or- R¹: tu mor- [tum or- M²] leg- M¹: eam or- leg- bm   iam ERδ:
eam M¹Z^t^: *om.* P

cognomine tuo lapsus ὑπεραττικὸς sis in iudicando. Sed si re-
cordabere Δημοσθένους fulmina, tum intelleges posse et ἀττι-
κώτατα ⟨et⟩ gravissime dici. Sed haec coram. Nunc nec sine
epistula nec cum inani epistula volui ad te Metrodorum venire.

II   *Scr. in Vesciano xiv Kal. Iun. an. 44.*   5
          ⟨CICERO ATTICO SALVTEM.⟩

1   xv Kal. e Sinuessano proficiscens cum dedissem ad te litteras devertissemque †acutius† in Vescino accepi a tabellario tuas litteras; in quibus nimis multa de Buthroto. Non
enim tibi ea res maiori curae aut est aut erit quam mihi. Sic 10
enim decet te mea curare, tua me. Quam ob rem id quidem
sic susceptum est mihi ut nihil sim habiturus antiquius.

2   L. Antonium contionatum esse cognovi tuis litteris et
aliis sordide, sed id quale fuerit nescio; nihil enim scripti. De
Menedemo probe. Quintus certe ea dictitat quae scribis. 15
Consilium meum a te probari quod ea non scribam quae tu
a me postularis facile patior, multoque magis id probabis, si
orationem eam de qua hodie ad te scripsi legeris. Quae de
legionibus scribis, ea vera sunt. Sed non satis hoc mihi videris
tibi persuasisse qui de Buthrotiis nostris per senatum speres 20
confici posse †quod puto tantum enim video non videmur esse
victori† sed, ut iam nos hoc fallat, de Buthroto te non fallet.

1 ὑπεραττικὸς *Crat.*: hyperatticus *C* : hypar att- *E et sim. RΔ*   2 ἀττι-
κώτατα *b²*: attico tota *vel sim. ERΔC*   3 et add. *Lamb.*   7 *novam ep.*
faciunt δ [*salut. om. bdm*]: superioribus coniungunt *RM*   8 acutius *PΔ*
Zᵗ: accu- *R*: ad *cum nomine proprio latere opinatus est Klotz*   vescino
Zᵗλ: vesciano *vel sim. RΔ*   12 habiturus *Rδ*: -rum *M¹* antiquius *Pδ*:
-quis *RM¹*   13 l(ucium) antonium δ: -us -us *RM¹λ*   14 sordide
Δ: -dibus *R*   scripti *M¹*: -psti *M²m*: -psisti *bds*: -psi *R*   15 probo *b²*
16 te *b²*: se *RΔ*   17 probabis δ: probis *M¹*: -bes *R*   18 eam *Mᶜ*:
meam *RΔ*   hodie *MᶜC*: hoc die *Ω*   20 tibi *b ex corr.*: sibi *RΔZᵗ*   qui
RZ: quid *Δ*   22 victori *RΔZ*: -turi *b²s²*   *quae inter obelos reliqui*
eiusmodi fuisse suspicor: quod ⟨vix⟩ puto. tantum e- v-, non videmur
⟨otiose⟩ esse victuri. *alii aliter*   sed *RMdm*: si *bs*   ut iam *Klotz*: etiam
RΔZ⁽ᵗ⁾: etiam ⟨si⟩ *Iens.*   nos *om. bm*   fallat *RΔ*: -lit *Zᵗ*   te *om. b*

De Octavi contione idem sentio quod tu, ludorumque eius 3
apparatus et Matius ac Postumus mihi procuratores non
placent; Saserna conlega dignus. Sed isti omnes, quem ad
modum sentis, non minus otium timent quam nos arma.
5 Balbum levari invidia per nos velim, sed ne ipse quidem id
fieri posse confidit. Itaque alia cogitat.

Quod prima disputatio Tusculana te confirmat sane gaudeo; 4
neque enim ullum est perfugium aut melius aut paratius.
Flamma quod bene loquitur non moleste fero. Tyndarita-
10 norum causa, de qua [causa] laborat, quae sit ignoro. †Hos
tament Πεντέλοιπον movere ista videntur, in primis ero-
gatio pecuniae. De Alexione doleo, sed quoniam inciderat
in tam gravem morbum, bene actum cum illo arbitror. Quos
tamen secundos heredes scire velim et diem testamenti.

15 III   *Scr. in Arpinati xi Kal. Iun. an. 44.*

⟨CICERO ATTICO SALVTEM.⟩

xi Kal. accepi ⟨in Arpi⟩nati duas epistulas tuas, quibus 1
duabus meis respondisti. Vna erat xv Kal., altera xii data.
Ad superiorem igitur prius. Accurres in Tusculanum, ut
20 scribis; quo me vi Kal. venturum arbitrabar. Quod scribis
parendum victoribus, non mihi quidem, cui sunt multa
potiora. Nam illa quae recordaris Lentulo et Marcello consulibus acta a me in aede Apollinis, nec causa eadem est nec

2 marius [va-] *bs*   ac *EΔ*: et *R*   post(h)umus *ERM¹b*: -mius *PMᶜdms*
5 invidiam *M¹*   10 causa laborat *R* [*sed* -ant] *PMdWλ*: tam l- *bms*:
pansa l- *cod. Vrs.*: Casca l- *Boot*: laboras *Man.*   hos *RMb¹m*: hoc *ds*: nos
bᵃ: *fort.* vos   11 ΠΕΤΝΕΑΟΙΝΟΝ *R et sim.* P [*vide ad p.* 245. 13]
13 tam *EPδ*: ira *RM¹W*: ita *Vict.*   14 velim *Orelli*: vellem *RΔ*
17 *novam ep. faciunt* Mᶜ*bms* [*salut. om. bm*]: *superioribus coniungunt RMd*
⟨in Arpi⟩nati *Lamb.*: nati [-cti *P*] *ORZ*: *om. Δ*   quibus duabus *Δ*: *om.*
R   19 accurres [-ures *M¹d*]*Δ*: accusares *R*   20 .vi. *RMbm*: .vii. *ds*
23 a me *Zᵗ cod. Helmst.*: me *RM¹dmZᵝλλ cod. Ant.*: sine me *P cod.*
Faërn.: *om. Mᶜs*: *rasura est in b*

simile tempus, praesertim cum Marcellum scribas aliosque
discedere. Erit igitur nobis coram odorandum et constitu-
endum tutone Romae esse possimus. Novi conventus habitatores sane movent; in magnis enim versamur angustiis.
Etsi ista parvi pendimus, qui vel maiora contemnimus. Cal- 5
vae testamentum cognovi, hominis turpis ac sordidi. Tabula
Demonici quod tibi curae est gratum. De Manlio scripsi
iam pridem ad Dolabellam accuratissime, modo redditae litterae sint. Eius causa et cupio et debeo.

2   Venio ad propiorem. Cognovi de Alexione quae desidera- 10
bam. Hirtius est tuus. Antonio quam iam est volo peius esse.
De Quinto filio, ut scribis, ἅλις. De patre coram agemus.
Brutum omni re qua possum cupio iuvare. Cuius de orati-
uncula idem te quod me sentire video. Sed parum intellego
quid me velis scribere quasi a Bruto habita oratione, cum ille 15
ediderit. Qui tandem convenit? an sic ut in tyrannum iure
optimo caesum? Multa dicentur, multa scribentur a nobis,
sed alio modo et tempore. De sella Caesaris bene tribuni;
praeclaros etiam xiv ordines! Brutum apud me fuisse gaudeo,
modo et libenter fuerit et sat diu.   20

2 erat d   coram odor- C : cura moder- RA [nobis post cura b]   3 tu-
tine Z^t λ   habitatores Rom. : -ris RAZ^t   4 sane Rom. : an ne RA :
an me Z^t : sane me κ   monent M[?]b²d   5 etsi Peerlkamp : sed si
RAZ^(t) : sed sunt Rom.   parvipendimus Rbs : parvi Mdm   qui
vel scripsi : quin et RMdm : num et bs : certe κ : quin etiam Baiter : quin
vel Mueller   contemnemus bs   7 Manlio Shuckburgh : malo RAZ
8 reddit(a)e lit(t)er(a)e sint [sunt Mm] Mm Rom. : r- sunt l- ds : r- sunt b¹
[litt- ante redd- add. b²] : mihi l- r- sunt R [r- m- l- s- P] : l- m- r- s- κ
9 eius enim causa omnia R   11 quam iam Orelli : quoniam RAZ^t :
quam s   12 filio ut Man. : fui RA : [fil. s, F. b. ut non habuit Z^t]   ἅλις
Turnebus : ΔMC Z^t : Δ. [Λ. d] M.C. [S. P] RMd : a [ad b²] M.Q. bms : ἅλας
cod. Vrs. : 'Ιλιάς Bos.   13 omni re qua δ : omnis res qua M : in
omnis [-nes P] res quas R   15 quasi Δ : iam q- R : q- iam P   habitam
orationem Gronovius   ille iam eam ed- R   16 convenitur R
19 praeclare Jordan   ordines Sal.-Reg. : -nis RA   Brutum] hinc novam
ep. incipit b²

IV   *Scr. in Arpinati ix Kal. Iun. an. 44.*

⟨CICERO ATTICO SALVTEM.⟩

ix Kal. H. viii fere a Q. Fufio venit tabellarius. Nescio **1**
quid ab eo litterularum, uti me sibi restituerem ; sane insulse,
5 ut solet, nisi forte quem non ames omnia videntur insulse
fieri. Rescripsi ita ut te probaturum existimo. Idem mihi duas
a te epistulas reddidit, unam xi, alteram x. Ad recentiorem
prius et leviorem : ∗ ∗ ∗ laudo ; si vero etiam Carfulenus, ἄνω
ποταμῶν. Antoni consilia narras turbulenta. Atque utinam
10 potius per populum agat quam per senatum! quod quidem
ita credo. Sed mihi totum eius consilium ad bellum spectare
videtur, si quidem D. Bruto provincia eripitur. Quoquo
modo ego de illius nervis existimo, non videtur fieri posse sine
bello. Sed non cupio, quoniam cavetur Buthrotiis. Rides ?
15 at per senatus consultum doleo, non mea potius adsiduitate,
diligentia, gratia perfici. Quod scribis te nescire quid nostris **2**
faciendum sit, iam pridem me illa ἀπορία sollicitat. Itaque
stulta iam Iduum Martiarum est consolatio. Animis enim

3 ix *Schiche*: xi Z^t: .x. $R\varDelta$ H. viii. $Z^{(b)}$: .viii. RMm: iuñ. *ds*: iunñ *in
ras. b*: H. x. *Buecheler et edd. recc., codd. lectionum ignari*   a Q. *Vict.*: ea
que M^1: ea qu(a)e a $R\delta$ 4 ab eo *Mds*: habeo R: *om. bm*   litterarum
b^1ms 5 solet $M^c bs$: solum $RM^1 dm$ quem] quae *Bos.*: quom *Reid*
insulse *Iens.*: -lsa $R\varDelta$ 6 fieri $P\delta$: -re RM^1 rescripsi *Wes.*: scr- $R\varDelta$
idem Z^t: *om.* $R\varDelta$ 7 reddidit [reddit *d*] unam δ: -didi tu nam RM^1:
-didi unam P .x. $RMbm$: .xi. *d*: .xii. *s*: x datam *Wes.*   8 leviorem
Pbs: leni- $RMdmZ$: legi- *cod. Graevii*   *lacunam statuit Wes.*: ⟨Egna-
tuleium⟩ laudo *Reid*: anne ⟨legionem⟩ laudo?   carf- κ [*item* cars-]: calf-
$R\varDelta C$: calphurnius *s*   10 per populum δ: perpolutum RM^1 quod
δ: cui $RM^1 CZ^t$ 11 eius *om. s*   12 quoquom- $\varDelta Z^{(t)}$: quom- R 13 ego
om. R   14 cavetur b^1 [ur *eras.*] *s*: caretur $PMdmWZ$: carent R
15 at per senatus consultum doleo *scripsi* [at sco. d- *Tyrrell–Purser*]:
abscondo [*del.*] aps condoleo M: aps. condoleo *d*: abscon d- mZ^β [b
exp. m]: abscond- $Z^{l(t)}$: aḅst [*spat.*] cond- *s*: absconse d- R: ab cordolio
$b^2 κ$ [*de* b^1 *non liquet*]: at ego doleo *Lamb.*   16 profici P: -cisci R
18 stulta iam δ: iste luta iam [-ayam M^1] RM^1 est *post* iam *bm*

usi sumus virilibus, consiliis, mihi crede, puerilibus. Excisa
enim est arbor, non evulsa. Itaque quam fruticetur vides.
Redeamus igitur, quod saepe usurpas, ad Tusculanas disputa-
tationes. Saufeium de te celemus; ego numquam indicabo.
Quod te a Bruto scribis, ut certior fieret quo die in Tuscu- 5
lanum essem venturus, ut ad te ante scripsi, vi Kal., et quidem ibi te quam primum per videre velim. Puto enim nobis
Lanuvium eundum et quidem non sine multo sermone. Sed
μελήσει.

3   Redeo ad superiorem. Ex qua praetereo illa prima de 10
Buthrotiis; quae 'mihi sunt inclusa medullis,' sit modo, ut
scribis, locus agendi. De oratione Bruti prorsus contendis,
cum iterum tam multis verbis agis. Egone ut eam causam
quam is scripsit? ego scribam non rogatus ab eo? Nulla παρ-
εγχείρησις fieri potest contumeliosior. 'At' inquis ''Ηρακλεί- 15
δειον aliquod'. Non recuso id quidem, sed et componendum
argumentum est et scribendi exspectandum tempus maturius.
Licet enim de me ut libet existimes (velim quidem quam
optime), si haec ita manant ut videntur (feres quod dicam),
me Idus Martiae non delectant. Ille enim numquam revertis- 20
set, nos timor confirmare eius acta non coegisset, aut, ut in
Saufei eam relinquamque Tusculanas disputationes ad quas
tu etiam Vestorium hortaris, ita gratiosi eramus apud illum

2 frut- *Nonius* [*Lindsay, p. 769*]: fruct- *RΔ*: fructificetur *d*   3 quod
scripsi: quoniam *RΔ*   4 de te *anon. ap. Lamb.*: pete *RΔ*   celemus *Δ*:
et lenius [levius *P*] *R*   indicabo *bms*: iud- *RM*[*ʔ*]*d*   5 Bruto ⟨rogari⟩
Michael Brutus   scribis *ΔR* [*RP quae babent interpolata praetereo*]: -bit
O   Tusculano *Baiter*   6 venturus *R codd.* Faërn. Ant.: fut- *Δλ*
Baiter: it- *Corr.*   ad te ante *RΔ*: ante ad te *Os*   7 per v- *Gronovius*: perv- *RΔ*   10 sup- epistolam *R*   13 cum iterum *Zᵇλ*: committere *M¹*: mecumque iterum *Rδ*   14 ego *Mbs*: egi *Rdm*   nulla *bs*:
-am *RMdm*   15 potest *Mᶜbms*: potes *M¹d*: petis *R*   -εἰδειον
Rom.: -ΕΙΔΙΟΝ *Δ*: -ΕΙΑΤΟΝ *R*   16 aliquid *Wes.*   19 manant
RMdmλ: -neant *bs*: -nent *cod. Ball.*   feres *δ*: fieres *RM¹*   22 saufei
eam *Zᵗ*: saufeleam *RΔZˡᵇ*: -liam *Zᵝ*   relinquamque *RZᵇ*: reliq-
MdmZˡⁱ: reliquasque *bs*

(quem di mortuum perduint!) ut nostrae aetati, quoniam interfecto domino liberi non sumus, non fuerit dominus ille fugiendus. Rubeo, mihi crede, sed iam scripseram; delere nolui.

5 De Menedemo vellem verum fuisset. De regina velim **4** verum sit. Cetera coram, et maxime quid nostris faciendum sit, quid etiam nobis, si Antonius militibus obsessurus est senatum. Hanc epistulam si illius tabellario dedissem, veritus sum ne solveret. Itaque misi dedita. Erat enim rescriben-
10 dum tuis.

IV a   *Scr. in Arpinati c. viii Kal. Iun. an. 44.*

⟨CICERO ATTICO SALVTEM.⟩

Quam vellem Bruto studium tuum navare potuisses! Ego (5) igitur ad eum litteras. Ad Dolabellam Tironem misi cum
15 mandatis et litteris. Eum ad te vocabis et si quid habebis quod placeat scribes. Ecce autem de traverso L. Caesar ut veniam ad se rogat in Nemus aut scribam quo se venire velim; Bruto enim placere se a me conveniri. O rem odiosam et inexplicabilem! Puto me ergo iturum et inde Romam,
20 nisi quid mutaro. Summatim haec ad te; nihildum enim a Balbo. Tuas igitur exspecto, nec actorum solum sed etiam futurorum.

1 perduint $CZ^t\lambda$: tu M^1 [per dii inter *in marg. add.; hoc del.*, perdant *superscr.* M^2]: perdant. tu [tu *eras. in b*] δ: perdant R 9 solveret b: -rit $R\Delta$ dedita $R\Delta Z^{(t)}$: d- opera b^2 13 *novam ep. agnovit Mongaltius*   potuisses R: -sse δZ^t: potius se M^1 16 transv- bms 19 iturum Pb [*ex corr.*] s: iterum $RMdm$ 20 haec *scripsi*: ad d [*del.*] h^c R: at hec P: adhuc Δ a te s

V   *Scr. in Tusculano vi vel v Kal. Iun. an. 44.*
          ⟨CICERO ATTICO SALVTEM.⟩

1   A Bruto tabellarius rediit; attulit et ab eo et Cassio.
Consilium meum magno opere exquirunt, Brutus quidem
utrum de duobus. O rem miseram! plane non habeo quid 5
scribam. Itaque silentio puto me usurum, nisi quid aliud
tibi videtur; sin tibi quid venit in mentem, scribe, quaeso.
Cassius vero vehementer orat ac petit ut Hirtium quam
optimum faciam. Sanum putas? ὅτε ναῦς ἄνθρακες. Epistulam
tibi misi.   10

2   Vt tu de provincia Bruti et Cassi per senatus consultum,
ita scribit et Balbus et * * * Hirtius quidem se afuturum
(etenim iam in Tusculano est) mihique ut absim vehementer
auctor est, et ille quidem periculi causa, quod sibi etiam
fuisse dicit, ego autem, etiam ut nullum periculum sit, tan- 15
tum abest ut Antoni suspicionem fugere [non] curem ne
videar eius secundis rebus non delectari ut mihi causa ea sit
3 cur Romam venire nolim ne illum videam. Varro autem
noster ad me epistulam misit sibi a nescio quo missam (nomen
enim delerat) in qua scriptum erat veteranos eos qui reician- 20
tur (nam partem esse dimissam) improbissime loqui, ut magno
periculo Romae sint futuri qui ab eorum partibus dissentire

3 *novam ep.̣ incipit b²*   attulit et *RΔ*: et att- *m*: att- etiam *E*   cassio *RM*¹: c- litteras *Eδ* [a c- *bds*]   5 o *om. E*   8 vero *RΔ*:
autem *E*   orat [rogat *s*] ac petit *Ω*: errat: petit *Lamb.*   9 facias *E*
ὅτε ν- ἄ- *C et simillima ORMm*: ΟΓΝΑΥΕC ΑΝΘΡΑΚΕΥC *Z*ᵇ:
ἄνθρακες *bd*: ὁ.θησαυρὸς ἄ- *Vict.*   11 per s.c. ita *s*ª: perscita *RΔ*: persi-
ca *P*: per cita *Zλ*   12 et etiam balbus *R*   et ⟨Oppius⟩; H- quidem
Mueller: et H- ⟨qui⟩ quidem *Bos.*   quidem se] se q- *m*   afuturum
Orelli: act- *RΔ*   13 et enim *EΔ*: et is *R*: et *P*   14 est *b²λ[ᵖ]*:
om. ERΔ   ille *EPΔZ*⁽ᵝ⁾λ: illi *R*   sibi *Eδ*: si *RM*¹   16 non *del. Lamb.*
(*marg.*): nunc *b*ª   curem *om. b*¹*m*   17 ea sit *Wes.*: esset *ΔZ*⁽ᵗ⁾: esse
EP: esse videatur *R*   18 cur *ER*: ut *Δ* [*om. m*]   romam *Ebds*: rome
RMm   velim *E*   20 delerat *ERMb*ª*dmC*: deerat *b*¹*s*   22 Romae
om. ds

videantur. Quis porro noster itus, reditus, vultus, incessus
inter istos? Quod si, ut scribis, L. Antonius in D. Brutum,
reliqui in nostros, ego quid faciam aut quo me pacto geram?
Mihi vero deliberatum est, ut nunc quidem est, abesse ex ea
5 urbe in qua non modo florui cum summa verum etiam servivi
cum aliqua dignitate; nec tam statui ex Italia exire, de quo
tecum deliberabo, quam istuc non venire.

VI   *Scr. in Arpinati c. iv Non. Quint. (?) an. 44.*

⟨CICERO ATTICO SALVTEM.⟩

10   Cum ad me Brutus noster scripsisset et Cassius, ut Hirtium, 1
qui adhuc bonus fuisset ⟨meliorem facerem, quem neque
adhuc bonum fuisse⟩ sciebam, neque eum confidebam fore
mea auctoritate meliorem; Antonio est enim fortasse iratior,
causae vero amicissimus—tamen ad eum scripsi eique digni-
15 tatem Bruti et Cassi commendavi. Ille quid mihi rescripsisset
scire te volui, si forte idem tu quod ego existimares, istos
etiam nunc vereri ne forte [ipsi] nostri plus animi habeant
quam habent.

'HIRTIVS CICERONI SVO SALVTEM.

20   Rure⟨ne⟩ iam redierim quaeris. An ego, cum omnes cale- 2
ant, ignaviter aliquid faciam? Etiam ex urbe sum profectus,
utilius enim statui abesse. Has tibi litteras exiens in Tusculanum scripsi. Noli autem me tam strenuum putare ut ad

2 scribis κ: -bit *ERΔ*   in [?] .d. *E*: inde .D. *R*: vide *P*: inde cum in .D. *Δ*
3 pacto *Vict.*: facto *RM¹msC*: fato *EM²b* [*ex* facto?] *d*   11 qui adhuc bonus fuisset *M¹*: quem a- bonum fuisse *ERδ* [bonum civem *s*]
meliorem . . . fuisse *addidi, haec Madvig*: confirmarem et excitarem,
etsi alieno a causa animo fuisse   12 sciebam . . . confidebam *M¹*:
-ant . . . -ant *ERδ*   13 meliorem *M¹*: m- facerem *ERδ*   14 caus(a)e
RΔ: panse *E*   16 isto *M¹*   17 ipsi *seclusi* [*an* illi *scribendum?*]
habeant quam *EPδ*: quam *M¹*: habeat quod *R*   20 rurene *Wes.*: rure
ERΔZᵗ   tam *Zᵗ*   redieram *b¹ms*   22 utilius *PMᶜs²*: ut illius *ERΔ*
statui *PMᶜb*[?]*s*: -us *ERM¹dm*

Nonas recurram. Nihil enim iam video opus esse nostra cura, quoniam praesidia sunt in tot annos provisa. Brutus et Cassius utinam quam facile a te de me impetrare possunt ita per te exorentur ne quod calidius ineant consilium! Cedentis

3 enim haec ais scripsisse: quo aut qua re? Retine, obsecro te, 5 Cicero, illos et noli sinere haec omnia perire, quae funditus ⟨medius⟩ fidius rapinis, incendiis, caedibus pervertentur. Tantum si quid timent caveant, nihil praeterea moliantur. Non medius fidius acerrimis consiliis plus quam etiam inertissimis, dum modo diligentibus, consequentur. Haec enim, quae 10 fluunt per se, diuturna non sunt; in contentione praesentis ad nocendum habent viris. Quid speres de illis in Tusculanum ad me scribe.'

4 Habes Hirti epistulam. Cui rescripsi nil illos calidius cogitare idque confirmavi. Hoc qualecumque est te scire volui. 15 Obsignata iam Balbus ad me Serviliam redisse, confirmare non discessuros. Nunc exspecto a te litteras.

VII   *Scr. in Tusculano c. iv Kal. Iun. an. 44.*

⟨CICERO ATTICO SALVTEM.⟩

Gratum quod mihi epistulas; quae quidem me delectarunt, 20 in primis Sexti nostri. Dices, 'quia te laudat'. Puto me hercule id quoque esse causae, sed tamen etiam ante quam ad eum locum veni, valde mihi placebat cum sensus eius de re publica †cum tum† scribendi. Servius vero pacificator cum librariolo

2 quoniam *RΔ*: quin *E*   3 de me *EPMb²ds*: de me ate *R*: de *m*: om. *b¹*   4 calidius *Z*⁽ˡ⁾ᵗκ *cod. Vrs.*: cald- *EΔ*: callid- *RΔ*   7 medius *Pb²*: om. *ERΔZᵗ*   pervertentur *scripsi*: -tuntur *ERΔ*   tamen si *ds* 14 nil *Δ*: ni(c)hil *RP*   calidius *M¹*: call- *Rδ*   15 est *scripsi*: esset *RΔ* 20 *novam ep. incipit b²*   gratum *Δ*: g- est *R*   21 in *Δ*: sed in *R*   Sexti(i) nostri *b²* *Rom.*: sex. [ti *superscr. R*] .N. [.Ñ. *Mm*] *RMbm*: sex. noñ. *ds* 24 cum tum scr- *Mdm*: tum cura scr- *bs*: tum scr- *Z*⁽ᵗ⁾ [*ut vid.*]: tamen etiam scr- genus *R*, *unde* tum genus scr- *Fr. Schmidt*, *fort. recte*: cum tamen scr- *P*: tum scr- causa κ   pacificator *Man.*: -to *RΔZ*⁽ᵗ⁾   librariolo *b²*: liberiolo *RΔ*: tabellario *b¹*

suo videtur obisse legationem et omnis captiunculas per-
timescere. Debuerat autem non 'ex iure manum consertum'
sed quae sequuntur; tuque scribes.

VIII   *Scr. in Tusculano prid. Kal. Iun. an. 44.*

5   ⟨CICERO ATTICO SALVTEM.⟩

Post tuum discessum binas a Balbo (nihil novi) itemque 1
ab Hirtio, qui se scribit vehementer offensum esse veteranis.
Exspectat animus quidnam agam de Kalendis [Mart.]. Misi
igitur Tironem et cum Tirone pluris quibus singulis, ut
10 quidque accidisset, dares litteras, atque etiam scripsi ad
Antonium de legatione, ne, si ad Dolabellam solum scripsissem, iracundus homo commoveretur. Quod autem aditus
ad eum difficilior esse dicitur, scripsi ad Eutrapelum ut is ei
meas litteras redderet; legatione mihi opus esse. Honestior
15 est votiva, sed licet uti utraque.

De te, quaeso, etiam atque etiam vide. Velim possis coram; 2
si minus possis, litteris idem consequemur. Graeceius ad me
scripsit C. Cassium sibi scripsisse homines comparari qui
armati in Tusculanum mitterentur. Id quidem mihi ⟨vix
20 veri simile⟩ videbatur; sed cavendum tamen, villaeque plures
visendae. Sed ⟨debet⟩ aliquid crastinus dies ad cogitandum
nobis dare.

1 videtur *Rom.*: -entur *RΔZ*⁽ᵗ⁾   captiones *b*   2 manum λ [ʔ]:
-nu *RΔ*   3 tuque *ΔZ*⁽ᵗ⁾: tu *R*: tu quoque *Sal.–Reg.*   6 item ab *s*
8 mart(iis) *RΔ*: *del. Corr.*   misi δ: nisi *RM*¹   10 quidque [quicq-]
Zκ: quisq- *RΔ*   15 est Δ: et *R*   sed *om. R*   17 possis *del. Wes.*
consequemur *Rb*: -uimur *Mdm*: -uamur *s*   greceius Δ: g̃teius *R*: gract- *P*
18 comparari *bms*: -re *RMd* [-pare *R*]   19 vix veri s- *addidi* [*cf. p.* 27. 5,
Phil. 13. 36, Liv. 26. 22. 15]: *alii alia*   20 villaeque *Bos.*: ut ille qu(a)e
*RΔZ*¹   21 visendae *Wes.*: visend(a)e *RΔZ* [-dum *P*]   sed ⟨debet⟩
scripsi: sed *RΔZ*: debet *Lamb.*   22 dare *RΔZ*ᵇ: dabit *Pb*ᵃ *cod. Vrs.*

IX   *Scr. in Tusculano iv aut iii Non. Iun. an. 44.*

⟨CICERO ATTICO SALVTEM.⟩

1   IIII Non. vesperi a Balbo redditae mihi litterae fore Nonis
senatum, ut Brutus in Asia, Cassius in Sicilia frumentum
emendum et ad urbem mittendum curarent. O rem miseram! 5
primum ullam ab istis, dein, si aliquam, hanc legatoriam
provinciam! Atque haud scio an melius sit quam ad Eurotam
sedere. Sed haec casus gubernabit. Ait autem eodem tempore
decretum iri ut et iis et reliquis praetoriis provinciae decer-
nantur. Hoc certe melius quam illa Περσικὴ porticus; †nolo 10
enim Lacedaemonem longinquo quo in Lanuvium existi-
mavit†. 'Rides' inquies 'in talibus rebus?' Quid faciam?
Plorando fessus sum.

2   Di immortales! quam me conturbatum tenuit epistulae
tuae prior pagina! quid autem iste in domo tua casus †ar- 15
morum†? Sed hunc quidem nimbum cito transisse laetor.
Tu quid egeris tua cum tristi tum etiam difficili ad consili-
andum legatione vehementer exspecto; est enim inexplica-
bilis. Ita circumsedemur copiis omnibus. Me quidem Bruti
litterae quas ostendis a te lectas ita perturbarunt ut, quam- 20
quam ante egebam consilio, tamen animi dolore sim tardior. Sed plura, cum ista cognoro. Hoc autem tempore quod

3 *novam ep. incipit b²*   IIII noñ. *bs*: munon *Mdm*: minon *R*   redd-
m- l- *PMm*: m- redd- l- *Rb*: m- l- redd- *ds*   6 ullam *RM¹bm*: nu-
M²ds   dein *Δ*: dem *b*: demum *R*   legatoriam *RΔZ*: -tariam *b²*   9 de-
cernantur δ [-atur *s*]: -nentur *RM¹*   10 illa persice *PM¹* [persicae
etiam Z^t]: ille p- *Rbs*: illa per sicc(a)e *M^cdm*   nolo *PΔ*: nullo *R*
11 longinquo quo in *RM¹*: l- quom *M^cmsZ^b* [longinquum *Z^t*; *sed quaere*]:
l- cum *b*: quin [n *ex corr.*] *d*: exilio magis l- exulare quam in *P*   existimavit *RΔZ*: -ant *P*   *potuit certe sic*: nullam e- L- longinquiorem quam
Lanuvinam existimaris. *nam priorum coniecta feles rideant, non homines*
15 quid] qui *Wes., fort. recte*   armorum *vix sanum*: armariorum *Tyrrell–
Purser, haud illepide*   17 ⟨de⟩ tua *anon. ap. Corr.*   etiam *RΔ*: et *E*
concil- *P*   18 legatione *ERbs*: -nem *MdmZ^(t)*   21 consilio *EΔ*:
-iis *R*

scriberem nihil erat, eoque minus quod dubitabam tu has
ipsas litteras essesne accepturus. Erat enim incertum visurusne
te esset tabellarius. Ego tuas litteras vehementer exspecto.

X   *Scr. in Tusculano (?) Non. Iun. aut postridie an. 44.*

5   ⟨CICERO ATTICO SALVTEM.⟩

O Bruti amanter scriptas litteras! O iniquum tuum tempus
qui ad eum ire non possis! Ego autem quid scribam? ut
beneficio istorum utantur? Quid turpius? Vt moliantur
aliquid? Nec audent nec iam possunt. Age, quiescant auctori-
10 bus nobis; quis incolumitatem praestat? Si vero aliquid de
Decimo gravius, quae nostris vita, etiam si nemo molestus
sit? Ludos vero non facere! quid foedius? Frumentum imponere! quae est alia Dionis legatio aut quod munus in re
publica sordidius? Prorsus quidem consilia tali in re ne iis
15 quidem tuta sunt qui dant; sed possim id neglegere pro-
ficiens; frustra vero quid ingrediar? Matris consilio cum
utatur vel etiam precibus, quid me interponam? Sed tamen
cogitabo quo genere utar litterarum; nam silere non possum.
Statim igitur mittam vel Antium vel Circeios.

20 XI   *Scr. in Antiati v (?) Id. Iun. an. 44.*

              ⟨CICERO ATTICO SALVTEM.⟩

Antium veni ante H. vi. Bruto iucundus noster adventus. 1
Deinde multis audientibus, Servilia, Tertulla, Porcia, quaerere

3 vehem- *om. R*   6 *novam ep. incipit b*²   9 audent *Ps*: audient
RΔ [i *eras. in b*] λλ   possunt δ: posunt *P*: possum *RM*¹λλ   11 gravius quae *Corr.*: graciisque *M*¹: gracc(h)isq- δ [-s quae *d*]: graccus [*hoc
et Z*ᵗ] que *R*   14 iis *bm*: is *R*: his *PMds*   15 possum *bms*   proficiscens *Rb*²   16 quid *bs*: quin *RM*¹*Z*ᵗ: qui *M*ᶜ*dm*κ: qm̄ *P*   consilio
Man.: -ium *RΔZ*⁽ᵗ⁾   17 vel *M*¹: ̇om. *Rδ*   18 nam silere
C: om. *RΔ*   22 *novam ep. incipit b*²   ante H. vi *scripsi*: ante K. [kl.,
kal.] vi. *ORM*¹: ante .vi. kl. [kal., caleñ.] *Eδ*: a.d. vi Idus *Baiter* [vi Idus
iam *Stroth*]   23 servilia *EPδ*: deinde s- *ORM*¹   portia *codd.*

261

quid placeret. Aderat etiam Favonius. Ego, quod eram medi-
tatus in via, suadere ut uteretur Asiatica curatione frumenti;
nihil esse iam reliqui quod ageremus nisi ut salvus esset; in eo
etiam ipsi rei publicae esse praesidium. Quam orationem cum
ingressus essem, Cassius intervenit. Ego eadem illa repetivi. 5
Hoc loco fortibus sane oculis Cassius (Martem spirare diceres)
se in Siciliam non iturum. 'Egone ut beneficium accepissem
contumeliam?' 'Quid ergo agis?' inquam. At ille in Achaiam
se iturum. 'Quid tu,' inquam, 'Brute?' 'Romam,' inquit, 'si
tibi videtur.' 'Mihi vero minime; tuto enim non eris.' 'Quid? 10
si possem esse, placeretne?' 'Atque ut omnino neque nunc
neque ex praetura in provinciam ires; sed auctor non sum ut
te urbi committas.' Dicebam ea quae tibi profecto in mentem
2 veniunt cur non esset tuto futurus. Multo inde sermone
querebantur, atque id quidem Cassius maxime, amissas oc- 15
casiones Decimumque graviter accusabant. ⟨Ad⟩ ea negabam
oportere praeterita, adsentiebar tamen. Cumque ingressus
essem dicere quid oportuisset, nec vero quicquam novi sed
ea quae cotidie omnes, nec tamen illum locum attingerem,
quemquam praeterea oportuisse tangi, sed senatum vocare, 20
populum ardentem studio vehementius incitare, totam suscipere rem publicam, exclamat tua familiaris, 'Hoc vero neminem umquam audivi!' Ego repressi. Sed et Cassius mihi
videbatur iturus (etenim Servilia pollicebatur se curaturam
ut illa frumenti curatio de senatus consulto tolleretur) et 25

2 asiatica *ER* [asy-] δ: hac attica *M¹Z^t*: achaica *O²*   3 salvus esset
cod. Vrs.: -vos esse *Ω*: -vos *d*   6 mortem *d*: matrem *b²* *cod. Ball.*
spirare *Vict.*: sper- *Ω*: spectare *b ex corr.*   diceres se *O²M*: -re se *Σδ*
[-rese *m*]   7 accepissem *ΣMdsCZ^t*: -se in *bmZ^bZ^l* [*ed. prima*]λ   8 ages
cod. Vrs.   at *ERδ*: ut *OM¹*   13 committam *d*   15 occas- *bms*:
occis- *ΣMd*   16 accusabant *Z*: -bat *Ω*   ⟨ad⟩ ea *scripsi*: ego *Vict.*
17 cumque *Man.*: quamquam *Ω*   18 dicere *ERs*: -rem *Oδ* [m *eras. in b*]
19 attingerem *Gronovius*: -ere *ΩZ^l*   20 vocare *Z^b*: -ri *ERΔ*   21 incitare *Z*: -ri *ERΔ*   suscipere *Ω* [-pe *Rm*]*Z^β* : -pi *Orelli*   23 ego *om. bm*
⟨me⟩ repr- *Mal., fort. recte*   24 curaturam *Eδ*: -ra *R*: -rum *P M¹*

noster Brutus cito deiectus est de illo inani sermone ⟨quo se
Romae⟩ velle esse dixerat. Constituit igitur ut ludi absente
se fierent suo nomine. Proficisci autem mihi in Asiam videbatur ab Antio velle. Ne multa, nihil me in illo itinere praeter **3**
5 conscientiam meam delectavit. Non enim fuit committendum ut ille ex Italia prius quam a me conventus esset discederet. Hoc dempto munere amoris atque offici sequebatur
ut mecum ipse,

   'Η δεῦρ' ὁδός σοι τί δύναται νῦν, θεοπρόπε;

10 Prorsus dissolutum offendi navigium vel potius dissipatum.
Nihil consilio, nihil ratione, nihil ordine. Itaque etsi ne antea
quidem dubitavi, tamen nunc eo minus, evolare hinc idque
quam primum, 'ubi nec Pelopidarum facta neque famam
audiam'.

15 Et heus tu! ne forte sis nescius, Dolabella me sibi legavit **4**
a. d. iii Non. [Apriles]. Id mihi heri vesperi nuntiatum est.
Votiva ne tibi quidem placebat; etenim erat absurdum, quae
si stetisset res publica vovissem, ea me eversa illa vota dissolvere. Et habent, opinor, liberae legationes definitum tempus
20 lege Iulia nec facile addi potest †adeo† genus legationis ut,
cum velis, introire exire liceat; quod nunc mihi additum est.
Bella est autem huius iuris quinquenni licentia. Quamquam

1 brutus *ΣδΖ*(t): om. *M*¹, *fort. recte* deiectus *Pδ*[*praeter d*]: dele- *ΣM*¹:
dile- *d* quo se Romae *addidi, praeeuntibus Boot* [se R-] *et Tyrrell*
[quo R-] 4 preterquam *s* 5 conscientibus meam *Σ*: -tiam *b*: -tia
mea *Δ* 11 ne *ORM*¹*bms*²: om. *EM*ᶜ*ds*¹ 12 dubitavi tamen *s*²:
-taveram tamen *b ex corr*: *κ*: -tabit [-tavi *s*, -tabas *P*] habitam [ab-] *Ω*
15 et *ΩΖ*(t): sed *Vict.* legavit *Sal.-Reg.*: -abit *Ω* 16 a.d. [ad] iii. *ORλ*:
adivi *M*¹: ad .iiii. *δ* Non. *Corr.*: nonas [noñ.] apriles [apr̄. *et sim.*] *Ω*
[*num ex* non as*?*] 18 vovissem ea me ev- *Vict.*: bonis si meam et v-
[meam et ev- *O*¹, m- ev- *b ex corr.*, me amet v- *C*] *ΩC* disolv- *M*:
diis solv- *b*² 19 liber(a)e *ORbs*: -rare *Mdm* -onis *O*²*M*ᶜ*bms* defin-
*O*¹: difin- *M*: diffin- *Rδ* 20 adeo *ΩΖ*(lt) ['*MSS. non habent* idque'
Lamb.]: idque adeo *b*²*Z*ᵝ: ad id *cod. Vrs.*: idque aveo *Iac. Gronovius*:
aveo *vulg.*: *multo malim* idque adeo . . . ⟨ne⟩ liceat. *sed vide ne talibus
praestet cod. Vrs. lectio* 22 licentia *Pbs*: -iam *ORMdm*

⟨quid de⟩ quinquennio cogitem? Contrahi mihi negotium
videtur. Sed βλάσφημα mittamus.

XII   *Scr. in Antiati c. iii Id. Iun. an. 44.*

⟨CICERO ATTICO SALVTEM.⟩

1   Bene me hercule de Buthroto. At ego Tironem ad Dola- 5
bellam cum litteris, quia iusseras, miseram. Quid nocet? De
nostris autem Antiatibus satis videbar plane scripsisse, ut non
dubitares quin essent otiosi futuri usurique beneficio Antoni
contumelioso. Cassius frumentariam rem aspernabatur; eam
Servilia sublaturam ex senatus consulto se esse dicebat. Noster 10
vero καὶ μάλα σεμνῶς in Asiam, postea quam mihi est adsensus
tuto se Romae esse non posse (ludos enim absens facere male-
bat), statim autem se iturum simul ac ludorum apparatum iis
qui curaturi essent tradidisset. Navigia conligebat; erat animus in cursu. Interea in isdem locis erant futuri. Brutus 15
2 quidem se aiebat Asturae. L. quidem Antonius liberaliter
litteris sine cura me esse iubet. Habeo unum beneficium,
alterum fortasse, si in Tusculanum venerim. O negotia non
ferenda! quae feruntur tamen. Τὰν δ' αἰτίαν τῶν Βρούτων τις
ἔχει. In Octaviano, ut perspexi, satis ingeni, satis animi, 20
videbaturque erga nostros ἥρωας ità fore ut nos vellemus
animatus. Sed quid aetati credendum sit, quid nomini, quid
hereditati, quid κατηχήσει, magni consili est. Vitricus quidem

1 quid de [*om. et* Z^(t)] *add. Vict.*   quinquennium *b*²κ   5 *novam*
*ep. incipit b*²   at *Pbms*: ad *RMd*   7 vestris *d*   8 dubitares
quin essent *b*: -ris [*hoc et* Z^t] essent quin *Δ*: -ris esset cum *R*   9 -oso
Δ: -ose *ER*   11 καὶ μάλα σεμνῶς *C*: ΚΑΙΜΑΜCΜΝΟC *RMm*: kl. *ds*:
om. b [*sed* Brutus *post* vero *add. b*²]: μεμνός *pro* σεμνῶς *Z*^t   13 autem
ait *P*   iis *Em*: is *R*: his *PΔ*   14 tradidissent *M*¹*Z*^t   si *ER*: *om. Δ*
18 venerim *scripsi*: -it *ERΔ* [*cf. p.* 259. 17, *Phil.* 12. 20]   o *om. E*
19 τὰν δ' *Vict.*: ΤΑΝΔΕ *PMm*: ΤΝΑΕ *R*: τῶν δὲ *Bos.*: τῶνδε Boot   τίς
Man.   20 ἔχει. in *Wes.*: ΕΧ. en RM [?]: ΕΧΕΝ *mZ*^t: ΕΧ. GN. *P*:
en *Ed* [*post spat.*]: *om. bs* [*pro Graecis habet* E, *ut solet*, Gř., spat. *bds*]
ut p- ut satis *M*¹   23 κατηχήσει *Crat.*: ΚΑΘΗΧΗCΕ [ΚΑΟ-] *ERMm*

nihil censebat; quem Asturae vidimus. Sed tamen alendus
est et, ut nihil aliud, ab Antonio seiungendus. Marcellus
praeclare, si praecipit nostra [nostri]. Cui quidem ille deditus
mihi videbatur. Pansae autem et Hirtio non nimis credebat.
5 Bona indoles, ἐὰν διαμείνῃ.

XIII   *Scr. in Puteolano viii Kal. Nov. an. 44.*

⟨CICERO ATTICO SALVTEM.⟩

VIII Kal. duas a te accepi epistulas. Respondebo igitur 1
priori prius. Adsentior tibi ut nec duces simus nec agmen
10 cogamus, faveamus tamen. Orationem tibi misi. Eius custo-
diendae et proferendae arbitrium tuum. Sed quando illum
diem cum tu edendam putes? Indutias quas scribis non 2
intellego fieri posse. Melior est ἀναντιφωνησία, qua me usurum
arbitror. Quod scribis legiones duas Brundisium venisse, vos
15 omnia prius. Scribes igitur quicquid audieris. Varronis διά- 3
λογον exspecto. ⟨Non⟩ improbo 'Ηρακλείδειον, praesertim
cum tu tanto opere delectere; sed quale velis velim scire.
Quod ad te antea atque adeo prius scripsi (sic enim mavis), ad
scribendum, ⟨si licet⟩ tibi vere dicere, fecisti me acriorem.
20 Ad tuum enim iudicium, quod mihi erat notum, addidisti
Peducaei auctoritatem, magnam eam quidem apud me et in

---

1 cessabat *b*¹   3 nostra *scripsi; cf. p. 177. 9, Q. Fr. [Watt] p. 92. 22*:
nostro nostri *RΔ*: nostro nostra *Kayser*: *alii alia*   4 nimis *Mb²d*: minus
Rb¹ms [u *in i corr.*]   5 διαμ- δλ: ΔIM- *M*: AIM- *R*   8 *novam ep. inci-*
piunt Mᶜb²   Kal. *vel sim. RΔλ*: Kal. quintilis *P*   epistolas *m*: literas [*del.*]
epistolas [*exp.*] *M*: litteras *Rbs*: *om. d*   10 ⟨et⟩ cust- *Orelli*   11 aut
prof- *Mueller*   12 cum *PΔ*: tu *R*   tu tuendum vel tu edendam *b²* *in*
marg.: tuenda *Δ*: -as *R*   14 quod δ: quo *M*: quos *R*   legiones *O*¹ [*ut*
vid.] *RC*: legati- *Δ*   15 scribes *Δ*: -betur *d*: -beres *R*   16 ⟨non⟩
impr- *scripsi*: impr- *RΔZ*⁽ᵗ⁾: nec impr- *b²*: iam pr- *Man.*   -ειδειον *Rom.*:
-είδιον δ: -ΕΙΔΡΟΝΙ *RM*¹   17 delectere δ: -tare *RM*¹   19 si licet
addidi [*similia alii*]   20 ad tuum enim *b*: ut tuum [tum *d*] e- *ΔZ*⁽ᵗ⁾: ut
tuum *R*   21 eam *scripsi*: meam *R*: *om. Δ*   me *bms*: te *R*: *om. Md*

primis gravem. Enitar igitur ne desideres aut industriam
meam aut diligentiam. Vettienum, ut scribis, et Faberium
foveo. Cloelium nihil arbitror malitiose; quamquam—sed
quod egerit. De libertate retinenda, qua certe nihil est dul-
cius, tibi adsentior. Itane Gallo Caninio? ⟨O⟩ hominem 5
nequam! quid enim dicam aliud? Cautum Marcellum! me
sic, sed non tamen cautissimum.

4   Longiori epistulae superiorique respondi. Nunc breviori
propiorique quid respondeam nisi eam fuisse dulcissimam?
Res Hispanienses valde bonae, modo Balbillum incolumem 10
videam, subsidium nostrae senectutis. De Anniano item, quod
me valde observat Visellia. Sed haec quidem humana. De
Bruto te nihil scire dicis, sed Selicia venisse M. Scaptium
eumque non †qua pompa† ad se tamen clam venturum
sciturumque me omnia; quae ego statim. Interea narrat 15
eadem Bassi servum venisse qui nuntiaret legiones Alexan-
drinas in armis esse, Bassum arcessi, Cassium exspectari. Quid
quaeris? videtur res publica ius suum reciperatura. Sed ne
quid ante. Nosti horum exercitationem in latrocinio et amentiam.   20

XIII a   *Scr. in Puteolano c. v Kal. Nov. an. 44.*

⟨CICERO ATTICO SALVTEM.⟩

1 (5)   Dolabella vir optimus, etsi, cum scribebam secunda mensa
apposita, venisse eum ad Baias audiebam, tamen ad me ex

1 enitar *Δ*: scribis incenitar *R*: scribis. me en- *P*   3 faveo *R* [-rio fa,
spat. rel., P]   cloelium *RMdZ*ᵗλ: clodium *Pbms*   sed quod *PMdZ*ᵗλ:
sed *R*: siquid *bms*   5 ita *om. Z*ᵗ   Caninio *Corr.*: aninio *Z*⁽ˡ⁾: animo *RΔ*
[anim *eras. in b, exp. in s, ita ut* o *exclamationi accedat*]: *om. d*   o *om. RΔ*
6 catum *m*¹   9 eam *PΔ*: *om. R*   10 Balbillum *Mongaltius*:
-ilium *RΔ*   13 selicia [sael- *b*, sil- *P*, se litia *R*] *RΔ*λ: servilia *cod.*
Vrs.   14 qua ⟨solet⟩ pompa *b*ª: ⟨anti⟩qua p- *Reid*: *fort.* qua ⟨quon-
dam⟩ p-   17 expectari *δ*: -re *RM*¹   23 *novam ep. auctore Graeter
statuit Ruete*   etsi *bs*: sed si *RMdm*

Formiano scripsit, quas litteras cum e balineo exissem accepi,
sese de attributione omnia summa fecisse. Vettienum accusat
(tricatur scilicet ut monetalis), sed ait totum negotium Sestium nostrum suscepisse, optimum quidem illum virum
5 nostrique amantissimum. Quaero autem quid tandem Sestius
in hac re facere possit quod non quivis nostrum. Sed si quid
praeter spem erit, facies ut sciam; sin est, ut arbitror, negotium perditum, scribes tamen, neque ista res commovebit.

Nos hic φιλοσοφοῦμεν (quid enim aliud?) et τὰ περὶ τοῦ 2 (6)
10 καθήκοντος magnifice explicamus προσφωνοῦμενque Ciceroni;
qua de re enim potius pater filio? Deinde alia. Quid quaeris?
exstabit opera peregrinationis huius. Varronem hodie aut cras
venturum putabant; ego autem in Pompeianum properabam,
non quo hoc loco quicquam pulchrius sed interpellatores illic
15 minus molesti. Sed perscribe, quaeso, quae causa sit Myrtilo
(poenas quidem illum pependisse audivi) et satisne pateat
unde corruptus.

Haec cum scriberem, tantum quod existimabam ad te 3 (7)
orationem esse perlatam. Hui, quam timeo quid existimes!
20 Etsi quid ad me? quae non sit foras proditura nisi re publica
reciperata. De quo quid sperem non audeo scribere.

1 e om. bm: a P   accepi sese de attr- M^c bms: accepisse [-cip- M^1 [?],
accepi P] sedeat tributio ne RMd   2 summa vi cod. Vrs.   3 tricatur
b^a s: triga- Δ: et riga- R   monetalis Schütz: homo talis RΔ   6 quivis
Mal.: quis RΔ   8 scribes Iens.: -bis Md: -bas Rbms   9 φιλο-
σοφονμεν Rom.: -φούμενα b: -φούμεθα κ: ph'm ena R: philosophumena λ:
-phimena [-phym- d] Δ: populum [spat.] P   τὰ om. bd: de̦ s   10 καθήκοντος δ: ΚΔΘΟΝ[-ΟΗ-]ΤΟC RM   15 myrtilo vel sim. RΔ:
-li Moser: in myrtilo codd. Faërn. Ball.   16 illum om. s   pateat
Ernesti: -et RΔ   17 corruptus Δ: -reptus [hoc et cod. Faërn.] sit R
18 quod ego R   19 perlatam. hui C: perhui O^1 R: per [spat.] P:
pr(a)ebui Δ   20 quae] quum κ

XIV   *Scr. in Tusculano vi vel v Kal. Quint. an. 44.*

⟨CICERO ATTICO SALVTEM.⟩

1 VI Kal. accepi a Dolabella litteras, quarum exemplum tibi
misi. In quibus erat omnia se fecisse quae tu velles. Statim
ei rescripsi et multis verbis gratias egi. Sed tamen, ne mirare- 5
tur cur idem iterum facerem, hoc causae sumpsi quod ex te
ipso coram antea nihil potuissem cognoscere. Sed quid multa?
litteras hoc exemplo dedi:

2   'CICERO DOLABELLAE COS. SVO.

Antea cum ⟨per⟩ litteras Attici nostri de tua summa liberali- 10
tate summoque erga se beneficio certior factus essem cumque
tu ipse etiam ad me scripsisses te fecisse ea quae nos voluis-
semus, egi tibi gratias per litteras iis verbis ut intellegeres
nihil te mihi gratius facere potuisse. Postea vero quam ipse
Atticus ad me venit in Tusculanum huius unius rei causa tibi 15
ut apud me gratias ageret, cuius eximiam quandam et ad-
mirabilem in causa Buthrotia voluntatem et singularem erga
me amorem perspexisset, teneri non potui quin tibi apertius
illud idem his litteris declararem. Ex omnibus enim, mi Dolabella, studiis in me et officiis ⟨tuis⟩, quae summa sunt, hoc 20
scito mihi et amplissimum videri et gratissimum esse quod
perfeceris ut Atticus intellegeret quantum ego se, quantum
3 tu me amares. Quod reliquum est, Buthrotiam et causam
et civitatem, quamquam a te constituta est (beneficia autem nostra tueri solemus), tamen velim receptam in fidem 25
tuam a meque etiam atque etiam tibi commendatam auctoritate et auxilio tuo tectam velis esse. Satis erit in perpetuum

10 ⟨per⟩ litteras *Rom.*: lit(t)eras *EMd*: -ris *Rbms*   12 ipse *om. Es*
13 iis *bm*: his *ERMds*   16 ageret *ERM*¹*bms*: -res *M*¹*d*   cuius *ERM*ᶜ*bm*:
ut tum [tuam *M*ᶜ] *M*¹: ut cuius *ds*   18 me amorem *M*ᶜ*dsZ*ᵗ: ea m- *M*¹:
se am- *ERM*ᶜ*bm*   20 tuis *add. Wes.*   22 se *scripsi*: te *ERΔ*
25 tamen *RΔ*: tu *E*: tam *P*   26 etiam atque etiam *ERM*ᶜ*bm*: etiam
*M*¹*ds*   et auct- et *bm*¹   27 tuo *PM*ᶜ*bdsκ*: tua *ERM*¹*m*   tectam *P*: -ta
*ERM*¹*b*¹*m*: tuta *d*: tutam *M*ᶜ*b*ˢ*sκ*   esse velis *ds*   erunt *E*

Buthrotiis praesidi magnaque cura et sollicitudine Atticum
et me liberaris, si hoc honoris mei causa susceperis ut eos semper a te defensos velis. Quod ut facias te vehementer etiam
atque etiam rogo.'

5   His litteris scriptis me ad συντάξεις dedi; quae quidem **4**
vereor ne miniata cerula tua pluribus locis notandae sint.
Ita sum μετέωρος et magnis cogitationibus impeditus.

XV   *Scr. Asturae Id. Iun. an. 44.*

⟨CICERO ATTICO SALVTEM.⟩

10   L. Antonio male sit, si quidem Buthrotiis molestus est! **1**
Ego testimonium composui quod cum voles obsignabitur.
Nummos Arpinatium, si L. Fadius aedilis petet, vel omnis
reddito. Ego ad te alia epistula scripsi ⟨de⟩ HS c̄x̄ quae Statio
curarentur. Si ergo petet Fadius, ei volo reddi, praeter
15 Fadium nemini. Apud †me item† puto depositum. Id scripsi
ad Erotem ut redderet.

   Reginam odi. Id me iure facere scit sponsor promissorum **2**
eius Ammonius, quae quidem [promissorum eius] erant φιλόλογα et dignitatis meae, ut vel in contione dicere auderem.
20 Saran autem, praeterquam quod nefarium hominem, cognovi
praeterea in me contumacem. Semel eum omnino domi
meae vidi. Cum φιλοφρόνως ex eo quaererem quid opus esset,

---

1 praesidii] consilii *bm*   atticum et me *ER*δ: att- et *M*¹: anne et
me et Att-*P*   2 oneris *bds*   ate semper *R*   6 cerula *Politianus*: cer-
via *RΔ*   notanda *bm*   10 *novam ep. incipit M*ᶜ   11 obsignabitur
nummos *O*¹λ: -avi. turnum mos *M*¹*d*: -avi. tu nummos *O*²*M*ᶜ*b*²*ms*:
-avi. tu mimo *b*¹: -avi nummos *R*   12 Arpinatium *Lamb.*: -tum *RΔ*
13 alia epistola *Vict.*: -as -las *RΔZ*⁽ᵗ⁾   de *add. Vict.* [*om. et* Z⁽ᵗ⁾]   c̄v̄ *b*¹
⟨a⟩ Statio *Boot*   15 me item] Monetam *temptavi, sed nihil certi*   17 odi.
id *Z*ᵗ: odit *RΔ*   scit *b*²: sit *RΔ*: si *b*¹   18 promissorum eius *RΔ*
Z⁽ᵗ⁾: *del. Man.*   19 auderem δ: -direm *RM*¹   20 saran *Md*: -am
Rbms   21 eum] enim *bm*: cum *P*   22 opus esset *OM*²*dms*: e- o-
*M*¹: ei o- e- *b*: o- esse *R*

Atticum se dixit quaerere. Superbiam autem ipsius reginae, cum esset trans Tiberim in hortis, commemorare sine magno dolore non possum. Nihil igitur cum istis; nec tam animum me quam vix stomachum habere arbitrantur.

3 Profectionem meam, ut video, Erotis dispensatio impedit. 5 Nam cum ex reliquis quae Non. Apr. fecit abundare debeam, cogor mutuari, quodque ex istis fructuosis rebus receptum est, id ego ad illud fanum sepositum putabam. Sed haec Tironi mandavi, quem ob eam causam Romam misi; te nolui

4 impeditum impedire. Cicero noster quo modestior est eo me 10 magis commovet. Ad me enim de hac re nihil scripsit ad quem nimirum potissimum debuit; scripsit hoc autem ad Tironem, sibi post Kal. Apr. (sic enim annuum tempus confici) nihil datum esse. ⟨Scio⟩ tibi pro tua natura semper placuisse teque existimasse id etiam ad dignitatem meam pertinere 15 eum non modo perliberaliter a nobis sed etiam ornate cumulateque tractari. Qua re velim cures (nec tibi essem molestus, si per alium hoc agere possem) ut permutetur Athenas quod sit in annuum sumptum ei. Scilicet Eros numerabit. Eius rei causa Tironem misi. Curabis igitur et ad me si quid tibi de 20 eo videbitur scribes.

---

1 superbiam δ: super viam *RM*[1]   2 in ortis *M* [*ex corr.*] *bms*: martis *d*: in artis *P*: in arcis *R*   4 quam vix stomachum *Z*[(b)]λ ['*L. ex v.c.*']: quam iuste stom- *Z*[t]: quamvis homac(h)um [om- *P*, stom- *d*] *RM*[1]*d*: quam stomac(h)um *M*[c]*bms*, *quo fort. recepto* arbitrentur *legendum* 6 habundare *Rs*: vel [l] ab- *bm*   7 ex istis δ: existes *RM*[1]   9 quem *PM*[c]*bms*: quam *RM*[1]*d*   14 scio *add. Baiter*   15 existimasset *M* 16 perlib- *ERM*[c]*bdmZ*[(t)]: lib- *s*: per aliter *M*[1]   17 nec] ne *M*[1] 19 ei *bms*: et *RMd*: id *veterum nescio quis*: *secl. Kayser*   numerabit *b*[a]: -avit *RΔ*

XVI   *Scr. Asturae iii Id. Iun. an. 44.*

⟨CICERO ATTICO SALVTEM.⟩

Tandem a Cicerone tabellarius; sed me hercule litterae
πεπινωμένως scriptae, id quod ipsum προκοπὴν aliquam signi-
5 ficaret, itemque ceteri praeclara scribunt. Leonides tamen
retinet suum illud 'adhuc'; summis vero laudibus Herodes.
Quid quaeris? vel verba mihi dari facile patior in hoc meque
libenter praebeo credulum. Tu velim, si quid tibi est a tuis
scriptum quod pertineat ad me, certiorem me facias.

10 **XVI a**   *Scr. Asturae prid. Id. Iun. an. 44.*

⟨CICERO ATTICO SALVTEM.⟩

Narro tibi, haec loca venusta sunt, abdita certe et, si quid
scribere velis, ab arbitris libera. Sed nescio quo modo οἶκος
ὃς φίλος. Itaque me referunt pedes in Tusculanum. Et tamen
15 haec ῥωπογραφία ripulae videtur habitura celerem satietatem.
Equidem etiam pluvias metuo, si Prognostica nostra vera
sunt; ranae enim ῥητορεύουσιν. Tu, quaeso, fac sciam ubi
Brutum nostrum et quo die videre possim.

3 a cicerone *bms*: a ciceronem *M*[1]: ad c- *RM*[2]*d*   sed *RΔ*: se *s*: et *Vict.*
4 πεπινωμένως [περι- *b*[1]*s*] δλ: -ΜΕΛΚΟC *M*[1], *et sim.* *R*   id quod *Baiter*:
quod id *RΔ*: quod *Iens.*   προκοπὴν *C*: -ΚΔΠΔΝ *vel sim.* *RMm*   significat *Schütz*   5 pr(a)eclara δ: -ras *RM*[1]: -ros *P*   8 est a tuis
Vict.: es statius *RM*[1]*W* [*sed* es *ex* est *corr.*]: constantius *P*: est a statio
δ   12 *novam ep. statuit Man.*   13 libera sed *PM*[c]*bms*: -rasse
M[1]*d*: -ra se *R*   οἶκος ὃς [*sc.* ἑκάστῳ] *scripsi*: *OIKOCOC MmW*: οἶκος
σὸσ *O*: *OIKOOCOC R*: οἶκος *Crat.*   15 videtur *b*[2]*m*: -entur *RΔW*
habitura *M*[c]*bms*: -ram *RM*[1]*d*   16 progn- *Iens.*: pron- *RΔ*: pren- *s*
17 tu *Rds*: tuque *Mbm*   fac Δ: fac ut *R*   18 possim *b*: -sem *RΔ*

XVII   *Scr. Asturae xviii Kal. Quint. an. 44.*

⟨CICERO ATTICO SALVTEM.⟩

1 Duas accepi postridie Id., alteram eo die datam, alteram
Idibus. Prius igitur superiori. De Bruto, cum scies. De consulum ficto timore cognoveram. Sicca enim φιλοστόργως ille 5
quidem sed tumultuosius ad me etiam illam suspicionem
pertulit. Quid tu autem "τὰ μὲν διδόμενα—"? Nullum enim
verbum a †Siregio†. Non placet. De Plaetorio vicino tuo
permoleste tuli quemquam prius audisse quam me. De Syro
prudenter. L. Antonium per Marcum fratrem, ut arbitror, 10
facillime deterrebis. Antroni †vel vi†; sed nondum acceperas
litteras, ne cuiquam nisi L. Fadio aedili. Aliter enim nec
caute nec iure fieri potest. Quod scribis tibi deesse HS c̄ quae
Ciceroni curata sint, velim ab Erote quaeras ubi sit merces
insularum. Arabioni de Sittio nihil irascor. Ego de itinere nisi 15
2 explicato Δ nihil cogito; quod idem tibi videri puto. Habes
ad superiorem.

Nunc audi ad alteram. Tu vero facies ut omnia quod
Serviliae non dees, id est Bruto. De regina gaudeo te non
laborare, testem etiam tibi probari. Erotis rationes et ex 20
Tirone cognovi et vocavi ipsum. Gratissimum quod polliceris
Ciceroni nihil defuturum; de quo mirabilia Messalla, qui

3 *novam ep. incipiunt* M^cb² 4 ⟨D.⟩ Bruto *Schmidt* 5 sicca
Rbms: sic. ea *Md* 7 tu *PΔ*: om. *R post* autem *interrogationis signum
ponunt vulgo* τὰ μὲν *Vict.*: tamen *RMdm*: om. *bs* 8 asiregio [a
si r-] *ΔZ^tλ*: asi regi *R* [asi *om. P, spat. rel.*] nen *Z^t* 9 me. de *Δ*:
metu *R* 11 antroni *MZ^b*: antoni δZ^t: -nii *R* vel vi *ΔZ^b*: vel .vi.
R: vetui *Bos.*: *fort.* velim sed *PΔ*: vel *R* 12 ne *Nipperdey*: nec
RΔ (a)edili. aliter *M^cbms*: ediliariter *RM¹d*: edili [*spat.*] *P* 13 deesse
bs: desere *MdmZ*: deserere *R* 14 sunt *s* 16 .Λ. *RMdm*: .A.
bsZ^t: Λt [*i.e.* At] *P* [*recte Gronovium* Λ *pro* λοιπῷ *accepisse nunc credo; cf.*
λοιπία, *et pp.* 276. 21, 292. 5] 18 facies *Δ* [fat- *M*]: -ces *R*: -cis *Rom.*.
19 dees, id est *Vict.*: des id est *O¹R* [id est *etiam C*]: desit est *O²Mdm*:
desit et *bs* 20 testem *Lamb.*: teste *RMdmλ*: certe *bs* 21 vocavi
Δ: -avit *R*: -abo *Z^t*

Lanuvio rediens ab illis venit ad me, et me hercule ipsius
litterae sic et φιλοστόργως et εὐπινῶς scriptae ut eas vel in
acroasi audeam legere. Quo magis illi indulgendum puto. De
Buciliano Sestium puto non moleste ferre. Ego, si Tiro ad
5 me, cogito in Tusculanum. Tu vero, quicquid erit quod me
scire par sit, statim.

XVIII   *Scr. iter faciens in Tusculanum xvii Kal. Quint. an. 44*

⟨CICERO ATTICO SALVTEM.⟩

xvii Kal., etsi satis videbar scripsisse ad te quid mihi opus 1
10 esset et quid te facere vellem, si tibi commodum esset, tamen
cum profectus essem et in lacu navigarem, Tironem statui ad
te esse mittendum, ut iis negotiis quae agerentur interesset,
atque etiam scripsi ad Dolabellam me, si ei videretur, velle
proficisci petiique ab eo de mulis vecturae. Vt in his, cum 2
15 intellego te distentissimum esse qua de Buthrotiis qua de
Bruto, cuius etiam ludorum suorum curam et administrati-
onem suspicor ex magna parte ad te pertinere—, ut ergo in
eius modi re, tribues nobis paulum operae; nec enim multum
opus est.

20   Mihi res ad caedem et eam quidem propinquam spectare

2 et εὐπινῶς *Lamb.*: et [*om. d*] πινῶς *vel sim. RΔZ*(t)λ   eas δ: eos *RM*¹
3 acroasi *Vict.*: agro si [sic s] *RΔ*   illi δ: ille *RM*¹   4 non *b* [*ex corr.*]
*Z*ᵗ: nam *RΔ*   fert *bs*   9 *novam ep. incipit b*²   10 esset
Ernesti: sit *RΔ*   et quid te *bs*: te quid te *RMm*: quid te *P*: te quid
d: teque quid *cod. Ball.*   11 in lacu navigarem *b*²: in lacuna
vigilarem *RΔZ*   12 iis *bm*: is *R*: his *PMds*   interesset δ: -esse
*RM*¹   14 petiique δ: petiq- *RM*¹: petq- *W*   eo de Δ: eodem *W*:
eodem de *R*   mulis δ*Z*ˡ: vilis *W*: mullis *RM*¹: multis *P*   vectur(a)e
PbsW: nect- *R*: vict- *MdmZ*ˡ   ut in his *Gronovius*: et in eis *vel* et
meis *ORWZ*: itineris etineis [et ineis, et in eis] Δ   cum *RΔW*: quoniam *Bos.*   15 distent- *b*²*W*[ᵖ]: discent- *R*: distant-Δ   16 suorum
RΔW: del. *Lamb., fort. recte*   et *P*: etiam *RΔW* [iam *eras. in b*]:
et iam *Tyrrell–Purser* [*ed. pr.*], *fort. recte*   -ationum *W*   17 pertinere *RΔW*: vertere *Z*ᵇλ: anne vergere?   ergo *Rom.*: ego *RΔW*
18 huiusmodi *ds*   20 spectare *bs*: exp- *RMdmW*

273

videtur. Vides homines, vides arma. Prorsus non mihi videor
esse tutus. Sin tu aliter sentis, velim ad me scribas. Domi
enim manere, si recte possum, multo malo.

XIX   *Scr. in Tusculano inter xvi et xiii Kal. Quint. an. 44.*

⟨CICERO ATTICO SALVTEM.⟩   5

1   Quidnam est quod audendum amplius de Buthrotiis? †ste-
tisse† enim te frustra scribis. Quid autem se refert Brutus?
Doleo me hercules te tam esse distentum, quod decem
hominibus referendum est acceptum. Est illud quidem ἐργῶδες sed ἀνεκτόν, mihique gratissimum. De armis nihil vidi 10
apertius. Fugiamus igitur et, ut ais, coram. Theophanes quid
velit nescio. Scripserat enim ad me. Cui rescripsi ut potui.
Mihi autem scribit venire ad me se velle ut et de suis rebus et
quaedam quae ad me pertinerent. Tuas litteras exspecto.
Vide, quaeso, ne quid temere fiat.   15

2   Statius scripsit ad me locutum secum esse Q. Ciceronem
valde adseveranter se haec ferre non posse; certum sibi esse
ad Brutum et Cassium transire. Hoc enim vero nunc discere
aveo; [hoc] ego quid sit interpretari non possum. Potest
aliquid iratus Antonio, potest gloriam iam novam quaerere, 20
potest totum esse σχεδίασμα; et nimirum ita est. Sed tamen

2 sin tu *Vict.*: in tuum *RM¹dm*: ni tu *Mᶜb¹s*: si tu *b²*   3 possum
RM¹m: -sim *Mᶜbds*   6 audendum *RMm*: audie- *bds*: age- *Schütz*:
videndum *scriberem* [*cf. p.* 114. 12, *i. 13. 2 f., i. 15. 1 init.*], *nisi illa* quidnam . . . amplius *scaenicum sonare viderentur*   stetisse] sit? Egisse *Wes.*:
sit? Sat eg- *Mueller*: *quidni* sit? Petisse?   8 hercules *Mb¹*[?]*m*: -le
Rb²ds   distentum *Lamb.*: desce- *R*: dete- *Δλ*: d [*spat.*] *P*   9 ἐργῶδες
Od: ΕΡΚΩΘΔΕС *vel sim. RMmZᵗ*   11 et] sed *anon. ap. Corr.*   12 cui
. . . ad me *om. bm*   13 ut et *Man.*: ut ei *RΔ*   16 Statius] *binc
novam ep. incipit b²*   esse secum *bm*   17 se h(a)ec *Δ*: se hoc *P*: hec
se *R*   posse *δ*: -em *RM¹*   18 ad *δ*: a *M¹*: *om. M*   cassium *δ*: -us
RM¹   nunc d- aveo *Rom.*: nec [me *Zⁱᵗ⁾*] d- habeo *RΔZ⁽ᵗ⁾*   19 hoc
seclusi   20 iratus *Iens.*: -tius *RΔZ⁽ᵗ⁾λ*   iam *secl. Wes.*   21 σχεδίασμα
δ: -ΔСΔΜ *RM¹*

et ego vereor et pater conturbatus est. Scit enim quae ille de
hoc; mecum quidem ἄφατα olim. Plane quid velit nescio. A
Dolabella mandata habebo quae mihi videbuntur, id est nihil.
Dic mihi, C. Antonius voluitne fieri septemvir? Fuit certe
5 dignus. †De meo domi† est ut scribis. Facies omnia mihi nota.

XX   *Scr. in Tusculano inter xv et xii Kal. Quint. an. 44.*

⟨CICERO ATTICO SALVTEM.⟩

Egi gratias Vettieno; nihil enim potuit humanius. Dola- 1
bellae mandata sint quaelibet, modo aliquid, vel quod Niciae
10 nuntiem. Quis enim haec, ut scribis, †antenot†? Nunc dubitare quemquam prudentem quin meus discessus desperationis
sit, non legationis? Quod ais extrema quaedam iam homines 2
de re publica loqui et eos quidem viros bonos, ego quo die
audivi illum tyrannum in contione clarissimum virum ap-
15 pellari subdiffidere coepi. Postea vero quam tecum Lanuvi
vidi nostros tantum spei habere ad vivendum quantum ac-
cepissent ab Antonio, desperavi. Itaque, mi Attice (fortiter
hoc velim accipias, ut ego scribo), genus illud interitus †quo
causurus est† foedum ducens et quasi denuntiatum nobis ab
20 Antonio ex hac nassa exire constitui non ad fugam sed ad
spem mortis melioris. Haec omnis culpa Bruti.
    Pompeium Carteia receptum scribis; iam igitur contra 3

1 *anne* scis?   2 olim *Vict.*: nolim *RΔ*   ad dolabellam *R*
4 septemvir δ: -em viri *RM¹*   5 de meo domi *RΔZ⁽ᵗ⁾*: demea domi *b²*:
de menedemo *s²*   9 sint *Δ*: sin *s*: sunt *R*   modo *Muretus*: mihi
RΔZ   10 anteno [-e no] *ΔZ*: ante nos *P*: aut eno *R*: Graecum aliquid
latere multi putaverunt, quod ἂν κινοῖ *fuisse conieci*   dubitarem *Zᵗ*
11 quamquam *Md*   leg- sit non desp- *b¹m*   17 itaque *RM²DsC*: itq-
M¹: idq- *bm*   18 quo *ΔZ¹*: qua *Zᵇ*: quod *R*   19 causurus *M¹*: casurus
δ: cāu rursus *R*: casu cesus *P*: caus(s)a cursus *Z*: Catulus [Cato *R. Ellis*]
usus *Madvig, sed aliud latere suspicor quale* Casca usurus est, *quod quorsus
pertineat ut nobis obscurum sit ita Attico perspicuum esse potuit*   ducens
Lamb.: duces *RΔ*   20 nassa *Sal.–Reg.*: naxa *RΔλ*: noxa *sᵛ[?]*: rixa *P*
constitui] decrevi *ds*   22 cartheia *Zᵗλκ*: -thela *Δ*: -tella *R*

275

hunc exercitum. Vtra ergo castra? Media enim tollit Antonius. Illa infirma, haec nefaria. Properemus igitur. Sed iuva
me consilio, Brundisione an Puteolis. Brutus quidem subito,
sed sapienter. Πάσχω τι. Quando enim illum? Sed humana
ferenda. Tu ipse eum videre non potes. Di illi mortuo qui 5
umquam Buthrotum! Sed acta missa; videamus quae agenda
sint.

4   Rationes Erotis, etsi ipsum nondum vidi, tamen et ex
litteris eius et ex eo quod Tiro cognovit prope modum cognitas habeo. Versuram scribis esse faciendam mensum quin- 10
que, id est ad Kal. Nov., HS $\overline{cc}$; in eam diem cadere nummos
qui a Quinto debentur. Velim igitur, quoniam Tiro negat
tibi placere me eius rei causa Romam venire, si ea te res nihil
offendet, videas unde nummi sint, mihi feras expensum. Hoc
video in praesentia opus esse. Reliqua diligentius ex hoc ipso 15
exquiram, in his de mercedibus dotalium praediorum. Quae
si fideliter Ciceroni curabuntur, quamquam volo laxius, tamen
ei prope modum nihil deerit. Equidem video mihi quoque
opus esse viaticum; sed id ex praediis ut cadet ita solvetur,
mihi autem opus est universo. Equidem etsi mihi videtur iste 20
qui umbras timet ad caedem spectare, tamen nisi explicata
solutione non sum discessurus. Sitne autem explicata necne
tecum cognoscam. Haec putavi mea manu scribenda, itaque

1 utra *b*²: utar *R∆*   tulit *C*κ   2 iuva *bs*: tua *RMdm*   3 -sio ne an *b*
in ras.: -sio. nam *R∆*   5 di(i) illi *bs*²: dulli *∆*: illi *R*   9 cognovit
bms: -vi *RMd*   cognitas *b*²: cogitans *R∆*   10 fitiendam *M*   mensum
*MdZ*ᵗλ: -sium *Rbms*   11 nov̄. *Rom.*: non. *vel* noñ. *R∆*   eam diem
*PMbms*²: eadem d- *R*: eadem die *ds*¹   cadere *Rs*²: ea de re *∆*   12 qui
a Quinto *cod. Ball.*: qui Quinto *Z*ᵗ: quinque *R∆*   13 ea te res λ:
fateres *MmZ*⁽ᵗ⁾: face- *O* [*an* fate-?] *Rbds*   14 offendet *RMm*: -deret
b: -deres *s*: -das *d*   videas *R*: v- [*bis Mdm*] enim *P∆Z*⁽ᵗ⁾   15 hoc *secl.*
Orelli   17 nolo *R*   laxius *R∆*λ, *iniuria suspectum*   19 id *R∆*: et *cod.*
Faërn.: ei *Mal.*   cadet *Rb*²*s*²: ea det *∆*   20 equidem *Wes.*: quidem *R∆*
21 spectare *b*: exp- *R∆*   22 sic ne *R*   explicata *codd. Memmi*: exci-
tata *∆*: ex acta *R*: exc tata *Z*ᵗ   nunc ne *R*   23 h(a)ec *bsZ*ᵗ: hanc
RMdm   scribenda *R∆Z*⁽ᵗ⁾: -dam *Iens. Rom.*

feci. De Fadio, ut scribis, utique alii nemini. Rescribas velim
hodie.

XXI   *Scr. in Tusculano xi Kal. Quint. an. 44.*

⟨CICERO ATTICO SALVTEM.⟩

5   Narro tibi, Quintus pater exsultat laetitia. Scripsit enim **1**
filius se idcirco profugere ad Brutum voluisse quod, cum sibi
negotium daret Antonius ut eum dictatorem efficeret, praesidium occuparet, id recusasset; recusasse autem se ne patris
animum offenderet; ex eo sibi illum hostem. 'Tum me' in-
10 quit 'conlegi, verens ne quid mihi ille iratus tibi noceret
[patris scilicet]. Itaque eum placavi. Et quidem c̅c̅c̅c̅ certa,
reliqua in spe.' Scribit autem Statius illum cum patre habi-
tare velle (hoc vero mirum) et id gaudet. Ecquem tu illo certiorem nebulonem?

15   Ἐποχὴν vestram de re Cani (deliberationis ⟨enim⟩) probo. **2**
Nihil eram suspicatus de tabulis, ἀκεραίως restitutam arbitrabar. Quae differs ut mecum coram, exspectabo. Tabellarios
quoad voles tenebis; es enim occupatus. Quod ad Xenonem,
probe. Quod scribo, cum absolvero. Quinto scripsisti te ad
20 eum litteras. Nemo attulerat. Tiro negat iam tibi placere **3**
Brundisium et quidem dicere aliquid de militibus. At ego
iam destinaram, Hydruntem quidem. Movebant me tuae
quinque horae. Hic autem quantus πλοῦς! Sed videbimus.

1 rescribas *bs*: -bis *RMdm*   5 *novam ep. incipit b²*   6 se *bm*: te
RMds: et *P*   7 efficeret *Δ*: -re et *R*: -ret et *P*   9 sibi illum *Rbs*:
si bul- [sibul-] *Mdm*   hostem. tum *b²s*: hostentum *Mm*: ost- *Rb¹d*
11 patris [-ri *bmsZ⁽ᵗ⁾*] sci- [si- *M*] *RΔZ⁽ᵗ⁾*: *del. Man.*   12 illum *b²*:
-ud *RΔ*   13 ecquem *Z*: et q- *OR*: q- *Δ*   cerritiorem *Tyrrell*
15 ἐποχὴν *Crat.*: ΗΠ- *RMdm*   de re canii *s²*: de recani *Md*: derecam
b¹ms [dez-]: de re causam *b²*: decretam *R*   deliberationis *secl. Ernesti*:
-rantium *Moser*   enim *addidi*   16 ἀκεραίως *Crat.*: ἀκερίως *Zᵗ, sim.*
R: ἀκενιωε *vel sim. Mdm*   18 es *C*: eos *Δ*: *om. R*   occupatus *C*:
-tos *RΔ*   19 probo *R*   absolvero *b²*: -ret *Rd*: -rit *s*: ad solveret *Mm*
23 hinc *Gronovius*

Nullas a te xɪ Kal. Quippe, quid enim iam novi? Cum primum igitur poteris, venies. Ego propero ne ante Sextus, quem adventare aiunt.

XXII   *Scr. in Tusculano x aut ix Kal. Quint. an. 44.*

⟨CICERO ATTICO SALVTEM.⟩   5

Gratulor nobis Quintum filium exisse. Molestus non erit. Pansam bene loqui credo. Semper enim coniunctum esse cum Hirtio scio; amicissimum Bruto et Cassio puto, si expediet (sed quando [illos videbit]?), inimicum Antonio, quando aut cur? Quousque ludemur? Ego autem scripsi Sextum 10 adventare, non quo iam adesset, sed quia certe id ageret ab armisque nullus discederet. Certe, si pergit, bellum paratum est. Hic autem noster Cytherius nisi victorem neminem victurum. Quid ad haec Pansa? utro [erit], si bellum erit? quod videtur fore. Sed et haec et alia coram, hodie quidem, ut 15 scribis, aut cras.

XXIII   *Scr. in Tusculano ix. aut viii Kal. Quint. an. 44.*

⟨CICERO ATTICO SALVTEM.⟩

Mirifice torqueor, sine dolore tamen; sed permulta mihi de nostro itinere in utramque partem occurrunt. 'Quousque?' 20 inquies. Quoad erit integrum; erit autem usque dum ad navem. Pansa si quae rescripserit, et meam tibi et illius epistulam mittam. Silium exspectabam; cui hypomnema

3 aiunt *Rbs*²: audiunt *Δ*   7 pansam *Δ*: et p- *R*   9 illos videbit *damnavit Reid*   11 non quod *d*   14 utro *RΔΛ*: vero *P*: cum utro *cod. Vrs.*: utrobi *Lamb.*: utra *temptavi*   erit *secl. Fraenkel*   21 inquies? quo ad erit *Pb*² [*in ras.*] *s*: -esco aderit *RΔ*   usque *R*: his qu(a)e *Mdm*: iis que *s*: hucusque *b*² *in ras.*   22 si quae rescripserit *scripsi*: sic vere sc- *R*: si tuere sc- *Md*: sitvero sc- *m*: sic vero [vero si *b*²] scripsit *b*¹[ᵖ]*s*: si tibi rescripserit *Z*ᵗ: si tuae resc- *Vitrioli*: si mihi resc- *Wes.*   23 cui *Δ*: cum *R*   hiponema *vel sim. RΔ*: ὑπόμνημα *Ald.*

compositum. ⟨Tu⟩ si quid novi. Ego litteras misi ad Brutum.
Cuius de itinere etiam ex te velim si quid scies cognoscere.

XXIV   *Scr. in Tusculano vii Kal. Quint. an. 44.*

⟨CICERO ATTICO SALVTEM.⟩

5 Tabellarius quem ad Brutum miseram ex itinere rediit
vii Kal. Ei Servilia dixit eo die Brutum H. ii s profectum.
Sane dolui meas litteras redditas non esse. Silius ad me non
venerat. Causam composui; eum libellum tibi misi. Te quo
die exspectem velim scire.

10 **XXV**   *Scr. in Tusculano inter v et iii Kal. Quint. an. 44.*

⟨CICERO ATTICO SALVTEM.⟩

De meo itinere variae sententiae; multi enim ad me. Sed
tu incumbe, quaeso, in eam curam. Magna res est. An probas,
si ad Kal. Ian. cogitamus? Meus animus est aequus, sic tamen
15 ut, si nihil offensionis sit, ⟨velim⟩. Et velim etiam scire quo
die Olympia, tum mysteria. Scilicet, ut tu scribis, casus
consilium nostri itineris iudicabit. Dubitemus igitur. Est
enim hiberna navigatio odiosa, eoque ex te quaesieram my-
steriorum diem. Brutum, ut scribis, visum iri a me puto. Ego
20 hinc volo prid. Kal.

1 compositum. ⟨Tu⟩ si *scripsi*: -tum si *R*δ: compoītu si *M*   5 *novam*
*ep. incipit b*ᵃ   6 ei *R*: et *Δ*   H. ii s *Boot*: ʜɴɪs *Z*ᵇ: Hnis *Z*⁽ˡ⁾ [*ed.*
alt.]: Hi-iis *Z*ᵝ: hiis *Z*ᵗ: Hns *Z*⁽ˡ⁾ [*ed. pr.*]: his *Δ cod. Vrs.*: hi(i)s locis *RP*
13 in eam *PM*ᶜ*bms*: meam *RM*¹*d*   14 sic *bsZ*ᵇλ: si *Mdm*: ita *RZ*ᵗ
codd. Faërn. Ant.   15 ut *del. Faërn.*   si *del. Iens. Rom.*   ⟨velim⟩. et
velim *scripsi*: et tu *RΔ*: et ve tu *Z*ᵗ: aveo *cod. Vrs.*: velim *anon. ap.*
Lamb.   scire *RΔZ*⁽ᵗ⁾: scite *Z*ᵝ   16 Olympia, tum *scripsi*: -piatum *bs*:
-piacum [-pia cum] *RM*¹*dm cod. Faërn.*: olim piaculum *Z*ᵝ   ut tu
scribis *Man.*: ut tu scires *RΔ*: ut ut sit [*melius est vel erit Moser*] res *Bos.*
17 iudicabit *bms* [ind-]: -avit *RMd* [ind-]   dubitemus *RM*ᶜ*bsZ*ᵇ: -emus
his *M*¹: -em. his *dm*   est *Z*ᵇλ: om. *RΔ*   18 odiosa *RZ*ᵇ: eo od-*Δ*: est od-*s*

XXVI   *Scr. in Arpinati vi Non. Quint. an. 44.*

⟨CICERO ATTICO SALVTEM.⟩

1 De Quinti negotio video ⟨a⟩ te omnia facta. Ille tamen
dolet, dubitans utrum morem gerat Leptae an fidem infirmet
filio. Inaudivi L. Pisonem velle exire legatum ψευδεγγράφῳ 5
senatus consulto. Velim scire quid sit. Tabellarius ille quem
tibi dixeram me ad Brutum esse missurum in Anagninum
ad me venit ea nocte quae proxima ante Kalendas fuit litterasque ad me attulit; in quibus unum alienum summa sua
prudentia, idem illud, ut spectem ludos suos. Rescripsi sci- 10
licet primum me iam profectum, ut ⟨non⟩ integrum sit;
dein ἀτοπώτατον esse me, qui Romam omnino post haec arma
non accesserim neque id tam periculi mei causa fecerim quam
dignitatis, subito ad ludos venire. Tali enim tempore ludos
facere illi honestum est cui necesse est, spectare mihi ut non 15
est necesse sic [neminem] ne honestum quidem est. Equidem
illos celebrari et esse quam gratissimos mirabiliter cupio idque
ita futurum esse confido et tecum ago ut iam ab ipsa commissione ad me quem ad modum accipiantur hi ludi, deinde
omnia reliquorum ludorum in dies singulos persequare. Sed 20
2 de ludis hactenus. Reliqua pars epistulae est illa quidem in
utramque partem, sed tamen non nullos interdum iacit

3 a b^2: *om. RΔ*   te *et* facta *om. s*   4 an *bs*: in $RMdmZ^{(t)}$ 5 inaudivi
Bos.: inaudibili *vel* mand- *RΔZ*   velle *Bos.*: -em *RΔ*   exire *bms*: -ri
RMd   -φῳ [-Φῼ] .S. [G. P] C. *RC*: -ΦῼS M^1: -φως δ   7 dixeram Δ:
dicere [-em P] R   me $RMdmZ^{(t)}$: a me *bs*   missurum Z^t: missum *RΔ*:
misisse missum *m*   9 me *Rom.*: te Ω .   sua] tua m^1 10 idem
$RMdmλ$: idest *bs*   11 non *Vict.*: *om.* $RΔZ^{(t)}$ 12 dein *Vict.*: de me
RΔ   esse me *Vict.*: me esse *RΔ*   13 tam M^cbms: iam RM^1d·   14 venire.
tali *Rom.*: -ret [-rem b^2s]. alio *RΔ*   16 ne *Man.*: nec s^2: neminem
ne $RΔZ^{(l)}$ est. eq- *bms*: est [*del.*]. est q- *M*: est. et q- *d*: est q- *R*
17 celebrari b^2: -re *RΔ*   18 ita δ: ista RM^1 ago *b* [*ex corr.?*]: ego
RΔ   19 hi $PΔZ^{(t)}$: hii *R*: ii $Z^βλ$ 20 in $Z^βλ$: *om. RΔ*   proseq- *bms*
21 est $O[?]RZ$ *cod. Ant.*: *om. Δ*   quidem O^1RCZ: namque Δ   22 partem *CZ*: *om. RΔ*   tamen non $bmsZ^b$: tam enim *Md*: tamen *R*   int-
iac- $ΔZ^b$: iac- int- *R*

igniculos virilis. Quod quale tibi videretur ut posses interpretari, misi ad te exemplum epistulae; quamquam mihi
tabellarius noster dixerat tibi quoque se attulisse litteras a
Bruto easque ad te e Tusculano esse delatas.

5   Ego itinera sic composueram ut Non. Quint. Puteolis 3
essem; valde enim festino, ita tamen ut quantum homo possit
quam cautissime navigem. M. Aelium cura liberabis: me 4
paucos specus in extremo fundo et eos quidem subterraneos
servitutis putasse aliquid habituros; id me iam [iam] nolle
10 neque mihi ⟨quic⟩quam esse tanti. Sed ut mihi dicebas, quam
lenissime, potius ut cura liberetur quam ut me suscensere
aliquid suspicetur. Item de illo Tulliano capite libere cum
Cascellio loquere. Parva res est, sed tu bene attendisti. Nimis
callide agebatur. Ego autem si mihi imposuisset aliquid, quod
15 paene fecit nisi tua malitia adfuisset, animo iniquo tulissem.
Itaque, ut ut erit, rem impediri malo. Octavam partem †tuli
luminarum† aedium ad Streniae. Memineris cum Caerelliam
videris mancipio dare ad eam summam quae sub praecone
fuit maxima. Id opinor esse c̄c̄c̄l̄x̄x̄x̄.

1 videtur *R*   4 ad te e *Z*^{b}: ad te *ORZ^{t}λ*: a *Δ*   6 posset *s*
7 liberabis. me *Vict.*: -ra vis [-rav-] me *Mb^{a}dmZ*: -ra sine *b^1[^{r}]*: -ravi
sine *s*: -rarius me [-rali- *P*] *R*   8 paucos specus *Z^t*: -cos pe *Z^{t}RM^1*
[*sed* spem *R*, in *om.*]: -co spe *M^{c}m*: -ca spe *bds*: -cos pedes *Turnebus*
9 putasse aliquid *Madvig*: apud tale quid *RΔZ*   iam *Lamb.*: iam iam
RΔ   10 quicquam *Vict.*: quam *RMdmZ$^{(t)}$*: iam *bs*: aquam *Turnebus*
11 susce- *M^{1}d[^{r}]λ*: suste- *P*: consce- *R*: succe- *M^{c}bms*   12 item *Man.*:
idem *RΔ*   capite *Bos.*: cupide *RΔ*   libere *Rb^2*: -ro *PΔ*   13 loquere
Orelli: -uare *RΔ*   bene *RΔ*: vere *Z^{t}λ*   14 callide *Pδ*: calide *RM*
agebatur *b^2*: -bantur *RΔZ$^{(t)}$λ*   15 nisi *RM^{1}bm*: vel ubi *superscr.* *M^1*: ubi
nisi *ds*   fuisset *Schütz*   tulisset *bms*   16 ut ut erit *Z^{t}λ codd. Faërn.*
Ant.: ut erit *Δ*ι ut uterque *R*   *locum* tuli . . . Caerellia(m) *cruce notant*
plerique. Ego *quae sana crederem indicavi, totum autem dubium reliqui*
tuli [-lli *R*, -lii *Mm*: -llii *bds*] luminarum [-rium *cod. Ball.*] *RΔZ*:
Tullianarum *anon. ap. Vrs.*   17 edium *b^2*: medium *RΔZ*: in aedium
cod. Graevii   ad streniae *Z^t*: ad strane [r *del.* *M^c*] *Δ*: ad stimie *b[^{r}]*: asture
ne *R*: astra *Z^β*   cum Caerelliam *Boot*: cui c(a)erel(l)ia *vel sim.* *RΔC*
18 mancipio *Δ* [-cup- *Md*]: si nam cupio *R*

5 Novi si quid erit atque etiam si quid prospicies quod
futurum putes, scribas ad me quam saepissime velim, Varroni, quem ad modum tibi mandavi, memineris excusare
tarditatem litterarum mearum. Mundus †istum M. enius†
quid egerit de testamento (curiosus ⟨sum⟩ enim) facias me 5
velim certiorem. Ex Arpinati vi Non.

XXVII   *Scr. in Arpinati v Non. Quint. an. 44.*

⟨CICERO ATTICO SALVTEM.⟩

1 Gaudeo id te mihi suadere quod ego mea sponte pridie
feceram. Nam cum ad te vi Non. darem, eidem tabellario 10
dedi etiam ad Sestium scriptas πάνυ φιλοστόργως. Ille autem,
quod Puteolos persequitur, humane, quod queritur, iniuste.
Non enim ego †am illum exspectare dum de Cosano rediret
debui quam ille aut non ire ante quam me vidisset aut citius
reverti. Sciebat enim me celeriter velle proficisci seseque ad 15
2 me in Tusculanum scripserat esse venturum. Te, ut a me
discesseris, lacrimasse moleste ferebam. Quod si me praesente
fecisses, consilium totius itineris fortasse mutassem. Sed illud
praeclare, quod te consolata est spes brevi tempore con-
grediendi; quae quidem exspectatio me maxime sustentat. 20
Meae tibi litterae non deerunt. De Bruto scribam ad te
omnia. Librum tibi celeriter mittam de gloria. Excudam ali-
3 quid 'Ηρακλείδειον quod lateat in thesauris tuis. De Planco

2 scribe *R*   3 excusare tard- *bms* [*sed* memineris *post* exc- *s*]: ex
causa retard- *RMd*   4 istum M. enius [enn- *Rbms*] *RΔ* : iste cum M.
Ennio *Wes.*   5 de *Δ*: ex *R*   curiosius *b²ds*   sum *add. Tyrrell* [*post*
enim *iam Wes.*]: *om. etiam* $Z^{(t)}λ$ 9 *novam ep. incipiunt b* [*salut.*
om.] *s*   id te *PΔ*: te id *R*   11 dedi *bm²s*: -it *RMdm¹*   πάνυ φιλοστόργως [-γουσ *dms*] δ: ΠΑΝΕΦΙΛΟΣΤΡΚΟΡΣ *vel sim.* RM   12 quod
Δ: quid *R*: *om. E*   perseq- *Ωλ* [*de M erratur vulgo*]: proseq- *b*: seq- *Reid*
13 expectare *Eb²s*: -rem *RΔ*   dum *Wes.*: cum *ERΔ*   14 debuit *Mdm*
16 te ut *ERδ*: tu *M¹*   a *ERbd²ms*: ad *Md¹*   17 ferebo *M¹*[?]λ:
fero *Lamb.*   18 fec- *EPΔ*: id fec- *R*   22 mittam *ORM¹*: -am
tibi *Eδ*   excludam *R*   23 'Ηρ- *C*: ΑΡΗΚΛΕΙΛΕΟΙΝ *vel sim.* RMm

memini. Attica iure queritur. Quod me de Bacchide ⟨et de⟩
statuarum coronis certiorem fecisti, valde gratum; nec quicquam posthac non modo tantum sed ne tantulum quidem
praeterieris. Sed de Herode et †mecio† meminero et de
5 omnibus quae te velle suspicabor modo. O turpem sororis
tuae filium! Cum haec scriberem adventabat αὐτῇ βουλύσει
cenantibus nobis.

XXVIII   *Scr. in Arpinati v Non. Quint. an. 44.*

⟨CICERO ATTICO SALVTEM.⟩

10   Ego, ut ad te pridie scripseram, Nonis constitueram venire
in Puteolanum. Ibi igitur cotidie tuas litteras exspectabo et
maxime de ludis; de quibus etiam ad Brutum tibi scribendum
est. Cuius epistulae, quam interpretari ipse vix poteram,
exemplum pridie tibi miseram. Atticae meae velim me ita
15 excuses ut omnem culpam in te transferas et ei tamen confirmes me immutatum amorem meum mecum abstulisse.

1 m emini attica *s*²: in emineatica *vel sim. RΔ*   et de *addidi*: et
Moricca   2 staturarum *Mb*¹ [sc-] *m*   certiorem *bs*: -em me *RMdm*
valde est mihi gr- *R*   3 post hoc *bds* ⸀ ne *om. b*¹*m*   4 sed *RΔC*
[de *om.*]: et *Vict.*   mecio *Mdm*: metio *bsλ*: macio *P*: maetis *R*   5 suspicabor *ORZ*ᵇλ *cod. Ant.*: -cor Δ   o *Z*⁽ᵇ⁾: *om. RΔλ*   6 αὐτῇ *Boot*:
autem Δ: auti [*ut vid.*] *R*: aut *P*   10 ut *om. R*   11 Puteolanum
Mongaltius: tuscul- *RΔ* [*hoc labente calamo scribere potuit Cicero, illud
certe voluit*]   ibi *RsCZ*ᵗ: ibo Δ   14 pridie tibi Δ: t- p- *R*
15 transferas *O*¹*R*: -res *O*²: -rens Δ   confirmes *Iens.*: -em *RΔZ*⁽ᵗ⁾
16 immutatum amorem meum *Wes.*: minuo [-nus *s*] tutam [mimio tutam
Z⁽ᵗ⁾] amore meo Δ: minuo totum amorem eo *R*: minime totum amorem ab
ea *b*²κ   abstul(l)isse *O*¹*Rb*²: att- Δλ

XXIX   *Scr. in Formiano prid. Non. Quint. an. 44.*

⟨CICERO ATTICO SALVTEM.⟩

1   Bruti ad te epistulam misi. Di boni, quanta ἀμηχανία! Cognosces cum legeris. De celebratione ludorum Bruti tibi adsentior. Ad M. Aelium nullus tu quidem domum sed sicubi 5 inciderit. De Tulliano semisse †maxianam† adhibebis, ut scribis. Quod cum Cosano egisti, optime. Quod non solum mea verum etiam tua expedis, gratum. Legationem probari meam gaudeo. Quod promittis di faxint! Quid enim mihi meis iucundius? Sed istam quam tu excipis metuo. Brutum 10 cum convenero, perscribam omnia. De Planco et Decimo sane velim. Sextum scutum abicere nolebam. De Mundo, si quid 2 scies. Rescripsi ad omnia tua; nunc nostra accipe.

Quintus filius usque Puteolos (mirus civis, ut tu Favonium Asinium dicas), et quidem duas ob causas, et ut mecum 15 et [ut] σπείσασθαι vult cum Bruto ⟨et⟩ Cassio. Sed tu quid ais? Scio enim te familiarem esse Othonum. Ait hic sibi Tutiam ferre; constitutum enim esse discidium. Quaesivit ex me pater qualis esset fama. Dixi nihil sane me audisse (nesciebam enim

---

3 bruti *RΔZ^bλ*: *del. Man., fort. recte*   5 nullus *Rds*: nulus *Mm*: milus *b*   domum *O¹[ʃ]Rb²* [*in ras.*] *ds* [*spat. seq.*]: dōum [ʃ] *M¹*: dotˢer *m*: dotermi *O²*   sic ubi *Mbm*: sic ut *ds*: sit ubi *P*: sit tibi *R*   6 maxianam *MbmC*: -ima nam *P*: -imam *dsZ^t*: -ima ad *R*: M. Axianum *Man.*: Maximum *Corr.*   7 Cosano *Schütz*: coziano *Δ*: cot[coc- *P*, cott- *Z^t*]iano *RZ^t*   8 tua *Rb²*: tua me *Δ* [*anne* meam ⟨rem⟩ v- e- tuam?]   expeditis *R*   9 di(i) faxint *O¹[ʃ]Pb²s²*: ḍii fas sint *R*: dif[diff- δ]use sint *Δ*   10 ista *R*   quam tu *b²s*: quantum *RΔ* 12 nolebam *CZ^bλ*: om. *RΔ*   mundo *R*: mondo *Δ*   13 tua *RZ^bλ*: om. *Δ*   14 usque *Rb²s²*: his qu(a)e *Δ*   Put- venit *R*   favonium *b²s²*: -us *RΔ*   15 asinium *vulgo damnatum, iure necne dubito; mihi et* asinum et Maximum *in animum venerunt, aliis alia*   me dicas *R*   16 ut *exp.* *b²*   bruto et *Pb²s*: -to *RΔ*   17 sibi *Δλ*: mihi *Rb²*   Tutiam *anon. ap. Lamb.*: iuliam *RΔ*: iull- *P*   18 ferre *PΔ*: non velle amplius f- *Rb²*   esse discidium *Rb²s²* [dissi- *b²s²*] *λ*: esses sed exci- *Δ*   19 me ad aud- *R*

cur quaereret) nisi de ore et patre. 'Sed quorsus?' inquam. At
ille filium velle. Tum ego, etsi ἐβδελυττόμην, tamen negavi
putare me illa esse vera. Σκοπὸς †hoc est enim† huic nostro
nihil praebere. Illa autem οὐ παρὰ τοῦτο. Ego tamen suspicor
5 hunc, ut solet, alucinari. Sed velim quaeras (facile autem
potes) et me certiorem.

Obsecro te, quid est hoc? Signata iam epistula Formiani 3
qui apud me cenabant Plancum se aiebant hunc Buthrotium
pridie quam haec scribebam, id est III Non., vidisse demis-
10 sum, sine phaleris; servulos autem dicere eum et agripetas
eiectos a Buthrotiis. Macte! Sed, amabo te, perscribe mihi
totum negotium.

---

1 quereretur *R*   quorsus λ ['*L. ex v.c.*']: -um *cod. Vrs.*: cursus *ΔZ*[t]:
rursus *R*   at *Pbms*: ad *RMd*   3 putare me illa [*i.e.* puta[s] me i-?]
Z[b]λ: putam [illa?] *Z*[t]: putavi i- *R*: pubabulla *Mbm*: pabul(l)a *ds*   hoc
RΔ: hic *Lamb.*: *secl. Mueller*   est *bis M*[1]   4 παρὰ δ: ΠΔΚΔ *RM*[1]
ΤΟΥΤΟΝ *Z*[(b)]   7 signata *Rb*[2]: -tam *Δ*: signa [*spat.*] *P*: obsignata
Lamb.   iam *Δ*: iam tam *P*: tam *R*   epistola *Rb*[2]: -lam *Δ*   8 se
aiebant *Vict.*: sineb- *RΔ*   buthrotum *bms*   9 h(a)ec *bms*: hoc *RMd*
vidisse *b*[2]*Z*[(b)]λ: vidi esse *Δ*: vidi se *R*: inde se *P*: audisse κ   10 phal-
b[2]*s*: fal(l)- *RΔ*   11 eiectos *b*[2]: el(l)e- *RΔ*

AD ATTICVM

LIBER SEXTVS DECIMVS

I   *Scr. in Puteolano viii Id. Quint. an. 44.*

CICERO ATTICO SALVTEM.

1 Non. Qvint. veni in Puteolanum. Postridie iens ad Brutum
in Nesidem haec scripsi. Sed eo die quo veneram cenanti Eros
tuas litteras. Itane? 'Nonis Iuliis'? Di hercule istis! Sed sto- 5
machari totum diem licet. Quicquamne turpius quam Bruto
'Iuliis'? Nihil vidi. Redeo ad meum igitur †ЄΤЄШМЄΝ†
2 Sed quid est, quaeso, quod agripetas Buthroti concisos audio?
Quid autem Plancus tam cursim (ita enim audiebam) diem
3 et noctem? Sane cupio scire quid sit. Meam profectionem 10
laudari gaudeo. Videndum est ut mansio laudetur. Dymaeos
agro pulsos mare infestum habere nil mirum. Ἐν ὁμοπλοίᾳ
Bruti videtur aliquid praesidi esse, sed, opinor, minuta navi-
4 gia. Sed iam sciam et ad te cras. De Ventidio πανικὸν puto.
De Sexto pro certo habebatur [ad arma]. Quod si verum est, 15

---

3 *Huius etiam libri epistulae praeter* 1, 2, 3, 7, 16–16F *cohaerent in codd.,
demptis* $M^c b^2$ postridie CZ: om. Ω iens $Z^b\lambda$: flens $R\varDelta CZ^{(t)}$ 4 in
nesidem [-de Z^β] $RM^c Z^{bt}\lambda$: ines. i- M^1: in esi- [mes- *b*] δ: in eisdem
PM^c eo die *bs*: ego de $RMdmZ^{(t)}$ -ti (h)eros *bms*: -tifros RMd
5 nonis *b*: nobis $R\varDelta$ di *Bos.*: de $\varDelta$: om. R istos b^1 [*eras.*]   6 quam
δ: qua RM 7 iul. $RM^1 Ds Z^t$: nil $PM^c bm$ nihil vidi *hic posuit Boot,
post Graeca* $R\varDelta$ ЄΤЄШМЄΝ $PM^1 Z^{(b)}$: ЄΤЄΥΘ[?]Ш- R: ἔλθωμεν δ
[-ομεν *s*]: θέωμεν *Lamb.*, '*cod. Turn. secutus, quamquam ex eodem licet legere*
ἔτ' ἐῶμεν, *sive* ἐῶμεν': ἀπίωμεν *Turnebus*   8 conscisos R 9 cursim
$\varDelta$: -sum R audiebam λ: mediebam Z^t: mediabam $\varDelta$ [-bar *m*]: medita-
bar *b*: mediam R 11 videndum ... laudetur *hic posuit Ernesti, post*
nimirum $R\varDelta$ dymaeos agro R: -aco sagro M^1: -ac(h)os agro [-os *d*] $P\delta$
12 nil mirum *Vict.*: nim- $R\varDelta$: mirum b^2 ἔν] *fort.* in   13 al- vid- R
14 iam omnia sc- R ad te cras b^2: attecr- [-tr-] $R\varDelta$ 15 ad arma
seclusi, ex eodem illo glossemate tractum arbitratus quod infra [*post* somno,
p. 287. 2] *in R irrepsisse video*: abicere arma *Klotz*

sine bello civili video serviendum. Quid ergo? ad Kal. Ian.
in Pansa spes? *Λῆρος πολύς.* In vino et in somno ⟨animi⟩
istorum.

De c̅c̅x̅ optime. Ciceronis rationes explicentur. Ovius enim **5**
5 recens. Is multa quae vellem, in his ne hoc quidem malum
in mandatis, sibi abunde HS l̅x̅x̅x̅ satis esse, adfatim prorsus,
sed Xenonem perexigue et *γλίσχρως* praebere [id est minu-
tatimque]. Quo plus permutasti quam ad fructum insularum,
id ille annus habeat in quem itineris sumptus accessit. Hic
10 ex Kal. Apr. ad HS l̅x̅x̅x̅ accommodetur. Nunc enim insulae
tantum. Videndum [enim] est quid, cum Romae erit. Non
enim puto socrum illam ferendam. Pindaro de Cumano
negaram. Nunc cuius rei causa tabellarium miserim accipe. **6**
Quintus filius mihi pollicetur se Catonem. Egit autem et
15 pater et filius ut tibi sponderem, sed ita ut tum crederes cum
ipse cognosses. Huic ego litteras ipsius arbitratu dabo. Eae
te ne moverint. Has scripsi in eam partem ne me motum
putares. Di faxint ut faciat ea quae promittit! Commune
enim gaudium. Sed ego—nihil dico amplius. Is hinc vii Id.

1 non sine *cod. Vrs.*   ad $Z^t\lambda$: *om. RΔ*   2 spes $PΔ$: -s est R somno
⟨animi⟩ *scripsi*: somno $Pδ$: sumpno M: sompno quod manus non movebit
ad arma R 4 de .c̅c̅x̅. $Δ$: de cõe [e *eras.*] R: dc ccx Z^t, *sim. P*: de
[De *d*] cccx $Z^b\lambda$ ovius Z: ob ius $RΔ$: obvus b^1: obvius $b^2C\kappa$ *cod. Vrs.*
5 recens. is λ ['$L. ex v.c.$']: reces is $Z^{(l)}$: recesis Z^t: recessi R: -ssis $Δ$:
-ssit s: -ssis si b^2 6 sibi [*sc.* Marco filio] ab- *scripsi*: si ab- $ΩZ^t$ [hab-
PMs]: sit ab- $Z^{b(l)}$ *codd. Mal.* in m- s- a- *om.* λ ['$L. ex v.c.$'], *pro glosse-*
mate habent vulgo   l̅x̅x̅x̅ *scripsi*: l̅x̅x̅i̅i̅ *OMbm*λ [' $L. ex v.c.$']: l̅x̅x̅v̅
R *cod. Ant.*: l̅x̅x̅ [*lineam omissam praetereo*] *ds*   7 γλιοχρῶς *Crat.*:
ΤΑΤϹΧΡѠϹ RMm id est minutatim [-not- R] qu(a)e $RΔZ^{(t)}\lambda$ [*sed*
que, ut vid., om. λ]: id est m [*spat.*] que P: glossema esse intellexit Corr.,
quid fuerit glossema neque is neque, ut opinor, posteri   8 quo $RΔ$: quod
Ernesti   ad fructum $M^cb_3^2$: ad er- RM^1m: eruptum ds^1 9 id *om.*
R habebat *ds*   hinc *Man.*   11 enim *seclusi, quod tamen vel in*
etiam *vel in* autem [*Watt*] *mutare potueram*   13 miseram *Pbm*
16 cognosses *Rom.*: -sces $RΔ$: -sceres *d*   eae *te Ascensius*: ea et te $Δ$:
ea etenim R: ea te b^2 18 fas sint M^1: fass- M^2m faciat $PΔ$: -as R
19 enim] erit b ego *om. ds*   is] his PM^1 .vi. *bm*

Ait enim attributionem in Idus, se autem urgeri acriter.
Tu ex meis litteris quo modo respondeas moderabere. Plura,
cum et Brutum videro et Erotem remittam. Atticae meae
excusationem accipio eamque amo plurimum; cui et Piliae
salutem.   5

II   *Scr. in Puteolano v Id. Quint. an. 44.*

CICERO ATTICO SALVTEM.

1   VI Id. duas epistulas accepi, unam a meo tabellario, alteram
⟨a⟩ Bruti. De Buthrotiis longe alia fama in his locis fuerat, sed
cum aliis multis hoc ferendum. Erotem remisi citius quam 10
constitueram, ut esset qui Hordeonio et Oviae, quibus, quidem
ait se Idibus constituisse. Hordeonius vero impudenter. Nihil
enim debetur ei nisi ex tertia pensione, quae est Kal. Sext.;
ex qua pensione ipsa maior pars est ei soluta aliquanto ante
diem. Sed haec Eros videbit Idibus.   15
    De Publilio autem, quod perscribi oportet, moram non
puto esse faciendam. Sed cum videas quantum de iure nostro
decesserimus qui de res. $\overline{\text{cccc}}$ HS $\overline{\text{cc}}$ praesentia solverimus,
reliqua rescribamus, loqui cum eo, si tibi videbitur, poteris
eum commodum nostrum exspectare debere, cum tanta sit a 20
2 nobis iactura facta iuris. Sed amabo te, mi Attice (videsne
quam blande?), omnia nostra, quoad eris Romae, ita gerito,

1 se [sed *Md*] autem urg- *Δ*: sed ante murig- [urg- *P*] *R*   2 moderabere *PM²ds*: -avere *M¹*: -ate *R*: meditabere *bm*   8 *novam ep. faciunt*
δ [*salut. om. bm*]: *superiori coniungunt RM¹*   9 a *add. Lamb.*
locum *Md*   10 misi *R*   11 qui *RMdZλ*: cum *bms* Hord-
Schütz: hortensio *RΔZ*   Oviae quibus *Gurlitt*: quia eq- *RΔ* [eq- *et*
Z⁽ᵗ⁾, equitibus *b²s²*]   12 se δ: sed *RM¹*   Hord- *Schütz*: hortensius
RΔ   vero] enim *d*   13 ei deb- *R*   15 Idibus *Vict.*: idus *RMdm*:
om. bs   16 publilio *Mdm*: publio *Rbs*   perscribi *RMd*: pros-
bms   18 qui de res. [*nimirum pro* residuis, *quod scripsit Man.*] λ: quid
eres *Δ* [heres *bs*] *Z*⁽ᵗ⁾: quidem res *R*   19 loqui cum eo *Vict.*: loci
qua [quam *R*] meo [in eo *bs*] *RΔ*: lo [*spat.*] meo *d*   20 eum *RMd*: cum
bms: tum [incom·] *P*   22 nostra *om. ds*

regito, gubernato ut nihil a me exspectes. Quamquam enim
reliqua satis apta sunt ad solvendum, tamen fit saepe ut ii
qui debent non respondeant ad tempus. Si quid eius modi
acciderit, ne quid tibi sit fama mea potius. Non modo versura
5 verum etiam venditione, si ita res coget, nos vindicabis.

Bruto tuae litterae gratae erant. Fui enim apud illum 3
multas horas in Neside, cum paulo ante tuas litteras accepissem. Delectari mihi Tereo videbatur et habere maiorem
Accio quam Antonio gratiam. Mihi autem ⟨quo⟩ laetiora
10 sunt, eo plus stomachi et molestiae est populum Romanum
manus suas non in defendenda re publica sed in plaudendo
consumere. Mihi quidem videntur istorum animi incendi
etiam ad repraesentandam improbitatem suam. Sed tamen
'dúm modo doleant áliquid, doleant quidlibet.'

15   Consilium meum quod ais cotidie magis laudari non moleste 4
fero exspectabamque si quid de eo ad me scriberes. Ego enim
in varios sermones incidebam. Quin etiam idcirco trahebam
ut quam diutissime integrum esset. Sed quoniam furcilla
extrudimur, Brundisium cogito. Facilior enim et exploratior
20 devitatio legionum fore videtur quam piratarum qui ap-
parere dicuntur.

Sestius VI Id. exspectabatur sed non venerat, quod sciam.
Cassius cum classicula sua venerat. Ego cum eum vidissem,
v [k.] in Pompeianum cogitabam, inde Aeculanum. Nosti
25 reliqua. De Tutia ita putaram. De Aebutio non credo, nec 5
tamen curo plus quam tu. Planco et Oppio scripsi equidem

2 fit *Rb*: sic *Δ*   ii *m*: .ii. *M*: hii *R*: hi *Pds*: *om. b*   4 sit tibi *R*
5 venditione *b²*: -nis *RΔ*   8 et] *argutius, opinor,* nec   9 quo *b²*: quoque omnia *P*: *om.* ER*Δ*   11 plaudendo *CZ^{l(b)}λ* [-da *Z^l, sc. errore
typogr.*]: laudando *Ω*   14 quod lubet *bms* [lib-]   18 furcilla
Z: furo i- *O¹Δ*: furia i- *O²*: furore i- [illo *Pb²*] *Rb²*   19 extrud- *ΔZ^b*: ex-
tend- *R*   cogito *PΔ*: ire c- *R*: pergere c- *κ*   24 k. [kl., cat.] *seclusi*:
Id. *Corr.*   cogitabam *EΔ*: ire c- *R*: ne c- *P*   aeculanum *Z^tλλ*: accu-
ER: actu- *P*: acu- *Δ*   25 tutia *P*: tucia *RΔ*: tacia *bs²*   de *ΔZ^bλ*: inde
OR   (a)ebutio *ORZ*: enictio [evi- *bms*] *Δ*

289

quoniam rogaras, sed, si tibi videbitur, ne necesse habueris
reddere (cum enim tua causa fecerint omnia, vereor ne meas
litteras supervacaneas arbitrentur), Oppio quidem utique,
quem tibi amicissimum cognovi. Verum ut voles.

6   Tu quoniam scribis hiematurum te in Epiro, feceris mihi ₅
gratum si ante eo veneris quam mihi in Italiam te auctore
veniendum est. Litteras ad me quam saepissime; si de rebus
minus necessariis, aliquem nactus; sin autem erit quid maius,
domo mittito.

Ἡρακλείδειον, si Brundisium salvi, adoriemur. 'De gloria' ₁₀
misi tibi. Custodies igitur, ut soles, sed notentur eclogae duae
quas Salvius bonos auditores nactus in convivio dumtaxat
legat. Mihi valde placent, mallem tibi. Etiam atque etiam
vale.

III   *Scr. in Pompeiano xvi Kal. Sext. an. 44.*   ₁₅

⟨CICERO ATTICO SALVTEM.⟩

1   Tu vero sapienter (nunc demum enim rescribo iis litteris
quas mihi misisti convento Antonio Tiburi), sapienter igitur
quod manus dedisti quodque etiam ultro gratias egisti. Certe
enim, ut scribis, deseremur ocius a re publica quam a re ₂₀
familiari. Quod vero scribis te ⟨magis et⟩ magis delectare 'O
Tite, si quid,' auges mihi scribendi alacritatem. Quod Erotem

---

1 ne *ERM²bms*: *om. M¹d*: nec *Moser*   2 fecerunt *P¹b*   4 amicissimum *Vict.*: ampliss- *RΔZ⁽ᵗ⁾*   7 si *EZᵇλ cod. Ant.*: sed *ORΔ*
8 nanctus *M¹Zᵗ*   maius *Eδ*: malus *M¹*: malius *R*: in al- *P*   10 -είδειον
Aldus: -ΕΙΔΙΟΝ *vel sim. ERΔ*   brundusi *R*   11 custodi *ds*   eclogae
duae [*i.e.* -gae 11] *scripsi*: eglogari *RΔ* [-ii *b*]: elog- *EP*: ἐκλογαὶ *Reid*
12 quas *ERMdZᵗ*: quos *bms*   13 legat *ERb²s*: -ant *ΔZ⁽ᵗ⁾*   17 *novam
ep. faciunt* δ [*salut. om. bm*]: *superiori coniungunt RM*   19 quod *Rbs*:
quid *Mdm*   certe enim *EΔC*: -tum enim est *R*   21 magis et
add. Bos.   delectare *Baiter*: -ri *RΔC*   o tite *C*: ot[oc-]io te *RMdm*:
ot[oc-]io *bs*   22 auges *Lamb.*: ages *RM¹Zᵗ*: addis *E*: ages addis [-des
ds] δ

non sine munusculo exspectare te dicis, gaudeo non fefellisse
eam rem opinionem tuam; sed tamen idem σύνταγμα misi ad
te retractatius, et quidem ἀρχέτυπον ipsum crebris locis incul-
catum et refectum. Hunc tu tralatum in macrocollum lege in
5 arcano convivis tuis sed, si me amas, hilaris et bene acceptis,
ne in me stomachum erumpant cum sint tibi irati.
    De Cicerone velim ita sit ut audimus. De Xenone coram **2**
cognoscam; quamquam nihil ab eo arbitror neque indiligenter
neque inliberaliter. De Herode faciam ut mandas et ea quae
10 scribis ex Saufeio et e Xenone cognoscam. De Quinto filio **3**
gaudeo tibi meas litteras prius a tabellario meo quam ab ipso
redditas; quamquam te nihil fefellisset. Verum tamen—.
Sed exspecto quid ille tecum, quid tu vicissim, nec dubito
quin suo more uterque. Sed eas litteras Curium mi spero
15 redditurum. Qui quidem etsi per se est amabilis a meque
diligitur, tamen accedet magnus cumulus commendationis
tuae.
    Litteris tuis satis responsum est; nunc audi quod, etsi **4**
intellego scribi necesse non esse, scribo tamen. Multa me
20 movent in discessu, in primis me hercule quod diiungor a te.
Movet etiam navigationis labor alienus non ab aetate solum
nostra verum etiam a dignitate tempusque discessus sub-
absurdum. Relinquimus enim pacem ut ad bellum revertamur,
quodque temporis in praediolis nostris et belle aedificatis et
25 satis amoenis consumi potuit in peregrinatione consumimus.

1 te *ΣZᵗ*: *om. Δ*   4 hoc tu *Reid*   lege . . . tuis] *bis adfert
Charisius, G. L. [Keil] i. pp. 192, 199, hoc exemplo*: tu convivis tuis
arcano legis [rhetoris *ante* tu *in loco priore*]   lege in *b²s*: legi *Mb¹dmZ⁽ᵗ⁾*
[in *om. et Zˡ*]: lege *ER*   5 convivis *Eb²s*: -viviis *RMb¹m*: -viis *d*   6 ne
Eδ: me *RM¹*: *om. P*   8 nihil ab eo *PΔ*: ab eo n- *R*   9 faciam *δ*:
factam *RM*   10 saufeio *Ps*: auf- *RΔ*   exenone *M*: ex xe- [ze- *b*, se-
R] *Rbm*: zenone *ds*   13 sed *om. bs*   14 curium *RΔ*: -ii mei *P*   mi [mihi
P] spero *Rbs*: in isp- [ysp- *M*] *Mm*: in hyp- *d*   20 me her- *ERM²bds*:
mer- *M¹mλ*   23 relinquamus *P¹*: -quemus *κ*   25 -atione *E*:
-ationem *RΔ*: -a cum *P*   consumemus *κ*

Consolantur haec : aut proderimus aliquid Ciceroni aut quantum profici possit iudicabimus. Deinde tu iam, ut spero et
ut promittis, aderis. Quod quidem si acciderit, omnia nobis
5 erunt meliora. Maxime autem me angit ratio reliquorum
meorum. Quae quamquam explicata sunt, tamen, quod et 5
Dolabellae nomen in his est et †attributione† mihi nomina
ignota, conturbor, nec me ulla res magis angit ex omnibus.
Itaque non mihi videor errasse quod ad Balbum scripsi apertius ut, si quid tale accidisset ut non concurrerent nomina,
subveniret meque tibi etiam mandasse ut, si quid eius modi 10
accidisset, cum eo communicares. Quod facies, si tibi videbitur, eoque magis, si proficisceris in Epirum.

6 　　Haec ego conscendens e Pompeiano tribus actuariolis de-
cemscalmis. Brutus erat in Neside etiam nunc, Neapoli Cassius. Ecquid amas Deiotarum et non amas Hieram ? Qui, ut 15
Blesamius †venit ad me†, cum ei praescriptum esset ne quid
sine Sesti nostri sententia ageret, neque ad illum neque ad
quemquam nostrum rettulit. Atticam nostram cupio absentem suaviari. Ita mi dulcis salus visa est per te missa ab illa.
Referes igitur ei plurimam itemque Piliae dicas velim.　　20

IV　　　　*Scr. in Puteolano vi Id. Quint. an. 44.*

〈CICERO ATTICO SALVTEM.〉

1 　　Ita ut heri tibi narravi vel fortasse hodie (Quintus enim
altero die se aiebat), in Nesida viii Id. Ibi Brutus. Quam ille

1 aut proderimus *EM²bms* : autem p- *Rd* : a viro *M¹* [*spat.*]　　2 tu
iam *Eδ*: viam *M¹*: tu etiam iam *R*　　6 his *PΔ*: is *R*: iis *Rom.*　　attr-
RΔZ: ⟨in⟩ attr- *Ernesti*: ⟨ex⟩ attr- *Boot*　　10 ut *bms*: fui *RM* [*sed del.*,
ut *add.*]*d*　　11 eo *om. Md*　　si *Pbms*: sed *RMd*　　13 tribus
anon. ap. C: tribui *EPΔ*: tribum [*?*] *R*: tributi *C*　　decem scalmis *O¹*:
d- [.x.] scalmi [-mii *EP*] *ERΔ*　　15 et *Δ*: *om. R*　　hieram λ: (h)eram
RΔ　　ut *om. R*　　16 venit ad me *vix sana* : *fort.* ad me [*sc.* scripsit]　　ei
Rom.: et *RΔ*　　17 sesti *Rdm*: sexti *PMbsλ*　　18 absentem *Z*: *om.* Ω
20 ei *Eδ*: et *RM¹*　　23 *novam ep. incipit b²*　　24 aiebat *Pδ*: ale-
O¹RM¹　　nesida *O²b²* [-dia]: es- Ω　　ibi *Sal.–Reg.*: tibi Ω

doluit de 'Nonis Iuliis'! mirifice est conturbatus. Itaque sese
scripturum aiebat ut venationem eam quae postridie ludos
Apollinaris futura est proscriberent in 'II Idus Quintilis'. Libo
intervenit. Is Philonem Pompei libertum et Hilarum suum
5 libertum venisse a Sexto cum litteris ad consules sive quo alio
nomine sunt. Earum exemplum nobis legit, si quid videretur.
Pauca παρὰ λέξιν, ceteroqui et satis graviter et non contuma-
citer. Tantum addi placuit, quod erat 'coss.' solum, ut esset
'pr., tr. pl., senatui', ne illi non proferrent eas quae ad se ipsos
10 missae essent. Sextum autem nuntiant cum una solum legione 2
fuisse Carthagine eique eo ipso die quo oppidum Baream
cepisset nuntiatum esse de Caesare, capto oppido miram
laetitiam commutationemque animorum concursumque undique; sed illum ad sex legiones quas in ulteriore reliquisset
15 revertisse. Ad ipsum autem Libonem scripsit nihil esse nisi
ad larem suum liceret. Summa postulatorum ut omnes exercitus dimittantur qui ubique sint. Haec fere de Sexto.

De Buthrotiis undique quaerens nihil reperiebam. Alii 3
concisos agripetas, alii Plancum acceptis nummis relictis illis
20 aufugisse. Itaque non video sciturum me quid eius sit ni
statim aliquid litterarum.

Iter illud Brundisium de quo dubitabam sublatum videtur. 4
Legiones enim adventare dicuntur. Haec autem navigatio
habet quasdam suspiciones periculi. Itaque constituebam uti
25 ὁμοπλοίᾳ. Paratiorem enim offendi Brutum quam audiebam.

2 alebat M^1 eam *Ernesti*: etiam Ω 3 in II *scripsi*: .III. Ω: in
III *Wes.*   4 hilarum [hyl-] Δ: -rium Σ 6 si Ω: dixi $Z^b\lambda$
7 ceteroqui *Vict.*: -roque OM^1: -raque ERM^2d: -ra *bms*   8 coss.
solum *Rom.*: cons. [cos. *Mm*] s- $ERMb$: consul s- *d*: consul *s*   9 se
ipsos $\Sigma\delta$: ipsos M^1 10 sola *bm*   11 eique b^2: ii qu(a)e Ω: ii
quoque *s*: que *P*   Baream *Boot*: bor- $ER\Delta\lambda$: borr- *Ps*   12 cepisset *Obs*: celi- EMm: celli- *d*: coli- *R*: *om.* *P*   18 buthrotiis $O^1[?]$:
-ticis [-ti eisM^1] O^2Mm [*num recte?*]: -oci eis *R*: -ociis *P*: -octis *d*: -otis *bs*
20 ni O^2bms: ne O^1RMd 22 Brundusinum *Pius*   25 -πλοία
$O\delta$ [-ᾳ M^c]: -ΠΛΟϑΙ *vel sim.* RM^1 enim *OR*: *om.* Δ

Nam et ipse ⟨et⟩ Domitius bona plane habet dicrota suntque
navigia praeterea luculenta Sesti, Buciliani, ceterorum. Nam
Cassi classem quae plane bella est non numero ultra fretum.
Illud est mihi submolestum quod parum Brutus properare
videtur. Primum confectorum ludorum nuntios exspectat; 5
deinde, quantum intellego, tarde est navigaturus consistens
in locis pluribus. Tamen arbitror esse commodius tarde navigare quam omnino non navigare; et si, cum processerimus,
exploratiora videbuntur, etesiis utemur.

V   *Scr. in Puteolano vii Id. Quint. an. 44.*   10

⟨CICERO ATTICO SALVTEM.⟩

1   Tuas iam litteras Brutus exspectabat. Cui quidem ego
[non] novum attuleram de Tereo Acci. Ille Brutum putabat.
Sed tamen rumoris nescio quid adflaverat commissione Grae-
corum frequentiam non fuisse, quod quidem me minime 15
fefellit; scis enim quid ego de Graecis ludis existimem.

2   Nunc audi quod pluris est quam omnia. Quintus ⟨filius⟩
fuit mecum dies compluris et, si ego cuperem, ille vel pluris
fuisset; sed quantum fuit, incredibile est quam me in omni
genere delectarit in eoque maxime in quo minime satis 20
faciebat. Sic enim commutatus est totus et scriptis meis
quibusdam quae in manibus habebam et adsiduitate orationis et praeceptis ut tali animo in rem publicam quali nos
volumus futurus sit. Hoc cum mihi non modo confirmasset
sed etiam persuasisset, egit mecum accurate multis verbis tibi 25

   1 et *add. Hofmann*   plane habet *Δ*: h- p- *R*   4 est *om. E*   9 etesiis *Z*[1]: et estis [etes-, et escis] *O*[1]*RZ*[(b)]*t*λ: et testis *ΔZ*[β]: et [*spat.*] *P*
13 non *del. Corr.*   acci ille *Δ*: accii *C*: ac si *R*   15 quod *Z*[(b)]λ: qu(a)e
RΔ   16 existimem *PM*[s]*ds*: -tionem *RM*[1]: -timarem *bm*   17 filius
[f.] *add. Tyrrell*   19 quantum *ERΔ*: quam diu *Lamb.*   20 minime
ERΔ: -me putabam *bκ*: *fort.* -me putaram, *sed vulgatum retinere licet*
24 mihi *om. E*

ut sponderem se dignum et te et nobis futurum; neque se
postulare ut statim crederes sed, cum ipse perspexisses, tum
ut se amares. Quod nisi fidem mihi fecisset iudicassemque hoc
quod dico firmum fore, non fecissem id quod dicturus sum.
5 Duxi enim mecum adulescentem ad Brutum. Sic ei probatum
est quod ad te scribo ut ipse crediderit, me sponsorem accipere noluerit eumque laudans amicissime mentionem tui
fecerit, complexus osculatusque dimiserit. Quam ob rem etsi
magis est quod gratuler tibi quam quod te rogem, tamen
10 etiam rogo ut, si quae minus antea propter infirmitatem
aetatis constanter ab eo fieri videbantur, ea iudices illum
abiecisse mihique credas multum adlaturam vel plurimum
potius ad illius iudicium confirmandum auctoritatem tuam.

Bruto cum saepe iniecissem de ὁμοπλοίᾳ, non perinde atque 3
15 ego putaram adripere visus est. Existimabam μετεωρότερον
esse, et hercule erat et maxime de ludis. At mihi, cum ad villam redissem, Cn. Lucceius, qui multum utitur Bruto, narravit illum valde morari, non tergiversantem sed exspectantem
si qui forte casus. Itaque dubito an Venusiam tendam et ibi
20 exspectem de legionibus. Si aberunt, ut quidam arbitrantur,
Hydruntem, si neutrum erit ἀσφαλές, eodem revertar. * * *
Iocari me putas? Moriar si quisquam me tenet praeter te.
Etenim circumspice, sed ante quam erubesco. O dies in 4

1 ut sponderem *EM^cds*: resp- *M*¹: ut resp- *Rbm*   3 ut *om. R*
4 dicturus *EPΔ*: fact- *R*   6 me *EPΔ*: *om. R*   7 voluerit *E*   11 ab eo
fieri *EΔ*: f- ab eo *R*   14 Bruto] *hinc novam ep. incipit* b²   sepe *RMdm*:
spem *bs*   iniecissem de Δ [de *om. d*]: in locis se inde *R*   perinde *PΔ*: proi-
R   15 accipere *bκ*: erip- *R*   16 et hercule Δ: me h- *P* [esse . . .
Cn. *om. R*]   at] ac *b*   19 si δ: sed *RM*¹   20 si aberunt *Vict.*:
stabe- *O*¹Δ: scabe- *O*²*s*: scribe- *R*: scripse- *P*: statue- b²: strave- Z^t[ᴾ]
quidam *bs*: -dem *RMdm*   21 *post* revertar *Ep. xii.* 3 [unum . . . pluri-
mum] *iterum habent RΔ* [*sed vacat in marg. scripsit, ante* iocari *novam ep.
incipit* b²]. *hoc loco pauca excidisse puto, multa Reid*   22 me b²: te *RΔ*
puta b¹[ᴾ]*ms*   te nec *M*¹*dm*   23 circumspice *C*: -ces *Md*: -cies *Rbms*
quam *ORC*: *om. Δ*

†yspiciis lepidi† discriptos et apte ad consilium reditus nostri! Magna ῥοπή ad proficiscendum ⟨in⟩ tuis litteris. Atque utinam te illic! Sed ut conducere putabis.

5 Nepotis epistulam exspecto. Cupidus ille meorum, qui ea quibus maxime γαυριῶ legenda non putet? Et ais "μετ' ἀμύμονα"! Tu vero ἀμύμων, ille quidem ἄμβροτος. Mearum epistularum nulla est συναγωγή; sed habet Tiro instar septuaginta, et quidem sunt a te quaedam sumendae. Eas ego oportet perspiciam, corrigam; tum denique edentur.

VI   *Scr. Vibone viii Kal. Sext. an. 44.*   10

⟨CICERO ATTICO SALVTEM.⟩

1 Ego adhuc (perveni enim Vibonem ad Siccam) magis commode quam strenue navigavi; remis enim magnam partem, prodromi nulli. Illud satis opportune, duo sinus fuerunt quos tramitti oporteret, Paestanus et Vibonensis. Vtrumque pedi- 15 bus aequis tramisimus. Veni igitur ad Siccam octavo die e Pompeiano, cum unum diem Veliae constitissem; ubi quidem fui sane libenter apud Talnam nostrum nec potui accipi, illo absente praesertim, liberalius. viiii Kal. igitur ad Siccam. Ibi tamquam domi meae scilicet. Itaque obduxi posterum diem. 20

1 yspiciis [hys- *d*, aus- *bms*] lepidi *Δ*: ispitiis hoc lepidi *R*: auspiciis Lepidi (lepide) *Faërn.*: *num* hospitiis lepide*?*   discr- *Reid*: descr- *RΔ* 2 in *add. Orelli*   3 conducere p- *Rb*²[cumd-] *s*²: cum duce rep- *Δ* 4 cupidus *bms*: -dius *RMd*   5 legenda *Vict.*: ale- *RMbm*: ad le- *ds*: omnino le- *Schmidt*: *num* perle-*?*   non potuit putet *b*¹*m*¹*s*   6 tu *om. ds*¹   8 et q- *R*: eq- *Mbm*: q- *ds*   sumende *R*: -da *Δ*   ego oppersp- *Δ*: op- ut ego prosp- *R*   12 ad *Crat.*: et *ERΔ*   14 -mi nulli *δ*: -mi in illi *M*¹: -mii illi *R*: -mi ulli *E*   15 oporteret *E*: -tet et *ORΔ*   pestanus *b*²[*?*]: pr(a)e- *ERM*ᶜ*ms* [-amus *P*, -amis *s*]: prestanii sed *M*¹*d*   16 aequis *om. bm*   17 Veliae *Iens.*: vellie *b*²: velleni *M*¹[*?*]*m*: vellem *ERM*ᶜ*ds*: velem *P*   constitissem *ER*δ[-isse *s*, -uisse *b*¹]: -tituissem *P*: constissem *M*   18 Talnam *Rom.*: talvam κ: tal-(l)anam *EPΔ*: tullānam *R*: tullianam *Z*ᵗ: Thalnam *nonnulli*

Sed putabam, cum Regium venissem, fore ut illic "δολιχὸν
πλόον ὁρμαίνοντες" cogitaremus corbitane Patras an actuariolis
ad Leucopetram Tarentinorum atque inde Corcyram; et, si
oneraria, statimne freto an Syracusis. Hac super re scribam
5 ad te Regio. ⟨Sed⟩ me hercule, mi Attice, saepe mecum,   2
             'Η δεῦρ' ὁδός σοι τί δύναται;
Cur ego tecum non sum? cur ocellos Italiae, villulas meas,
non video? Sed id ⟨satis⟩ superque tecum me non esse, quid
fugientem? periculumne? At id nunc quidem, nisi fallor,
10 nullum est. Ad ipsum enim revocat me auctoritas tua. Scribis
enim in caelum ferri profectionem meam, sed ita si ante Kal.
Ian. redeam; quod quidem certe enitar. Malo enim vel cum
timore domi esse quam sine timore Athenis tuis. Sed tamen
perspice quo ista vergant mihique aut scribe aut, quod multo
15 malim, adfer ipse. Haec hactenus.
    Illud velim in bonam partem accipias me agere tecum 3
quod tibi maiori curae sciam esse quam ipsi mihi. Nomina
mea, per deos, expedi, exsolve. Bella reliqua reliqui; sed opus
est diligentia coheredibus pro Cluviano Kal. Sext. persolutum
20 ut sit. Cum Publilio quo modo agendum sit videbis. Non
debet urgere, quoniam iure non utimur. Sed tamen ei quoque
satis fieri plane volo. Terentiae vero quid ego dicam? Etiam
ante diem, si potes. Quin si, ut spero, celeriter in Epirum,
hoc quod satis dato debeo peto a te ut ante providaes planeque

1 ut illic δ- *Hervagius*: ut illi. [utibi *M*, utili *m*] ICΔ- [-A-] *RMm*:
utili[*gr. om.*] *bds*   2 -olis *bms*: -olus *RMd* [*om. P*]   3 Leucopetram
Aldus: -as *RΔ*   atque *Lamb.*: ast *RΔ*   5 sed *addidi*   6 δύναται
νῦν vel sim. δ   7 villas *d*   8 satis *b*²: om. *RΔ*   super *M*¹   quid
Z: om. *RΔ*   9 at id *Z*: ad id *ERΔ*: [ne]c ad id *m*: [ne]c id *b*²: ad *P*
12 quod quidem *bm*: quodque i- *ERMds*   14 prospice *R*   15 ⟨sed⟩
haec *Wes.*   17 ipsi *b*²s: ipse *ERΔ*   18 exolve *C*: ex(s)olvi *RΔ*   reliqua
ORCZ: *om. Δ*   19 persolutum *M*ᶜ*bms*: persotum *RM*¹: perstum
d: per s [*spat.*] *P*   20 publilio *Mm*: publio *Rbds*   21 debetur gerere *R*
ei *bs*: et *RMdm*   22 plane volo *Rbm*²s: p- nolo *P*: plavolo *Md*: ma-
volo *m*¹   23 quin si *om. R*

4 expedias et solutum relinquas. Sed de his satis, metuoque ne
tu nimium putes.

Nunc neglegentiam meam cognosce. De gloria librum ad
te misi, et in eo prohoemium id quod est in Academico tertio.
Id evenit ob eam rem quod habeo volumen prohoemiorum. 5
Ex eo eligere soleo cum aliquod σύγγραμμα institui. Itaque
iam in Tusculano, qui non meminissem me abusum isto
prohoemio, conieci id in eum librum quem tibi misi. Cum
autem in navi legerem Academicos, adgnovi erratum meum.
Itaque statim novum prohoemium exaravi et tibi misi. Tu 10
illud desecabis, hoc adglutinabis. Piliae salutem dices et Atticae, deliciis atque amoribus meis.

VII   *Scr. navigans ad Pompeianum xiv Kal. Sept. an. 44.*

⟨CICERO ATTICO SALVTEM.⟩

1 VIII Id. Sext. cum a Leucopetra profectus (inde enim 15
tramittebam) stadia circiter ccc processissem, reiectus sum
austro vehementi ad eandem Leucopetram. Ibi cum ventum
exspectarem (erat enim villa Valeri nostri, ut familiariter
essem et libenter), Regini quidam illustres homines eo venerunt
Roma sane recentes, in iis Bruti nostri hospes, qui Brutum 20
Neapoli reliquisset. Haec adferebant, edictum Bruti et Cassi,
et fore frequentem senatum Kalendis, a Bruto et Cassio
litteras missas ad consularis et praetorios, ut adessent rogare.
Summam spem nuntiabant fore ut Antonius cederet, res

4 missum λ   et ER∆λ: at Bos.   id quod est *scripsi* [*quod false R tribuerat
Moricca*]: .i. [*i.e.* id est] quod est R: id est q- E∆: idem q- P: idem
est q- *Wes.*   7 qui non] quom s   8 id meum Md   11 desecabis Mdm: desica- P: desecca- R: desicca- bs   15 *novam ep. faciunt*
Pδ [*salut. om. bm*]   17 ab austro bm   19 regini δ: regni ERM¹
20 romam R   recentes. in [sin d] iis [his bs] δ: regentes in his E: -te
[-tem R] sinus RM¹: -te [*spat.*] P   22 bruto cassio M¹   23 adessent Eδ: adcess- R: adcens- PM¹   rogare *del. Reid*   24 nuntiabant ERbms: -bam Md: negabant P

conveniret, nostri Romam redirent. Addebant etiam me
desiderari, subaccusari.

Quae cum audissem, sine ulla dubitatione abieci consilium
profectionis, quo me hercule ne antea quidem delectabar.
5 Lectis vero tuis litteris admiratus equidem sum te tam 2
vehementer sententiam commutasse, sed non sine causa arbitrabar. Etsi, quamvis non fueris suasor et impulsor profectionis meae, at probator certe fuisti, dum modo Kal. Ian.
Romae essem. Ita fiebat ut, dum minus periculi videretur,
10 abessem, in flammam ipsam venirem. Sed haec, etiam si non
prudenter, tamen ἀνεμέσητα sunt, primum quod de mea
sententia acta sunt, deinde etiam si te auctore, quid debet qui
consilium dat praestare praeter fidem? Illud mirari satis non 3
potui quod scripsisti his verbis: 'Bene igitur tu qui εὐθανασίαν,
15 bene! relinque patriam.' An ego relinquebam aut tibi tum
relinquere videbar, tu id non modo non prohibebas verum
etiam adprobabas? Graviora quae restant: 'Velim σχόλιον
aliquod elimes ad me, oportuisse te istuc facere.' Itane, mi
Attice? defensione eget meum factum, praesertim apud te
20 qui id mirabiliter adprobasti? Ego vero istum ἀπολογισμὸν
συντάξομαι, sed ad eorum aliquem quibus invitis et dis-
suadentibus profectus sum. Etsi quid iam opus est σχολίῳ? si
perseverassem, opus fuisset. 'At hoc ipsum non constanter.'
Nemo doctus umquam (multa autem de hoc genere scripta

---

1 nostri *EPΔ*: iri *R*   2 subaccusarique [-aque *m*¹] *bms*   5 sum
equidem *ds*   6 mutasse *ds*   8 at probator *scripsi*: ad pr-
[adpr- *M*]*EM*: appr- *Rδ*   fuisti *Crat.*: -sti id δ: -sse id *ERM*¹   10 hec
M: hoc δ: *om. R*   12 acta sunt *O*¹*Rb*²: accasum [*prius a exp.*, o
superscr.] *M*: occas(s)um δ   13 mirari *ER*: adm- *Δ*   14 bene . . . bene
ERΔ: veni . . . veni λ: tene . . . tene *Housman* [*om.* tu]   15 relinque
p- *RΔ*: reliqui p- *EP*: relinques p-' *Lamb.*: relinquere p-? *Housman*
an . . . adprobabas? *ita distinxi*: *vulgo* an . . . videbar? Tu . . . adprobabas.   tum *Δ*: tunc *ER*: cum *b cod. Vrs.*   16 prohib- *ERδ*:
iub- *M*¹   17 qu(a)e *Eδ*: qu(a)e .x. *RM*¹   23 at *bs*: ad *RMdm*
24 autem *Rs*: aut *Δ*

4 sunt) mutationem consili inconstantiam dixit esse. Deinceps
igitur haec : 'Nam si a Phaedro nostro esses, expedita excusatio
esset; nunc quid respondemus?' Ergo id erat meum factum
quod Catoni probare non possim? flagiti scilicet plenum et
dedecoris. Vtinam a primo ita tibi esset visum! tu mihi, 5
5 sicut esse soles, fuisses Cato. Extremum illud vel molestissi-
mum : 'Nam Brutus noster silet,' hoc est, non audet hominem
id aetatis monere. Aliud nihil habeo quod ex iis a te verbis
significari putem, et hercule ita est. Nam XVI Kal. Sept. cum
venissem Veliam, Brutus audivit; erat enim cum suis navibus 10
apud Haletem fluvium citra Veliam mil. pass. III. Pedibus ad
me statim. Di immortales, quam valde ille reditu vel potius
reversione mea laetatus effudit illa omnia quae tacuerat! ut
recordarer illud tuum 'Nam Brutus noster silet.' Maxime
autem dolebat me Kal. Sext. in senatu non fuisse. Pisonem 15
ferebat in caelum; se autem laetari quod effugissem duas
maximas vituperationes, unam, quam itinere faciendo me
intellegebam suscipere, desperationis ac relictionis rei publicae (flentes mecum vulgo querebantur quibus de meo celeri
reditu non probabam), alteram, de qua Brutus et qui una 20
erant (multi autem erant) laetabantur, quod eam vituperationem effugissem, me existimari ad Olympia. Hoc vero nihil
turpius quovis rei publicae tempore, sed hoc ἀναπολόγητον.
Ego vero austro gratias miras qui me a tanta infamia averterit.
6   Reversionis has speciosas causas habes, iustas illas quidem 25

1 dixit *Rom.*: dixi *RΔ*   2 hec *RM* : hoc δ   esses *Z^t* : esse *RMdm* :
om. Pbs   3 respondemus *PΔ* : -deremus *R*   4 possim *ERMdm* :
-sum *bs* : -sem *Ernesti*   5 esset visum *EΔ* : v- e- *R*   8 movere *ds*
ex *Iens.* : et *ERΔ* [*ras. in b*] *Z^(t)* : *om. Lamb.*   his *Eδ* : hiis *M* : is *R* : iis
PZ^t   10 manibus *E*   11 Haletem *Lamb.* : hel- *ERΔZ^tλ*   fluvium
Vict. : frutum *ERMm* : fretum *ds* : brutus *b* : functum *P*   circa *M^abms*
mil. pass. *b* : milia [mil̦l- *M*, mil. *m*] passus *ERΔ* : millia passuum *Iens.*
18 intellegebant *Z^t*[*?*]   relictionis *b^a cod. Ball.* : religi- *ERδ* : relegi- *M^1*
19 euntes *λ*   celeri *Eb^ads* : -re *RMb^1m*   21 quod … effugissem
del. Mal.

et magnas; sed nulla iustior quam quod tu idem aliis litteris, 'Provide, si cui quid debetur, ut sit unde par pari respondeam. Mirifica enim δυσχρηστία est propter metum armorum.' In freto medio hanc epistulam legi, ut quid possem providere in 5 mentem mihi non veniret nisi ut praesens me ipse defenderem. Sed haec hactenus; reliqua coram.

Antoni edictum legi a Bruto ✻ ✻ ✻ et horum contra scri- 7 ptum praeclare; sed quid ista edicta valeant aut quo spectent plane non video. Nec ego nunc, ut Brutus censebat, istuc ad 10 rem publicam capessendam venio. Quid enim fieri potest? Num quis Pisoni est adsensus? num rediit ipse postridie? Sed abesse hanc aetatem longe a sepulcro negant oportere.

Sed obsecro te, quid est quod audivi de Bruto? Piliam 8 πειράζεσθαι παραλύσει te scripsisse aiebat. Valde sum com- 15 motus. Etsi idem te scribere sperare melius. Ita plane velim, et ⟨ei⟩ dicas plurimam salutem et suavissimae Atticae. Haec scripsi navigans cum Pompeianum accederem xiiii Kal.

VIII   *Scr. in Puteolano Kal. Nov. vel postridie an. 44.*

⟨CICERO ATTICO SALVTEM.⟩

20 Cum sciam quo die venturus sim, faciam ut scias. Impedi- 1 menta exspectanda sunt quae Anagnia veniunt et familia aegra est. Kalendis vesperi litterae mihi ab Octaviano. Magna molitur. Veteranos qui Casilini et Calatiae ⟨sunt⟩ perduxit ad

1 se in ulla *M*¹: sin n- *Z*ᵗ   2 provide *Vict.*: -es *ERΔ*   si cui quid [quod *Δ*] *RΔZ*ᵗ: sic enim quid *E*   respondeam *ER*: -eatur *Δ*   3 mirifica *Rbds*: mirica [*ex* -ce *corr. M*ᶜ] *EMm*   est δ- *ds*   5 ut *ORZ*: quod *Δ*   7 a bruto *b*²: ab utro *ERΔ*   et Cassio missum *vel sim. supplendum putavit Purser*   11 num [nunc *EM*¹, nun *d*]...num *EMbdm*: nunc...nunc *R*: nun...nun *s*   rediit *Rom.*: redit *Ω*: redii *O*²   13 piliam *bms*: pilam *PMd*: palam *R*   16 et ei *Baiter*: et *RMdm*¹: ei *bm*²*s*λ   hoc *ds*   17 in *vel* ad *vel* prope *post* cum *add. viri docti*   21 Anagnia *Ascensius* [*marg.*]: anania *b*²κ: annua *vel sim.* *ΩZ*ᵗ   22 Kalendis] *hinc novam ep. incipiunt b*² *codd. Graevii*   mihi litt- *bm*   23 qui *OPbs*λ: quiqui *ERMdm*: qui quidem *Boot*   sunt *b*²*s*: om. *Ω*

suam sententiam. Nec mirum, quingenos denarios dat. Cogitat reliquas colonias obire. Plane hoc spectat ut se duce bellum geratur cum Antonio. Itaque video paucis diebus nos in
armis fore. Quem autem sequamur? Vide nomen, vide aetatem. Atque a me postulat primum ut clam conloquatur 5
mecum vel Capuae vel non longe a Capua. Puerile hoc quidem, si id putat clam fieri posse. Docui per litteras id nec
2 opus esse nec fieri posse. Misit ad me Caecinam quendam
Volaterranum, familiarem suum; qui haec pertulit, Antonium
cum legione Alaudarum ad urbem pergere, pecunias munici- 10
piis imperare, legionem sub signis ducere. Consultabat utrum
Romam cum cɔ cɔ cɔ veteranorum proficisceretur an
Capuam teneret et Antonium venientem excluderet an iret
ad tris legiones Macedonicas quae iter secundum mare superum faciunt; quas sperat suas esse. Eae congiarium ab Antonio 15
accipere noluerunt, ut hic quidem narrat, et ei convicium
grave fecerunt contionantemque reliquerunt. Quid quaeris?
ducem se profitetur nec nos sibi putat deesse oportere.
Equidem suasi ut Romam pergeret. Videtur enim mihi et
plebeculam urbanam et, si fidem fecerit, etiam bonos viros 20
secum habiturus. O Brute, ubi es? quantam εὐκαιρίαν amittis!
Non equidem hoc divinavi, sed aliquid tale putavi fore. Nunc
tuum consilium exquiro. Romamne venio an hic maneo an
Arpinum (ἀσφάλειαν habet is locus) †fugam Romam†, ne
desideremur si quid actum videbitur. Hoc igitur explica. 25
Numquam in maiore ἀπορίᾳ fui.

5 clam om. *ds*   6 vel [*post.*] ... capua $Z^b\lambda$: om. Ω 7 docui ...
posse om. *Ebm*   per litteras $O^1R\lambda$: per literis M^1: lit(t)eris O^2M^cds
8 quendam *P* [*ex corr.*] *bs*: quondam Σdm 9 volaterranum δ [*volo-*
d]: voloternum *P*: volo terrarum ΣM^1 h(a)ec $RM\lambda$: h' *E*: hoc $P\delta$ pertuli
tanto cum M^1: -lit tantum antonium cum M^2d 11 sub signis Z^b: suis s-
Ω: sub s- suis *b*   12 cum om. M^1 ∞ ∞ ∞ ΣM^1m: om. *d* [*spat.*]: manu
M^2bs [*sed post* vet- *bs*]   15 e(a)e *ERMm*: hae *ds*: et *b*: om. *P*   16 ut hic
$\Sigma\delta$: vel ut M^1 24 fugam ΩZ: -giam b^2: -gio? ⟨malo⟩ *Boot*   25 hoc Δ:
h(a)ec O^1R *codd. Faërn. Ant.*   26 nunquam *OP*: nunc q- Δ: nunc quod *R*

IX   *Scr. in Puteolano prid. Non. Nov. an. 44.*

⟨CICERO ATTICO SALVTEM.⟩

Binae uno die mihi litterae ab Octaviano, nunc quidem ut
Romam statim veniam; velle se rem agere per senatum. Cui
5 ego non posse senatum ante Kal. Ian., quod quidem ita
credo. Ille autem addit 'consilio tuo.' Quid multa? ille urget,
ego autem σκήπτομαι. Non confido aetati, ignoro quo animo.
Nil sine Pansa tuo volo. Vereor ne valeat Antonius, nec a mari
discedere libet. At metuo ne quae ἀριστεία me absente.
10 Varroni quidem displicet consilium pueri, mihi non. Firmas
copias habet, Brutum habere potest; et rem gerit palam,
centuriat Capuae, dinumerat. Iam iamque video bellum. Ad
haec rescribe. Tabellarium meum Kalendis Roma profectum
sine tuis litteris miror.

15 **X**   *Scr. in Sinuessano vi Id. Nov. an. 44.*

⟨CICERO ATTICO SALVTEM.⟩

VII Id. veni ad me in Sinuessanum. Eodem die vulgo lo-1
quebantur Antonium mansurum esse Casilini. Itaque mutavi
consilium; statueram enim recta Appia Romam. Facile me
20 ille esset adsecutus. Aiunt enim eum Caesarina uti celeritate.
Verti igitur me a Minturnis Arpinum versus. Constitueram

3 *novam ep. incipit b*² uno [in *M*¹] die mi(c)hi *RMbm*: m- u- d- *ds*
octaviano *Mbm*: -vio non *O*¹: -vio *O*²*Rds*   5 senatum *PΔ*: *om. R*
6 addit *Man.*: adiit *RM*¹*dm*²: ut utar *M*²*bm*¹*s*   7 σκήπτομαι *Mal.*:
CKEΠ- *RΔ*   8 volo *PΔ*: *om. R*   9 at *scripsi*: et *RΔ*   qu(a)e
RΔλ: qui *d*: qua *Z*ᵗ   10 firmas *Ω*: si f- *Z*ᵇλ   11 *fort.* ⟨D.⟩ Brutum
et *del. Boot, sed distinctione medendum est, quod feci*   12 ad *bms*: at
RMd   13 tabellarium *M*ᶜ*bms*: -ius *RM*¹*d. hinc novam ep. incipit b*²
14 miror *bms*: meror *PMd*: mereor *R*   17 VII Id. *Lallemand*: .VI. *Rκ*:
CII *d*: CN. *Mms*: Gn. *b*: VI. Kal. *Z*   veni *RMdλ*: nevi *m*: venit *bs*
19 facile *δ*: -em *M*: ire facilem [-le *P*] *R*   ille me *ds*   20 Caesarina
RΔ: -iana *Rom.*   21 menturnis *Mm*

2 ut v Id. aut Aquini manerem aut in Arcano. Nunc, mi Attice, tota mente incumbe in hanc curam; magna enim res est. Tria sunt autem, maneamne Arpini an propius accedam an veniam Romam. Quod censueris faciam. Sed quam primum. Avide exspecto tuas litteras. vi Id. mane in Sinuessano.   5

XI   *Scr. in Puteolano Non. Nov. an. 44.*

⟨CICERO ATTICO SALVTEM.⟩

1   Nonis accepi a te duas epistulas quarum alteram Kal. dederas, alteram pridie. Igitur prius ad superiorem. Nostrum opus tibi probari laetor; ex quo ἄνθη ipsa posuisti. Quae mihi 10 florentiora sunt visa tuo iudicio; cerulas enim tuas miniatulas illas extimescebam. De Sicca ita est ut scribis; ab ista causa aegre me tenui. Itaque perstringam sine ulla contumelia Siccae aut Septimiae, tantum ut sciant παῖδες παῖδων sine †vallo† Luciliano eum ex C. Fadi filia liberos habuisse. 15 Atque utinam eum diem videam cum ista oratio ita libere vagetur ⟨ut⟩ etiam in Siccae domum introeat! Sed illo tempore opus est quod fuit illis triumviris. Moriar nisi facete! Tu vero leges Sexto eiusque iudicium mihi perscribes. Εἷς ἐμοὶ μύριοι. Caleni interventum et Calvenae cavebis.   20

1 v Idus Z^t: .ii. id(us) $\Delta\lambda$: ut indiis [iud- *P*] *R*   aut aquini δ: ut a- *R*: om. M^1 mi . . . mente *ita* δ: mi. ΔΠΙϹΕΤΟ. tamen te M^1: mi. ΑΠΙϹΕΤΟ [ΑϹΗϹ- *P*] actice tota mente *R*   3 arpini *P*Δ: -num *R*   an propius *R*δ: pocius M^1 5 expecto Rb^2: -tem Δ sinuessano *bm*: suess- *s*: suasseno *RMd*   8 *novam ep. incipiunt* M^cb^2 10 ἄνθη *Turnebus*: ante $R\Delta Z^l$: an *P*   11 florentiora *C*: -tia *R*Δ 12 illas *om. bm*   ab ista causa *scripsi*: asta ea M^1 codd. *Mal.*: hasta ea δ: astaga R^1: -aca R^2P: aste Z^l: ast $Z^{t(b)}$: asturae *C*   13 (a)egre *RM bdmZ*: erga *s*   14 aut $Z^t\lambda$: ut *R*Δ   septimie Mb^2dm: -time *Ps*: -tumae *R*: timi b^1 sciant *Vict.*: -am *R*Δ   15 vallo *R*Δ: ullo $Z^{(b)}$: felle *Orelli*: *alii alia*   lucili- *Vict.*: luculi- *R*Δ: liculli- Z^t eum *bs*: tum *RMdm*   gaii fadii f- *bs*: galifa dif- *Mdm*: galli ([gali *P*] fadi(i) f- *R*λ 17 ut etiam b^2: etiam RMb^1dm: ut *s*   18 triumviris b^2: .iiii. vir. *R*Δ: om. *P* [*spat.*]. *locus obscurior quam ut corruptum adseverem*   nisi facete RZ^1: f- n- ΔZ^b 20 caleni Rb^2: talem Δ

Quod vereris ne ἀδόλεσχος mihi tu, quis minus? Cui, ut 2
Aristophani Archilochi iambus, sic epistula ⟨tua⟩ longissima
quaeque optima videtur. Quod me admones, tu vero etiam
si reprenderes, non modo facile paterer sed etiam laetarer,
5 quippe cum in reprensione sit prudentia cum εὐμενείᾳ. Ita
libenter ea corrigam quae a te animadversa sunt, 'eodem iure
quo Rubriana' potius quam 'quo Scipionis', et de laudibus
Dolabellae deruam cumulum. Ac tamen est isto loco bella,
ut mihi videtur, εἰρωνεία, quod eum ter contra civis in acie.
10 Illud etiam malo 'indignissimum est hunc vivere' quam 'quid
indignius?' Πεπλογραφίαν Varronis tibi probari non moleste 3
fero; a quo adhuc Ἡρακλείδειον illud non abstuli. Quod me
hortaris ad scribendum, amice tu quidem, sed me scito agere
nihil aliud. Gravedo tua mihi molesta est. Quaeso, adhibe
15 quam soles diligentiam. 'O Tite' tibi prodesse laetor. 'Anagnini' sunt Mustela ταξιάρχης et Laco qui plurimum bibit.
Librum quem rogas perpoliam et mittam.

Haec ad posteriorem. Τὰ περὶ τοῦ καθήκοντος, quatenus 4
Panaetius, absolvi duobus. Illius tres sunt; sed cum initio
20 divisisset ita, tria genera exquirendi offici esse, unum, cum
deliberemus honestum an turpe sit, alterum, utile an inutile,
tertium, cum haec inter se pugnare videantur, quo modo
iudicandum sit, qualis causa Reguli, redire honestum, manere
utile, de duobus primis praeclare disseruit, de tertio pollicetur

1 ἀδόλεσχος Vict.: ΔΙΔΟΕΔΕC- vel sim. RMm   2 tua add. Lamb.
3 vero] me bm   5 sit Corr.: et RΔ   7 -oni. sed te R   8 ac
Wes.: at RΔ   isto bs: ista RMdm²Z⁽ᵗ⁾: ita m¹   9 ter Corr.: per RΔ
[ras. in b] Z⁽ᵗ⁾   10 indignissimum Z: -gnius Δ: -gnus R: dignius P
est Zᵇ: esse RΔZ¹ᵝ   12 -IAEION vel sim. RM¹: -ἴδιον δ   13 tu om. E
14 gravido λ: -itudo R   15 o tite EOPΔ: librum meum illum o tite
Z¹: om. R   l(a)etor Δ: iactor P: om. R   16 et laco [-to b¹] Δ: eclato
R: celato que P   17 et om. d   18 hec RM: h' E: hoc δ: haec ⟨ad
superiorem; nunc⟩ [vel sim.] Wes.   19 absolvi Man.: -vit ERΔZ⁽ᵗ⁾
20 divisisset δ: divisset M¹: divisissem ER   21 an Eδ: aut RM¹
fort. ⟨cum⟩ utile   24 disseruit Δ: -rit R: dixerit P

se deinceps scripturum sed nihil scripsit. Eum locum Posidonius persecutus ⟨est⟩. Ego autem et eius librum arcessivi et
ad Athenodorum Calvum scripsi ut ad me τὰ κεφάλαια mitteret; quae exspecto. Quem velim cohortere et roges ut quam
primum. In eo est περὶ τοῦ κατὰ περίστασιν καθήκοντος. Quod 5
de inscriptione quaeris, non dubito quin καθῆκον 'officium'
sit, nisi quid tu aliud; sed inscriptio plenior 'de officiis'.
Προσφωνῶ autem Ciceroni filio. Visum est non ἀνοίκειον.

5 De Myrtilo dilucide. O qualis tu semper istos! Itane? in D.
6 Brutum? Di istis! Ego me, ut scripseram, in Pompeianum 10
non abdidi, primo tempestatibus quibus nil taetrius; deinde ab Octaviano cotidie litterae ut negotium susciperem,
Capuam venirem, iterum rem publicam servarem, Romam
utique statim.

        Αἴδεσθεν μὲν ἀνήνασθαι δεῖσαν δ' ὑποδέχθαι.   15

Is tamen egit sane strenue et agit. Romam veniet cum manu
magna, sed est plane puer. Putat senatum statim. Quis veniet?
Si venerit, quis incertis rebus offendet Antonium? Kal. Ian.
erit fortasse praesidio, aut quidem ante depugnabitur. Puero
municipia mire favent. Iter enim faciens in Samnium venit 20
Cales, mansit Teani. Mirifica ἀπάντησις et cohortatio. Hoc
tu putares? Ob hoc ego citius Romam quam constitueram.
Simul et constituero, scribam.

7 Etsi nondum stipulationes legeram (nec enim Eros vene-
rat), tamen rem prid. Id. velim conficias. Epistulas Catinam, 25
Tauromenium, Syracusas commodius mittere potero si
Valerius interpres ad me nomina gratiosorum scripserit. Alii

1 scripturum Eδ : om. RM¹λλ   2 est add. Orelli   arcess- R : ac(c)ers- EPΔ
3 scripsi om. ds   6 ΚΑΘΗΚΟΝ vel sim. EMm : τὸ κ- b : ΠΡΟϹΦωΝω
R   10 dii Bos. : de RΔ   ego] hinc novam ep. incipit b²   12 octaviano
EPΔZ⁽ᵗ⁾ : -vio R   16 et agit EΔ : et ait R : ut ait P   17 est PΔ : est enim
R : ex E   veniet ERb² : veniit M¹ : venit δ   22 ob bs : ab ERMdmZᵗ   hoc
ERΔ : haec Wes.   23 et RMdm : ut bs   24 etsi] novam ep. hinc incipit Crat.
25 conficias vale R   27 interpres Vict. : in tres [int-] RMdm : mitres bs

enim sunt alias, nostrique familiares fere demortui. Publice tamen scripsi, si uti vellet eis Valerius; aut mihi nomina mitteret.

De Lepidianis feriis Balbus ad me usque ad III Kal. **8**
5 Exspectabo tuas litteras meque ⟨de⟩ Torquati negotiolo sciturum puto. Quinti litteras ad te misi ut scires quam valde eum amaret quem dolet a te minus amari. Atticae, quoniam, quod optimum in pueris est, hilarula est, meis verbis suavium des volo.

10 **XII**   *Scr. in Puteolano viii Id. Nov. an. 44.*

⟨CICERO ATTICO SALVTEM.⟩

Oppi epistulae, quia perhumana erat, tibi misi exemplum. De Ocella, dum tu muginaris nec mihi quicquam rescribis, cepi consilium domesticum, itaque me prid. Id. arbitror
15 Romae futurum. Commodius est visum frustra me istic esse, cum id non necesse esset, quam, si opus esset, non adesse, et simul ne intercluderer metuebam. Ille enim iam adventare potest. Etsi varii rumores multique quos cuperem veros, nihil tamen certi. Ego vero, quicquid est, tecum potius quam animi
20 pendeam, cum a te absim, et de te et de me. Sed quid tibi dicam? Bonum animum. De Ἡρακλειδείῳ Varronis negotia salsa. Me quidem nihil umquam sic delectavit. Sed haec et alia maiora coram.

2 si uti Δ: sicuti *Rb²*   eis Valerius *Vict.*: ei valerium *RΔZ*⁽ᵗ⁾   4 lepidianis [-ped- *Mm*] *RΔ*: -danis *Ps*   feriis *Corr.*: -ris *RΔ*   5 neque *Zᵝ*   de *add. anon. ap. Lamb.*   sciturum *Rom.*: sit- *RΔ*: fut- *s*: it- *P¹*   7 a me *s*   8 *prius* est *om. bm*   9 des volo. Oppi *nescio quis*: des. valoppi [de sua l- *M¹*] *RΔ*   12 epistolae *Sal.–Reg.*: -lam *RΔ*   17 intercluderer Δ: -ere *d*: -eretur *R*   20 sed Δλ: sed si *R*: si *P*   tibi *om. ds*   21 bonum animum. de *Vict.*: bonam enim unde *RΔ* [bonam enim *etiam Zᵗ*]: bonum enim [*sic et Zᵇ*] de λ   22 salsa me *Mᶜbs*: -sam e- *M¹*: -sam me *m*: -sam *d*: -sam et *R*: -sa mihi et *P*   hoc *ds*   23 talia *M¹m¹*

307

XIII   *Scr. Aquini iv Id. Nov. an. 44.*

⟨CICERO ATTICO SALVTEM.⟩

1   O casum mirificum! v Id. cum ante lucem de Sinuessano
surrexissem venissemque diluculo ad pontem Tirenum qui
est Minturnis, in quo flexus est ad iter Arpinas, obviam mihi 5
fit tabellarius, qui me offendit δολιχὸν πλόον ὁρμαίνοντα. Ego
statim 'Cedo' inquam 'si quid ab Attico.' Nondum legere
poteramus; nam et lumina dimiseramus nec satis lucebat.
Cum autem luceret, ante scripta epistula ex duabus tuis prior
mihi legi coepta est. Illa omnium quidem elegantissima. Ne 10
sim salvus si aliter scribo ac sentio. Nihil legi humanius.
Itaque veniam quo vocas, modo adiutore te. Sed nihil tam
ἀπροσδιόνυσον mihi primo videbatur quam ad eas litteras
quibus ego a te consilium petieram te mihi ista rescribere.
2 Ecce tibi altera, qua hortaris "*παρ' ἠνεμόεντα Μίμαντα, νήσου* 15
ἐπὶ Ψυρίης," Appiam scilicet "*ἐπ' ἀριστέρ' ἔχοντα*". Itaque eo
die mansi Aquini. Longulum sane iter et via mala. Inde
postridie mane proficiscens has litteras dedi.
3   * * * et quidem, ut a me dimitterem invitissimus fecerunt
xiii. a. 1) Erotis litterae. Rem tibi Tiro narrabit. Tu quid faciendum 20
sit videbis, praeterea possimne propius accedere (malo enim
esse in Tusculano aut uspiam in suburbanò). An etiam longius
discedendum putas? Crebro ad me velim scribas: erit autem

3 *novam ep. incipit b²*   cum *EPδ*: tum *RM¹*   de sin- *ERMbm*: sin-
ds: del. Reid   4 tirenum [tyr-] *ΣZ*: tiret[-ec-]ium *Δ*   5 mi(c)hi
fit *EPΔ* [fuit *b*, fit *bis P*]: fit m- *R*   6 ego *Δ*: et ego *R*: at ego *Crat.*
10 quidem omn- *ds*   12 te *EΔ*: te utar *R*   13 ad *M* [*ex* ade] *bs*:
inde ad *R*: de *m*: *om. d*   eas *Man.*: has *RΔ*   15 altera *ERb²s*: -as *Δ*
16 scilicet *ERδZ*⁽ᵗ⁾λ: *om. M¹*   ∈Π- *R*: ∈N- *ΔC*   17 mala *Turnebus*:
mata *EZ*: inata *RM¹*[ᵖ]*dm* [n *exp.*]: viata *Mᶜs*: iniqua *P*: inepta *b²*
19 *novam ep. statuunt Crat. duce, lacunam Mongaltio. sed fort.* Tironi *tantum*
ante dedi *addendum*   -issimum *b²d*   20 tiro] cito *b*   tu . . . des
[*p.* 309. 1] *haec ordinavi, veteres partim secutus; recentiorum ineptias apud*
ipsos requiras   21 sit *Pδ*: si *RM¹*   22 an etiam *bms*: ante [an *P*]
tam *RMd*   23 putas *RΔ*: putes *Corr.*

cotidie cui des. Quod praeterea consulis, quid tibi censeam **4** (2)
faciendum, difficile est cum absim. Verum tamen si pares
aeque inter se, quiescendum : sin latius manabit et quidem ad
nos, deinde communiter.

5 **XIII a** (b)   *Scr. in Arpinati iii Id. Nov. an. 44.*

⟨CICERO ATTICO SALVTEM.⟩

Avide tuum consilium exspecto. Timeo ne absim cum ad- **1**
esse me sit honestius ; temere venire non audeo. De Antoni
itineribus nescio quid aliter audio atque ut ad te scribebam.
10 Omnia igitur velim explices et ad me certa mittas.

De reliquo quid tibi ego dicam ? Ardeo studio historiae **2**
(incredibiliter enim me commovet tua cohortatio), quae
quidem nec institui nec effici potest sine tua ope. Coram
igitur hoc quidem conferemus. In praesentia mihi velim
15 scribas quibus consulibus C. Fannius M. f. tribunus pl. fuerit.
Videor mihi audisse P. Africano L. Mummio censoribus. Id
igitur quaero. Tu mihi de iis rebus quae novantur omnia certa,
clara. iii Id. ex Arpinati.

XIV   *Scr. in Arpinati prid. (?) Id. Nov. an. 44.*

20   ⟨CICERO ATTICO SALVTEM.⟩

Nihil erat plane quod scriberem. Nam cum Puteolis essem, **1**
cotidie aliquid novi de Octaviano, multa, etiam falsa, de
Antonio. Ad ea autem quae scripsisti (tris enim acceperam
iii Id. a te epistulas), valde tibi adsentior, si multum possit
25 Octavianus, multo firmius acta tyranni comprobatum iri

3 manabit *b*²: manebit *RΔZ*⁽ᵗ⁾   et *Δ*: qui *R*   4 deinde ad nos *R*
7 *novam ep. incipit* κ   8 me *om. E*   temere *Z*: timere *M*: *om. ERδ*
15 consulibus [cos., cōs.] *ERΔ*: censoribus *Z*⁽ᵇ⁾   M.F. [f. *s*, fr. *d*] *Eδ*: ME
*RM*¹   16 censoribus *Z*: *om. Ω*   17 iis *m*: hiis *R*: his *EPΔ*
21 *novam ep. incipit b*²   24 adsentior [ass-] *PΔ*: -io *R*

quam in Telluris, atque id contra Brutum fore. Sin autem
vincitur, vides intolerabilem Antonium, ut quem velis ne-
2 scias. O Sesti tabellarium hominem nequam! Postridie Puteolis
Romae se dixit fore. Quod me mones ut pedetemptim, adsentior; etsi aliter cogitabam. Nec me Philippus aut Marcellus 5
movet. Alia enim eorum ratio; et, si non est, tamen videtur.
Sed in isto iuvene, quamquam animi satis, auctoritatis parum
est. Tamen vide, si forte in Tusculano recte esse possum, ne
id melius sit. Ero libentius; nihil enim ignorabo. An hoc cum
Antonius venerit?   10
3   Sed, ut aliud ex alio, mihi non est dubium quin quod
Graeci καθῆκον, nos 'officium.' Id autem quid dubitas quin
etiam in rem publicam praeclare caderet? Nonne dicimus
'consulum officium, senatus officium'? Praeclare convenit;
4 aut da melius. Male narras de Nepotis filio. Valde me hercule 15
moveor et moleste fero. Nescieram omnino esse istum puerum.
Caninium perdidi, hominem, quod ad me attinet, non ingratum. Athenodorum nihil est quod hortere. Misit enim
satis bellum ὑπόμνημα. Gravedini, quaeso, omni ratione sub-
veni. Avi tui pronepos scribit ad patris mei nepotem se ex 20
Nonis iis quibus nos magna gessimus aedem Opis explicaturum, idque ad populum. Videbis igitur et scribes. Sexti
iudicium exspecto.

2 ut *Δ*: ita ut *R*   quem δ: quam *M*[1]: que *Rb*[a]   3 sexti *Ps*
6 monet *R*   ratio ⟨est⟩ *Wes.*   8 Tusculano *Ascensius*: -num *RΔ*
recte *Δ*: ratione [rōe] *R*: rome *P*   possim *Rom.*   9 ignorabo. vale
R   hoc *Rbms*: hec *PM*: hic *Orelli*   13 quadret *Mueller*   14 consulum *bm*[2]*s*: -ltum *RMdm*[1]   imperatoris officium *post* sen- off- *add.*
Crat. [*O quoque non babuit*]   15 male mihi *R*   17 canium *R*
20 avi *Muretus*: qui *RM*: Q. δ [*sed* gravedini . . . magna *om. d*]
21 Opis] iovis *s*   explicaturum *O*[2]*bm*[2]*s*: -torem *O*[1]*RMdm*[1]*C*   22 scribes
bm[2]*s*: -bis *RMdm*[1]   sexti *PΔ*: sesti *R*

XV   *Scr. in Arpinati post prid. Id. Nov. an. 44.*

⟨CICERO ATTICO SALVTEM.⟩

Noli putare pigritia me facere quod non mea manu scribam **1**
—sed me hercule pigritia. Nihil enim habeo aliud quod
5 dicam. Et tamen in tuis quoque epistulis Alexim videor
agnoscere. Sed ad rem venio.

Ego, si me non improbissime Dolabella tractasset, dubi-
tassem fortasse utrum remissior essem an summo iure con-
tenderem. Nunc vero etiam gaudeo mihi causam oblatam in
10 qua et ipse sentiat et reliqui omnes me ab illo abalienatum,
idque prae me feram et quidem me facere et ⟨mea et⟩ rei
publicae causa ut illum oderim, quod, cum eam me auctore
defendere coepisset, non modo deseruerit emptus pecunia sed
etiam, quantum in ipso fuerit, everterit. Quod autem quaeris **2**
15 quo modo agi placeat cum dies venerit, primum velim eius
modi sit ut non alienum sit me Romae esse; de quo ut de ceteris faciam ut tu censueris. De summa autem agi prorsus vehementer et severe volo. Etsi sponsores appellare videtur habere
quandam δυσωπίαν, tamen hoc quale sit consideres velim.
20 Possumus enim, ut sponsores ⟨non⟩ appellentur, procuratores
in ius ducere; neque enim illi litem contestabuntur. Quo
facto non sum nescius sponsores liberari. Sed et illi turpe
arbitror eo nomine quod satis dato debeat procuratores eius
non dissolvere, et nostrae gravitatis ius nostrum sine summa

---

3 *novam ep. incipit* b^2 4 enim Δ: est R quod b: quid $R\Delta$
7 non om. b^1s 11 me [*post.*] RM^1dm: mea causa $M^2b s$ mea et
add. *Lamb.* (*marg.*)   12 causa ut *Sal.–Reg.*: -sa cui R: cui Mdm:
ut bs 13 deseruerit *Rom.*: -ruit $R\Delta$ 14 fuerit $RMd\lambda\lambda$:
fuit bms cod. *Ant.*   16 *prius* sit om. R 17 autem] igitur ds
19 δυσωπίαν s: ΔΥⲰΠ- M: ΑΥυΠ- R 20 non cod. *Vrs.*: om. $R\Delta$
appellentur bs cod. *Vrs.*: -emur $RMdmZ^{(t)}$: -emus *Orelli*   procuratores *Bos.*, *tacite*: -rem $R\Delta$ 21 in ius ducere Z^t: intus d- R: in-
terd- Δ: introd- b^2

illius ignominia persequi. De hoc quid placeat rescribas velim;
nec dubito quin hoc totum lenius administraturus sis.

3   Redeo ad rem publicam. Multa me hercule a te saepe ἐν
πολιτικῷ genere prudenter, sed his litteris nihil prudentius.
Quamquam enim †postea† in praesentia belle iste puer re- 5
tundit Antonium, tamen exitum exspectare debemus. At
quae contio! nam est missa mihi. Iurat 'ita sibi parentis
honores consequi liceat' et simul dextram intendit ad statuam.
Μηδὲ σωθείην ὑπό γε τοιούτου! Sed, ut scribis, certissimum
video esse discrimen Cascae nostri tribunatum, de quo qui- 10
dem ipso dixi Oppio, cum me hortaretur ut adulescentem
totamque causam manumque veteranorum complecterer, me
nullo modo facere posse, ⟨nisi⟩ mihi exploratum esset eum
non modo non inimicum tyrannoctonis verum etiam amicum
fore. Cum ille diceret ita futurum, 'Quid igitur festinamus?' 15
inquam. 'Illi enim mea opera ante Kal. Ian. nihil opus est,
nos autem eius voluntatem ante Id. Dec. perspiciemus in
Casca.' Valde mihi adsensus est. Quam ob rem haec quidem
hactenus. Quod reliquum est, cotidie tabellarios habebis et,
ut ego arbitror, etiam quid scribas habebis cotidie. Leptae 20
litterarum exemplum tibi misi, ex quo mihi videtur στρατυλ-
λαξ ille deiectus de gradu. Sed tu, cum legeris, existimabis.

4   Obsignata iam epistula litteras a te et a Sexto accepi. Nihil

1 rescribas *PΔ*: sc- *R*   2 nec *CZ cod. Faërn.*: nec ne *R cod. Ant.*: et
Δ: et non *b²*   lenius *bd*: levius *Rms* [*de M non liquet*]   3 quia multa *R*
5 postea *RΔZ⁽ᵗ⁾λ*: om. *P*: *hoc vel secludendum, quod fecerunt nonnulli, vel
desperandum*   retundit *RMdsCZ⁽ᵗ⁾λ*: -tudit *m*: -trudit *b*   6 spectare *R*
10 video esse *RZˡ*: e- v- *Δ*   11 oppio *b*: ap- *RΔZ⁽ᵗ⁾*   13 nullo *b²s²*:
ullo *RΔ*   nisi *s²*: ni *b²*: om. *RΔ*   esset *Δ*: est *R*   • 15 cum *Δ*:
tamen *R*: tum *P*   ita om. *R*   16 enim mea *Δ*: mea etiam *R*
17 perspiciemus *Vict.*: perscie- *RMdC*: scie- *bm*: pernosce- *s*   18 mihi
valde *ds*   hoc *bm*   19 -quom est *m*: -quo inest *Md*   tabellarios
Pbms: -ius *RMd*   21 στρατύλλαξ *Z⁽ᵇ⁾*: stratyllax *O¹Zᵗ* [stat-]: -tillax
O²RΔ: -tilax *P*   22 deiectus *bms*: dilectus [-tiis *M¹*] *RMd*   gradu
bm²s: -us *O¹RMdm¹*   23 sexto … sexti *EPΔ*: sesto … sesti *Rd*

iucundius litteris Sexti, nihil amabilius. Nam tuae breves
erant litterae, priores uberrimae. Tu quidem et prudenter et
amice suades ut in his locis potissimum sim, quoad audiamus
haec quae commota sunt quorsus evadant. Sed me, mi At- 5
5 tice, non sane hoc quidem tempore movet res publica, non
quo aut sit mihi quicquam carius aut esse debeat, sed despe-
ratis etiam Hippocrates vetat adhibere medicinam. Qua re
ista valeant; me res familiaris movet. Rem dico ? immo vero
existimatio. Cum enim tanta reliqua sint mihi, ne Terentiae
10 quidem adhuc quod solvam expeditum est. Terentiae dico ?
scis nos pridem iam constituisse Montani nomine HS x̄x̄v dissolvere. Pudentissime hoc Cicero petierat ut fide sua. Liberalissime, ut tibi quoque placuerat, promiseram Erotique dixeram
ut sepositum haberet. Non †modo† sed iniquissimo faenore
15 versuram facere Aurelius coactus est. Nam de Terentiae
nomine Tiro ad me scripsit te dicere nummos a Dolabella fore.
Male eum credo intellexisse, si quisquam male intellegit,
potius nihil intellexisse. Tu enim ad me scripsisti Coccei
responsum et isdem paene verbis Eros. Veniendum est igitur 6
20 vel in ipsam flammam. Turpius est enim privatim cadere
quam publice. Itaque ceteris de rebus quas ad me suavissime
scripsisti perturbato animo non potui, ut consueram, rescribere. Consenti in hac cura ubi sum, ut me expediam ; quibus

2 erant litterae, priores *scripsi*: p- e- [erat *m*] l- *ERΔ*   litterae *del.*
Man.   3 his *P*δ: hiis *R*: iis *E*: is *M*   4 commota *b²*: -oda *ERΔ*
6 quo *PΔ*: quod *ER*   aut sit λ: ausit *M¹*: ea sit *ER*δ   8 -ares
movent λ   9 mi(c)hi *OR*: *om. Δ*   10 solvam *Man.*: solum *RΔ*   Terentiae *Lamb.*: -iam *RΔ*   11 nos iam pridem *R*: iamp- nos *b* x̄x̄v *vel*
xxv *RMZ⁽ᵇ⁾*λ: xxii *DsZᵗ*: x̄x̄x̄v *bm*   12 pud- hoc *Pb²*: prud- hoc *Δ*: hoc
pud- *R*   ut fide sua *Zˡᵗ*: uti de suo *bs*λ: ut inde [*vel* vide] suo *OMdm*: ut
nude [ut unde suo *P*] aliquod conferrem *R*   13 Erotique *Vict.*: pro [per
bm] te qu(a)e *RΔZᵗ*   14 modo *Ω*: modo illa alia *P*: modo ⟨non fecit⟩
Lamb.   15 facereΔ: facere me facerem [factum *P*] *R*   18 intellisset *R*
21 de ceteris *ds*   suavis scripsisti summe *M*   23 constituti *b¹s*   ubi
sum *b*: uvi s- *Mm*: uni s- *Rds*: mecum *Boot*

autem rebus, venit quidem mihi in mentem, sed certi consti-
tuere nihil possum prius quam te videro. Qui minus autem
ego istic recte esse possim quam est Marcellus? Sed non id
agitur neque id maxime curo; quid curem vides. Adsum
igitur.   5

XVI   *Scr. in Arpinati c. iv Non. Quint. an. 44.*

CICERO ATTICO SALVTEM.

1 Iucundissimas tuas legi litteras. Ad Plancum scripsi, misi.
Habes exemplum. Cum Tirone quid sis locutus cognoscam
2 ex ipso. Cum sorore ages attentius, si te occupatione ista 10
relaxaris.

A

Scr. in Arpinati eodem tempore.

M. CICERO L. PLANCO PR. DESIG. SALVTEM.

3 Attici nostri te valde studiosum esse cognovi, mei vero ita 15
cupidum ut me hercule paucos aeque observantis atque aman-
tis me habere existimem. Ad paternas enim magnas et veteres
et iustas necessitudines magnam attulit accessionem tua voluntas erga me meaque erga te par atque mutua.

4 Buthrotia tibi causa ignota non est. Egi enim saepe de ea 20
re tecum tibique totam rem demonstravi, quae est acta hoc
modo. Vt primum Buthrotium agrum proscriptum vidimus,
commotus Atticus libellum composuit. Eum mihi dedit ut
darem Caesari; eram enim cenaturus apud eum illo die. Eum

1 venit δ: veni *RM*   mihi quidem venit *s*: v- m- q- *d*   certi *Orelli*:
-te *RΔλ*   3 possum *ds*   7 Attico salutem *s*: SVO [*om. bm*] SAL'
DIC [sal. d. *m*, S.D. *b*] ATTICO [-IO *M*] *Δ*: *salut. om. ER*   8 misi
ORM¹Z^t: *om. Eδλλ*   9 sis *Corr.*: sit *RΔ*: sim *P*   11 relaxaris *b*:
-xares *PΔ*: -xes *R*   19 meaque *EPΔ*: mea *R*   20 de ea re *Z^(b)*: de
ea λ['*L. ex v.c.*']: *om. Ω*

libellum Caesari dedi. Probavit causam, rescripsit Attico
aequa eum postulare, admonuit tamen ut pecuniam reliquam
Buthrotii ad diem solverent. Atticus, qui civitatem conserva- 5
tam cuperet, pecuniam numeravit de suo. Quod cum esset
5 factum, adiimus ad Caesarem, verba fecimus pro Buthrotiis,
liberalissimum decretum abstulimus; quod est obsignatum
ab amplissimis viris. Quae cum essent acta, mirari equidem
solebam pati Caesarem convenire eos qui agrum Buthrotium
concupissent, neque solum pati sed etiam ei negotio te prae-
10 ficere. Itaque et ego cum illo locutus sum et saepius quidem,
ut etiam accusarer ab eo quod parum constantiae suae con-
fiderem, et M. Messallae et ipsi Attico dixit ut sine cura
esset aperteque ostendebat se praesentium animos (erat enim
popularis, ut noras) offendere nolle; cum autem mare transis-
15 sent, curaturum se ut in alium agrum deducerentur. Haec 6
illo vivo. Post interitum autem Caesaris, ut primum ex senatus consulto causas consules cognoscere instituerunt, haec
quae supra scripsi ad eos delata sunt. Probaverunt eausam
sine ulla dubitatione seque ad te litteras daturos esse dixerunt.
20 Ego autem, mi Plance, etsi non dubitabam quin et senatus
consultum et lex et consulum decretum ac litterae apud te
plurimum auctoritatis haberent teque ipsius Attici causa
velle intellexeram, tamen hoc pro coniunctione et benevolentia nostra mihi sumpsi ut id a te peterem quod tua singularis
25 humanitas suavissimique mores a te essent impetraturi. Id
autem est ut hoc quod te tua sponte facturum esse certo scio
honoris nostri causa libenter, prolixe, celeriter facias. Mihi 7
nemo est amicior nec iucundior nec carior Attico; cuius antea

---

1 Caesaris λ   2 pecuni(a)e reliquum *P cod. Faërn.*   5 adimus
[-icimus *d*] ad *ΔCλ*: adimus *ER*: adivimus *b²*   facimus λ   7 equidem
Lamb.: quidem *ERΔ*   12 et [*prius*] *Δλ*: om. *ER*   13 essent *Rom.*
14 transissent *b²*: -et *ERΔ*   15 se ut *ΣMᶜbm*: se *M¹*: se ne *O²ds*   hoc *bm*
18 causam *Crat.*: -as *ERΔ*   20 quin et] qui nec *M¹*: qui et *M²d*
24 id *om. bm*   26 certo *EΔ*: -te *R*   28 amitior *R*: -icitior [-cicior *P*] *Pdλ*

res solum familiaris agebatur eaque magna, nunc accessit etiam existimatio, ut quod consecutus est magna et industria et gratia et vivo Caesare et mortuo id te adiuvante obtineat. Quod si a te erit impetratum, sic velim existimes, me de tua liberalitate ita interpretaturum ut tuo summo beneficio me 5 adfectum iudicem. Ego quae te velle quaeque ad te pertinere arbitrabor studiose diligenterque curabo. Da operam ut valeas.

B

Scr. paulo post ep. 16 A.

CICERO PLANCO PR. DESIG. SALVTEM.   10

8   Iam antea petivi abs te per litteras ut, cum causa Buthrotiorum probata a consulibus esset, quibus et lege et senatus
consulto permissum erat ut 'de Caesaris actis cognoscerent,
statuerent, iudicarent', eam rem tu adiuvares Atticumque
nostrum, cuius te studiosum cognovi, et me, qui non minus 15
laboro, molestia liberares. Omnibus enim rebus magna cura,
multa opera et labore confectis in te positum est ut nostrae
sollicitudinis finem quam primum facere possimus. Quamquam intellegimus ea te esse prudentia ut videas, si ea decreta
consulum quae de Caesaris actis interposita sunt non serven- 20
9 tur, magnam perturbationem rerum fore. Equidem cum
multa (quod necesse erat in tanta occupatione) non probentur
quae Caesar statuerit, tamen oti pacisque causa acerrime illa
soleo defendere. Quod tibi idem magno opere faciendum
censeo; quamquam haec epistula non suasoris est sed roga- 25
toris. Igitur, mi Plance, rogo te et etiam rogo sic medius

2 et *EΔ*: *om. Rs*   5 interpretaturum *Δ* [-petra- *M*, -peta- *m*¹]:
-tatur *E*: impetraturum *Pd*: -tramur *R*   7 arbitrabor *EPΔ*: -tror *R*
10 M. Cicero *R*   13 ut] et *M*¹: ne *d*   20 consulum *O*¹*bs*: -les
*EO*²*RMdm*   sunt *λ*: sint *ERΔ*   21 magnam] *hic deficit M*   23 Caesar
om. s   25 censeo *om. ds*   26 et etiam *ERbd*²*ms*²: etiam etiam *d*¹:
et iterum *s*¹: et etiam ⟨atque etiam⟩ *Mueller*   rogo sic *Ems*: rogo *d*:
ago sic *b*¹: sic oro *R*: oro sic *b*² *Mueller, fort. recte*

fidius ut maiore studio magisque ex animo agere non possim,
ut totum hoc negotium ita agas, ita tractes, ita conficias ut,
quod sine ulla dubitatione apud consules obtinuimus propter
summam bonitatem et aequitatem causae, id tu nos ob-
5 tinuisse non modo facile patiare sed etiam gaudeas. Qua
quidem voluntate ⟨te⟩ esse erga Atticum saepe praesens et
illi ostendisti et vero etiam mihi. Quod si feceris, me, quem
voluntate et [quem] paterna necessitudine coniunctum semper habuisti, maximo beneficio devinctum habebis, idque ut
10 facias te vehementer etiam atque etiam rogo.

C

Scr. eodem tempore quo ep. 16 B.

CICERO CAPITONI SVO SALVTEM.

Numquam putavi fore ut supplex ad te venirem; sed 10
15 hercule facile patior datum tempus in quo amorem experirer
tuum. Atticum quanti faciam scis. Amabo te, da mihi et hoc,
obliviscere mea causa illum aliquando suo familiari, adversario
tuo, voluisse consultum, cum illius existimatio ageretur. Hoc
primum ignoscere est humanitatis tuae; suos enim quisque
20 debet tueri: deinde si me amas (omitte Atticum), Ciceroni
tuo, quem quanti facias prae te soles ferre, totum hoc da ut
quod semper existimavi nunc plane intellegam, me a te multum amari. Buthrotios cum Caesar decreto suo quod ego 11
obsignavi cum multis amplissimis viris liberavisset ostendis-
25 setque nobis se, cum agrarii mare transissent, litteras missurum quem in agrum deducerentur, accidit ut subito ille

---

6 te *add. Lamb.*   7 me quem δ: me quam *E*: quem me *R*   8 et
Rom.: et quem *Rδ*: et quam *E*   18 tuo *Pδ*: *om. R*   illius *Rm*:
ipsius *bds*   20 debet *Rm*: habet *bds*   21 tuo *Pδλ*: tu *R*   da
Z^b λ: des *b²*: *om. Rδ*   24 clarissimis *s*   ostendissetque *Pδ*: -isset *R*

interiret. Deinde, quem ad modum tu scis (interfuisti enim),
cum consules oporteret ex senatus consulto de actis Caesaris
cognoscere, res ab iis in Kal. Iun. dilata est. Accessit ad
senatus consultum lex quae lata est a. d. IIII Non. Iun., quae
lex earum rerum quas Caesar statuisset, decrevisset, egisset, 5
consulibus cognitionem dedit. Causa Buthrotiorum delata
est ad consules. Decretum Caesaris recitatum est et multi
praeterea libelli Caesaris prolati. Consules de consili sententia
decreverunt secundum Buthrotios * * * Plancum dederunt.

12 Nunc, mi Capito (scio enim quantum semper apud eos 10
quibuscum sis posse soleas, eo plus apud hominem facillimum
atque humanissimum, Plancum), enitere, elabora vel potius
ᴄblandire, effice ut Plancus, quem spero optimum esse, sit
etiam melior opera tua. Omnino res eius modi mihi videtur ut
sine cuiusquam gratia Plancus ipse pro ingenio et prudentia 15
sua non sit dubitaturus quin decretum consulum, quorum
et lege et senatus consulto cognitio et iudicium fuit, con-
servet, praesertim cum hoc genere cognitionum labefactato
acta Caesaris in dubium ventura videantur, quae non modo
ii quorum interest sed etiam ii qui illa non probant oti causa 20
13 confirmari velint. Quod cum ita sit, tamen interest nostra
Plancum hoc animo libenti prolixoque facere; quod certe
faciet, si tu nervulos tuos mihi saepe cognitos suavitatemque
qua tibi nemo par est adhibueris. Quod ut facias te vehementer rogo.   25

1 interfuisti enim δ: quia int- R   3 iis δ: is R: his P   in RmC:
.III. bds   dilata Rmλ: del- bds   accessit [hoc etiam λ] . . . lata est
C: om. Rδ   4 ad IIII. C: ad .III. Rδ   non. iun. [vel sim.] Pbm: Iūñ.
nōn R: noñ. iuł. ds   8 prolati Rm: probati bds   9 litteras ad ante
Plancum add. Man., arbitrum Mueller, alii alia   14 omnino Rb²:
omnis δ   ut δ: esse ut R   19 videantur δ: -entur R   modo ii
bms: -o hi b: video R: modo P   20 hi qui b   21 confirmari
Pius: -re Rδ   23 nervulos δ: vultus etiam R   24 tibi nemo δ:
n- t- R

D

Scr. eodem tempore quo ep. 16 C.

M. CICERO C. CVPIENNIO SALVTEM.

Patrem tuum plurimi feci meque ille mirifice et coluit 1
5 et amavit, nec me hercule umquam mihi dubium fuit quin
a te diligerer; ego quidem id facere non destiti. Quam ob rem
peto a te in maiorem modum ut civitatem Buthrotiam sub-
leves decretumque consulum quod ii secundum Buthrotios
fecerunt, cum et lege et senatus consulto statuendi potesta-
10 tem haberent, des operam ut Plancus noster quam primum
confirmet et comprobet. Hoc te vehementer, mi Cupienni,
etiam atque etiam rogo.

E

Scr. post ep. 16 B.

15   CICERO PLANCO PR. DESIG. SALVTEM.

Ignosce mihi quod, cum antea accuratissime de Buthrotiis 15
ad te scripserim, eadem de re saepius scribam. Non me hercule, mi Plance, facio quo parum confidam aut liberalitati
tuae aut nostrae amicitiae, sed, cum tanta res agatur Attici
20 nostri, nunc vero etiam existimatio, ut id quod probavit
Caesar nobis testibus et obsignatoribus qui et decretis et
responsis Caesaris interfueramus videatur obtinere potuisse,
⟨iterum te puto rogandum esse,⟩ praesertim cum tota potestas
eius rei tua sit, ut ea quae consules decreverunt secundum
25 Caesaris decreta et responsa non dicam comprobes sed studiose

4 plurimi *P*δ: -mum *R*   5 mihi *Rm*: *om. bds*   6 diligerer. ego
δ: -rer. quoniam *P*: -retur *R*   8 ii *dms*: hii *R*: hi *Pb*   11 comprobet *C*λ: probet *R*δ   15 Cicero *s*: M. C- *Rbd*: MARCUS C- *m*
17 scripserim *m*: -ram *Rbds*   18 quo *R codd. Faern. Ant.*: quod δ
19 tanta *Rb²d* [*sed* antea *superscr.*] *m*: antea *b¹s*   21 Caesar *Man.*:
consul [cos., cons.] *R*δ   23 iterum . . . esse *addidi*

319

16 libenterque comprobes. Id mihi sic erit gratum ut nulla res
gratior esse possit. Etsi iam sperabam, cum has litteras ac-
cepisses, fore ut ea quae superioribus litteris a te petissemus
impetrata essent, tamen non faciam finem rogandi quoad
nobis nuntiatum erit te id fecisse quod magna cum spe 5
exspectamus. Deinde enim confido fore ut alio genere litterarum utamur tibique pro tuo summo beneficio gratias
agamus. Quod si acciderit, velim sic existimes, non tibi tam
Atticum, cuius permagna res agitur, quam me, qui non minus
laboro quam ille, obligatum fore.   10

F

Scr. paulo post ep. 16 C.

CICERO CAPITONI SUO SALVTEM.

17   Non dubito quin mirere atque etiam stomachere quod
tecum de eadem re agam saepius. Hominis familiarissimi 15
et mihi omnibus rebus coniunctissimi permagna res agitur, Attici. Cognovi ego tua studia in amicos, etiam in te
amicorum. Multum potes nos apud Plancum iuvare. Novi
18 humanitatem tuam; scio quam sis amicis iucundus. Nemo
nos in hac causa plus iuvare potest quam tu. Etsi res ita est 20
firma ut debet esse, quam consules de consili sententia decre-
verint cum et lege et senatus consulto cognoscerent, tamen
omnia posita putamus in Planci tui liberalitate; quem quidem arbitramur cum offici sui et rei publicae causa decretum consulum comprobaturum tum libenter nostra causa 25
esse facturum. Adiuvabis igitur, mi Capito; quod ut facias te
vehementer etiam atque etiam rogo.

5 magna cum *Rm*: c- m- *bds*   8 non tibi tam *bds*: non tibi *m*: ut tibi
R: non magis tibi *P*   9 permagna *Rbm*: magna *ds*   13 M. Cicero *R*
suo *R*: *om. E*   20 etsi *Wes.*: et *ERδ*   ita *b²dsZᵇλ*: ista *ERb¹m*   21 de-
creverint *ER*: -runt δ   22 *alterum* et *om. b¹d*   24 sui *Pb²*: tui *ERδ*

INDICES

[*Numeri paginas et versus designant. Vncis* [ ] *inclusa in apparatu critico reperientur.*]

A. INDEX NOMINVM

Abuttius (?) Laco 305. 16 (*cf.* Anagnini).

Academia 173. 4; 186. 17. Academicus (Ἀκαδημικός) 173. 13; 175. 2; 177. 2, 18; 298. 4, 9.

Accius, L. (poeta) 289. 9; 294. 13.

Achaia 91.6; 96.24; 166. 13; 262. 8. Achaici 100, 17; 101. 16; 103. 21.

Achilles *cf.* 8. 1.

Acidinus *v.* Manlius Acidinus.

Acilius Balbus, M'. (cos. 150) 119. 24.

Acilius Glabrio, M.' (cos. 67) 132. 24.

Adrianum mare 57. 8.

Aebutius 289. 25.

Aeculanum 289. 24.

Aegypta 147. 13; 165. 5.

Aegyptus 28. 11; 43. 25.

Aelius, M. 281. 7; 284. 5.

Aelius Lamia, L. 90. 9; 134. 27; 141. 23; 204. 15, 22; 205. 5; 230. 11. Lamiani horti 133. 12.

Aelius Ligus, P. *v.* Ligus.

Aelius Tubero, L. (pater an filius incertum) 178. 13, 14.

Aemilius Lepidus (Regilli pater) 137. 8.

Aemilius Lepidus, M'. (cos. 66) 1. 17; 25. 18, 23; 132. 23.

Aemilius Lepidus, M. (triumvir) 203. 7; 205. 22; 207. 10; 213. 8; †296. 11. *Cf.* 219. 17. Lepidianus 307. 4.

Aemilius (Lepidus) Paulus, L. (cos. 50) 218. 15; 219. 17.

Aemilius Regillus 137. 7.

Aenaria 74. 12.

Aesopi filius (*sc.* M. Clodius Aesopus) 102. 20.

Afranius, L. (cos. 60) 64. 16; 65. 8.

Africa 4. 15; 90. 25, 29; 98. 6, 11; 100. 19; 101.4, 16; 105.24; 106. 1; 137. 3; 195. 5. Africanus 95. 18; 113. 9.

Africanus *v.* Cornelius Scipio Africanus.

Agamemnon 206. 21; 236. 22.

Agusius 110. 16, 19.

Ahala *v.* Servilius Ahala.

Alaudae 302. 10.

Alba 8. 21.

Albanius, C. 193. 8.

Albanum 36. 13.

[Albinius, C. 193. 8.]

Albinus *v.* Postumius Albinus.

Albius Sabinus 173. 23. Albianus 239. 10; 242. 9.

Aledius (Atedius?) 118. 9; 135. 17; 137. 3; 139. 3; 140. 18.

Alexander (Magnus) (Ἀλέξανδρος) 151. 9, 11; 189. 6. *Cf.* 189. 15.

Alexander (tabellarius) 163. 25.

Alexandria 19. 22; 89. 15; 99. 7, 8; 101. 15; 102. 16; 103. 12; 105. 19; 106. 7; 114. 4. Alexandrinus 103. 23; 266. 16.

Alexio (procurator Attici (?)) 186. 13.

Alexio (medicus) 247. 3; 251. 12; 252. 10.

INDEX NOMINVM

325

Clodia (mater D. Bruti, cos. 77) 134. 18.

Clodia (L. Metelli socrus) 9. 22; 19. 11.

Clodia (*fort.* uxor Q. Metelli Celeris) 150. 3; 153. 3; 154. 1, 25; 155. 21; 157. 17, 21; 160. 24; 187. 4; 191. 2; 219. 20. Clodiani (horti) 160. 23. *Cf.* 191. 3.

Clodius (incertum quis) 142. 8, 10.

[Clodius, Sex. *v.* Cloelius]

Clodius Aesopus, M. *v.* Aesopi filius.

Clodius Hermogenes 137. 18; 143. 7; 184. 20.

Clodius Patavinus 156. 2.

Clodius Pulcher, P. (tr. pl. 58) 111. 9; 229. 23. *Cf.* 228. 9.

Clodius Pulcher, P. (superioris filius) *v.* Claudius Pulcher, P.

Cloelius, Sex. 58. 26; 227. 9, 26; 228. 19; 229. 16; 230. 22; 240. 17, 19; 266. 3. *Cf.* 229. 7.

Cluatius 129. 3; 147. 7.

Cluvius, M. 206. 3, 8. Cluviana 220. 14. *Cf.* 205. 6. Cluviani horti 206. 6; 233. 9. Cluvianum 222. 17; 223. 19; 297. 19.

Cocceius 125. 24; 129. 22; 131. 9; 313. 18.

Colchi 19. 22; 23. 17.

collis (*sc.* Quirinalis) 124. 2.

consules (*sc.* Lentulus et Marcellus) 2. 26; 9. 17, 25; 19. 12; 48. 22. (*sc.* Antonius et Dolabella) 218. 5; 272. 4; 293. 5, 9; 315. 17, 21; 316. 12, 20; 317. 3; 318. 2, 6, 7, 8, 16; 319. 8, 24; 320. 21.

consules designati (*sc.* Hirtius et Pansa) 220. 23; 224. 24.

Coponiana villa 142. 23.

Corcyra 87. 9; 184. 21; 297. 3.

Corduba 148. 12.

Corfidius, L. 204. 7, 9.

Corfinium 3. 24; 17. 5. Corfiniensis 33. 21; 39. 18.

Corinthus (Κόρινθος) 19. 5; 165. 21; 167. 5, 7; 195. 16.

Coriolanus *v.* Marcius Coriolanus.

Cornelius Balbus, L. (cos. suff. 40): *eius ad Ciceronem epp.* 15 sq.; 34 sq.: *eius et Oppi communis ad Ciceronem ep.* 14 sq.: *Caesaris ad eum et Oppium epp.* 17; 34 sq. 7. 28; 8. 18; 12. 21; 34. 5, 7; 35. 10, 19; 70. 26; 81. 17, 19; 88, 12; 91, 17; 92. 18; 93, 7, 19; 100. 22; 106. 11; 109. 8; 116. 12; 122. 25; 124. 19; 125. 17; 131. 13; 141. 14; 156. 3; 157. 19; 163. 14; 176. 16; 180. 18, 21; 181. 18; 182. 16, 18; 194. 19; 195. 2; 198. 21; 199. 1, 2 *bis*; 204. 22; 205. 5, 20; 206. 7, 11; 207. 14; 209. 23; 210. 3, 13; 211. 21; 215. 7; 221. 3, 8; 222. 13; 223. 23; 243. 17; 244. 18; 251. 5; 255. 21; 256. 12; 258. 16; 259. 6; 260. 3; 292. 8; 307. 4 (*v. etiam* Atypus). *Cf.* 160. 2; 167. 23; 187. 25; 192. 17.

Cornelius Balbus, L. (minor) 8. 20; 97. 13; 149. 6; 198. 8; 209. 13 (*v. etiam* Balbillus *et* Balbinus).

Cornelius Cinna, L. (cos. 87–84) 23. 13.

Cornelius Dolabella, P. (Cn. Cornelius Lentulus Dolabella?) (cos. suff. 44): *Ciceronis ad eum epp.* 236–8; 268 sq. 31. 11, 16, 20; 34. 11; 40. 5; 54. 7; 57. 8; 62. 20; 90. 10; 120. 10; 123. 2; 149. 6; 169. 5, 11, 12, 20; 170. 13; 173. 15; 179. 14; 181. 17; 189. 25; 191. 3; 205. 2; 207. 6; 210. 2, 3, 6; 212. 11; 221. 8; 232. 17; 233. 16; 235. 17; 236. 6; 237. 4, 5, 12; 238. 22, 25, 29; 239. 8; 240. 9, 21; 241. 4, 13; 242. 14;

INDEX NOMINVM

Hispania (*cont.*)
59. 8, 11; 62. 4; 64. 20; 65. 1;
66. 18, 20, 27; 71. 21; 72. 3;
73. 10, 12; 75. 1; 76. 2; 81. 11;
95. 20; 98. 11; 122. 14, 16; 135.
7; 216. 15. Hispania citerior 148
13. Hispani 220. 3. Hispaniensis
58. 11; 266. 10.
Homerus 8. 1; 18. 7.
Hordeonius, T. 206. 8; 288. 11, 12.
Hortensius Hortalus, Q. (cos. 69)
51. 23; 120. 6; 167. 3; 175. 3;
176. 5; 177. 19; 192. 2; 194. 6;
195. 16.
Hortensius, Q. (pr. 45 (?), superioris
filius) 71. 15; 79. 19; 80. 3, 17;
89. 8; 119. 4; [288. 11, 12]. *Cf.*
51. 23. Hortensinus 81. 7.
Hostilius Saserna 251. 3.
Hostilius Tubulus, L. (pr. 142)
119. 18, 22.
Hydrus 277. 22; 295. 22.

Illyricum 56. 15; 64. 18; 103. 11.
Insteius, M. *Cf.* 216. 17 (?).
Isidorus 85. 12, 23.
Isthmus 194. 12.
Italia 2. 1; 5. 4; 9. 25; 13. 7, 17;
19. 25; 23. 19, 27; 24. 8, 12, 15,
19, 21, 26; 25. 11, 12; [32. 21];
43. 2, 9; 48. 21; 50. 11; 51. 21;
53. 19; 59. 14; 62. 7; 67. 25; 73.
15; 89. 10; 90. 1, 4, 6, 11; 91. 7;
95. 20; 97. 8; 103. 12; 106. 12;
257. 6; 263. 6; 290. 6; 297. 7.
(Iulia, M. Antoni mater *cf.* 237. 4.)
[Iulia 284. 17.]
Iulia lex 263. 20. Iuliae leges
cf. 167. 22.
Iulius Caesar, C.: *eius ad Ciceronem epp.* 11; 39 sq.; 63 sq.: *ad
Oppium et Balbum* 17; 34 sq.: *ad
Pedium* 35: *Ciceronis ad eum epp.*
28 sq.; 97 sq. 2. 5, 6, 11; 3. 12,

26; 5. 11; 7. 19; 8. 22; 9. 3; 10.
21, 24; 12. 22, 24; 14. 23; 15. 3,
6, 7, 11, 12, 16, 17, 22; 16. 5, 17,
21, 26; 18. 6; 19. 5; 20. 18; 21.
12; 26. 26; 27. 8, 15; 28. 17; 30.
9, 12; 31. 12; 33. 23; 34. 17; 35.
11, 12; 36. 9, 12; 37. 23; 38. 23;
39. 4, 8, 14; 49. 12, 18; 51. 16,
20; 52. 19, 22; 54. 6; 57. 12; 60.
3; 63. 5, 6, 14; 64. 15. 21; 65. 24;
66. 3, 14, 19, 23; 67. 10, 16, 24;
68. 2, 8; 74. 10; 88. 14, 21, 23;
89. 8, 14; 90. 3; 91. 14; 92. 24
bis; 94. 9; 95. 12; 97. 7, 18; 98.
3; 105. 6; 107. 13, 22; 109. 13;
110. 17; 112. 24; 117. 8; 122. 2;
123. 7; 132. 20 *bis*; 151. 3; 153.
12; 156. 19; 158 4, 23; 159. [5],
22; 160. 22; 162. 17; 163. 19;
167. 20; 169. 20; 170. 23; 174. 6;
175. 11, 17; 176. 17; 178. 9;
181. 18; 183. 16; 187. 17, 24;
189. 1; 192. 17; 196. 16; 198. 13;
199. 4; 200. 17; 204. 1, 16;
[205. 23]; 206. 7; 207. 6, 12;
208. 7; 209. 22, 24; 210. 1, 12,
25; 211. 16; 213. 15; 214. 14;
216. 18; 217. 17; 221. 10, 18;
222. 2; 224. 7; 225. 25, 26;
226. 22; 227. 12, 14, 26; 228. 4;
235. 14, 29; 241. 2, 3; 244. 21;
252. 18; 293. 12; 314. 24; 315. 1,
5, 8, 16; 316. 3, 13, 20, 23; 317.
23; 318. 2, 5, 7, 8, 19; 319. 21,
22, 25. Caesarinus 303. 20. *Cf.*
4. 8; 8. 10; 12. 6; 18. 19; 20. 5;
21. 8; 23. 19; 25. 21; 26. 16; 32.
17; 37. 16; 40. 13; 41. 6; 42. 2,
13; 43. 10; 46. 12; 50. 10; 53. 10;
54. 3; 58. 13; 59. 4, 17; 60. 9;
61. 10; 68. 20; 73. 16; 75. 14;
81. 19; 89. 25; 92. 4; 93. 20;
100. 22; 101. 14; 103. 6, 13, 19;
105. 19; 106. 7; 108. 11; 109. 3,

21; 114. 4; 189. 17; 197. 16;
201. 3; 205. 23; 212. 5; 213. 4,
10; 218. 1; 221. 25; 222. 11;
223. 6; 231. 15; 246. 4, 6; 254.
20; 276. 5 (*v. etiam* rex et tyrannus).
Iulius Caesar, L. (cos. 64) 132. 23;
235. 7; 236. 25; 255. 16.
Iulius Caesar Octavianus, C. (C.
Octavius) 217. 7, 15; 222. 13;
223. 23; 224. 16; 244. 5; 245. 16;
251. 1; 264. 20; 301. 22; 303. 3;
306. 12; 309. 22, 25. *Cf.* 224.
17; 309. 2; 310. 7; 312. 5.
Iulius Caesar Strabo Vopiscus, C.
177. 11.
Iunia (Lepidi uxor) 219. 16.
Iunia Tertia (Tertulla) 242. 15;
261. 23.
Iunius 126. 7.
Iunius Brutus, L. (primus consul)
201. 6 (*v. etiam* 'Brutus').
Iunius Brutus, M. (sequentis pater)
35. 21.
Iunius Brutus, M. (Q. Servilius
Caepio Brutus) 86. 4; 120. 1, 2,
5, 6; 125. 10; 126. 27; 127. 12;
129. 18; 131. 18; 132. 16; 139. 7;
141. 4, 7; 147. 3, 15; 149. 15;
165. 4, 15; 166. 3, 18; 168. 8, 19;
169. 15; 170. 15, 22; 171. 9, 13;
172. 9; 173. 9; 174. 6; 175. 6,
10, 16; 180. 17, 21; 182. 18, 22;
183. 20; 184. 3; 185. 13, 15; 186.
13, 17; 196. 22; 197. 22; 198.
19; 199. 17; 200. 18; 201. 3, 8;
202. 8; 203. 22; 204. 6; 206. 2;
208. 13; 213. 14; 214. 19; 216.
14; 218. 17; 219. 15; 220. 6; 221.
16; 223. 4; 225. 7; 226. 3 (?);
232. 12; 233. 1, 5, 19, 23; 235.
17; 237. 19; 239. 18, 22; 240. 11,
13; 241. 17; 242. 20; 243. 1, 14,
21; 244. 2; 246. 4; 248. 18; 249.

11, 17; 252. 13, 15, 19; 254. 5,
12; 255. 13, 18; 256. 3, 4, 11;
257. 10, 15; 258. 2; 260. 4, 19;
261. 6, 22; 262. 9; 263. 1; 264.
15; 266. 13; 271. 18; 272. 4, 19;
273. 16; 274. 7, 18; 275. 21; 276.
3; 277. 6; 278. 8; 279. 1, 5, 6, 19;
280. 7; 281. 4; 282. 21; 283. 12;
284, 3, 4, 10, 16; 286. 3, 6, 13;
288. 3, 9; 289. 6; 292. 14, 24;
293. 25; 294. 4, 12; 295. 5, 15,
18; 298. 20 *bis*, 21, 22; 300. 7,
10, 14, 20; 301. 7, 9, 13; 302. 21;
303. 11 (?); 310. 1 (*v. etiam* Bruti
et liberatores). *Cf.* 201. 4; 245.
7; 264. 10.
Iunius Brutus Albinus, D. 225. 20;
226. 3 (?); 253. 12; 257. 2; 261.
11; 262. 16; 284. 11; [303. 11];
306. 9 (*v. etiam* Bruti).
Iunius Brutus, D. (cos. 77) 134. 18.
Iunius Silanus, D. (cos. 62) 132.
24.
Iuventius Laterensis, M. (pr. 51?)
128. 7.
Iuventius Talna (Thalna) (amicus
Ciceronis) 296. 18. *Cf.* 182. 1, 3.
Iuventius Talna (Thalna) (*fort.*
superioris filius) 190. 1. *Cf.* 181.
22.

Kanus *v.* Gellius Canus.

Labeo (*fort.* Pacuvius Antistius
Labeo) 172. 20.
Lacedaemon 260. 11. Lacedae-
monii 61. 5.
Laco *v.* Abuttius Laco.
Λακωνικὴ σκυτάλη 68. 5.
Laelius, C. (Sapiens) (cos. 140)
120. 4.
Laelius, D. (tr. pl. 54) 90. 12; 100.
20; 102. 15. *Cf.* 101. 19.
Laenas *v.* Popilius Laenas.

3; 177. 19; [275. 19] (*v. etiam*
'Catulus').
Lycia 19. 23.

Macedonicae legiones 302. 14.
[Macho 47. 8.]
Madarus (*sc.* C. Matius) 214. 11.
Magius, N. 17. 17; 34. 4, 23.
Magius Cilo, P. 170. 25, 28.
Mamilius, Octavius 23. 9.
Mamurra 211. 22.
Manilius, M'. (cos. 149) 119. 24.
Manlius Acidinus 144. 12.
Manlius Torquatus, A.(pr.70)18. 1.
Manlius Torquatus, L. (cos. 65)
132. 22.
Manlius Torquatus, L. (pr. 49)
17. 27; 18. 1; 177. 16.
Manlius Torquatus, T.(?) (Auli
filius, *ut vid.*) 128. 7; 165. 22;
169. 11, 14; 178. 11; 179. 13;
193. 25; 205. 3; 206. 22; 252. 7;
307. 5.
Marathonia pugna 23. 11.
Marcelli 2. 6.
Marcellinus *v.* Cornelius Lentulus
Marcellinus.
Marcellus *v.* Claudius Marcellus.
Marcianus *v.* Tullius Marcianus.
Marcius Censorinus, L. (cos. 149)
119. 23.
Marcius Censorinus, L. (cos. 39)
222. 10.
Marcius Coriolanus, C. 23. 9.
Marcius Figulus, C. (cos. 64)
132. 23.
Marcius Philippus, L. (cos. 56)
38. 1; 53. 13; 128. 2; 129. 16;
211. 14, 20; 223. 24; 224. 17;
310. 5 (*v. etiam* Amyntae filius).
Cf. 264. 23.
'Marius' 158. 20.
Marius, C. 23. 12; 61. 8 (*v. etiam*
'Marius').

Marius, C. (Pseudomarius) 158. 19;
217. 16; 218. 15; 219. 14.
Mars 262. 6.
Martius campus 173. 8; 196. 12, 13.
Massilia 76. 3; Massilienses 68. 13;
73. 10; 232. 8.
Matius, C.: *eius et Trebati ad
Ciceronem ep.* 38 sq. 27. 11, 21;
30. 8; 32. 18; [37. 25]; 38. 18;
40. 12; 210. 17; 215. 4, 21;
251. 2 (*v. etiam* Calvena *et*
Madarus). *Cf.* 213. 3, 14.
Maximus *v.* Egnatius *et* Fabius
Maximus.
[Maximus 284. 6.]
†Mecius† 283. 4.
Melita 57. 4; 62. 8; 64. 19; 65. 7;
81. 18.
Menedemus 250. 15; 255. 5;
[275. 5].
Mentor (*Μέντωρ*) 18. 8, 9.
Μεσοποταμία 28. 12.
Messalla *v.* Valerius Messalla.
Metella *v.* Caecilia Metella.
Metellus *v.* Caecilius Metellus.
Metio 160. 10.
Meto (astronomus) 117. 12.
[Meto 160. 10.]
Metrodorus 250. 4.
Miletus 19. 24.
Milo, Milonianus *v.* Annius Milo.
.Μίμας 308. 15.
Minerva 18. 7.
Minturnae 30. 8; 48. 4; 74. 16;
303. 21; 308. 5.
Minucia via 8. 22.
Minucius (argentarius (?)) 101. 4;
102. 1.
Minucius Basilus, L. (pr. 45) 87. 1.
Misenum 62. 10; 242. 11; 247. 14.
[Moneta 269. 15.]
Montanus *v.* Tullius Montanus.
Mucius Scaevola, P. (cos. 133)
119. 19.

156. 23; 175. 6; 177. 16; 209.
25; [275. 19]; 287. 14; 300. 4, 6
(v. etiam 'Cato'). Cf. 118. 2;
166. 12.
Porcius Cato, M. (superioris filius)
166. 10.
Porsenna 23. 8.
Posidonius 306. 1.
Postumia 65. 12; 124. 11; 134. 19.
Cf. 68. 16.
Postumius Albinus, A. (cos. 151)
192. 1; 194. 11, 12.
Postumus v. Curtius Postumus.
Praeneste 116. 10.
Preciana 137. 9.
'Prognostica' 271. 16.
Ψυρίη 308. 16.
Publicianus locus 150. 1.
Publilia 143. 18. Eius mater 143. 18,
24.
Publilius 122. 16; 130. 20; 137. 3;
140, 17; 143. 18; 197. 6; 207. 19;
241. 8; 288. 16; 297. 20.
Publilius Syrus 214. 8.
Pulcher v. Claudius et Clodius
Pulcher.
Pupius Piso Frugi (Calpurnianus),
M. (cos. 61) 177. 17.
Puteoli 27. 3, 6; 33. 20; 38. 1;
43. 23; 52. 14; 205. 4; 207. 5;
210. 9; 212. 8; 276. 3; 281. 5;
282. 12; 284. 14; 309. 21; 310. 3.
Puteolanum 218. 20; 242. 7;
247. 17; 248. 3; 249. 3; 283.
11; 286. 3. Puteolanus 230. 17;
233. 13.

Quinquatrus 156. 20; 189. 18.
Quinti 95. 6; 242. 18. Cf. 95. 24.
Quintius Flamininus, T. (cos. 150)
119. 24.
Quintus (Quintus frater, pater;
Quintus filius, puer) v. Tullius
Cicero.

Quirinalis collis v. collis.
Quirinus 156. 20.

Reatini 18. 2.
Rebilus v. Caninius Rebilus.
Regillus v. Aemilius Regillus.
regina (sc. Cleopatra) 219. 19; 242.
16; 248, 22; 255. 5; 269. 17;
270. 1; 272. 19.
Reginus v. Antistius Reginus.
Regium 54. 17; 297. 1, 5. Regini
298. 19.
Regulus v. Atilius Regulus.
rex (sc. Caesar) 198. 14; 223. 12.
Rhodos 19. 23; 99. 7, 8; 110. 16,
18. Rhodii 70. 22.
Roma 8. 18; 9. 4; 14. 24; 16. 14;
18. 4; 21. 16; 39. 1; 42. 18; 90. 4;
120. 16; 123. 10; 124. 2; 129. 17;
135. 22; 144. 8; 147. 27; 151.
23, 27; 152. 21; 154. 16; 157.
21; 159. 12; 163. 18; 167. 20;
172. 17; 175. 15; 181. 4; 183.
24; 185. 14, 17; 186. 1; 187. 20;
193. 25; 199. 4; 200. 17; 203. 15;
209. 12; 211. 8, 9; 215. 6; 222.
22; 224. 20; 234. 12; 242. 13;
246. 1; 252. 3; 255. 19; 256. 18,
22; 262. 9; 263. 2; 264. 12; 270.
9; 276. 13; 280. 12; 287. 11; 288.
22; 298. 20; 299. 1, 9; 302. 12,
19, 24, 25; 303. 4, 13, 19; 304. 4;
306. 13, 16, 22; 307. 15; 310. 4;
311. 16 (v. etiam urbs). Romanus
33. 2; 58. 23; 224. 10. Romani
ludi 204. 18; 205. 24. Romanus
populus 29. 10; 30. 20; 56. 24;
231. 14; 289. 10.
Roscius Otho v. Otho.
Rubriana 305. 7.
Rufio Vestorianus (sc. C. Sem-
pronius Rufus) 230. 24.
Rupilius, P. (cos. 132) 194. 7.
Rutilia 132. 11; 134. 16.

B. INDEX GRAECITATIS

[Cf. etiam 71. 17; 73. 22; 75. 6; 182. 1; 200. 23; 214. 11; 222. 15; 286. 7.]

ἀγοητεύτως 116. 23.
ἀδεῶς 211. 24.
ἀδημονῶν 33. 21.
ἀδιόρθωτα 180. 21.
ἀδόλεσχος 305. 1.
ἀζηλοτύπητον 177. 17.
αἱ γὰρ τῶν τυράννων δεήσεις κ.τ.λ.
    (cf. Plat. *Ep.* vii. 329 D) 33. 6.
αἰδέομαι Τρῶας (Hom. *Il.* vi. 442)
    173. 16; 185. 5.
αἰδεσθὲν μὲν ἀνήνασθαι κ.τ.λ. (Hom.
    Il. vii. 93) 306. 15.
αἴ κε δύνηαι (Hesiod. *Op.* 350) 172.
    8 (v. αὐτῷ τῷ μέτρῳ, κ.τ.λ.).
αἰσχροῦ φαντασία 10. 16.
Ἀκαδημικήν 172. 11. Ἀκαδημικὴν
    σύνταξιν 175. 2.
ἄκαιρος 6. 20.
ἀκαταληψίαν 177. 3.
ἀκεραίως 277. 16.
ἀκηδία 156. 14.
ἀκίνδυνα 176. 14.
ἀκολακεύτως 211. 3.
ἀκολασίαν 223. 4.
ἄκουσμα 118. 5.
ἄλη 47. 10.
ἀλίμενα 33. 8.
ἅλις 252. 12.
ἁλιτενεῖ 225. 15.
ἄλλα μὲν αὐτός κ.τ.λ. (Hom. *Od.* 3.
    26) 37. 22.
ἀλλὰ τὰ μὲν προτετύχθαι κ.τ.λ. (Hom.
    Il. 18. 112) 72. 18.
ἄλλοις ἐν ἐσθλοῖς τόνδ' ἀπωθοῦνται
    ψόγον (Nauck, *Trag. Gr. Fragm.*,
    adesp., 105) 246. 19.
ἀλλ' οὐ δαιτὸς ἐπηράτου κ.τ.λ. (Hom.
    Il. 9. 228–30) 225. 17.

ἀλογηθῇ 117. 15.
ἀλογίστως 24. 9, 12.
ἀλόγως 146, 8; 208. 9.
ἄμβροτος 296. 6.
ἀμεταμέλητον 211. 13.
ἀμηχανία 284. 3.
ἄμπνευμα σεμνὸν Ἀλφειοῦ (cf. Pind.
    Nem. 1. 1) 118. 19.
ἀμύμων 296. 6 (v. μετ' ἀμύμονα).
ἀναθεώρησις (–σιν) 42. 21; 232. 18;
    233. 17.
ἀναντιφωνησία 265. 13.
ἀναπάντητον 1. 20.
ἀναπολόγητον 300. 23.
ἀνέκδοτον 235. 23.
ἀνεκτόν 274. 10. –τότερα 156. 17.
ἀνεμέσητα 299. 11. –τον γάρ 125. 3.
ἀνεμοφόρητα 198. 20.
ἀνηθοποίητον 69. 1.
ἄνθη 304. 10.
[ἂν κινοῖ 275. 10.]
ἀνοίκειον 306. 8.
ἄνω ποταμῶν (Eur. *Med.* 410) 253. 8.
ἀξιοπίστως 198. 12.
ἀπαιδευσία 175. 4.
ἀπάντησις (–σεις) 12. 17; 306. 21.
ἀπαρρησίαστον 3. 26.
ἀπόγραφα 161. 2.
ἀποθέωσιν 124. 21; 146. 19.
ἀπολογισμὸν συντάξομαι 299. 20.
ἀπορία (–ίᾳ) 253. 17; 302. 26.
ἀπορῶ 25. 24; 173. 15.
ἀπότευγμα 188. 10.
ἀποτόμως 71. 2.
ἀπροσδιόνυσον 308. 13.
ἀρετὴ non est διδακτόν 73. 23.
ἀριστεία (–είᾳ, –είαν) 233. 17; 240.
    9; 303. 9.

343

INDEX GRAECITATIS

344

INDEX GRAECITATIS

INDEX GRAECITATIS

APPARATVI CRITICO ADDENDA

56. 4 recitet et] *legendum censeo* recte sit (*cf.* 71. 21, 73. 12, 75. 2).

    8 fit] *fort.* fiet (*cf.* 57. 15).

67. 15 saepissime] *seclusum velim.*

88. 12 *melius fort. sic:* ⟨ad Balbum haec scripsi et⟩ ad Oppium; et
quoniam *sqq.*